ACCESO GRATIS *a la Lectura en la Nube*

Para visualizar el libro electrónico en la nube de lectura envíe junto a su nombre y apellidos una fotografía del código de barras situado en la contraportada del libro y otra del ticket de compra a la dirección:

ebooktirant@tirant.com

En un máximo de 72 horas laborables le enviaremos el código de acceso con las instrucciones de acceso

AF872296

La visualización del libro en **NUBE DE LECTURA** excluye los usos bibliotecarios y públicos que puedan poner el archivo electrónico a disposición de una comunidad de lectores. Se permite tan solo un uso individual y privado

LITIGACIÓN PENAL ESTRATÉGICA EN JUICIOS ORALES

Procedimiento de selección de originales, ver página web:

www.tirant.net/index.php/editorial/procedimiento-de-seleccion-de-originales

LITIGACIÓN PENAL ESTRATÉGICA EN JUICIOS ORALES

RAFAEL BLANCO SUÁREZ
MAURICIO DECAP FERNÁNDEZ
LEONARDO MORENO HOLMAN
HUGO ROJAS CORRAL

tirant lo blanch
Valencia, 2021

© TIRANT LO BLANCH
EDITA: TIRANT LO BLANCH
C/ Artes Gráficas, 14 - 46010 - Valencia
TELFS.: 96/361 00 48 - 50
FAX: 96/369 41 51
Email:tlb@tirant.com
www.tirant.com
Librería virtual: www.tirant.es
ISBN: 978-84-1378-653-7
MAQUETA: Disset Ediciones

Si tiene alguna queja o sugerencia, envíenos un mail a: *atencioncliente@tirant.com*. En caso de no ser atendida su sugerencia, por favor, lea en *www.tirant.net/index.php/empresa/politicas-de-empresa* nuestro procedimiento de quejas.

Responsabilidad Social Corporativa: http://www.tirant.net/Docs/RSCTirant.pdf

ÍNDICE

Capítulo 3:
EXAMEN DIRECTO DE TESTIGOS Y PERITOS

Capítulo 4:
CONTRAEXAMEN DE TESTIGOS Y PERITOS

Capítulo 5:
OBJECIONES

Capítulo 6:
PRUEBA DOCUMENTAL Y PRUEBA MATERIAL

Capítulo 7: DISCURSO DE CLAUSURA

Capítulo 5:
OBJECIONES

Capítulo 6:
PRUEBA DOCUMENTAL Y PRUEBA MATERIAL

Capítulo 7:
DISCURSO DE CLAUSURA

LOS AUTORES

Rafael Blanco Suárez es Profesor de Derecho Procesal Penal y Litigación Oral de la Universidad Alberto Hurtado. Abogado, Pontificia Universidad Católica de Chile; Master (LL.M.) en Litigación Oral y Métodos Alternativos de Resolución de Conflictos, Universidad Interamericana de Puerto Rico. Ha sido profesor visitante en las escuelas de derecho de Loyola University – Chicago y University of Florida, profesor en cursos de litigación en American University y Universidad Católica del Uruguay, y consultor del Banco Interamericano de Desarrollo, Banco Mundial, Agencias de Cooperación de Estados Unidos y España, y del Centro de Estudios de Justicia de las Américas.

Mauricio Decap Fernández es abogado litigante en materia penal y de familia, Profesor de Derecho Procesal Penal y Litigación Oral en materia penal, laboral y de familia de la Facultad de Derecho de la Universidad Alberto Hurtado. Master (LL.M.) en Litigación Oral y Métodos Alternativos de Resolución de Conflictos, Universidad Interamericana de Puerto Rico. Se ha desempeñado como Abogado Integrante de la Corte de Apelaciones de Santiago de Chile. Autor de *La prueba de los hechos en el proceso penal* (2019); coautor de *Litigación Penal Estratégica en el Nuevo Proceso Penal* (2005) y *El Modelo Adversarial en Chile* (2013).

Leonardo Moreno Holman es Director del Departamento de Derecho Procesal de la Facultad de Derecho de la Universidad Alberto Hurtado de Chile y Profesor de Derecho Procesal Penal y Litigación Oral en materia penal, laboral y de familia. Abogado, Universidad Diego Portales; Master (LL.M.) en Litigación Oral y Métodos Alternativos de Resolución de Conflictos, Universidad Interamericana de Puerto Rico. Postitulado en Gerencia Social y Políticas Públicas, Derechos Humanos, Derecho Procesal Penal, Negociación y Litigación Oral. Consultor Senior del Centro de Estudios de Justicia de las Américas (CEJA). Autor de *Teoría del Caso* (2012).

Hugo Rojas Corral es Doctor en Sociología, University of Oxford; Master en Derecho, Antropología y Sociedad, London School of Economics; Magister en Gerencia y Políticas Públicas, Universidad Adolfo Ibáñez. Profesor de Sociología del Derecho y Director del Departamento de Ciencias del Derecho de la Facultad de Derecho de la Universidad Alberto Hurtado, Profesor adjunto en el Instituto de Ciencia Política de la Pontificia Universidad Católica de Chile, Investigador del Instituto Milenio para la Investigación en Violencia y Democracia (Viodemos, Proyecto Anid ICS2019-025) y del Programa Interdisciplinar de Investigación en Memoria y Derechos Humanos de la Universidad Alberto Hurtado.

PRESENTACIÓN

Esta obra ofrece al lector un conjunto de reflexiones, sugerencias y metodologías para el litigio estratégico en el proceso penal acusatorio, y en especial en la audiencia de juicio oral. El texto aborda las distintas etapas de la fase de juicio desde la óptica del litigante, analizando en profundidad los aspectos relacionados con el discurso de apertura (*Cap. 2*), la examinación directa y contraexaminación de testigos y peritos (*Caps. 3 y 4*), las reglas y recomendaciones relacionadas con los incidentes y objeciones más importantes que se producen en el litigio en esta fase del proceso (*Cap. 5*), las normas sobre incorporación de prueba documental y material (*Cap. 6*), y los aspectos centrales del discurso de clausura (*Cap. 7*). Este conjunto de instituciones y reglas relacionadas con el debate y litigio en juicio oral penal supone un soporte estratégico y metodológico sin el cual resulta imposible encarar responsable y exitosamente la litigación y adecuada representación de intereses, razón por la cual el texto inicia con la denominada Teoría del Caso (*Cap. 1*), en tanto herramienta conceptual y metodológica esencial para el correcto despliegue de las técnicas de litigación que se analizan y sugieren en detalle en los distintos capítulos.

Estas reflexiones y recomendaciones se abordan desde los distintos ángulos y roles del litigio, y en el marco de un modelo acusatorio y adversarial que intenta privilegiar un debate y confrontación de intereses y versiones a través de reglas que permiten relevar la mejor calidad de información posible para el proceso valorativo y adjudicativo que está en manos de los tribunales. Los análisis de múltiples reglas, técnicas de litigio y destrezas que en el texto se explican y promueven deben entenderse al servicio de un debate de calidad que es capaz de aislar y desechar la información deficiente o defectuosa, privilegiando aquella que es capaz de soportar los test evaluativos propios del modelo adversarial y que favorecen mejores decisiones judiciales en la fase de juicio oral.

Si bien el porcentaje de casos que llega a esta instancia del proceso penal es relativamente acotada, la relevancia estratégica y referencial del juicio es crítica, pues por su estructura y configuración representa el espacio institucional más complejo, completo y exigente para la presentación de los casos que llevan los litigantes, y para el análisis y valoración de la información aportada por las partes. De este modo, el juicio se constituye en un marco de referencia fundamental para el proceso estratégico de toma de decisiones de fiscales, defensores y querellantes en relación a sus casos, siendo el barómetro más importante para definir el mejor procedimiento, alternativa y solución para cada caso en particular. También es relevante considerar el grado de impacto y publicidad al que están sometidos los casos que son llevados a juicio, pues lo transforman en un espacio de modelamiento de conductas y decisiones trascendentales en el sistema penal y en el sistema de justicia en general.

La revisión de los distintos códigos procesales penales de América Latina nos permite advertir un altísimo grado de similitud y coincidencia en las normas, reglas, nomenclatura e instituciones que dan forma a la fase de juicio oral, razón por la que estimamos que los diversos análisis, recomendaciones y estrategias que sugerimos en el presente texto serán de utilidad en la mayor parte de los países de la región. Lo anterior se ve reforzado por el conocimiento que como autores del libro hemos adquirido de tales normas y códigos, a través de asesorías y apoyos a los procesos de modernización de la justicia y a las múltiples capacitaciones, cursos, diplomados y clases universitarias que hemos impartido los últimos 20 años en diversos países de América Latina, destacando entre otros, Chile, México, Argentina, Uruguay, Perú, Ecuador, Panamá y República Dominicana.

Asimismo, este texto aprovecha, perfecciona y sistematiza un conjunto de investigaciones previas realizadas individual y colectivamente por los autores con la intención de apoyar los procesos de modernización de los sistemas de justicia penal, impulsando el diseño, la implementación y evaluación de modelos acusatorio-adversariales de litigación penal en la región.[1] Hace 15 años publicamos *Litigación Estratégica en el Nuevo Proceso Penal*, un manual que buscaba apoyar a los operadores jurídicos en el proceso de instalación de la reforma procesal penal en Chile. Nos ha parecido oportuno revisar y actualizar nuestros planteamientos originales y publicar una versión ampliada, focalizada en la fase de juicio oral, aplicable a la mayor parte de los sistemas de juicio de América Latina, y que refleje de mejor manera la robustez de las lecciones aprendidas todos estos años. Con esta nueva obra esperamos aportar a un litigio de mejor calidad, a relevar la alta exigencia a la que deben estar sometidos los operadores cuando asumen la responsabilidad de debatir un caso en sede de juicio, y por esta vía contribuir a la vigencia del estado de derecho y de los derechos humanos, pilares fundamentales para la resolución pacífica de controversias de carácter jurídico en un estado democrático.

Litigación Penal Estratégica en Juicios Orales es una obra que integra distintas miradas y enfoques asociados a los procesos de persecución y litigación penal y administración de justicia. Rafael Blanco ha volcado en este documento su experiencia en políticas públicas, habiendo liderado el proceso de reforma procesal penal en Chile como Coordinador General del mismo, y dos décadas como docente de derecho procesal penal y litigación oral y consultor internacional. Además de su participación en políticas públicas, Mauricio Decap ha puesto a disposición de este proyecto su experiencia como abogado litigante y también como abogado integrante de la Corte de Apelaciones de Santiago de Chile, incorporando la perspectiva de la judicatura. Leonardo Moreno ha puesto en el texto la mirada del abogado litigante, y sus años como Defensor Regional y docente de derecho procesal y litigación oral han servido para conectar formulaciones teóricas con el sentido práctico

---

1 Blanco, Decap, Moreno & Rojas (2005) (en adelante Blanco *et al.*); Blanco, Hutt & Rojas (2005); Blanco, Decap, Hernández & Rojas (2002); Moreno (2005); Blanco, Díaz, Heskia & Rojas (2005); Blanco & Alvear (2010); Moreno (2012); Moreno (2013); Decap, Duce, Moreno & Sáez (2013); Moreno (2014); Moreno (2014), Decap (2019), entre otras publicaciones de los autores.

que requieren los operadores en el sistema procesal penal. Hugo Rojas, especialista en derechos humanos y sociología del derecho, ha proporcionado la mirada empírica de los fenómenos jurídicos referidos al sector justicia, además de sus conocimientos metodológicos.

Esta obra es consecuencia de un trabajo y experiencia en el litigio, la academia y la consultoría internacional que nutren las recomendaciones y enfoques estratégicos que colocamos a disposición del lector. No hubiera resultado sencillo plasmar estos aportes sin el apoyo institucional de la Facultad de Derecho de la Universidad Alberto Hurtado de Chile, cuyo equipo docente de enorme calidad ha dictado diversos cursos, diplomados y postítulos en distintos países de América Latina. La dedicación del cuerpo de académicos y operadores del que formamos parte ha sido un apoyo fundamental para la presente obra. Asimismo, queremos agradecer a la prestigiosa editorial española Tirant lo Blanch y a sus profesionales, quienes con su experiencia y trabajo han permitido colocar esta obra a disposición de los actores jurídicos, litigantes, operadores, académicos, abogados y estudiantes de pregrado y postgrado de diversos países en Iberoamérica.

Capítulo 1:

TEORÍA DEL CASO

I. INTRODUCCIÓN

En la mayoría de los países latinoamericanos se han instalado modelos de enjuiciamiento penal de carácter acusatorio y oral, con un marcado contenido adversarial. Ello ha generado un cambio sustantivo en la forma en que ha de desarrollarse un proceso penal.[2] El nuevo sistema se basa en la inmediación del tribunal, la oralidad y publicidad de las audiencias, y la consolidación del principio contradictorio como el mecanismo idóneo para controlar y resguardar la calidad de la información con la que un juez adoptará sus decisiones. Este cambio también ha impactado en la forma de concebir el rol que han de tener los abogados litigantes que intervendrán en estos sistemas de enjuiciamiento criminal. En efecto, los litigantes han adquirido un rol protagónico en el funcionamiento de los modelos adversariales de justicia penal. A ellos se les asigna un papel preponderante en la búsqueda y producción de la información con la que los tribunales, sea en las etapas preliminares o en la de juicio oral, adoptarán y fundarán sus decisiones.

Los litigantes deben preparar y planificar de manera concienzuda la forma en que enfrentarán cada una de las etapas y audiencias del procedimiento penal. También deben identificar cómo utilizar eficazmente las diversas técnicas de litigación que se requieren para desempeñarse competentemente en las distintas audiencias judiciales, y en particular en la audiencia de juicio oral. Precisamente para ayudarle en esa tarea de litigar ante los tribunales viene en su auxilio la herramienta de la "teoría del caso".[3]

---

2 Binder (2016).

3 Pabón Gómez cuestiona esta denominación y su conceptualización, para recalcar su debida coherencia con la teoría del delito y la relevancia del derecho penal sustantivo en su elaboración. *Vid.* Pabón Gómez (2019), pp. 17-25. Según

II. CONCEPTO

La teoría del caso es una metodología de trabajo orientada a la toma de decisiones estratégicas en un litigio. La entendemos como un conjunto de actividades estratégicas que debe desarrollar un litigante frente a un caso, que le permitirán determinar la versión fáctica que sostendrá ante un tribunal, su sustento normativo y probatorio, para decidir la manera más eficiente y eficaz de presentarla ante un tribunal, persuasivamente, mediante argumentaciones y evidencias que la acrediten, con el propósito de obtener las consecuencias jurídicas que se correspondan con ella, sea en una audiencia de la etapa investigativa o en un juicio oral.[4]

Thomas Mauet entiende por teoría del caso a aquella "simple, lógica y persuasiva historia sobre lo que realmente sucedió, desde nuestro propio punto de vista. Debe ser consistente con la evidencia no controvertida y con nuestra propia versión de la evidencia controvertida y la aplicación del derecho sustantivo."[5] Pese a lo sencilla que parece esta definición, no se

---

Guevara Vásquez, la expresión teoría del caso que se emplea en los manuales de litigación oral no es en un sentido propiamente científico una teoría. Una teoría científica viene a ser una hipótesis debidamente contractada y comprobada que pasa a formar parte del cuerpo del conocimiento científico, y que implica la existencia de principios y leyes. En cambio, el término "teoría" en la litigación oral refiere a la posición o entendimiento del caso que tiene una determinada parte procesal, siendo que en base a tal entendimiento y posición se realiza la misma presentación del caso ante los tribunales de justicia. GUEVARA VÁSQUEZ (2015), n. 24 en p. 67.

4 La teoría del caso comprende tres componentes básicos: hechos, derecho y prueba. La teoría del caso puede estar orientada a ilustrar la actuación del litigante en las audiencias preliminares y en el juicio oral. MORENO (2012), p. 15. La teoría del caso intenta constituirse en una suerte de plantilla a través de la cual el litigante invita a los jueces a mirar la realidad, o más propiamente, los hechos del caso, proveyéndolos de un lente para dar una lectura intencionada que permita explicar lo sucedido. La teoría del caso corresponde a la idea central que adoptamos para explicar y dar sentido a los hechos que se presentarán como fundantes de una historia, permitiendo dar cuenta de la existencia de una determinada teoría jurídica. BLANCO *et al.* (2005), p. 18.

5 MAUET (2007), p. 491.

trata simplemente de identificar la temática jurídica a debatir frente a un tribunal. Ante la consulta por su teoría del caso, es habitual que los abogados respondan que se trata de un caso de homicidio, estafa, legítima defensa, etc. Sin embargo, esa manera de concebir la teoría del caso es errónea. La teoría del caso se asemeja mucho más a una planificación estratégica, es decir, a un conjunto de pasos orientados a alcanzar un objetivo. En este caso el objetivo es desempeñarse competentemente en las diversas audiencias judiciales preliminares, negociaciones y en un eventual juicio oral.

La teoría del caso parte del supuesto básico que hay distintas formas de preparar y presentar un caso para ser litigado en un proceso penal o de otra naturaleza. La forma que se propone es la de planificar minuciosamente cada actividad que se desarrollará durante el curso del proceso. Ello permite definir una estrategia que oriente la toma de decisiones de los litigantes para intervenir de la manera más eficiente en cada una de las audiencias preliminares, en sus negociaciones con su contraparte y, en particular, en la presentación del caso y de la prueba que lo sustenta durante el desarrollo del juicio oral.

Esta planificación exhaustiva de nuestras actuaciones durante el desarrollo del proceso supone que el litigante tome conciencia que en un juicio oral no solo se presenta ante el tribunal un conjunto de pruebas para que conozca la información que ellas le van a proveer, sino que se le presenta un caso. El litigante sabe que la evidencia no habla por sí sola, pues depende del contexto en que sea utilizada y cómo es presentada. La evidencia constituye la materia prima y con ella se debe producir algo distinto que la simple suma de cada uno de sus componentes. La intervención del litigante está dirigida a agregar valor: debe decidir estratégicamente dónde, cuándo y cómo hablará la prueba. Los litigantes harán hablar la prueba desde su punto de vista y desde su versión de los hechos, para probar su teoría del caso.[6]

---

6 Marín (2018), pp. 50-51.

III. OPORTUNIDAD

La teoría del caso se debe elaborar desde que el litigante toma por primera vez contacto con la causa penal.[7] El fiscal debe comenzar a elaborar su teoría del caso, al menos con carácter provisional, desde que tiene contacto con los hechos del caso, sea por una denuncia, querella o porque se le comunica la existencia de un detenido.[8] Desde ese instante, con la información con la que cuente, debe formular una o más posibles hipótesis de trabajo, las cuales debe someter permanentemente a un test de consistencia con las evidencias y avances de la investigación desarrollada con el apoyo de la policía y los organismos auxiliares del sistema de justicia, hasta optar, al concluir su investigación, por una sola versión que explique los hechos, la que consignará en su escrito de acusación y sostendrá argumentativa y probatoriamente en un juicio oral.[9]

De igual manera un defensor debe elaborar una teoría del caso provisional, construida a partir del análisis de los antecedentes de la carpeta investigativa fiscal, sus propias investigaciones y prioritariamente de su entrevista con el imputado, para enfrentar las primeras audiencias judiciales, como el control de legalidad de la detención, la formalización de la investigación o formulación de la imputación y los debates sobre procedencia de medidas cautelares personales, la que luego podrá ir enriqueciendo o corrigiendo con el conocimiento que adquiera en mayor profundidad de la carpeta o legajo investigativo de la fiscalía y con los antecedentes que surjan de su propia investigación.[10]

---

[7] La teoría del caso se construye desde el momento en que las partes tienen conocimiento de los hechos. Peña González (2008), p. 146.

[8] Por ejemplo, producida una detención, el fiscal debe focalizarse en una audiencia casi inmediata en el tiempo: la audiencia de control de la detención. Luego habrá de tomar decisiones sobre cuál es el curso razonable que debiera seguir esa causa, determinando si corresponde abrir espacios de negociación con la defensa, o vislumbra que por su naturaleza es de aquellas que se resolverán en un juicio oral, por lo que debe decidir si solicitará o no una medida cautelar personal y de qué intensidad.

[9] Ministerio Público *et al.* (2008), p. 2.

[10] Sobre lo indispensable y relevante que es la investigación que debe desarrollar la defensa, *vid.* Rua (2014), pp. 60-67.

¿Hasta qué momento se puede modificar la teoría del caso?[11] Esta tarea de permanente reingeniería de la versión de los hechos, su suficiencia jurídica y la evidencia que la sustenta, se hace inamovible para el Ministerio Público al momento en que la fiscalía decide cerrar su investigación y formular, por escrito, acusación en contra del imputado para promover la realización de la audiencia de preparación de juicio oral o de control de la acusación, y luego sostener argumentativa y probatoriamente su acusación en juicio oral. A esa altura del procedimiento, el fiscal debe tener afinada con precisión su acusación penal y contar con los elementos probatorios que le permitan sostenerla, bajos los exigentes estándares de un juicio oral adversarial.[12]

Junto a su representado, la defensa debe determinar la estrategia que desarrollará y sostendrá en el caso en particular.[13] Existen diversas posturas en la doctrina sobre este punto. Si la defensa del imputado sostiene o no un relato de hechos alternativo al propuesto por la persecución penal, en particular en su acusación, es necesario distinguir entre una estrategia de defensa activa o pasiva. En la estrategia activa o positiva la defensa sostiene ante el juzgador la existencia de un relato fáctico alternativo al planteado por la persecución penal.[14] Por ejemplo, si la defensa plantea la existencia de una legítima defensa, una causal de inimputabilidad o una coartada. Este tipo de estrategia obliga a la defensa a elaborar una teoría del caso propia, investigar, reunir y presentar prueba que acredite ante el tribunal su versión fáctica. Ello sin perjuicio de

---

11 Moreno (2012), pp. 30 y 31.

12 En algunas legislaciones constituye una posible excepción a lo planteado el que el fiscal del Ministerio Público modifique su posición acusatoria como consecuencia del resultado de los debates de exclusión de prueba ilícita, si ellos hubieren significado la exclusión de prueba a la acusación fiscal que le impida proyectar un resultado favorable en la audiencia de juicio oral.

13 Sobre el particular véase Moreno (2012), pp. 56-61.

14 Lorenzo sostiene que la defensa puede cuestionar la teoría del caso de la acusación o presentar una teoría del caso propia. En el primer caso puede: cuestionar la teoría jurídica, dar una explicación distinta a la teoría fáctica, o cuestionar la teoría probatoria. Lorenzo (2014), pp. 152-153.

poder simultáneamente, si fuere útil a su estrategia, refutar la tesis acusatoria.[15]

En cambio, en la estrategia pasiva o negativa la defensa no argumenta la existencia de una versión de hechos alternativa a la presentada de manera definitiva en la acusación fiscal, o en forma preliminar en la formalización de la investigación. La estrategia de defensa pasiva es habitualmente utilizada por los abogados defensores, y supone aprovechar en favor del defendido la presunción de inocencia. Como la carga probatoria en el proceso penal recae en el ministerio público y el estándar de convicción es de alta exigencia (más allá de duda razonable), la defensa se puede limitar a negar los cargos, confrontando la credibilidad de las pruebas de cargo o la coherencia lógica del teorema acusatorio.[16] Sostenemos que, pese a que se asuma una estrategia de esta naturaleza, las defensas pueden igualmente llevar a cabo una investigación propia destinada a identificar evidencias de refutación o puntos a desarrollar en sus contraexámenes de la prueba presentada por la acusación. Ello tendría por finalidad demostrar la insuficiencia de la prueba acusatoria para alcanzar el estándar de convicción que exige una condena penal, o que los elementos del tipo penal no se han justificado debidamente por la acusación, o que los hechos acreditados a través de la prueba fiscal y controlados por la acción de la defensa permiten razonablemente plantear una interpretación distinta ante el tribunal. En esta opción la defensa debe trabajar sobre la que presume será la teoría del caso de la fiscalía, que conocerá definitivamente al deducirse acusación, y la evidencia que la sustenta, para identificar en ellas las debilidades que puede explotar en juicio.[17]

Lo anterior no significa que al decidir un fiscal acusar, o al encontrarnos en una audiencia de preparación de juicio oral,[18] se

---

15 Traversi señala que la defensa debe plantear una contra hipótesis. TRAVERSI (2005), p. 55.

16 *Id.*, p. 57.

17 En igual sentido LORENZO (2014), p. 152.

18 En otras legislaciones a la audiencia de preparación de juicio oral se le conoce como audiencia intermedia, de control de la acusación, preliminar o preparatoria.

agoten las posibilidades que una causa termine de una manera distinta a la sentencia obtenida en un juicio oral. Sólo significa que de allí en adelante ya se cuenta con una versión definitiva de los hechos y con la evidencia necesaria para sustentarla. Nada impide que, dado el pronóstico de éxito de la causa en juicio, los litigantes realicen gestiones o negociaciones tendientes a acordar una forma de término diferente al juicio oral, antes o durante la realización de la audiencia preparatoria.[19]

IV. CARACTERÍSTICAS

1. Para elaborar o construir una teoría del caso debemos aprender a desagregar los hechos que componen un caso. Una de las problemáticas que un litigante enfrenta a la hora de elaborar una teoría del caso es que debe evitar prejuicios y falacias argumentativas. También debe procurar no contaminar la construcción de su teoría del caso con los marcos normativos abstractos que habitualmente utiliza en su ejercicio profesional.[20]

Lo que interesa es dominar el lenguaje probatorio judicial propio de los juicios orales, que es diverso al que habitualmente utilizamos en nuestra vida cotidiana. Ante los tribunales se debe hacer referencia a los hechos, y no formular juicios u opiniones. El juzgador debe conocer los hechos y él es quien debe extraer las conclusiones fácticas y consecuencias jurídicas derivadas de su acreditación en el estándar probatorio de la audiencia.

Desagregar los hechos que componen un caso consiste en dividir al máximo el componente fáctico del mismo, utilizando para

---

19 Por ejemplo, es posible acordar una salida alternativa o un procedimiento abreviado en la misma audiencia de preparación de juicio oral.

20 Sería un error construir la teoría del caso encasillando de inmediato los hechos en el lenguaje normativo. Por ejemplo, el imputado actuó con fuerza, con intimidación, etc. Un tribunal no espera que una víctima o testigo diga que el imputado fue violento o actuó en su contra con fuerza o mediante intimidación. Eso sería formular una conclusión. Lo que el tribunal requiere son los presupuestos de hecho o fácticos que le permitan llegar a esa conclusión y así verificar la representación de los hechos en los presupuestos de una norma sustantiva.

ello hechos lo más simples y claros posible, evitando frases compuestas, uso excesivo de adjetivos, en especial calificativos, adverbios o conclusiones. En la medida que se desagregan al máximo los hechos a presentar ante el juzgador, se evita utilizar proposiciones fácticas con más de una interpretación posible o que puedan generar equívocos respecto de la acreditación de sus distintos términos. Lo que se hace en las audiencias es presentar con la mayor precisión los hechos del caso a fin de facilitar que el tribunal pueda extraer de ellos las conclusiones normativas que se correspondan con nuestra teoría del caso.

Según Kahneman, frente a un caso que vamos a asumir debemos pensar despacio o lento, esto es, con mayor atención que en otras actividades que desarrollamos en nuestra vida cotidiana, en las que pensar rápido es más ventajoso.[21] El problema es que cotidianamente nos vamos a regir por la ley del mínimo esfuerzo.[22] En ocasiones es posible observar en el foro a abogados que desechan la preparación y planificación del caso, confiando en sus sólidos conocimientos jurídicos procesales y sustantivos, en su capacidad de improvisación o en su vago o incompleto conocimiento del caso, descuidando el carácter contradictorio y complejo que tiene su presentación ante un tribunal que lo resolverá en audiencias orales.[23] La teoría del caso nos indica que en general los escenarios judiciales no son un espacio para improvisar, ni el juicio oral una oportunidad para investigar la existencia de información favora-

---

21 Kahneman sostiene que las etapas pertinentes en la producción de decisiones son: el enmarque del problema que hay que resolver, la obtención de la información relevante previa a la decisión, y la reflexión y revisión. Kahneman (2012), p. 544.

22 Por ejemplo, si hay varias formas para alcanzar el mismo objetivo, la tendencia del individuo es adoptar la pauta de acción menos exigente.

23 Habitualmente incurrimos en la ilusión de entender que es más fácil construir una historia coherente cuando nuestro conocimiento es escaso, cuando las piezas del rompecabezas no pasan de unas pocas. Tenemos una capacidad casi ilimitada para ignorar nuestra propia ignorancia. *Vid.* Kahneman (2012), pp. 263 y s.

ble para nuestro caso. Ambas actitudes más bien lo que hacen es incrementar la posibilidad de perder el juicio.[24]

2. Debe elaborarse respecto de cada uno de los casos que asuma un litigante, a fin de decidir la estrategia a seguir en una causa en particular y planificar cómo enfrentar los debates jurídicos, negociaciones o exigencias de acreditación que le impongan las distintas audiencias preliminares en las que deba intervenir o la producción de la prueba justificativa de su teoría del caso en juicio oral.[25] Esta obligación de elaborar una teoría del caso se impone a todo litigante que intervenga en el proceso penal, sea como fiscal, defensor o querellante particular.[26]

A medida que se cuenta con más experiencia en la elaboración de la teoría del caso, el litigante podrá adoptar decisiones referidas a la focalización de su trabajo. En ocasiones pudiera prestar más atención a los debates asociados a la etapa de investigación o preliminar, por tratarse de una causa que razonablemente pueda visualizarse que no llegará a resolverse en un juicio oral y que, por el contrario, culminará mediante un mecanismo de salida alternativa o procedimiento abreviado. En consecuencia, siempre se debe formular una teoría del caso, aun cuando no se trate de aquellas que culminarán en juicio oral.

3. Se elabora por el litigante proyectando el caso a litigar, conforme a las exigencias de un juicio oral. Todo el diseño y elaboración de la estrategia para abordar un caso penal se hace teniendo a la vista un juicio oral, aunque en muchos casos éste jamás llegue

---

24 Evidentemente, la audiencia de juicio no es el momento para investigar, pues ello debe efectuarse con anterioridad. De lo contrario, el litigante aparecerá ante los ojos del juzgador como improvisando o incluso obteniendo información desfavorable. Como señala Marín, esa conducta puede terminar transformándose en un incentivo para que el juez intervenga de manera activa en la audiencia, buscando directamente la información que el litigante no ha sido capaz de obtener de la prueba, afectándose con ello la imparcialidad del juzgador. Marín (2018), pp. 49-50.

25 Según Pabón, de toda conducta objeto de prueba y decisión brota una teoría del caso. Pabón Gómez (2019), p. 67.

26 El denominado querellante adhesivo sustentará su posición coadyuvando a la teoría del caso del ministerio público.

a realizarse. La razón de ello es que una buena planificación debe efectuarse pensando en el escenario más riesgoso posible, considerando los factores más complejos y difíciles de enfrentar. El escenario más complicado que puede enfrentar un litigante es el juicio oral. Son precisamente sus exigentes estándares de admisibilidad, producción y valoración de la prueba, de condena y de fundamentación de la sentencia, los que determinan el accionar de los litigantes para fijar el derrotero de una causa, tanto en la etapa de investigación como en el juicio mismo, teniendo a la vista las expectativas razonables de resultado de ese juicio oral.[27]

4. Es única.[28] El relato fáctico esencial a sostener ante los jueces debe ser uno solo. No es razonable plantear relatos alternativos o subsidiarios,[29] y menos cuando ellos son incompatibles entre sí.[30] Sin perjuicio de ello, durante la etapa de la investigación, y sin duda al momento de tomar un primer contacto con el caso, el litigante puede legítimamente establecer más de una hipótesis explicativa sobre la cual trabajar el caso,[31] siempre que ellas se correspondan

---

27 Oré Guardia y Loza Ávalos consideran que el juicio oral es el eje central del proceso, no porque toda investigación deba terminar en juicio oral, sino porque las decisiones más importantes del proceso deben ser asumidas en función de lo que se conseguiría en el juicio oral. Oré Guardia & Loza Ávalos (*s.d.*).

28 Pabón plantea sobre el punto que la narrativa de la teoría del caso debe ser única, debe trabajar con la unidad, con la redondez y la esfericidad. Cualquier contenido distractor que conduzca al oyente hacia temas ajenos, dispersos o intrascendentes, debe ser suprimido. Se debe evitar la tentación de proponer varias versiones de los hechos en donde, por ejemplo, se involucre, de una parte, la no autoría, y de otra, la legítima defensa, pues esas apuestas no son conciliables. Una vez elegida la estrategia relacionada con la teoría del delito aplicable al caso conducta, constituye un error proponer versiones que apunten a normas que recogen la conducta de forma diversa. Pabón Gómez (2019), pp. 83 y ss.

29 Neyra Flores (2010), p. 734.

30 En el caso de los fiscales es una forma de asegurarse de no infringir el principio de congruencia, que exige una correspondencia entre las personas, hechos y circunstancias esenciales que se hacen valer en la imputación o formalización, la acusación y la sentencia.

31 Estas hipótesis de trabajo para elaborar una teoría del caso definitiva normalmente comprenden dos aspectos: una hipótesis de carácter descriptiva, en la que respondemos *qué* es lo que pasó, y una hipótesis explicativa, en la que daremos respuesta a la interrogante *por qué* sucedió el hecho.

con los antecedentes fácticos recopilados y conocidos por el litigante a esa fecha. Una vez formuladas estas eventuales hipótesis múltiples, lo que corresponde es que el litigante vaya descartando algunas de ellas hasta que opte por una sola.[32]

No es razonable –en la lógica de la litigación oral y de una presentación estratégica y persuasiva– que en esos relatos se expresen versiones fácticas subsidiarias e incompatibles entre sí, o la solicitud de consecuencias jurídicas no coherentes con la descripción fáctica[33], que eran tan propias de los sistemas inquisitivos y, en ellos, en particular las formuladas por las defensas.[34]

Ello no tiene excepción en el caso de peticiones que además de subsidiarias sean incompatibles entre sí, dado que suponen presupuestos fácticos diferentes a acreditar ante el juzgador. En caso contrario, si son subsidiarias pero se sustentan en la misma base fáctica, es posible sostener su admisibilidad como relato[35], sin

---

32 Según Ramos y Vélez, a propósito de tener múltiples teorías preliminares, el proceso investigativo debiera ayudar a reafirmar unas y rechazar otras. Es posible que después se obtenga información que contribuya a perfilar una teoría más coherente y creíble, descartando otras. Ramos González & Vélez Rodríguez (1996), p. 3.

33 Lorenzo señala que la teoría del caso no puede ser contradictoria. De la misma forma que la obligación probatoria de la acusación será diferente en tanto acuse por un delito doloso o uno culposo, la obligación en juicio por parte de la defensa será distinta si quiere cuestionar la prueba de la acusación por insuficiente, demostrar que existió una coartada o alegar una causa de justificación. Quien quiera demostrar todo probablemente no obtenga nada, en especial estando en juicio y planteando situaciones que a la vista resultan contradictorias unas con otras. Lorenzo (2012), pp. 136 y ss.

34 Era habitual ver en los sistemas inquisitivos cómo las defensas establecen líneas de argumentación que son no sólo subsidiarias la una de la otra, sino que derechamente contradictorias e incompatibles entre sí. Así, se sostenía en primer lugar la inocencia de un acusado porque éste se encontraba en el momento de ocurrencia de los hechos en otro lugar, para luego pedirle al tribunal que si no lo declara inocente por falta de participación, considere la concurrencia de una circunstancia eximente de responsabilidad penal, y si ello tampoco fuera reconocido, entonces le favorecía una causal de justificación, para finalmente aludir a la concurrencia de determinadas circunstancias atenuantes que inciden en la determinación del *quantum* de la penalidad.

35 En otras materias sustantivas se reconoce validez a estos planteamientos y no resultan un contrasentido o una incoherencia necesariamente para el tribunal,

perjuicio de lo cuestionable que pueda ser, en ciertos casos, desde una perspectiva estratégica de la credibilidad del relato y de quien lo sostiene, el hacer tales planteamientos ante los ojos del juzgador. Dado lo estricto de los componentes de la teoría del delito, no es recomendable sostener frente a una misma base fáctica la concurrencia de distintas figuras o instituciones del derecho penal sustantivo, aunque la legislación lo permita. Lo que planteamos aquí no es un tema simplemente normativo, sino estratégico, pensando en la credibilidad que debe tener un operador que interactuará muchas veces frente a los mismos jueces.[36] [37]

5. Debe ser realista. La teoría del caso se va construyendo y elaborando mediante la recopilación de la información concreta del caso y su análisis. No se trata de hacer un constructo basado en lo que podría haber ocurrido o en lo que nos gustaría como mejor opción para sostener una pretensión ante un tribunal. Nues-

---

como ocurre en materia laboral con los fundamentos de una alegación de tutela laboral y una demanda por despido injustificado.

36 Imaginemos a un fiscal sosteniendo en su alegato de apertura la concurrencia de una determinada figura típica, por ejemplo, una violación, prometiendo ante el tribunal que acreditará más allá de toda duda razonable los elementos típicos de esa figura, reseñando brevemente la evidencia y la forma en que lo hará, para culminar su alegato diciendo, con la misma vehemencia, que si la conducta enjuiciada no es constitutiva del tipo penal de violación, sí lo es de la de abuso sexual. Esta conducta daña no solo su credibilidad personal ante el juzgador, pues es ese fiscal quien decidió en su oportunidad cerrar su investigación y presentar acusación pues estaba en condiciones de justificar su pretensión en juicio oral, sino también la de su acusación principal, pues resulta que ni el propio acusador cree en la posibilidad de justificar en el estándar del juicio su pretensión punitiva.

37 Una cuestión diferente a lo planteado sucede en los casos en que la defensa eventualmente debe hacer alegaciones subsidiarias a su teoría del caso de absolución sostenida durante el desarrollo del juicio oral, producto de la regulación que se hace en la legislación procesal penal del alegato de cierre o clausura y el reconocimiento o no de una instancia de debate de determinación de la pena a imponer al acusado. De no contemplarse legislativamente la posibilidad de una cesura entre los litigantes sobre los elementos y presupuestos fácticos que impacten en la determinación de la pena, las defensas se verán obligadas en su alegato de clausura a ponerse en la hipótesis de que su defendido sea condenado por lo que, en subsidio, tendrán que proveer al tribunal de las alegaciones e información necesaria para solicitar una pena inferior o menos gravosa que la requerida por la parte acusadora.

tra teoría del caso debe ser posible de ser acreditada ante el juzgador a través de evidencia real, existente, pertinente y disponible que supere el estándar de convicción del tribunal.[38] Lo señalado se opone manifiestamente a todo intento o práctica destinada a crear evidencia artificialmente, a modificar, suprimir o tergiversar la evidencia disponible, o a intervenir acomodaticiamente testimonios.

6. Debe ser diacrónica. La teoría del caso debe ser permanentemente revisada hasta la determinación de la teoría del caso definitiva. Se ha dicho que la teoría del caso comienza a definirse en forma preliminar desde que el litigante toma un primer contacto con la causa, por lo que es perfectamente razonable y necesario que esas determinaciones preliminares sean objeto de una revisión y ajuste permanente, a medida que la investigación avanza y se consolida, pues algunos antecedentes desconocidos al momento de su elaboración inicial pueden llevar naturalmente al abandono o modificación de la teoría del caso definida originariamente.

Es frecuente que durante la etapa de investigación, si bien se sostenga una teoría del caso en que el derecho sustantivo esté presente, muchas de las alegaciones a formular se basen en consideraciones de carácter procesal o probatorio, como ocurre en los debates sobre la legalidad de una detención, los estándares de procedencia de las medidas cautelares personales o los de admisibilidad de la prueba. Es posible que durante el curso de un proceso penal los debates que deba enfrentar un litigante se centren en algunos momentos en un foco prioritariamente procesal y en otros esencialmente de derecho penal sustantivo, como ocurre en el juicio oral.[39]

---

38 La teoría del caso debe ser consciente. La teoría que se formule para ir a juicio debe basarse en los elementos que efectivamente se han logrado obtener en el caso y no en fantasías o supuestos inexistentes. LORENZO (2012), p. 137.

39 A veces se producen situaciones que alteran nuestra planificación original, como la indisponibilidad de cierta evidencia importante. Los resultados de debates más bien procesales o probatorios pueden llevarnos a modificar nuestra posición ante un caso, como podría ocurrir luego de los debates de admisibilidad probatoria respecto de un fiscal o en el caso de admitirse en juicio una prueba nueva determinante para el resultado del juicio, o incluso ante planteamientos del propio

7. Ser simple.[40] La idea es construir una teoría del caso que, por una parte, sea posible de ser planteada por el litigante de manera breve y sencilla, y por otro lado, sea posible de ser aceptada y comprendida por el juzgador, sin tener que realizar necesariamente profundos o complejos razonamientos sobre los hechos o los temas jurídicos involucrados.[41] Una construcción simple permite manejar de mejor manera los temas de subsunción de los hechos del caso en la normativa jurídica aplicable y también facilita la tarea de buscar la evidencia necesaria para acreditarlos y satisfacer los estándares legales para lograr la convicción del juzgador.[42]

Una teoría del caso muy compleja, con muchos supuestos fácticos y con complejidades probatorias relevantes, es posible, pero impactará fuertemente en las demandas de acreditación que se impondrán al litigante, particularmente al acusador.[43] Los jueces no estarán fácilmente predispuestos a aceptar una versión de hechos que ordinariamente por su complejidad, en cuanto a sus supuestos fácticos y posibilidades de acreditación, impongan una carga muy gravosa para el litigante.[44] Esta predisposición negativa de los jueces se verá incrementada si además la versión fáctica entra en colisión con su experiencia y conocimientos acumulados en el tiempo.[45]

---

tribunal de juicio, que llama por ejemplo a recalificar los hechos por los cuales se acusó.

40 Neyra Flores (2010), p. 734 (sobre la sencillez de la teoría del caso).

41 Los elementos que integran la teoría del caso deben ser claros y sencillos, sin acudir a raciocinios avanzados o complejos. Rosas Yataco (2009), p. 615.

42 Debemos partir de la base que la explicación más simple es, generalmente, más creíble. Lorenzo (2012), p. 137.

43 Por ejemplo, la denominada "bala loca" en el juicio por el asesinato del ex Presidente de Estados Unidos, John F. Kennedy.

44 Mientras más tipos penales contenga la acusación, más complejo se vuelve el trabajo del litigante para acreditarlos y del tribunal para retenerlos. Lorenzo (2012), p. 139.

45 No estamos planteando que no pueda sostenerse un caso complejo probatoriamente para un litigante, sino que para lograr la convicción del juzgador ello le significará importantes esfuerzos de producción y acreditación probatoria durante el juicio oral.

En definitiva, una teoría del caso más simple beneficia su comprensión y retención por parte del juzgador, como también la fundamentación de la resolución que dicte para resolver el caso.

8. Ser creíble en abstracto. Mirada en la óptica del juicio oral, la teoría del caso debe construirse por el litigante pensando en que ella sea razonable, aceptable y creíble para el tribunal, aún en abstracto, es decir, antes de presentar o producir ante el tribunal la prueba que la justifica. La credibilidad de la teoría del caso en juicio se empieza a construir, desde la óptica de la persuasión, desde el alegato de apertura en que se expone por primera vez ante el juzgador la teoría del caso, es decir, antes de producir la prueba propia.[46] Para lograr que el tribunal esté predispuesto a aceptar una versión de los hechos antes de rendir prueba, el relato debe haberse construido teniendo en cuenta los límites del razonamiento humano y de la sana crítica, esto es, debe guardar correspondencia con los principios de la lógica, las máximas de la experiencia y los conocimientos científicamente afianzados.

9. Ser autosuficiente o autocomprensiva.[47] La teoría del caso del litigante debe contemplar no sólo los hechos fuertes y favorables al relato sostenido por el litigante, sino que además debe integrar razonablemente todos aquellos hechos malos o que expresen debilidades de su teoría del caso, para reducirlos al mínimo o proporcionar una explicación o justificación razonable de ellos al juzgador. Incluso, si fuera posible, deben incorporarse hechos que formen parte de la historia sostenida por la contraparte, proporcionando una interpretación diferente de los mismos al juzgador, que sea compatible con la teoría del caso del litigante.[48] El sentido de autosuficiencia del relato exige proveer al tribunal de un punto de vista tan cómodo, que le permita comprender y aceptar con un nivel de detalle razonable todo lo que va a acontecer y será

---

46 Según Pabón, los relatos creíbles se relacionan con las categorías de posibilidad y realidad, pues antes de que los fenómenos del mundo social se entiendan como reales o conviertan en realidad, deben entenderse como posibles. Pabón Gómez (2019), pp. 78 y s.

47 Neyra Flores (2019), p. 734.

48 Blanco *et al.* (2005), pp. 21 y s.

probado en el juicio.[49] Como señala Pabón, la teoría del caso, en cuanto a la claridad de las proposiciones fácticas, las pruebas que las acreditan y satisfagan elementos legales de la teoría jurídica, debe hablar por sí sola, explicarse por sí misma en la mirada de persuadir con autosuficiencia.[50]

Esta autosuficiencia de la teoría del caso no debe entenderse como la necesidad de probar todos y cada uno de los hechos que se vinculan con el suceso que será juzgado por el tribunal.[51] En los juicios no se prueban todos y cada uno de los hechos de un caso, sino aquellos que configuran las proposiciones fácticas que, informando al tribunal sobre la cuestión jurídica en juego, reproducen porciones del relato relevantes para persuadir al tribunal, ya sea porque le permiten tener por acreditados los hechos configurativos del tema jurídico sostenido por el litigante o porque dan credibilidad a otras proposiciones fácticas que sí lo hacen.[52]

10. Ser flexible.[53] Si bien la teoría del caso debe ser única fácticamente, y constituir una planificación u hoja de ruta que el litigante debe desplegar y cumplir en sus diversas intervenciones ante el juzgador, no debe tener una rigidez tal que impida al litigante adaptarse a situaciones imprevistas o no consideradas en

---

49 El juzgador en juicio oral conocerá de todos los hechos del caso, no sólo de aquellos que sean favorables al litigante que presentó su teoría del caso ante el tribunal. En ocasiones se manifestará en la presentación al tribunal de dos versiones fácticas diversas y las evidencias que las sostienen; en otros casos será una única versión, pero respecto de la cual la contraria tratará de resaltar sus debilidades e inconsistencias.

50 Pabón Gómez (2019), p. 71.

51 La reproducción de un suceso ante un juzgador es siempre parcial, pues no se requiere en sede judicial la reproducción y prueba de la totalidad del suceso acaecido históricamente sino sólo de aquellos hechos que sean pertinentes y relevantes para la resolución del caso.

52 Lo que importa para una buena historia es la consistencia de la información, no que esta sea completa. Kahneman (2012), p. 119.

53 Según Fontanet, la flexibilidad permite modificar y adecuar la teoría del caso en virtud de hallazgos o incidentes posteriores que así lo justifiquen. Fontanet (2010), p. 12.

su planificación,[54] o que habiendo sido contempladas generan en audiencia situaciones imprevistas.[55] En el juicio oral pueden ocurrir acontecimientos no previstos o desconocidos para el litigante, quien debe ser capaz de reaccionar adecuadamente, adaptándose a la nueva realidad que le imponen tales sucesos, ajustando en lo que corresponda su teoría del caso.[56] Lo señalado precedentemente también puede ocurrir a propósito del desarrollo de las audiencias preliminares.[57] Ser flexible y adaptarnos a lo que suceda en las audiencias, y que sea diverso a lo planificado, no debe significar apartarnos de nuestros objetivos. Por el contrario, frente a las dificultades que enfrentemos en las audiencias, y en particular en el juicio oral, tener claridad respecto de la teoría del caso debiera guiar como un faro hacia el cumplimiento de los objetivos perseguidos[58], sin perder el rumbo pese a las incidencias o situaciones no previstas.[59]

---

54 Ello podría ocurrir si durante la audiencia de juicio se genera una incidencia para que el tribunal acepte la producción de una prueba nueva, que llegó a conocimiento del litigante con posterioridad a los debates de admisibilidad probatoria de la audiencia preparatoria.

55 Sería el caso de un declarante que no llega al juicio a prestar su testimonio o que concurriendo no declara de la manera que se esperaba razonablemente de él.

56 En términos bélicos, sería la diferencia entre la estrategia definida para una batalla y las decisiones tácticas que deben adoptarse durante el curso del combate para responder a lo que efectivamente ha ocurrido en ella y que se aparta de la estrategia definida. Mientras que la estrategia es abstracta y está basada en objetivos de largo plazo, las tácticas son concretas y consisten en seleccionar el movimiento adecuado para cada momento. *Vid.* PABÓN GÓMEZ (2019), p. 108.

57 Esta situación podría ocurrir no sólo en el juicio oral, sino también durante una audiencia preliminar, como sería el caso en que a un litigante se le excluya prueba que consideraba central para probar su caso, o cuando habiendo definido el relato que pretende sostener e identificado las proposiciones fácticas necesarias para ello, no le es posible encontrar evidencias que las sustenten.

58 La estrategia visualiza el camino y al andar se hace camino con la táctica de la teoría del caso. PABÓN GÓMEZ (2019), p. 99.

59 El litigante debe estar atento a preguntarse: ¿por qué?, ¿por qué sí?, ¿por qué no? No basta que ocurra algo inesperado para abandonar la estrategia, pues al hacerlo se debe evaluar ese nuevo camino que se seguirá y sus riesgos. Como dice Pabón, de cara a la teoría del caso en el propósito de sus logros, cada vez que la defensa realiza un movimiento táctico debe tener en cuenta la respuesta de la contraparte acusadora, la respuesta a su respuesta, y así sucesivamente. PABÓN GÓMEZ (2019), pp. 99 y 114.

11. Barómetro de decisiones estratégicas. Debe permitir adoptar decisiones antes del juicio oral y justificarlas.[60] La teoría del caso permite anticipar a etapas anteriores al juicio oral la toma de decisiones relevantes sobre el destino de una causa, al proporcionar al litigante una prognosis bastante certera de cuál será el destino de ese caso concreto en un hipotético juicio oral. La teoría del caso del litigante se transforma así no sólo en una herramienta indispensable para enfrentar un juicio oral, sino también en un criterio de negociación cuando, de la evaluación de su teoría del caso y de la de su contraparte, aparece como el camino más razonable no ir a juicio oral.

El tema planteado es, en primer lugar, de gran relevancia para las instituciones del sistema de justicia al que pertenezca el litigante, como ocurre con el ministerio público y la defensa pública, quienes podrán verificar que las decisiones que adoptan sus abogados litigantes obedecen a criterios técnicos razonables y posibles de ser justificados como la mejor opción para el caso litigado, y que no se constituyan en decisiones basadas prioritaria o exclusivamente en los intereses personales del litigante, como ocurría si sólo tiene por finalidad desprenderse de causas para bajar su carga institucional de trabajo o en intereses o criterios institucionales generados sin considerar adecuadamente los intereses del afectado, víctima o imputado. En segundo lugar, es importante para los clientes que han contratado abogados privados, sean estos defensores o querellantes, pues les permitirá exigir a sus abogados la justificación de las recomendaciones estratégicas que les hagan sobre cómo continuar la tramitación de su causa, verificando con ello que sea una decisión técnica, basada en la teoría del caso a sostener, que constituye la mejor vía de tramitación de la causa, respetando los intereses y posiciones de los clientes, y que no sea una recomendación cuyo fundamento se encuentre exclusivamente en la gestión de la cartera de causas que el litigante tiene en el sistema penal.[61]

---

60 Moreno (2012), pp. 37-38.

61 Lo señalado nos demuestra que siendo efectivo que las obligaciones de un abogado litigante son de medios y no de resultados, sí es posible exigir que su actuar

12. Referente para ordenar evidencias. Permite seleccionar con precisión la evidencia a utilizar, y planificar su presentación o producción en juicio. El litigante que elabora su teoría del caso con profesionalismo puede dilucidar los temas probatorios más relevantes que enfrentará durante el curso del proceso penal. Será capaz de identificar con precisión el objeto del juicio, esto es, las proposiciones fácticas que corresponde acreditar en el juicio oral, las evidencias admisibles y lícitas que sean capaces de sustentar tales proposiciones bajo los estándares del juicio oral. También podrá definir el orden de presentación de las mismas o su interrelación, como ocurre con los objetos materiales y ciertos documentos con algunos testimonios en particular, o determinar el orden de presentación de la información que ha de proveer cada medio de prueba producido en juicio, o el manejo en juicio de la prueba indiciaria, etc.

13. Tener suficiencia jurídica. Con ello se quiere significar que la teoría del caso formulada debe satisfacer todos y cada uno de los componentes jurídicos implícitos en ella.[62] Así, debe ser capaz de dar cuenta de todos los elementos de la conducta punible y de la culpabilidad, en el caso de un fiscal.[63] Desde la perspectiva del ente acusador, su teoría del caso debe respetar el principio de legalidad, dando cuenta de cada uno de los elementos de la teoría del delito aplicables a la pretensión fiscal. Desde el punto de vista de la defensa, significa que debe determinar la falta de un elemento de la conducta o de la responsabilidad, o de los antecedentes jurisprudenciales que fijan el alcance de la norma o los debates dogmáticos que una institución del derecho penal sustantivo o la

---

sea consistente con la teoría del caso que haya definido para la causa.

62 Incluso en algunas de las audiencias preliminares estos temas jurídicos relevantes son no sólo de fondo sino además de carácter procesal.

63 Según Pabón, la teoría del caso no se construye al margen de los aspectos subjetivos y objetivos de la acción u omisión ejecutada. La teoría del caso no se construye por fuera de los aspectos esenciales, expresiones formales y materiales que identifican y diferencian los dispositivos amplificadores del tipo a título de autoría y participación. Tampoco se construye por fuera de la estructura típica de la conducta objeto y tema de prueba. Pabón Gómez (2019), pp. 27, 28 y 54.

aplicación de una regla legal en particular generan en la doctrina, como también todas las cuestiones procesales, administrativas y de garantías asociadas al recojo, embalaje y custodia de la evidencia, en particular los referidos al cumplimiento de la denominada "cadena de custodia".[64]

14. Debe ser breve. La narración a ser presentada ante los jueces debe elaborarse teniendo a la vista las limitaciones y restricciones de un juicio, como son su continuidad y concentración, la capacidad de atención de los intervinientes, todo lo cual sugiere que los planteamientos que se formulen al tribunal y la evidencia que los sostengan sean lo más breves posible.[65] Como señala Pabón, se debe eliminar de la narración todo lo superfluo, sobrante, redundante, insignificante; en suma, todos los episodios secundarios que no sean jurídicamente relevantes, pues esa eliminación incide a favor de la efectividad.[66]

15. Considerar, cuando corresponda, los intereses en juego, y la voluntad de los interesados directos. Las decisiones del litigante respecto de cuál será el derrotero de una causa no radica de manera exclusiva en su voluntad o conocimientos legales y dogmáticos, sino que debe considerar una serie de factores que pueden incidir en las decisiones que adopte respecto de una determinada causa. Algunas de esas decisiones serán adoptadas exclusivamente en base a consideraciones técnico-jurídicas, otras serán mediatizadas por criterios institucionales, de políticas de persecución penal, por la consideración de la voluntad de víctimas o imputados, disponibilidad de recursos, etc.

Leticia Lorenzo recomienda hacer un análisis estratégico que permita proyectar cuáles son las posibilidades concretas de solución, de acuerdo a varios indicadores, entre los cuales cabe mencionar: la voluntad de las partes involucradas en el conflicto (víctima e imputado), las posibilidades de las partes de buscar una solución alternativa, las posibilidades legales de buscar una solu-

---

64 Moreno (2012), p. 39.
65 *Id.*, p. 36.
66 Pabón Gómez (2019), p. 84.

ción alternativa o llegar a juicio, las posibilidades materiales del caso (necesidades probatorias versus posibilidades reales de la investigación, disposición de las partes e involucrados de concurrir al juicio, necesidades de trabajo versus la posibilidad de recurso, etc.), los interés institucionales para la persecución del caso de que se trate, y los intereses sociales para el esclarecimiento del caso.[67]

V. UTILIDAD E IMPORTANCIA

La teoría del caso se erige como el instrumento más importante para organizar nuestro desempeño en el proceso penal porque constituye la estrategia, plan o visión que tiene cada parte sobre los hechos que va a probar, teniendo como elementos fundamentales las afirmaciones de hechos pertinentes y relevantes, el derecho aplicable y los medios probatorios que sustentan tales afirmaciones.[68] Todas nuestras actuaciones dentro del juicio oral deben ser coherentes y funcionales a nuestra teoría del caso. Así, cuando examinamos a nuestros testigos y peritos, o a los de la parte contraria, cuando objetamos o presentamos pruebas materiales, debemos tener en mente de qué manera nuestras actuaciones refuerzan nuestra teoría del caso y debilitan la de la parte contraria, siendo que en la medida que cumplan esas funciones serán efectivas[69]. En concreto, la construcción de una teoría del caso nos servirá entre otras cosas para:

1. Elaborar una versión sobre cómo acaecieron los hechos que motivan el proceso penal.
2. Determinar los elementos normativos implícitos en nuestra versión de los hechos, sean ellos procesales o de derecho sustantivo.

---

67 Lorenzo (2012), p. 134.
68 Neyra Flores (2019), p. 733.
69 *Ib.*

3. Determinar con claridad el objeto de la prueba, esto es, las proposiciones fácticas que se deben acreditar durante el curso del juicio oral.
4. Seleccionar la evidencia pertinente, necesaria y admisible, desde la perspectiva de su legalidad y licitud, para acreditar nuestra versión fáctica ante un tribunal en un juicio oral, o los antecedentes investigativos y su contenido que integrará el litigante en sus debates referidos a las distintas audiencias preliminares.
5. Analizar y decidir fundadamente cuál es la forma más razonable y eficiente de tramitar y culminar la causa.[70]
6. La teoría del caso se constituye en un baremo o criterio de negociación, pues nos permite conocer las fortalezas y debilidades de nuestra versión de los hechos y de la contraparte. Así, tanto el fiscal como el defensor, a partir del conocimiento detallado de los hechos, de las penalidades involucradas, y de las fortalezas y debilidades del caso propio y de la contraria, podrán plantear o negociar que la causa termine a través de una salida alternativa o un procedimiento abreviado. Lo señalado es de particular importancia para que las negociaciones de las causas se hagan desde el punto de vista del contenido específico del caso y sus particularidades y no desde posiciones exclusivamente de poder, lo que afectaría seriamente a las defensas.
7. Permite identificar correctamente los presupuestos fácticos del denominado estatuto legal de la detención, para así poder justificar o cuestionar la detención por flagrancia u orden judicial en la audiencia respectiva. Esto es de gran relevancia para un defensor que debe focalizar su primera

---

[70] Desde la decisión de un fiscal de aplicar un criterio de oportunidad o desestimación de la causa, a decidir investigar, y de hacerlo, negociará o llevará la causa a juicio, hasta cómo deben enfrentar fiscales y defensores los debates de las audiencias preliminares. Respecto de la toma de decisiones de los litigantes, *vid.* Lorenzo (2012), pp. 41 a 56.

entrevista con el imputado en los hechos vinculados a ese estatuto y verificar su cumplimiento.[71]

8. Permite al fiscal seleccionar correctamente la información que debe considerar para la formulación de la imputación o formalización de la investigación. En el acto de comunicación de los hechos por los cuales el imputado es investigado se deben responder todas aquellas preguntas que hagan posible el ejercicio del derecho a defensa por parte del imputado. El fiscal debe responder entre otras cosas: qué hechos se le imputan, dónde ocurrieron, cómo ocurrieron, cuándo ocurrieron, entre quiénes.
9. Permitirá al fiscal determinar con precisión los antecedentes investigativos que deberá invocar en la discusión sobre la procedencia de medidas cautelares. El fiscal debe seleccionar de los antecedentes investigativos recopilados los que utilizará con la finalidad de argumentar el cumplimiento del presupuesto material (hecho punible y participación) y la necesidad de cautela que sustenten su solicitud de prisión preventiva u otra cautelar personal menos intensa.[72] En el caso de la defensa, le permitirá identificar cuál o cuáles son los aspectos que debe cuestionar, esto es, si en el caso en particular no se configura alguno de los componentes del denominado presupuesto material de la medida, o la necesidad de cautela específica invocada por el fiscal, o ambos.[73]

---

71 Nos referimos a la causal legal que justifica la privación de libertad, flagrancia u orden de detención, el plazo trascurrido entre la detención y la puesta a disposición del tribunal, el cumplimiento de la información de derechos al imputado tanto en su integridad como en su oportunidad, a la existencia o no de maltratos al imputado, a la vinculación con los presupuestos del denominado control de identidad.

72 El planteamiento del fiscal debe realizarse citando de manera concreta y específica no sólo el antecedente investigativo –antecedentes, registros o datos de prueba– que utilizará, sino también el contenido específico del mismo.

73 La defensa puede cuestionar, entre otros aspectos, la existencia o suficiencia de los antecedentes invocados para justificar el hecho punible, su calificación jurídica, el grado de ejecución del mismo, la concurrencia de circunstancias modi-

10. El conocimiento del caso y su proyección investigativa ilustrará a las partes en los debates de fijación de plazo judicial para reducir el plazo legal fijado en abstracto por el legislador.
11. Orientar al fiscal cuando haya reunido los antecedentes necesarios para proceder a cerrar su investigación, y considerar los elementos fácticos, jurídicos y probatorios que debe mencionar al elaborar y deducir su escrito de acusación.[74]
12. Orientar al litigante para proponer, discutir y acordar convenciones probatorias en la audiencia de preparación de juicio oral.[75] La estipulación o acuerdo es sobre un hecho o grupo de hechos. Estos hechos acordados serán reproducidos, tal y como fueron acordados y redactados, en la audiencia de juicio oral, por lo que los litigantes no deben presentar prueba sobre los mismos.[76]
13. Identificar las evidencias que se han recopilado durante la etapa investigativa que pueden originar una solicitud de exclusión de prueba por ilicitud por parte de la defensa. El ministerio público también debe identificarlas para establecer los argumentos que utilizará para defender su admisibilidad en la audiencia de preparación de juicio oral, y de qué manera sustituirá esas evidencias en caso que el tribunal las excluya, o cuál será la posición que asumirá frente al caso en el

---

ficatorias, la participación del imputado en el hecho, el grado de participación atribuido por el fiscal, los distintos componentes de la necesidad de cautela o peligro procesal invocados por el fiscal como justificativos de la imposición de la medida cautelar personal solicitada. En estos debates el estándar de convicción del juez no sólo se construye a partir de la apreciación de los antecedentes investigativos invocados en la audiencia, sin la necesidad de producción de prueba, sino que además bajo un estándar inferior al de condena.

74 Lo mismo ocurrirá con el querellante y su acusación particular e incluso a la defensa en el improbable evento que decidiera reaccionar por escrito frente a la acusación.

75 Lorenzo (2012), p. 158.

76 Bergman (1995), p. 245. Si bien estos hechos se darán por probados en el juicio oral, las partes no quedan excluidas de hacer alegaciones sobre las inferencias que puedan extraerse de ellos.

evento que la evidencia sea excluida por ilicitud y además no cuente con otras evidencias para acreditar las proposiciones fácticas que pretendía probar con las pruebas excluidas.[77]

14. Orientar al litigante en la elaboración de los alegatos de apertura y clausura.[78] En el alegato de apertura señalaremos al tribunal sintéticamente cuál es nuestra versión de los hechos, cómo la acreditaremos y cuáles son las consecuencias jurídicas que buscamos en el proceso, por lo que resulta indispensable seleccionar la información que debe contener. En el caso del alegato de clausura, se trata de un acto de carácter argumentativo en el que mostraremos al tribunal cómo nuestra teoría del caso fue acreditada mediante la prueba producida en el juicio. No sería razonable ni tendríamos tiempo para reproducir ante el tribunal todo lo que ocurrió probatoriamente durante el juicio. Debemos argumentar sobre la prueba que justificó ante el juzgador las proposiciones fácticas centrales de nuestra teoría del caso.
15. Organizar la presentación de la evidencia de la forma más eficiente y persuasiva durante el juicio oral.[79]
16. Determinar cuáles son los objetivos estratégicos que debemos alcanzar al ejecutar las distintas técnicas de litigación oral durante el desarrollo del juicio oral. Tales técnicas se caracterizan por ser neutras. Nos enseñan cómo hacer algo, pero no nos señalan explícitamente con qué sentido estratégico las debemos utilizar en un caso particular. Así, por ejemplo, si estudiamos el examen directo o interrogatorio, sabremos qué tipo de preguntas se pueden utilizar con los testigos o peritos propios, pero no nos orientará en lo más importante en un juicio concreto y real, que es saber qué debemos preguntar. En el caso de las objeciones no basta con estudiar y

---

[77] Puede ocurrir que luego de los debates de exclusión probatoria por ilicitud, el caso de la fiscalía se vea seriamente dañado y eso lleve al fiscal a negociar la causa o abandonar la prosecución de la misma.

[78] Neyra Flores (2019), p. 735.

[79] Ministerio Público *et al.* (2008), p. 6.

conocer las distintas causales de objeción a las preguntas que se formulen durante el juicio oral por los litigantes a los declarantes, sino que es indispensable verificar que la pregunta sea reconducible a una causal de objeción, pues la pregunta en cuestión puede afectar la teoría del caso.

17. El conocimiento de las teorías del caso de los litigantes es de gran utilidad también para el tribunal. En la medida que los litigantes dan a conocer con claridad al tribunal cuál es su teoría del caso, este podrá durante las audiencias preliminares focalizar los debates de los litigantes en los puntos pertinentes, relevantes y necesarios para la toma de sus decisiones, proponer convenciones probatorias a las partes, resolver correctamente los debates de admisibilidad de la prueba, especialmente aquellos referidos a la pertinencia de la misma. En juicio la teoría del caso resulta de utilidad para el tribunal en materia de dirección de audiencias evitando alegaciones impertinentes, resolviendo de manera correcta ciertas objeciones, identificando los puntos jurídicamente relevantes de los cuales debe hacerse cargo en su sentencia.

VI. ROL DEL LITIGANTE

Un litigante penal enfrentado a un caso tiene varias obligaciones que cumplir.[80] La primera de ellas es estudiar y conocer el caso con el mayor detalle posible.[81] Para ello debe conocer la mayor cantidad de hechos posibles, y no sólo aquellas circunstancias favorables a la posición que sostendrá ante el juzgador.[82]

---

80 Se entiende que es un requisito indispensable y obvio el poseer sólidos conocimientos legales-sustantivos y procesales, además de un adecuado manejo de la jurisprudencia y doctrina más relevante.

81 Fontanet (2010), pp. 24 a 28. Para ser persuasivo se requiere conocer exhaustivamente el caso, procurar crear empatía y construir una buena relación abogado-cliente, etc.

82 Esta es una obligación que compete no sólo al fiscal con miras a justificar su pretensión punitiva, sino también constituye una obligación para la defensa,

En segundo lugar, debe asumir que su desempeño en el proceso penal adversarial depende de su preparación y la planificación de cada una de las intervenciones que tenga en las distintas audiencias, en conformidad a su teoría del caso.

En tercer lugar, el litigante debe constituirse en un narrador del caso que someterá al conocimiento del juzgador. Mediante las alegaciones y argumentos en las audiencias preliminares, o con sus alegatos y su presentación de la prueba, el litigante proporciona al tribunal los antecedentes probatorios y argumentos justificativos de su teoría del caso. En esa tarea no debe olvidar el propósito de obtener una sentencia favorable a los intereses y posición que representa. Su narración no será aséptica ni desinteresada; por el contrario, será una narración persuasiva.[83] Incluso como se presenta un caso puede ser determinante en la forma en que el tribunal lo resuelva.

En cuarto término, debe asumir la obligación de presentar al tribunal un punto de vista del caso que le permita conocerlo y entenderlo en su integridad, para así poder acoger en su decisión la posición del litigante y descartar fundadamente la de sus contradictores.

Por último, debe asumir algo que una vez más resalta la importancia de la teoría del caso: las actuaciones de un litigante ante el juzgador en juicio oral tienen por finalidad transmitirle información conocida por él que sea pertinente y emane de la producción de la prueba y de sus argumentos. No corresponde que el litigante asuma la instancia del juicio oral como una instancia de carácter investigativo, donde recién venga a descubrir si una evidencia identificada por él puede o no proveer información relevante para la resolución del conflicto a juzgar.[84]

---

cualquiera sea la estrategia que se adopte.

83 Respecto del carácter de narrador persuasivo que debe asumir un litigante frente a un caso, *vid*. Moreno (2012), p. 18.

84 Como se verá más adelante, se trata de transferir persuasivamente información que sabemos nuestra prueba conoce, a quien carece de ese conocimiento, como es el juzgador.

Resulta necesario identificar algunas de las cualidades que se pueden encontrar en un buen litigante, sea para reconocerlas en nosotros o para tratar de adquirir en un plano razonable estas competencias deseables. Lo que se espera de un litigante es que se transforme en la mejor versión de sí mismo, y no en una maqueta o actor que trate mecánicamente de emular todas las características del litigante capaz de desempeñar la función de ser un narrador persuasivo de su teoría del caso.

1. Un buen litigante debe desarrollar aptitudes investigativas. Todo litigante al enfrentar un caso penal debe desenvolverse con hipótesis de trabajo que procurará investigar, consolidar, justificar argumentativa y normativamente, y acreditar probatoriamente, o eventualmente descartar, rebatir o impugnar. Para ello debe ser un analista crítico y agudo de todas las informaciones y evidencias que se recopilen. También ha de desarrollar habilidades para sostener entrevistas e interrogatorios eficientes con las distintas fuentes de prueba que puedan transformarse en declarantes en un hipotético juicio oral.[85] Particular relevancia tienen, en el contexto de un proceso penal, las entrevistas sostenidas por un defensor con el imputado, sea como primera entrevista antes de la audiencia de control de legalidad de la detención, para indagar con el imputado si quienes practicaron la detención dieron cumplimiento estricto al denominado "estatuto legal de la detención"[86], y las efectuadas con posterioridad, con la finalidad de recabar su versión definitiva sobre los hechos e irla contrastando con los antecedentes reunidos en la investigación fiscal y la desarrollada por la propia defensa privadamente.[87]

---

85 Por ejemplo, el fiscal con las víctimas o testigos identificados en las distintas diligencias investigativas realizadas en una causa.

86 Si fue informado sobre el motivo de la detención, de sus derechos, si tiene observaciones respecto del trato recibido y si fue puesto a disposición del tribunal dentro del plazo legal. Véanse los Artículos 135 y 93, letras a, b y g, del Código Procesal Penal chileno.

87 Moreno (2012), p. 66. Mediante preguntas abiertas y cerradas es posible que la versión del imputado provenga de él mismo y no de insinuaciones o propuestas sugeridas por su abogado. Ello sin perjuicio de entrevistas con preguntas cerradas destinadas a verificar la solidez de esa versión o su cuestionamiento a partir

2. Un buen litigante debe proyectar credibilidad. En todas sus intervenciones el litigante debe comportarse y proyectar con sus acciones, argumentos y comportamiento verbal y no verbal, credibilidad ante sus contradictores y en especial ante el tribunal. Esto es esencial durante todo el proceso penal, pero particularmente en las audiencias preliminares donde de ordinario los debates no se basan en pruebas, sino prioritariamente en los antecedentes investigativos contenidos en la carpeta fiscal. Esta credibilidad personal se va construyendo poco a poco en el tiempo y asegura mejores espacios de negociación con las contrapartes, y una mayor disponibilidad de los jueces a los planteamientos, solicitudes o formulación de argumentos. Comportamientos inapropiados o reñidos con la ética pueden desmoronar en un segundo esa credibilidad construida en años, e impactar negativamente en los futuros desempeños del litigante ante sus pares o juzgadores.[88]

3. El buen litigante debe hacer hablar la prueba en juicio. La prueba que un litigante identifique y ofrezca para producir en la audiencia de juicio tiene un carácter fragmentario, es decir, está constituida por una serie de porciones de información que pueden proveer diversas fuentes de prueba, muchas de las cuales incluso por sí solas no justificarán ante el tribunal una proposición fáctica relevante de nuestro caso, sino que constituirán indicios desde los cuales se podrá inferir esa proposición fáctica. Esas distintas porciones de información deben ser trabajadas por el litigante para ponerlas al servicio de la acreditación de un relato con significancia jurídica que explique y justifique una posición frente a los hechos que conocerá el juzgador. No se trata de un simple relato o de una recopilación de datos acreditables por distintas fuentes. El objetivo es efectuar una presentación persuasiva de un caso ante el juzgador, buscando que éste lo entienda y resuelva de una determinada forma.[89]

---

de la información que surja con el devenir de la investigación. Para una defensa con altos estándares de calidad, recomendamos revisar BINDER, CAPE & NAMORADZE (2015).

88 Sobre la importancia de proyectar honestidad, *vid*. FONTANET (2010), pp. 19-23.

89 Sobre la idea de hacer hablar la prueba, *vid*. MARÍN (2018), pp. 50-52.

4. El buen litigante debe preparar la prueba que producirá en juicio, en especial la constituida por declaraciones. Todo litigante debe seleccionar la prueba que presentará en el curso del juicio oral y producirla en el mismo de la manera más eficaz posible. En el caso de declarantes, debe proceder a sostener entrevistas con ellos durante el curso del proceso penal. Entendemos por entrevista a aquella técnica investigativa consistente en el proceso de comunicación que se produce, de manera informal, entre dos personas y en virtud de la cual se obtiene información relevante y de interés para el entrevistador.[90] Es el mecanismo que deberá usar un abogado litigante para vincularse con los posibles testigos y peritos, y determinar la utilidad de sus relatos para la acreditación de su teoría del caso.[91] La defensa debe hacer lo mismo con su representado, para elaborar la versión fáctica que sostendrá ante el tribunal.

En el caso de los potenciales testigos de un caso es de vital importancia reunirse y entrevistarse personalmente con ellos, a fin de conocer de primera fuente qué es lo que conocen de los hechos, y evaluar la calidad y utilidad de esa información conforme a la teoría del caso propia y otras consideraciones de carácter procesal, como su admisibilidad para ser llevado a juicio.[92] Se recomienda que en esa entrevista se le solicite al testigo que narre todo lo que sabe del caso, sin interrumpirlo. Una vez culminado su relato se le pueden formular preguntas destinadas a que se focalice en algún aspecto de lo relatado y testear el nivel de detalle de la información que conoce.[93]

---

90 Defensoría del Pueblo (2005), p. 38 (la entrevista es concebida como aquella comunicación informal que se establece entre dos personas –emisor y receptor–, a través de la cual se obtiene información).

91 Estas entrevistas con posibles declarantes no sólo pueden efectuarse respecto de los deponentes propios, sino que también, con mayores resguardos, con los posibles deponentes de la parte contraria.

92 Gonzalo Rua sostiene que, si las partes pretenden presentar una historia creíble y persuasiva a través de su prueba, es fundamental que tengan cabal conocimiento de quiénes son sus testigos, qué vieron, qué escucharon. No deben limitar su tarea a revisar el legajo (carpeta) de pruebas. No hay duda que los abogados deben conocer a sus testigos para preparar una narración persuasiva de los hechos que pretenden se den por ciertos. Rua (2014), p. 22.

93 Según Fontanet, ello permite conocer las fortalezas y debilidades, a objeto de determinar si el testimonio es un elemento que pudiera ser utilizado en una eventual

No deben confundirse las entrevistas que un abogado puede sostener con su cliente (víctima o imputado) y con la prueba (testigo, perito), con aquellas declaraciones que se toman formalmente durante la etapa investigativa por el órgano de persecución penal o la policía. Aquí nos estamos refiriendo a entrevistas más o menos informales que realiza ordinariamente el abogado luego de haberse impuesto del contenido del legajo o carpeta investigativa.[94]

Estas entrevistas previas a la declaración de un deponente en juicio oral pueden ser eventualmente múltiples. Para los efectos de la justificación de su validez, las asociaremos a distintos momentos en que es posible vislumbrar y justificar su realización. Los objetivos y contenidos específicos de estas entrevistas pueden variar según el momento en que la entrevista o reunión previa se verifique.

a) Entrevistas destinadas a la selección de la evidencia útil a la teoría del caso del litigante, y a su posterior ofrecimiento en la audiencia preparatoria de juicio oral para debatir su admisibilidad. Estas entrevistas que tienen lugar durante la etapa de investigación del Ministerio Público persiguen establecer si los potenciales testigos que hayan surgido, sea por recomendación del cliente, de la investigación o del testimonio de otros testigos, pueden o no constituir un aporte significativo para la acreditación de las proposiciones fácticas que sustentan su teoría del caso.[95] Para ser legítimas estas entrevistas con los posibles declarantes, deben ser de carácter individual, evitando la contaminación del testimonio de unos con otros.

   Las proposiciones fácticas recuerdan al litigante que está frente a un escenario judicial que es complejo y que le impone la acreditación de su relato de los hechos ante el tribunal de juicio, para así obtener un pronunciamiento favorable. Para que ello ocurra no basta que el litigante despliegue en

---

negociación con la contraria. También podría influir en la decisión de determinar el orden de presentación de los testimonios en juicio. Fontanet (2010), p. 31.

94 Rua (2014), p. 183.

95 Moreno (2012), pp. 29 y s.

el juicio una aproximación general a la evidencia. Lo que se le exige acreditar en juicio es mucho más específico: son las porciones particulares de su relato que reflejen el contenido sustantivo penal presentes en el caso, esto es, la teoría jurídica y partes del relato explicativo de los hechos.[96] No basta, por ejemplo, saber que se dispone de evidencia testimonial de manera genérica. Lo importante es conocer en detalle cuál es la información específica que esa fuente de prueba puede aportar con su testimonio al tribunal. Así un testigo puede decirnos que estuvo en el lugar y en el momento en que ocurrieron los hechos, o peor aún, nuestro cliente puede señalarnos que es un declarante útil al caso, y nosotros asumir que es una buena prueba, y al prestar su testimonio ante el juzgador, la información que proporciona resulta no ser relevante para acreditar las proposiciones fácticas debatidas en el caso. Por ejemplo, suponga que el declarante al prestar su testimonio asevera ante el tribunal que efectivamente estuvo en el lugar de ocurrencia de los hechos, pero que en el momento exacto en que ocurrieron los jurídicamente relevantes, estaba mirando para otro lado.

b) Las entrevistas sostenidas con los declarantes ofrecidos como prueba en la audiencia de preparación de juicio oral, y admitidos para ser producidos en juicio oral. La posibilidad de sostener reuniones en esta instancia es uno de los temas que genera más controversia y discusión, muchas de ellas

---

96 Según Bergman, las proposiciones fácticas indican a los litigantes cuáles son las evidencias que deben aportar para acreditar su versión y qué información específica deben obtener de ellas. Las proposiciones fácticas surgen del análisis del caso, de las entrevistas con los involucrados, testigos, peritos, funcionarios policiales, del análisis y estudio detallado de cada uno de los documentos, evidencias materiales u otros medios de convicción que existan en la causa. La labor del técnico es en ese estudio o diálogo identificar las proposiciones fácticas y asociarlas a los elementos de la teoría jurídica que se quieren demostrar en juicio, para luego identificar las evidencias pertinentes y relevantes que le permitirán sustentarlas en juicio mediante sus interrogatorios y, finalmente, qué referencia o argumentaciones en torno a ellas deben formular en sus alegatos. *Vid.* BERGMAN (1995), p. 24.

6. El buen litigante se pone en la situación o posición del juzgador. Los litigantes deben estar en condiciones de resolver todas las dudas y exigencias probatorias que los jueces se planteen frente a un caso. No deben olvidar que el juez desea tomar la decisión más justa para resolver el conflicto. Por ello es tan importante que al elaborar nuestra teoría del caso tratemos siempre que comprenda la mayor cantidad de hechos posibles del caso y no sólo aquellos que son compatibles con nuestra posición.[101] El juez, por el carácter adversarial de las audiencias y en especial del juicio oral, conocerá el caso completo, no sólo aquello que nos beneficia sino que también aquello que nos daña o perjudica. También advertirá los vacíos que pudiera tener nuestra teoría. Debemos prepararnos para dar una respuesta razonable y creíble frente a todas las interrogantes que pudieran surgirle al juez.[102]

7. El buen litigante sabe tomar notas y registrar toda la información relacionada con el caso.[103] Es importante que el abogado aprenda a tomar permanentemente notas de las actividades que realiza y que no se confíe más allá de lo razonable de su capacidad memorística. Particular importancia tienen estas notas durante la etapa investigativa, al indagar sobre la existencia de posibles declarantes y sus dichos. Los apuntes de los debates relevantes en las audiencias preliminares, como la ilegalidad de una detención, o sobre medidas cautelares o exclusión probatoria, pueden ser

---

101 Aunque no debiera ocurrir, a veces debemos considerar la oportunidad en que algo se solicita. Por ejemplo, en causas de gran impacto mediático hay jueces que se comportan de distinta forma frente a la presencia masiva de medios de comunicación.

102 De allí la importancia de identificar 1°) las debilidades que presenta nuestra construcción (a objeto de trabajarlas adecuadamente), y 2°) la posición que sostendrá nuestro contendor, sus fortalezas y debilidades.

103 Bergman advierte que la toma de notas no debe impedir que el litigante esté atento al entorno, comportamiento y reacciones del declarante. *Vid.* BERGMAN (1995), pp. 269 y s. También debemos estar atentos a las reacciones del tribunal, para saber si debemos profundizar un punto de nuestro interrogatorio y verificar si nuestra intervención ha causado impacto, dando tiempo al juzgador para que también tome notas.

útiles al momento de intervenir, precisando o complementando los datos, refiriéndose a asuntos resueltos previamente, o haciéndose cargo de las argumentaciones o planteamientos de la parte contraria. Más allá de los sistemas de registro existentes, en el juicio oral es de suma utilidad tomar notas exactas de las frases utilizadas por los declarantes, testigos o peritos, para así poder citarlas en el alegato de clausura. Tomar notas además tiene un efecto virtuoso en el caso de los exámenes directos de la parte contraria, pues la escucha activa contribuye a la preparación de la ejecución del contraexamen de ese declarante, p. ej., para reiterar con sus palabras exactas afirmaciones favorables para nuestra teoría del caso, o iniciar el proceso de confrontación con declaraciones previas reiterando al juzgador lo que el declarante acaba de decir sobre el punto en que será confrontado. También conviene registrar las respuestas obtenidas en puntos relevantes del contraexamen, para reiterarlas de manera expresa al juzgador en nuestras argumentaciones de clausura, explicitando con ello cómo nuestros contraexámenes dañaron efectivamente la credibilidad de un declarante en particular, sea a nivel de su credibilidad personal y/o de su testimonio.

VII. METODOLOGÍA

La planificación que proponemos supone la realización de ocho pasos en total. Los primeros seis pasos se enfocan en las labores destinadas al diseño y preparación de la teoría del caso, razón por la cual siempre debemos realizar estos pasos para fijar nuestra visión estratégica del caso a litigar. Las otras dos etapas están referidas a su ejecución, esto es, a la forma de presentarla y justificarla de la manera más eficaz en el juicio oral.[104] La planificación que proponemos respeta e integra los componentes que ordinariamente los autores reconocen como presentes en una teoría del caso: un

---

104 Sobre la razón de avanzar hacia una metodología de trabajo derivada de los componentes básicos de una teoría del caso, *vid.* Moreno (2012), pp. 41-44.

componente fáctico, un componente jurídico, y un componente probatorio.[105]

A continuación y previo al tratamiento específico de cada uno de los que proponemos como componentes de la teoría del caso, presentamos un cuadro sinóptico de nuestra propuesta, para resaltar que se trata de una metodología que se compone de un conjunto de pasos, que además se caracteriza por constituir una metodología de planificación iterativa, esto es, que abordado uno de sus componentes, ello no significa que necesariamente no volvamos a analizar ese aspecto otra vez. Seguir la metodología cronológicamente con los pasos propuestos no significa que cada etapa se convierta en un compartimento estanco, aislado de los demás. Por el contrario, avanzar en el desarrollo de los pasos siguientes de la metodología de trabajo que proponemos puede significar en muchas ocasiones tener que volver atrás a revisar nuestro trabajo y complementarlo o modificarlo. Así, por ejemplo, establecido el relato fáctico y la teoría jurídica de nuestro caso, podemos constatar que no estamos en condiciones de identificar proposiciones fácticas que den cuenta en audiencia de esos elementos fácticos y normativos, o más adelante, que una de las proposiciones fácticas identificadas no posee evidencia que la acredite o que existiendo una sola evidencia para tal propósito, ésta presenta serias debilidades.

Matriz de Teoría del Caso y Litigación Penal Estratégica

1	2	3	4	5	6	7	8
Relato de hechos	Teoría Jurídica	Proposiciones fácticas	Evidencias	Teoría del caso de la contraparte	Debilidades	Clases de evidencia	Forma de presentación del caso

[105] Lorenzo sostiene que la teoría del caso está compuesta por tres partes: teoría fáctica, teoría jurídica y teoría probatoria. Lorenzo (2012), p. 37.

1. Generación o elaboración de un relato de hechos

El primer eslabón de nuestro trabajo es construir un relato o versión acerca de lo ocurrido.[106] Para cumplir con esta tarea es indispensable que el litigante conozca a cabalidad el caso, esto es, los hechos del mismo con la mayor precisión y detalle que le sea posible, en conjunto con todos los antecedentes investigativos que se hayan reunido por el ente persecutor con el auxilio de las policías, o que hayan sido aportados por los querellantes. En el caso de las defensas, además aquellos antecedentes derivados de las entrevistas sostenidas con su representado[107], como los reunidos en su investigación particular. También, los litigantes deben conocer y manejar correctamente toda la normativa constitucional y legal, tanto procesal como sustantiva, aplicable al caso, la jurisprudencia, y las posiciones dogmáticas pertinentes.[108]

No debemos olvidar que en el contexto del derecho penal de corte liberal que prima en nuestros días, para que pueda establecerse o sostenerse la responsabilidad penal de un sujeto debe acreditarse una conducta, lo que supone necesariamente la configuración de un fenómeno fáctico.[109]

El requerimiento de conocer el caso a cabalidad conlleva una obligación adicional, constituida por la necesidad de realizar investigaciones propias, lo que parece obvio en el caso de los fiscales, pero que se extiende también a las defensas, sea para justificar tesis fácticas alternativas a las sostenidas por la fiscalía[110] o destinadas a proporcionar elementos de refutación de la tesis fiscal y la

---

106 Al igual que todo relato, debe contener una hipótesis explicativa de lo ocurrido e incluso muchas veces una hipótesis justificativa (p. ej., el móvil de una conducta).

107 Sobre las entrevistas del defensor con su defendido y su diferencia con los interrogatorios de la investigación, *vid*. Moreno (2012), pp. 60-68.

108 *Id*., p. 45.

109 Como se verá más adelante, este fenómeno fáctico tendrá una representación normativa.

110 Por ejemplo, si la defensa sostiene la concurrencia de una causal eximente de responsabilidad penal como la legítima defensa, debe acreditar sus requisitos de procedencia.

evidencia que la sostiene.[111] Desde la perspectiva de la litigación oral, los defensores públicos o privados no sólo tienen el derecho de investigar, que se deriva como un componente del derecho a defensa de todo imputado[112], sino que tienen el deber de hacerlo aún cuando su tesis de defensa sea únicamente de refutación de la tesis de la fiscalía, pues en esos casos debiera al menos indagar información sobre cada uno de los declarantes de la fiscalía para preparar sus contraexámenes, lo que se extiende no sólo a conocer sus declaraciones previas sino a su información personal y profesional, la que no se encuentra ordinariamente en los antecedentes de la carpeta fiscal[113], o para presentar prueba destinada a controvertir la prueba de la acusación, por ejemplo, presentando prueba pericial propia.[114]

Para la fiscalía esta labor de esclarecimiento y establecimiento de los hechos relevantes del caso es esencial, toda vez que ella siempre debe sostener una versión de los mismos ante el tribunal. En el proceso penal a ella le corresponde la carga de probar la imputación penal más allá de toda duda razonable. Su investigación y construcción del relato de los hechos debe desarrollarse cumpliendo ciertas ideas matrices como el principio de legalidad, el de objetividad, respetando la obligación de registro[115], la

111 Como ocurriría con la búsqueda de antecedentes destinados a proporcionar información para la elaboración de los temas a abordar en el contraexamen de los declarantes de la fiscalía, o búsqueda de prueba de refutación, por ejemplo.

112 Lo que conlleva necesariamente que las defensas públicas deben contar con los recursos humanos y materiales para realizar estas investigaciones.

113 Antecedentes que permitan la desacreditación personal de un testigo o perito.

114 Según Moreno, esa investigación de la defensa es una investigación privada, por lo que carece de potestades públicas, lo que lleva a que en algunos casos pueda resultar indispensable el formular ciertos requerimientos investigativos al Ministerio Público. Debiera en tal caso resguardarse el hecho de que esas actividades investigativas en cuanto resulten razonables, desde la tesis de la defensa, puedan llevarse a efecto y que se proteja que el resultado de las mismas sea entregado a las defensas directamente. De no ocurrir aquello, debe concederse tutela judicial a la defensa, para que no se vea conculcado su derecho a controvertir la tesis fiscal por el hecho de carecer de potestades públicas para llevar adelante determinados actos investigativos. *Vid.* Moreno (2012), p. 47.

115 Sobre la obligación de registro y su importancia, *vid.* VVAA (2013), pp. 80-82 y 117-125.

de descubrimiento probatorio, la no infracción del principio de prohibición de sorpresa, manifestado en el respeto del principio de congruencia entre la formalización de la investigación y su acusación, como en el de obtención y producción legítima de la evidencia.[116]

Las defensas tienen el derecho-deber de realizar una investigación propia durante el curso del proceso penal, independientemente de la naturaleza de la estrategia de defensa que sea escogida para defender los intereses del imputado.[117] Se pueden sostener dos tipos de estrategias de defensa para enfrentar la imputación fiscal.[118] La primera corresponde a la defensa activa o positiva, y es aquella en que sostendremos un relato o versión de hechos alternativo, distinto total o parcialmente al sostenido por el ente acusador. Sería el caso, por ejemplo, en que se sostenga una coartada que pone al acusado en un lugar distinto al de ocurrencia del hecho típico al tiempo en que este ocurrió, o sostener la concurrencia de una legítima defensa o una causal de inimputabilidad. En esta estrategia de defensa resulta indispensable que se realice investigación propia por parte del defensor, y que se aporte evidencia al juicio destinada a acreditar ante el juzgador las proposiciones fácticas centrales de ese relato alternativo.[119]

La segunda forma corresponde a la denominada defensa pasiva o de refutación, y consiste en construir la estrategia de defensa basada en la confrontación o refutación de la tesis acusatoria fiscal, por la insuficiencia probatoria de las evidencias presentadas

---

116 MORENO (2012), pp. 48-53.

117 Para otra forma de entender las estrategias defensivas, *vid*. LORENZO (2012), pp. 152-154.

118 El criterio de la clasificación se refiere al planteamiento o no por parte de la defensa de un relato distinto al sostenido por el Ministerio Público.

119 De ser posible en un caso concreto, esta es la opción que recomendamos. La defensa puede resultar victoriosa, sea porque el tribunal desestima la acusación al haberse comprobado en los estándares legales la tesis alternativa de la defensa, o porque si bien no resulta íntegramente acreditada la tesis defensiva, lo es para generar en el tribunal la duda razonable sobre la tesis del Ministerio Público. *Vid*. MORENO (2012), p. 61.

por la acusación para justificarla, por considerar que el Ministerio Público no podrá justificar todos o algunos de los elementos de su teoría jurídica,[120] o plantear que los supuestos fácticos de la acusación pueden ser entendidos o interpretados de una manera distinta a la propuesta por el fiscal (o querellante) en su acusación[121]. Como se puede apreciar, en estos casos la defensa no formula un relato alternativo al de la fiscalía para presentar al juzgador. Igualmente la defensa debe desarrollar una investigación propia destinada a la búsqueda de información relevante para controvertir la prueba de la fiscalía, sea por su forma de obtención[122], por la falta de credibilidad de la misma o de la información que ella proveerá al juzgador,[123] o para obtener y presentar en juicio evidencia propia con el fin de refutar la prueba del Ministerio Público.[124] [125]

La necesidad de llevar adelante una investigación propia y reunir evidencia propia no sólo es relevante con miras a un probable juicio oral, sino que también lo es para los efectos de intervenir activamente durante la etapa de investigación, de manera pertinente y eficaz, por ejemplo, en los debates relativos a la procedencia de medidas cautelares o de coerción personal, en que los cuestionamientos de

---

120 Por ejemplo, una circunstancia que califica el tipo penal en uno más grave, la concurrencia de alguna o algunas agravantes, algún elemento del tipo acusado.

121 Más adelante se explica que en muchos casos existen proposiciones fácticas que caben perfectamente tanto en el relato de la acusación como en el de la defensa. Puede darse que los litigantes concuerden en lo acontecido fácticamente, pero tengan discrepancia a propósito de las consecuencias jurídicas que se derivan de esos hechos.

122 Mediante debates de admisibilidad probatoria en la audiencia de preparación de juicio oral.

123 Lo que quedará de manifiesto en los contraexámenes que se realicen en juicio respecto de los declarantes del Ministerio Público.

124 Sobre los tipos de defensa, *vid.* Moreno (2012), pp. 56-61.

125 Una situación distinta ocurre cuando la tesis de la defensa consiste no ya en una divergencia respecto a los hechos ocurridos, sino respecto de las consecuencias jurídicas que el Ministerio Público deriva de esos hechos que no son controvertidos. En esos casos la defensa acepta los hechos formulados por el Ministerio Público, pero efectúa una controversia esencialmente jurídica, relativa a un problema de interpretación o de calificación. Para ello se sugiere que el litigante busque apoyo dogmático y jurisprudencial en los que se sostenga precisamente la tesis jurídica que plantea dicha defensa.

la defensa estén centrados prioritariamente en el hecho punible o la participación culpable de su representado, o para fundamentar sus solicitudes de sobreseimiento, y en particular las causales de sobreseimiento definitivo.

Los eventuales debates de audiencias preliminares pueden llevar a la defensa a tomar una decisión respecto de los antecedentes y fuentes de información identificadas durante su investigación privada. La decisión se refiere a si incorporará o no los antecedentes recopilados en la carpeta o legajo investigativo fiscal o si los reservará para ofrecerlos como prueba en la audiencia de control de la acusación o de preparación de juicio oral, con miras a producirlos como medio probatorio en el juicio oral. Por regla general, no se aprecian incentivos para que los resultados de la investigación de la defensa deban incorporarse a la investigación desarrollada por el Ministerio Público.[126] Hacen excepción a este planteamiento algunas situaciones en que la defensa puede considerar razonable y de utilidad para sus intereses el que los antecedentes recopilados en su investigación sean incorporados a la carpeta investigativa fiscal durante la investigación. Esto puede ocurrir cuando se trata de antecedentes de tal entidad, objetividad y valor acreditativo, que le permitirán solicitar fundadamente al ministerio público que desista de la investigación dirigida en contra de su representado, o en caso de no obtener un cambio en la posición del ministerio público, recurrir ante el tribunal solicitando la revocación de una prisión preventiva u otra medida cautelar personal, o fundar y justificar una solicitud de sobreseimiento, particularmente definitivo, ante el juez de garantía.[127]

---

126 No debemos olvidar que la defensa, a diferencia de la persecución penal, no tiene obligación de registro y sólo debe descubrir de su investigación las fuentes de prueba que ofrecerá para el debate de su admisibilidad en la audiencia de preparación de juicio oral y que una vez admitidas producirá en la audiencia de juicio oral. En igual sentido, Moreno (2012), p. 53.

127 Lo planteado no constituye una obligación para la defensa, sino que es una opción estratégica, pues en algunos casos puede considerar de utilidad para los intereses de su representado formular, antes de recurrir directamente a la sede judicial, planteamientos al fiscal a cargo de la investigación, para que sea éste el

En el caso de países que contemplan la figura del querellante, en especial la del querellante particular[128], la necesidad de elaborar una teoría del caso y conocer todos los antecedentes del caso a litigar puede imponer a los querellantes la necesidad de realizar una investigación autónoma propia y el deber de recopilar evidencias; en especial a los querellantes particulares, que requerirán acreditar ante el tribunal de juicio presupuestos fácticos distintos o adicionales a los sostenidos por la fiscalía en su acusación.[129]

La tarea de elaborar una teoría del caso, entonces, no se circunscribe únicamente a fiscales y defensores sino que se extiende también a quienes funjan en el proceso penal como querellante, sea para coadyuvar a la tarea investigativa y de recopilación de evidencias de la fiscalía, fortaleciendo la prueba de la acusación, o derechamente para poder sustentar en el proceso y juicio una posición diferente a la del Ministerio Público, sea desde una perspectiva típica, circunstancias modificatorias, grado de ejecución o participación.

Para garantizar que no se infrinja la prohibición de sorpresa, que garantiza el ejercicio de una defensa informada, si los querellantes desean hacer uso válido de algunas de las evidencias recopiladas en su investigación privada en el juicio oral, necesariamente deben incorporar esos antecedentes investigativos y su resultado en la carpeta o legajo investigativo del Ministerio Público.[130] Para los efectos del registro y descubrimiento de aquellas evidencias que los querellantes desean producir o rendir en el juicio oral, debemos entender que comparten las obligaciones del *ius puniendi* estatal.[131]

---

que tome administrativamente una decisión relevante para la causa en relación a su defendido y que luego solicite la aprobación de la misma en sede judicial.

128 En muchos países no se contempla la figura del querellante o sólo aquel denominado adhesivo.

129 Sobre algunas dificultades que enfrentan los querellantes para intervenir en el proceso penal, *vid.* VVAA (2013), pp. 126-134.

130 En igual sentido Moreno (2014), p. 79 (según la Corte Suprema chilena, el querellante que pretenda producir prueba pericial y testimonial en juicio oral debe previamente incorporarla al registro de la investigación llevado por el ministerio público).

131 De adoptar una posición diferente se generaría un incentivo perverso hacia la fiscalía, consistente en desarrollar elementos centrales de su investigación a través del querellante.

Una prevención indispensable. Para identificar correctamente los hechos del caso, clasificarlos y construir un relato persuasivo a ser sostenido en sede judicial, debemos tener la precaución de trabajar precisamente con "hechos", y no con opiniones personales, juicios, conceptos o conclusiones normativas, pues todos ellos suponen un conjunto de hechos, que son precisamente los que deben ser justificados ante el tribunal.[132] Lorenzo define al hecho como una acción que se ha llevado a cabo, adelantándose a cualquier evento que pudiera dificultarla o impedirla. Lo importante en la descripción de un hecho es librarlo de abstracciones.[133] La misma autora señala que los abogados litigantes deben aprender a hacer relatos de hechos concretos, que muestren a la contraparte el contenido de sus afirmaciones jurídicas abstractas y permitan al tribunal saber qué le tocará juzgar en cada juicio específico.[134]

¿Qué hechos deben ser considerados para elaborar la teoría del caso? En las audiencias judiciales preliminares e incluso en el juicio oral no se reconstruyen ante el juez todos y cada uno de los hechos ocurridos en el contexto de la presunta comisión de un ilícito. Ello sería prácticamente imposible dadas las características de concentración de los juicios. Además se presenta otro problema; como explica Bergman, las recreaciones verbales provienen de seres humanos cuyos poderes falibles de observación y memoria han sido bien documentados, y las descripciones de los declarantes tendrán las limitaciones propias del vocabulario que utilicen.[135]

De lo que se trata es de identificar aquellos hechos que son jurídicamente relevantes.[136] Son hechos de los cuales se desprenden las

---

132 Sobre la diferencia entre hecho y concepto jurídico, *vid.* Lorenzo (2012), pp. 37-40.

133 *Id.*, 39.

134 *Id.*, p. 142.

135 Bergman (1995), p. 18.

136 Pabón afirma que son aquellos que permiten formular los juicios de adecuación de la conducta (o no) a las normas sustanciales de la conducta injusta, por imputar, acusar y defender. Pabón Gómez (2019), p. 163.

consecuencias jurídicas buscadas por los litigantes.[137] Adicionalmente debemos justificar aquellos hechos que aportan a la credibilidad de otros hechos jurídicamente relevantes. Sólo son válidos los hechos jurídicamente relevantes que puedan ser verificados y comprobados en los estándares de un juicio oral. La identificación de los hechos jurídicamente relevantes es lo que permite formular (o no) el juicio de subsunción o adecuación típica a las reglas legales sustantivas que describen la conducta materia de la imputación, acusación o tesis defensiva.[138]

Otra de las actividades del litigante –a propósito de la identificación de los hechos jurídicamente relevantes y de aquellos que aportan a la credibilidad del relato– es seleccionar cuáles de todos los hechos conocidos utilizará para construir el relato que sostendrá ante el tribunal, y cuáles de ellos utilizará en los debates que debe afrontar en las audiencias preliminares y cuáles en un eventual juicio oral. Ello es así porque la naturaleza y características de los distintos debates jurídicos que se abordan en el proceso penal suponen muchas veces la acreditación de distintos presupuestos fácticos.[139]

2. *Clasificación de los hechos*

Una vez que se han identificado de una manera precisa y detallada los hechos presentes en el caso, se debe proceder a su clasificación, para lo cual se propone hacerlo básicamente en las siguientes categorías, miradas desde el punto de vista de la pretensión e interés de la parte que elabora la teoría del caso: buenos, malos y neutros, distinguiendo a su vez entre aquellos catalogados como

---

137 Estas consecuencias jurídicas pueden ser de derecho procesal, probatorio o de fondo en la etapa preliminar, o básicamente de derecho sustantivo en el juicio oral.

138 Si lo que se identifica son hechos que permiten la construcción de un relato o historia, pero ella no tiene significancia sustantiva penal, no estamos frente a un caso penal, independientemente de lo persuasivo que pueda ser el relato.

139 En efecto, no son los mismos hechos (o al menos no con los mismos énfasis y detalles) los que esgrimiremos en un control de legalidad de la detención, en un debate de medidas cautelares o en el juicio oral.

buenos o malos los denominados inmodificables o inamovibles.[140] Debemos elaborar un listado de cada una de estas categorías de hechos, y luego analizarlos por separado para determinar qué rol jugarán en nuestro relato y de qué manera los abordaremos desde la perspectiva de la litigación.

a) Hechos buenos o positivos son aquellos hechos favorables a la construcción de un relato compatible con nuestro interés o pretensión en el caso. Su identificación es de la mayor relevancia, pues es en torno a esos hechos, presentados como proposiciones fácticas, que se estructurará la versión de hechos definitiva que sostendrá el litigante para explicar al tribunal cómo ocurrieron los sucesos del caso. Los hechos buenos o positivos pueden referirse, por ejemplo, a la acreditación del hecho punible, a la participación, a las circunstancias modificatorias de responsabilidad penal, a las circunstancias eximentes o atenuantes de responsabilidad penal, o a dar credibilidad a otros hechos.[141]

b) Hechos malos o negativos son aquellos que perjudican o dañan el relato a construir a partir de nuestro interés o pretensión. Para la identificación de los mismos resulta útil no agotar nuestro examen al momento de ocurrencia del presunto hecho ilícito, y extender nuestro análisis a una línea de tiempo y sucesos hacia el pasado. La idea, con estos hechos identificados *prima facie* como negativos, es ver si existe la posibilidad de intervenirlos para impedir que dañen gravemente nuestra teoría del caso, neutralizándolos o derechamente transformándolos en un hecho positivo para nuestro relato. Su tratamiento en nuestra teoría del caso es muy

---

140 Es una clasificación orientada por las técnicas de litigación que usaremos en juicio para presentarlos ante el tribunal. Esta clasificación fue propuesta en la jornada de capacitación "Litigación y negociación a defensores penales públicos", dictada por docentes del Colegio de Abogados de Quebec (Canadá), en Santiago de Chile. Sin perjuicio de la existencia de numerosas clasificaciones que pueden efectuarse respecto de los hechos, muchas de ellas más completas y sofisticadas, nos parece que la adoptada en este texto presenta la virtud de ser simple y fácil de comprender, y orientadora para las labores que debe efectuar un litigante en su trabajo de preparar sus intervenciones en un posible juicio oral.

141 Por ejemplo, luminosidad de un lugar, distancia del testigo, lugar específico en que ocurrió un hecho, etc.

relevante, pues demostrará al tribunal que conocemos y estamos en condiciones de trabajar todos los hechos del caso y no sólo aquellos que son favorables a nuestra posición. Por lo demás, el tribunal de ordinario, dado el carácter adversarial de las audiencias, terminará conociendo de estos hechos, aunque nosotros los ocultemos, pues será precisamente tarea de la contraparte darle a conocer estos hechos que pueden cuestionar o restar credibilidad a nuestra teoría del caso. Los jueces conocerán en las audiencias de todos los hechos que integran un caso y que sean de interés o pertinentes para la teoría del caso de los litigantes y no sólo de aquellos que integran la versión de uno de ellos. Por ello es que debemos estar en condiciones no sólo de conocerlos, sino de entregar cuando corresponda su refutación, explicación o justificación, para así fortalecer nuestra teoría del caso, demostrando que nuestra postura permitirá al juzgador no sólo entender y justificar nuestra teoría del caso, sino también dar por acreditada la refutación o explicación de los hechos sostenidos por la contraria, haciendo prevalecer nuestra propuesta ante el tribunal.

¿Cómo nos hacemos cargo de estos hechos malos? En primer lugar, presentando prueba de refutación que nos permita acreditar ante el tribunal proposiciones fácticas que representen una versión diferente a la sostenida por la contraria.[142] Se podrá presentar evidencia propia destinada a desvirtuar esos hechos negativos sostenidos por la evidencia de la contraparte. Por ejemplo, un perito o documento que refute lo sostenido en la evidencia contraria.

En segundo lugar, desacreditando el contenido de los testimonios que los sostienen. Se podrá recurrir a la técnica del contraexamen para interrogar a los deponentes de la contraria que sustenten con su testimonio esos hechos malos.[143] Nos referimos, por ejemplo, a relativizar, cuestionar o neutralizar la información

---

142 Ya sea porque niegan la existencia de la proposición fáctica planteada por nuestro contradictor con su prueba, o porque permiten sostener a partir de los hechos o indicios que acreditaremos una interpretación diferente de la proposición fáctica que sostiene nuestra contraparte.

143 Estos hechos negativos para nuestra teoría del caso constituyen, desde la perspectiva de quien los está acreditando en juicio, hechos buenos para su posición.

proporcionada por un declarante, a controvertir la lógica o coherencia de su relato, o a demostrar que tratándose de prueba indiciaria la conclusión buscada por la contraparte y que es negativa a nuestros intereses, es una más de las posibles conclusiones a extraer de esas proposiciones fácticas. Es decir, le demostraremos al tribunal que no hay una conclusión unívocamente válida, y que por consiguiente hay duda razonable.

En tercer término, es posible recurrir a la desacreditación del declarante o de la fuente de la información que sustenta esos hechos negativos. Es una forma más bien indirecta de impugnar esos hechos malos, pues procederemos a desacreditar la fuente de la cual emana la información, más que la información misma proporcionada por ese medio de prueba.[144]

Por último, presentando el hecho presuntivamente malo desde una perspectiva favorable a nuestra teoría del caso. Se trata de una posibilidad remota, pero que no se puede descartar en el análisis de la forma de enfrentar los hechos negativos. Consiste en determinar si es posible incorporar esos hechos malos en el contexto de nuestra propia versión sobre cómo ocurrieron los hechos. Se trata de demostrar al juzgador que el hecho malo en cuestión puede ser incorporado a nuestro relato, transformándose en un hecho positivo o que aporta para la construcción de nuestra teoría del caso o que al menos no es de aquellos hechos relevantes que hacen que la tesis de la contraparte se imponga ante los ojos del juzgador.[145]

c) Los hechos neutros son aquellos que se caracterizan porque, mirados en abstracto, a primera vista no sugieren ni determinan

---

144 Por ejemplo, demostrando el prejuicio o interés de un testigo, la falta de capacidad y experticia de un perito, la falsedad de un documento, la alteración de la cadena de custodia de una prueba material, etc.

145 Un ejemplo puede clarificar lo que planteamos. Sería el caso de tomar la acción desplegada por un imputado de causar la muerte a otro, presuntivamente constitutiva de una conducta homicida (claramente un hecho negativo para el imputado y su defensa), y alegar que esa fue la reacción racional y necesaria frente a una agresión ilegítima previa de parte de la presunta víctima, y que no existió provocación suficiente por parte del imputado. Ello le permitirá a la defensa sostener una tesis de legítima defensa ante el tribunal.

que la teoría del caso de uno de los litigantes sea más creíble o persuasiva que la de la contraria.[146] Estamos hablando acá de hechos que se refieren en general al lugar en que ocurrieron, condiciones climáticas, fecha, hora, distancias, al contenido de un testimonio que al parecer no aporta información jurídicamente relevante, a la existencia de algún objeto en un lugar determinado, al estado en que se encontraba una cosa, etc.[147]

La identificación de esta clase de hechos es muy importante, pues si bien no son en general de aquellos que determinarán que una de las teorías del caso se imponga sobre la otra en la decisión de un tribunal, sí es relevante identificarlos dado que muchos de ellos necesariamente deben ser acreditados por el Ministerio Público como parte de su teoría del caso acusatoria, pues sobre él recae la carga de acreditar su imputación.[148] También son importantes pues sobre ellos pueden recaer acuerdos entre los litigantes en la etapa de preparación de juicio oral, a través de los acuerdos o convenciones probatorias. También es menester identificar cuáles de estos hechos neutros se incorporarán en la construcción del relato fáctico del litigante para darle contexto, e información útil al juzgador para entender la dinámica de los hechos jurídicamente relevantes.[149]

---

146 Moreno (2012), p. 79.

147 Ellos aportan muchas veces la información de contexto y de oportunidad que facilita el entendimiento por parte del tribunal de los hechos jurídicamente relevantes. También constituyen en otras ocasiones los presupuestos fácticos necesarios para que una fuente de información pueda referirse en juicio a un hecho jurídicamente relevante; es decir, aportan a la credibilidad de esos hechos. Así ocurriría, por ejemplo, cuando un testigo da cuenta de por qué se encontraba en un lugar y tiempo determinados que le permitieron ver ciertos hechos jurídicamente relevantes para el caso.

148 En otras materias de litigación oral será importante dilucidar a cuál de los litigantes le corresponde acreditarlos conforme a las reglas de carga de la prueba.

149 También tendrán importancia para quien no tiene la carga de la prueba, pues en principio queda liberado de su acreditación, salvo de aquellos que consideren de utilidad y necesarios para dotar de credibilidad y contexto a su propia teoría del caso, en el evento que no sean acreditados ante el tribunal por quien tiene la carga de hacerlo.

Cabe advertir que, a medida que se desarrolla la investigación, puede variar de forma sustancial la información que configura el relato en que estos hechos neutros se insertaban, pudiendo transformarse en hechos buenos o malos, según corresponda.[150]

d) Hechos inamovibles o inmodificables son aquellos que, siendo positivos o negativos, presentan la particularidad de que es posible, proyectándose en el tiempo, pensar que serán conocidos necesariamente por el juzgador.[151] Se trata de hechos que pudieran aparecer justificados probatoriamente en el juicio, por lo que el litigante debe asumirlos al generar su teoría del caso, no pudiendo ser obviados o no considerados al definir la teoría del caso. Así, si se trata de un hecho bueno de carácter inamovible, el litigante debe incorporarlo en su relato obligatoriamente como un elemento relevante del mismo.[152] En cambio, tratándose de hechos malos inamovibles, el litigante debe determinar de qué manera afrontará durante el juicio que ellos sean conocidos por el juzgador. Para esto requiere indagar si le es posible o no encontrar una justificación o explicación razonable para ellos y la manera de acreditarla en el juicio. No olvidemos que el juicio es uno solo y que el tribunal conocerá de todos los hechos pertinentes y relevantes del caso, y no sólo de los propuestos y acreditados por uno de los litigantes.[153]

Debemos señalar un caso en que lo planteado respecto de la forma de reaccionar frente a los hechos negativos inamovibles no será aplicable. Se trata precisamente de aquellos casos en que, luego de haber identificado esos hechos negativos inamovibles, no hemos sido capaces de encontrar una justificación o explicación razonable que podamos proporcionar al juzgador. En la situación planteada estos hechos inamovibles negativos se constituyen en

---

150 Sería el caso de la hora de ocurrencia de un suceso que podría ser clave para sostener una coartada.

151 Por ejemplo, a un acusado se le encontró un arma o droga, o era conocida la animadversión entre la víctima y el imputado, etc.

152 Ordinariamente serán de aquellos referidos en un alegato de apertura.

153 Estratégicamente siempre es más creíble una explicación surgida del propio litigante que conoce las debilidades de su caso, que una justificación surgida luego de que nuestra debilidad es develada por la contraria.

una debilidad relevante de nuestro caso, que debe ser analizada y considerada eventualmente por el litigante como una razón para explorar la posibilidad de negociar. El litigante no debe exponerse al riesgo que ella sea develada en un futuro juicio oral, por el impacto que tendrá en la convicción del tribunal. En el evento de tener que enfrentar el juicio, a pesar de la subsistencia de la debilidad, podrá adoptar una decisión que si bien es altamente riesgosa, aparece como razonable en estas circunstancias: ocultar esa gran debilidad y no presentarla ante el tribunal, con la expectativa de que ella no sea conocida y revelada al tribunal por la contraparte.

Algunas consideraciones adicionales que pueden ser útiles para la construcción de la versión de los hechos:

i. Debe ser capaz de responder a las interrogantes que razonablemente cualquiera pudiera plantearse frente a los hechos que la integran. La versión a sostener durante el proceso debe ser una que contemple una cantidad suficiente de información que permita al litigante, sea fiscal o defensor, satisfacer los requerimientos de información que requiere el juzgador para adoptar sus decisiones en las distintas etapas del proceso penal, y en particular en la instancia del juicio oral. La narración debe contener todos los hechos y circunstancias de modo, tiempo y lugar que sean jurídicamente relevantes, es decir, todos aquellos hechos que tengan capacidad de producir efectos jurídicos. Así, a modo ejemplar desde la perspectiva de un fiscal, su versión de los hechos debe satisfacer todas o parte importante de las siguientes preguntas, con la mayor precisión posible: ¿Qué? ¿Quién? ¿A quién? ¿Cómo? ¿Con qué o de qué manera? ¿Cuándo? ¿Dónde? ¿Cuánto? ¿Para qué? ¿Por qué? ¿Con qué motivaciones?

ii. El relato debe comenzar y terminar en una cronología de eventos que sean favorables para la mejor comprensión del caso. Ello no necesariamente ocurre con la sola descripción de las conductas presuntamente típicas, obviando otros hechos ocurridos con anterioridad a la comisión del hecho ilícito o su consumación. Estos hechos anteriores pueden, por ejemplo, explicar los móviles o motivaciones de la conducta típica. Se debe elegir el punto de inicio y final del relato teniendo en consideración la mejor comprensión del juzgador de nuestra posición.

iii. Identificar el posible tema del caso y construir un lema. Bajo la premisa de usar recursos destinados a persuadir al tribunal y en la medida que el caso lo permita, corresponde vincular el caso con alguna razón, motivo recurrente, principio, bien jurídico, valor moral o ético ampliamente compartido, que trascienda el caso y que permita enarbolar esa temática ante el tribunal de juicio como un criterio adicional para que los jueces fallen a favor de la posición del litigante.[154] Esto supone conocer al tribunal para que sea persuasivo para los jueces en particular. Este tema, como señala Fontanet, facilitará al juzgador entender mejor nuestros argumentos y la prueba que se presente.[155] A continuación, el litigante debe procurar imaginar y dar a luz una suerte de titular o frase de su caso, en que esté presente el concepto o idea del tema.[156] Pensemos en aquellos titulares de la prensa escrita que, en una o dos frases simples y directas, dan cuenta de la noticia que luego se desarrolla latamente, o en la denominada "cuña periodística" para los noticieros que se emiten en radio o televisión. Lo que se busca es capturar en pocas palabras la esencia de la noticia a desarrollar. Esa es precisamente la idea: generar una frase u oración que dé cuenta de la idea central que está detrás del caso, que sea omnicomprensiva de lo que se debatirá ante el tribunal, y que se corresponda plenamente con la evidencia que se presentará ante el tribu-

---

154 No debe confundirse la teoría del caso, en el sentido del relato que se presentará al tribunal, con el tema del caso, el que más bien está orientado a darnos una explicación o justificación de por qué ocurrieron los hechos que integran ese relato.

155 Fontanet (2010), p. 41. El tema debe contener tres elementos: ser memorable, fácil de recordar e impactante; que exprese valores o principios, y que sea consecuente con los hechos del caso.

156 Ministerio Público *et al.* (2008), p. 14. La teoría del caso debe reducirse a un tema central expresable en frases o palabras memorables, emotivas, que encapsulen y reflejen lo esencial de dicha teoría.

nal. Este lema procurará utilizarlo el litigante en las distintas intervenciones que le correspondan durante el juicio oral, sin limitarse a hacerlo exclusivamente en sus alegatos de apertura y clausura.

iv. Identificar en el caso los denominados "punto de inclinación"[157] y "punto focal". La intervención de un litigante en juicio no es neutra, pues pretende no sólo contar una versión de los hechos a juzgar ante el tribunal, sino que persuadirlo que esa historia y sus componentes probatorios son los que deben servir de fundamento a la resolución que en definitiva se dicte. Así, en primer lugar, resulta de vital importancia que al transmitir su mensaje el abogado opte por hacerlo desde el *ethos*, es decir desde una postura que resulte creíble y en la que pueda resaltar sus capacidades y habilidades de persuasión, desde sus argumentos y de la presentación que haga de la evidencia admisible y pertinente que demuestra su versión fáctica. Se trata de una línea argumentativa destinada a persuadir al oyente basada en la credibilidad, a partir del uso correcto del lenguaje, con la finalidad de impactar al destinatario del argumento, el tribunal. Como señala Valenzuela, llamamos *ethos* al carácter o modo de ser del orador, a ojos del auditorio.[158] No se recomienda, por regla general, abordar como mecanismo más idóneo para presentar su mensaje al juzgador el hacerlo, sea única y exclusivamente desde el *logos*, enfatizando la lógica y el poder o fuerza del argumento o mensaje, pues la lógica tradicional, argumentativamente, no siempre garantiza un mensaje persuasivo y creíble, o solo desde el *pathos*, en que la consideración exclusivamente de los factores emotivos, puede llevar más bien a la percepción por parte del destinatario del mensaje, en nuestro caso del juzgador, que lo que en

---

157 Moreno (2012), pp. 70-75.
158 Valenzuela Cori (2009), p. 152.

definitiva hace el litigante es tratar de manipularlo a través del manejo de las emociones.[159]

Para persuadir al tribunal desde el *ethos* resulta útil identificar en el relato a presentar ante el tribunal el momento en que se produce aquel evento fáctico en virtud del cual los hechos, por expresarlo de alguna manera, se salen de control y derivan finalmente en el hecho a juzgar en el juicio.[160] Se trata de localizar el momento en que se desencadena el llamado "efecto dominó" que finaliza con la comisión de los hechos que serán juzgados. Estos hechos, que constituyen el "punto de inclinación" del caso, pueden estar muy cercanos en el tiempo a la comisión del presunto ilícito, como será el caso de la ingesta de alcohol o una riña, o muy lejanos en el tiempo, como la contratación de un seguro de vida meses antes del hecho que culminó con la muerte del asegurado o un episodio de infidelidad ocurrida en el pasado u otros acontecimientos que se constituyen luego en un posible móvil del hecho a juzgar. La determinación del punto de inclinación permite entender por qué los hechos ocurrieron de una determinada forma, cuál es la razón de que los acontecimientos pasen de una situación de normalidad a una secuencia de hechos que culminan con un presunto ilícito. Si el litigante no es capaz de identificar este punto y generar a partir de allí una explicación de los sucesos posteriores, difícilmente podrá elaborar una historia creíble y persuasiva para el tribunal.[161]

En segundo lugar, la labor del litigante no culmina, en este punto, al presentar su versión desde el *ethos*, utilizando

---

159 FONTANET (2010), p. 15.

160 Pensemos en aquella mujer que durante años ha sido violentada por su esposo y que termina finalmente asesinándolo. Si el tribunal analizara exclusivamente el hecho de la muerte de la pareja, tendría una versión parcial de los hechos, y además ignoraría el porqué de los mismos.

161 Un litigante que no comprende el porqué de la historia que presenta al tribunal probablemente no podrá convencerlo de la veracidad de su relato, pues el tribunal identificará vacíos en una historia que el abogado no fue capaz de completar.

y destacando ante el juzgador el que denominamos punto de inclinación, sino que adicionalmente debe identificar con precisión, lo que algunos autores denominan el "punto focal del caso" o "la cuestión jurídica central controvertida", señalando que en todos los casos es posible determinar o encontrar al menos una cuestión jurídica controvertida por los litigantes, que puede tener por objeto la subsistencia de un hecho, las modalidades de realización de un hecho, o su calificación jurídica.[162] Así, en un caso real la discusión entre los litigantes puede ser si el hecho imputado ocurrió o no; si es imputable en concreto al acusado en base a los indicios acreditados; la existencia y acreditación de los elementos o presupuestos del tipo imputado; la existencia de los elementos subjetivos del tipo, o cuál es la verdadera calificación jurídica de ese hecho, entre otras. En definitiva, se trata de desentrañar en el caso en particular cuál o cuáles son los hechos debatidos que permitirán al tribunal esclarecer qué es lo que ocurrió y por lo mismo resolver el asunto.[163]

La identificación oportuna y correcta tanto del o los puntos de inclinación o focal de un caso en particular permitirá al litigante presentar de manera más efectiva y persuasiva su teoría del caso, pues comprenderá no solo los hechos que configuran el relato a presentar al tribunal, sino también las razones o motivos que los originaron, y dará cuenta de manera precisa y con evidencia que la sustente de aquellos hechos jurídicamente relevantes que sean compatibles sólo

---

162 Traversi (2005), p. 34.

163 *Id.* pp. 36 y s. Traversi propone, a modo ejemplar, los siguientes puntos focales, dejando en claro que no es posible redactar el catálogo de todos los posibles, dada la infinita variedad de los hechos que se pueden presentar en concreto: 1°) si el hecho subsiste; 2°) si el imputado lo ha cometido efectivamente; 3°) suponiendo que el hecho subsistiere y que el imputado lo haya cometido, si se cumple el elemento psicológico requerido por la norma incriminadora para que el hecho constituya delito; 4°) si existen causas de exclusión de la punibilidad; 5°) si existen causas para no proceder o de extinción del delito, es posible cambiar la calificación del delito, y 6°) si existen circunstancias atenuantes que permitan obtener una condena mínima.

con su teoría del caso e incompatibles con los del relato de la parte contraria.

v. Asignación de etiquetas.[164] En el juicio, e incluso en los debates preliminares como en el de medidas cautelares personales, el cómo se expresen y manifiesten los hechos y argumentos puede ser gravitante para persuadir al tribunal. El litigante ha de estar consciente de la manera en que se refiere en concreto a las personas involucradas en el conflicto, a las evidencias materiales, al suceso, a los eventos a relatar, etc.[165] El lenguaje y la selección de las palabras que hagamos para referirnos a algo tienen un efecto en el oyente que deriva precisamente de los términos utilizados. Es lo que usualmente se conoce como el poder comunicativo de las palabras.[166] Así, por ejemplo, será una meta básica de la defensa recordar permanentemente al tribunal o jurado y al fiscal que su cliente es una persona, un ser humano, un padre de familia, un valioso integrante de su comunidad, y no exclusivamente un número de cédula de identidad o un acusado. Por ello un litigante defensor o un fiscal del Ministerio Público se debieran abstener de usar expresiones o términos que generen distancia y frialdad con la persona a la que se refieren, sea el acusado o la víctima, como sería el caso de un fiscal que sólo hablara del afectado por el delito como "la víctima", sin referirse a su nombre o a otros atributos que fijen su condición de madre, esposa, hija, estudiante u otra que la haga más cercana a los juzgadores. Lo mismo un defensor que se refiriera al acusado solo como su representado, defendido o cliente, sin humanizarlo ante el tribunal, por

---

164 Mauet (2007), p. 25 (utiliza la expresión *labels*).

165 Almanza & Peña (2019), p. 282.

166 No se circunscribe únicamente a la forma en que nos referimos a los sujetos relevantes de nuestra historia, sino también a los eventos o sucesos que la integran. No transmite al juzgador la misma idea hablar que dos vehículos se toparon, o colisionaron a alta velocidad, o que luego de colisionar dos vehículos que venían a alta velocidad terminaron destruidos. *Vid.* Loftus & Palmer (1974).

ejemplo, llamándolo por su nombre.[167] El uso de las etiquetas correctas para designar determinados hechos o personas supone también vincular su elección con otros elementos de una narración persuasiva, como son la identificación del tema presente en el caso y la elaboración de un lema, o la utilización de términos que grafiquen o expliciten al tribunal factores que generen una mayor credibilidad del relato fáctico a presentar ante el tribunal.

3. *Identificación de la Teoría Jurídica a sostener o cuestionar*

Una vez elaborado y definido el relato fáctico que sostendremos ante el tribunal, debemos identificar con precisión cómo es posible subsumir o encuadrar las premisas fácticas más importantes de nuestro relato en las reglas legales sustantivas penales,[168] y en algunos casos en las reglas procesales que se vinculen a los debates a desarrollar, como sería, por ejemplo, la ilegalidad de una detención o los debates de exclusión probatoria.

No todas las conductas generan responsabilidad penal. La tarea de un fiscal es precisamente identificar en el relato de hechos aquellos elementos constitutivos de un tipo penal, en el cual fundará su pretensión punitiva.[169] La defensa tratará de identificar la posibilidad de subsumir los hechos del caso en alguna causal eximente o minorante de responsabilidad penal o en un tipo penal menos gravoso que el sostenido por la fiscalía, o se focalizará en demostrar que algunos de los elementos constitutivos del tipo penal no tienen una representación en los hechos del caso. Esto trae a colación la relevancia de la cuestión jurídica en la elaboración de la teoría del caso, en particular de la teoría del delito. En los juicios orales no

---

167 HEGLAND (1995), p. 149. Personalizar al cliente incluye no sólo el cómo referirse a él durante el juicio, sino que también entregar al tribunal antecedentes que le permitan formarse una determinada imagen de él.

168 Debemos verificar con claridad y precisión que los hechos del caso se correspondan con las exigencias y requisitos contemplados en la norma sustantiva.

169 NEYRA FLORES (2010), p. 738.

nos limitaremos a probar una simple historia, sino una que tiene una significación jurídica. Como señala Pabón, lo que importa es la adecuación inequívoca de la conducta a las normas substanciales que la recogen.[170]

Se recomienda primero identificar con claridad y fijar los hechos del caso, y luego determinar la teoría jurídica a sostener. Esta propuesta resulta contra intuitiva en particular para un letrado, pero tiene una ventaja relevante. El haber fijado los hechos hace que el proceso de subsunción en las reglas legales sea un proceso más limpio y objetivo, permitiendo rápidamente descartar conductas no constitutivas de hechos ilícitos, y la selección más efectiva del tipo penal a imputar o sostener y las particularidades del mismo. Proceder de una manera inversa sería definir rápidamente y *a priori* en un somero análisis de los antecedentes del caso una teoría jurídica que nos llevará indefectiblemente a tomar una posición, que impactará seriamente en el trabajo de subsunción o adecuación de los hechos a nuestra teoría jurídica y que puede incidir incluso en el análisis posterior de la evidencia destinada a acreditar nuestra versión de los hechos. Si los hechos calzan en una determinada teoría jurídica, tenderemos naturalmente a forzar el proceso de subsunción de los hechos, perdiendo objetividad en el análisis o al menos adquiriendo un sesgo para ello.[171] Lo señalado es particularmente relevante para el Ministerio Público, que suele encon-

---

[170] Pabón Gómez (2019), p. 171. El autor refiere a un concepto integral de adecuación típica que comprende lo siguiente: a) adecuación inequívoca de la conducta a la descripción del tipo básico o adecuación jurídica específica dolosa o culposa; b) adecuación inequívoca de la conducta a la descripción de los tipos agravantes o atenuantes genéricos o específicos; c) adecuación inequívoca de la conducta al injusto objetivo-subjetivo; d) adecuación inequívoca de la conducta a la estructura de los dispositivos amplificadores del tipo a título de autoría o participación con sus precisiones específicas; e) adecuación inequívoca de la conducta a la descripción del tipo de injusto subjetivo fenomenizado en alguna de sus expresiones de dolo, culpa o preterintención.

[171] Es lo que ordinariamente se conoce como "visión de túnel".

trarse rápidamente con posturas jurídicas asumidas por la víctima o la policía que intervino en los primeros actos de investigación.[172]

En este proceso de identificación de la teoría jurídica se debe avanzar desde lo general a lo particular. El análisis del litigante debe comprender un trabajo que parte en la teoría general del delito, para avanzar hacia el tipo penal específico a plantear, las circunstancias modificatorias de responsabilidad penal, las consideraciones dogmáticas que fueren procedentes, en el evento que las normas legales sean objeto de interpretación o debate por la dogmática penal[173], y la consideración de la jurisprudencia existente sobre esos puntos de debate, particularmente el de los integrantes del tribunal que ha de conocer del juicio y la de los tribunales superiores de ese tribunal de juicio.[174]

También forma parte del componente jurídico de la teoría del caso la consideración de algunos principios básicos del procedimiento penal, garantizados en el ordenamiento jurídico, como son la presunción de inocencia, el principio *in dubio pro reo*, la carga de la prueba, el principio de legalidad y de objetividad de la investigación fiscal, entre otros.

Las teorías jurídicas presentan ciertas particularidades que pueden resultar complejas de abordar con miras a un proceso penal si no se trabajan adecuadamente por un litigante a la hora de preparar su teoría del caso y presentarla ante el juzgador. Nos referimos, en primer lugar, a que las teorías jurídicas son por regla general "complejas", esto es, consideran una serie de componentes o elementos que deben ser satisfechos.[175] En segundo lugar, son de carácter "general", es decir,

---

172 Según Lorenzo, no puede forzarse el hecho al delito. La claridad que tenga el litigante sobre el hecho ocurrido determinará en forma directa su posibilidad de seleccionar en forma adecuada el tipo penal. Lorenzo (2012), p. 141.

173 Desde el punto de vista de la persuasión, es de especial interés conocer la doctrina que el tribunal de juicio sigue en sus sentencias sobre casos similares, pues es precisamente la que el tribunal sentenciador considerará "buena doctrina".

174 Lorenzo (2012), p. 138.

175 Cada uno de los elementos que componen la teoría jurídica a sostener ante el juzgador se expresan en proposiciones fácticas, esto es, afirmaciones de hecho que dan cuenta de cada uno de estos elementos, las que deben ser acreditadas en el juicio a través de la prueba producida.

sus componentes se han establecido por el legislador en consideración a categorías de conductas o grupos de personas sin que en ellas exista referencia específica a un caso concreto. Sustentar cada uno de ellos supone necesariamente vincular esos elementos de la teoría jurídica con un caso en particular. No se prueban los elementos o componentes de ella de manera directa y suponen una valoración del tribunal. En tercer lugar, son "abstractas"; no hacen referencia a un caso específico, sino que es posible subsumir en esa teoría jurídica un número significativo de relatos concretos o conductas de la vida real.[176]

Al final de nuestros primeros pasos de trabajo –la construcción del relato fáctico y la identificación de la teoría jurídica a sostener–, nos encontramos con una dificultad que debemos abordar con miras a la acreditación de nuestro caso en juicio. De un lado están los relatos, desprovistos de conclusiones jurídicas; del otro las teorías jurídicas y los elementos de las mismas, desprovistos de un contenido fáctico específico. Las proposiciones fácticas son un modo de salvar esa distancia.[177] En efecto, como señala Bergman, las proposiciones fácticas eliminan la distancia entre la historia y la teoría legal.[178]

4. *Identificación de las proposiciones fácticas del caso*

Corresponde al litigante la tarea de determinar con precisión aquellas afirmaciones de hecho o frases –que dan cuenta del relato y que satisfacen los presupuestos de la teoría jurídica– que son susceptibles de ser acreditadas ante el tribunal a través de un medio de prueba. No basta para preparar eficientemente un caso definir cuáles son los hechos del relato, tarea concreta y vinculada con lo ocurrido en un momento determinado, pero que en principio carece de conclusiones o consecuencias de carácter jurídico. Tampoco basta con afinar la teoría jurídica aplicable al caso, que es eminentemente general y abstracta, es decir, que no requiere para

---

176 Baytelman & Duce (2004), p. 83.
177 Bergman (1995), p. 22.
178 *Id.*, p. 24.

su análisis y comprensión de un contenido fáctico específico. De nada sirve probar en un juicio un relato basado en hechos que no tienen significación penal. Es igualmente inútil probar en un juicio la existencia de determinados preceptos legales desconectados de los hechos del juicio.[179]

Las proposiciones fácticas constituyen afirmaciones de hecho posibles de ser reproducidas en un juicio oral a través de una evidencia y que, reproduciendo una porción de nuestro relato, satisfacen un elemento de la teoría jurídica.[180] Sobre estas afirmaciones recae la prueba; no sobre los elementos legales de la estructura jurídica, que no necesitan probanza y se suponen conocidos por el juzgador.[181] Estas afirmaciones de hecho contienen información limitada.[182] Se dice que en cada proposición fáctica sólo cabe un hecho.

De todas las cuestiones de hecho que el tribunal necesita que se acrediten durante el juicio, las proposiciones fácticas son las más relevantes. En la medida que la acreditación cumpla con el estándar establecido en el juicio, el litigante podrá solicitar al tribunal en su alegato de clausura que determine las consecuencias jurídicas que de ellas se derivan. Las proposiciones fácticas nos ilustran sobre un punto que al preparar un caso es central. Antes de identificar la evidencia concreta que vamos a utilizar para probar nuestra teoría del caso ante el juzgador, debemos establecer con toda precisión qué debemos probar, esto es, el objeto de nuestra prueba. Si queremos obtener consecuencias jurídicas de la acreditación de nuestro caso en juicio, es central que determinemos con la mayor exactitud

---

179 BERGMAN (1995), p. 22 (según Bergman, nos encontraremos con los relatos desprovistos de conclusiones jurídicas, y las teorías y elementos jurídicos desprovistos de contenido fáctico específico).

180 *Id.*, p. 23. Bergman las define como una afirmación de hecho que satisface un elemento legal. Una proposición fáctica es un elemento reformulado en un lenguaje frente al cual un testigo puede declarar.

181 REYNA ALFARO (2015), pp. 115 y s.

182 LORENZO (2012), p. 142.

el objeto de la prueba, y lo traduzcamos en afirmaciones que sean susceptibles de ser acreditadas probatoriamente ante el tribunal.[183]

Es un error habitual en los litigantes, cuyo fundamento lo encontramos en las prácticas inquisitivas, el acotar el trabajo de preparación de un caso limitándose a generar una versión de hechos, a partir de una aproximación simple y no detallada, establecer su correspondencia con los elementos jurídicos pertinentes,[184] y luego avanzar a constatar con qué medios de prueba se cuenta, sin detenerse en identificar primero con claridad y precisión qué es lo que se va a probar.[185]

Se recomienda elaborar más de una afirmación de hecho o proposición fáctica por cada uno de los elementos o componentes de la teoría jurídica que debemos satisfacer, con el propósito de propender hacia un modelo seguro de acreditación del elemento de la teoría jurídica. De no resultar acreditada una de esas afirmaciones, existirá otra que satisfaga con su acreditación la prueba del elemento de la teoría jurídica que corresponda.[186] El valor de una proposición fáctica desde una perspectiva estratégica no se agota en el hecho que podamos identificarla, sino fundamentalmente en el hecho de que seamos capaces de sostenerla en juicio con evidencia admisible, pertinente y persuasiva. [187]

Las proposiciones fácticas admiten la siguiente clasificación:

---

183 Lo señalado es relevante para identificar que las proposiciones fácticas propiamente tales están vinculadas necesariamente a la cuestión jurídica a debatir en juicio, sin perjuicio que en el contexto del juicio deban acreditarse otros hechos a través de la evidencia producida por el litigante.

184 Incluso algunos, de un conocimiento básico y preliminar del caso y sus hechos adoptan una teoría jurídica, a la que los hechos que conozcan con posterioridad deben adaptarse necesariamente, al igual que la búsqueda de evidencia.

185 Como señala Bergman, no es suficiente identificar evidencia de manera genérica. Lo que se requiere es saber, además, el aporte específico de información que se necesita de ellas. El tema no es determinar que hay un testigo, lo que importa es conocer en detalle qué puede decirnos ese testigo. BERGMAN (1995), p. 24.

186 BLANCO *et al.* (2005), p. 23.

187 Una proposición fáctica sólo vale en la medida que es posible de acreditar en el juicio. De lo contrario, es un indicativo que nuestra teoría del caso presenta deficiencias o debilidades que debieran llevarnos a pensar si es una causa que razonablemente deba llegar a juicio.

a) Fuertes o débiles, según sean o no capaces de acreditar el elemento de la teoría jurídica a que se refieran. Se trata de identificar las proposiciones fácticas de mayor fortaleza para el caso y ello estará asociado a la capacidad que tenga esa proposición de satisfacer o dar cuenta del elemento normativo para el cual ha sido seleccionada, más que a la existencia de un número menor o mayor de evidencias que cumplan ese objetivo. La proposición fáctica será débil en la medida que no sea capaz de dar cuenta o acreditar íntegramente ante el tribunal de juicio el supuesto fáctico del elemento de la teoría jurídica para el cual había sido seleccionada.[188]

   Otra forma de entenderlas es la propuesta por Pabón. Por proposición fáctica fuerte entiende a aquella afirmación de hecho acreditada que satisfaga con suficiencia el o los elementos normativos para los cuales fue seleccionada. Por proposición fáctica débil entiende a aquella afirmación fáctica o de hecho con soporte probatorio insuficiente, sin potencia de presentar o visibilizar el elemento de la teoría del delito para el cual fue seleccionada.[189]

   Desde la perspectiva del litigante la clasificación resulta relevante para establecer como exigencia que su proposición fáctica sea fuerte. Se requiere contar con evidencia persuasiva y fuerte para acreditarla. Si fuese débil, entonces ha de ser relacionada con otras proposiciones fácticas, que analizadas en conjunto permitan dar por justificado el elemento a probar.

b) Proposiciones fácticas que soportan o no el test de superposición.[190] Las proposiciones fácticas identificadas por el litigante como favorables para su caso deben ser sometidas a un test, que consiste en verificar si ellas soportan o no un test de superposición. Acá se debe tener presente si aquellas afirmaciones de hechos que hemos determinado como relevantes para la acreditación de nuestro caso son posibles o

---

188 Moreno (2012), p. 95.
189 Pabón Gómez (2019), p. 179.
190 Baytelman & Duce (2004), p. 87.

no de ser utilizadas en el relato de nuestra contraparte.[191] Si la proposición fáctica puede ser utilizada como integrante del relato de ambas partes en conflicto, estamos frente a una proposición que soporta el test de superposición de proposiciones fácticas.[192] Estas proposiciones son importantes de determinar pues deben ser acreditadas necesariamente por quien tenga la carga de la prueba en juicio, salvo que logre celebrar sobre las mismas convenciones probatorias con la contraparte. Se ha dicho que mientras más esté mi contraparte en condiciones de superponer a esa misma proposición fáctica otra versión al menos igualmente razonable y creíble de esos hechos, más débil ella es. Por el contrario, si la proposición fáctica sólo cabe en nuestro relato y es incompatible con el relato de la contraria, entonces es de aquellas que no soportan el test de superposición y la consideraremos una proposición fáctica fuerte, y se transformará en un elemento central de nuestra actividad probatoria en juicio oral.[193]

5. *Búsqueda y selección de evidencia o medios de convicción para acreditar la teoría del caso*

Establecido por el litigante el conjunto de afirmaciones que debe acreditar en el juicio con la finalidad de probar su versión de hechos, debe seleccionar del conjunto de los antecedentes reunidos

---

191 Pabón sostiene que la superposición de proposiciones fácticas hace parte de los ejercicios de táctica y contradicción probatorios, y ocurre cuando algunas de las proposiciones fácticas que han sido seleccionadas para satisfacer un elemento o elementos de la teoría jurídica, a su vez, puedan ser utilizados por el adversario en la presentación de su relato. Pabón Gómez (2019), p. 179.

192 Por ejemplo, "Juan disparó a Pedro" es una proposición fáctica relevante del tipo penal homicidio, lo que cambiaría radicalmente si pasa a integrar el relato de una legítima defensa de Juan.

193 Desde la perspectiva de la defensa, la actividad probatoria de refutación estará centrada en aquellas proposiciones fácticas de la fiscalía que no soporten el test de superposiciones fácticas. Por su parte, el Ministerio público debe ser capaz de acreditar todas y cada una de las proposiciones fuertes de su caso que no soporten el test de superposición de proposiciones fácticas.

en la investigación fiscal o privada, cuáles de ellos ofrecerá como prueba para ser producidos en juicio.[194]

A la fiscalía, al tener la carga de la prueba en el proceso penal, le corresponde acreditar todas y cada una de las afirmaciones de hecho que configuren la versión de hechos que sostendrá ante el tribunal, haciendo hincapié en aquellas que además le permitan sustentar los elementos jurídicos implícitos en ellas.[195]

La identificación de las proposiciones fácticas a probar, y su vinculación con aquellas evidencias que las demostrarán en el juicio, permite al litigante precisar: los temas de interrogación respecto de sus declarantes, las partes de un documento que deben leer en la audiencia de juicio, si para la acreditación de una determinada proposición fáctica se requiere de prueba pericial, la prueba material que incorporará en el curso de determinados exámenes directos, entre otros temas.[196]

La recomendación estratégica es tratar de sostener probatoriamente cada una de las proposiciones fácticas, en particular las fuertes y que no soportan el test de superposición, con más de una evidencia en el juicio. En la medida que una proposición fáctica es acreditada por más de una evidencia, ella podrá sostenerse hasta el término del juicio y, por lo mismo, ser aceptada por el tribunal en su sentencia, a pesar de que alguno de los medios de prueba en que ella se sustentaba sea desvirtuado por la contraria.[197]

---

194 Según Pabón, en ese proceso de selección de la evidencia se hace necesario precisar e identificar la relevancia lógica, utilidad y pertinencia de aquellos con el objeto de prueba y tema sustancial al que apuntan con suficiencia. PABÓN GÓMEZ (2019), p. 182.

195 NEYRA FLORES (2010), p. 739. Al buscar los datos probatorios que permitan sustentar que se cumplen los elementos normativos del tipo penal, debemos tener presente que ellos aluden a una realidad determinada por una norma jurídica o social y, por lo mismo, no son susceptibles de acreditarse a través de prueba directa, sino solamente a través de indicios que permitan razonamientos inferenciales que conduzcan a la conclusión de su concurrencia. *Vid.* MIR PUIG (2008), p. 232.

196 PABÓN GÓMEZ (2019), p. 178. En la teoría del caso se distinguen e integran los componentes fácticos, probatorios y jurídico-sustanciales.

197 MORENO (2012), p. 100.

Respecto de su evidencia, a la hora de enfrentar un juicio oral el litigante debe ser capaz de abordar competentemente los siguientes aspectos:

a) *Inmediación de la prueba*. Prueba es aquella que se produce en presencia del juzgador durante el desarrollo del juicio oral.[198] Se ha dicho que esto es una consecuencia del reconocimiento en la legislación del principio de libre valoración de la prueba por parte del juzgador, el cual supone su apreciación directa por el tribunal.[199] En el ámbito de las declaraciones se traduce también en la denominada prohibición de sustitución de las declaraciones por un registro previo.[200] En el caso de testigos y peritos, ellos deben ser interrogados personalmente y su declaración personal no puede ser sustituida por la lectura de los documentos que las contuvieren. Salvo que se trate de prueba anticipada, los registros en que constaren anteriores declaraciones o de otros documentos o del uso de una declaración previa con fines no probatorios, sino de credibilidad.[201]
b) *Libertad de prueba*. La legislación procesal establece en los procesos orales la libertad probatoria: el litigante tiene autonomía para comprobar su versión de los hechos con cualquier medio probatorio, aun cuando este no se encuentre reglado por el legislador, bastando que cumpla con los requisitos de poder reproducirse en condiciones de inmediación del tribunal, oralidad, y que la contraparte pueda controlarlo.[202]

---

198 Arts. 296 y 297, inc. 2°, del C.P.P. de Chile; Arts. 9° y 348 del Código Nacional de Procedimientos Penales de México; Art. 393.1 del Código Procesal Penal de Perú.

199 Reyna Alfaro (2015), p. 461.

200 El Art. 335 del C.P.P. chileno señala que no se puede incorporar o invocar como medio de prueba ni dar lectura durante el curso del juicio oral a los registros y demás documentos que den cuenta de actuaciones o diligencias realizadas por el Ministerio Público o la policía. Véase el Art. 371 del Código Nacional de Procedimientos Penales de México.

201 *Vid*. Art. 329 del C.P.P. chileno.

202 A diferencia de otros litigios, en materia penal es de gran importancia para el esclarecimiento y prueba de los hechos relevantes de un caso la prueba testimonial,

El legislador contempla ciertas excepciones al principio de "prohibición de sustitución", consagrando que de manera muy acotada ciertos registros previos generados durante la investigación penal puedan ser incorporados a juicio oral como prueba.[203] No se debe confundir esta situación con el hecho de que ciertas declaraciones previas producidas durante la investigación penal puedan ser utilizadas en el juicio oral, sea para refrescar la memoria de un declarante, que olvida parte del contenido de su declaración previa al prestar testimonio en juicio,[204] o para evidenciar una omisión, adición o contradicción entre la declaración en juicio y una declaración previa.[205] En estas dos situaciones, tanto al refrescar memoria como al evidenciar una contradicción, lo que importa es el testimonio del declarante en el juicio, cuya valoración en lo que se refiere a su credibilidad y confiabilidad se podría ver afectada por el contenido de la declaración previa.[206]

c) *Necesidad de la prueba*. Como señala Pabón, ninguna teoría del caso se construye al margen del principio de necesidad de prueba, lo cual implica que el componente probatorio que acredita las proposiciones fácticas necesariamente debe fundarse en pruebas que obedezcan a existencia material, las cuales no pueden suponerse ni suplirse a través de conjeturas, ni por el conocimiento privado del fiscal o de los jueces.[207]

---

y crecientemente la prueba pericial.

203 *Vid*. Art. 331 del C.P.P. chileno (el caso más habitual es el de la denominada prueba anticipada).

204 Lo que puede ocurrir con un testigo, perito o el acusado que declara en juicio y que prestó una declaración durante la investigación ante el fiscal. Art. 377 del Código Nacional del Procedimientos Penales de México; Art. 271.4 del Código del Proceso Penal de Uruguay.

205 *Vid*. Art. 332 del C.P.P. de Chile; Art. 376 del Código Nacional de Procedimientos Penales de México; Art 271.4 del Codigo del Proceso Penal de Uruguay.

206 Sobre el tema de las declaraciones previas y su uso en un juicio oral, sea como prueba o como mecanismo de control de la credibilidad, y otras instituciones relevantes para efectos probatorios como son la prueba nueva y la prueba sobre prueba, *vid*. Moreno (2013), pp. 179-206.

207 Pabón Gómez (2019), p. 58.

d) *Carga de la prueba.* Es al Ministerio Público a quien se le asigna en el proceso penal la carga de probar los extremos de su acusación, esto es, el hecho punible imputado y la responsabilidad del acusado. La carga de la prueba se vincula con la presunción de inocencia, por la cual ninguna persona será considerada culpable ni tratada como tal, en tanto no fuere condenada por una sentencia firme.[208] Es sabido que nadie puede ser condenado por la comisión de un delito a menos que el tribunal que lo juzga adquiera, más allá de toda duda razonable, la convicción de que realmente se cometió el hecho punible objeto de la acusación y que al acusado le correspondió en él una participación culpable y penada por la ley.[209]

e) *Obtención legítima de la evidencia.* La persecución penal ejercida por el Ministerio Público tiene limitaciones en su actividad investigativa y de recopilación de evidencias, que se traducen en un actuar legítimo y apegado a la legalidad tanto de los fiscales como de su brazo operativo, la policía.[210] Nos referimos a la denominada prueba ilegal y la prueba ilícita.[211] Consideramos que en el caso chileno, donde existe

---

208 *Vid.* Art. 4° del C.P.P. chileno; Art. II del Código Procesal Penal de Perú, y Art. 217 del Código del Proceso Penal de Uruguay.

209 *Vid.* Art. 340, inc. 1°, del C.P.P. chileno; Arts. 359 del Código Nacional de Procedimientos Penales de México y 142 del Código del Proceso Penal de Uruguay (que habla de certeza procesal).

210 Por ejemplo, el Art. 9° del C.P.P. chileno regula la exigencia de autorización judicial previa para la realización de actuaciones del procedimiento que priven, perturben o restrinjan al imputado o a terceros del ejercicio de los derechos que la Constitución asegura. El artículo 195 del C.P.P. regula los métodos prohibidos de investigación o interrogación. La regulación de las medidas intrusivas se encuentra en los Arts. 197 y ss. del C.P.P. chileno. El Art. 295 del C.P.P. señala que los medios de prueba deben ser producidos e incorporados al juicio de conformidad a la ley.

211 *Vid.* Art. 276, inc. 3°, del C.P.P. de Chile; Arts. 263 y 264 del Código Nacional del Procedimientos Penales de México. El último de ellos señala que se considera prueba ilícita cualquier dato o prueba obtenidos con violación de los derechos fundamentales, lo que será motivo de exclusión o nulidad. También véase el Art. 268.2 del Código del Proceso Penal de Uruguay, los Arts. VII sobre legitimidad de la prueba y 155.2 sobre admisibilidad probatoria del Código Procesal Penal

la figura del querellante, éste debe sujetarse a las mismas limitaciones que el Ministerio Público en la obtención de la evidencia.[212]

La obtención legítima de una evidencia debe ser una preocupación del fiscal no sólo con miras al juicio oral y los posibles debates de exclusión probatoria que se puedan llevar a efecto durante el desarrollo de la audiencia de preparación de juicio oral, sino también durante la investigación y en particular para enfrentar los debates sobre medidas intrusivas[213] o sobre procedencia, mantención o revisión de medidas cautelares personales, en particular sobre la acreditación de los denominados presupuestos materiales de las mismas,[214] en que la defensa podrá alegar que no se utilicen determinadas evidencias para su acreditación. Si bien no estamos en estos debates frente a una prueba propiamente tal, en el entendido que ella es la que se produce en la audiencia de juicio, tales debates se realizan en torno a la cita y análisis de antecedentes investigativos contenidos en la carpeta investigativa fiscal, que eventualmente pueden haber sido obtenidos con vulneración de las garantías constitucionales del imputado, para que no sean considerados o valorados por el tribunal al pronunciarse sobre la medida cautelar,

---

de Perú, y Art. 346 del Código Nacional de Procedimientos Penales de México, que considera como causal de exclusión probatoria que la prueba contravenga las disposiciones señaladas en este Código para su desahogo.

212 En caso contrario se generaría un incentivo perverso para la persecución penal estatal, pues lo que no podría realizar directamente el Ministerio Público por vulnerar la legalidad o las garantías constitucionales, podría realizarlo a través del querellante. A la misma solución ha llegado la jurisprudencia norteamericana al establecer que si se demuestra que en la obtención de una evidencia por un tercero se acredita cualquier vinculación con las agencias de persecución penal estatal, esa evidencia será excluida si vulnera la legalidad o presenta un conflicto con las garantías individuales que de haber mediado la intervención de la persecución penal estatal hubiera significado su exclusión.

213 Por ejemplo, legitimidad de los antecedentes esgrimidos para solicitarlas, cumplimiento de los estándares para su autorización y/o forma de cumplimiento, etc.

214 *Vid.* Art. 140, letras A y B, del C.P.P. de Chile; Art. 268 del Código Procesal Penal de Perú, que se refiere a los presupuestos materiales de la prisión preventiva.

pues si bien no incidirán necesariamente sobre el fondo del asunto[215], permitirían justificar decisiones provisionales que afectan las garantías constitucionales del imputado.[216]

f) *Regulación de la cadena de custodia.* La cadena de custodia se hace cargo del principio de la indemnidad de la evidencia, esto es, que exista una garantía de razonabilidad de que la evidencia que fue recogida en un momento y lugar determinado, sea resguardada y conservada sin alteraciones hasta su exhibición ante el juzgador durante el curso del juicio. La legislación procesal señala la forma en que la evidencia debe ser recogida o levantada y sellada, la manera en que debe ser guardada y conservada, cómo pueden intervenir legítimamente las personas y las razones o motivos por las cuales la evidencia pudo haber sido legítimamente manipulada.

g) *Relación entre la evidencia y la parte que la ofrece.* La evidencia (antecedentes investigativos) reunida por el Ministerio Público, el querellante o la defensa pública o privada, debe ser ofrecida por los litigantes y admitida por el tribunal para los efectos de que pueda ser utilizada o producida materialmente durante el curso del juicio oral.[217] Este ofrecimiento de prueba debe ser efectuado por el fiscal al momento de presentar su acusación por escrito. Si el fiscal ofrece rendir prueba de testigos, debe presentar una lista individualizándolos con nombre, apellido, profesión y domicilio o residencia, salvo que exista motivo para temer que la indicación de su domicilio pueda implicar peligro para el testigo u otra

---

215 No sabemos aún si algunos de esos antecedentes investigativos serán ofrecidos en definitiva como prueba.

216 Sobre el tema de la inutilizabilidad y sus efectos, *vid.* GALLARDO (2007).

217 Esto es independiente de las obligaciones de registro (Arts. 227 y 228 del C.P.P chileno) y de descubrimiento íntegro que tiene el Ministerio Público, que debe dar acceso a la defensa de todos sus registros investigativos, independientemente de que ellos contengan diligencias, informes o testimonios que no se presentarán durante el juicio oral como prueba. Véase el Art. 217 del Código Nacional de Procedimientos Penales de México, que exige que el registro de las actividades de investigación permita que la información sea completa, íntegra y exacta.

persona,[218] señalando además los puntos sobre los que habrán de recaer sus declaraciones. En el mismo escrito debe individualizar al perito o peritos cuya comparecencia solicita, indicando sus títulos y calidades.[219] Los querellantes deben ofrecer su prueba en los mismos términos señalados, en su escrito de adhesión a la acusación fiscal o de acusación particular.[220] En el caso de las defensas, pueden hacerlo por escrito hasta la víspera del inicio de la audiencia de preparación de juicio oral o como ocurre en la práctica chilena, durante el desarrollo de la audiencia, de manera verbal.[221]

Una vez ofrecida y admitida la evidencia propuesta por los litigantes, esa evidencia sigue perteneciendo a la parte que la ofreció, es decir, la decisión de producirla efectivamente en la audiencia de juicio queda entregada a la decisión de la parte fiscal, querellante o defensa. Esto explica la razón por la cual si uno de los litigantes considerara indispensable el que se produzca en juicio una evidencia ofrecida por otro de los intervinientes, deberá también, de manera excepcional, ofrecer una prueba de otro interviniente como prueba propia.[222]

---

218 Art. 307, inc. 2°, del C.P.P. chileno.

219 Art. 259 del C.P.P. de Chile, Art. 335 del Código Nacional de Procedimientos Penales de México, y Art. 127 del Código del Proceso Penal de Uruguay.

220 Art. 261 del C.P.P. de Chile, Art. 338 del Código Nacional de Procedimientos Penales de México, referido a la coadyuvancia a la acusación.

221 Art. 263 del C.P.P. de Chile, Art. 340 del Código Nacional de Procedimientos Penales de México.

222 Según Moreno, el carácter excepcional de esta situación supone evaluar la necesidad que una o eventualmente más pruebas de la contraparte se produzcan en juicio es tan relevante que supone la acreditación de alguna proposición fáctica central de la teoría del caso del litigante, que además muchas veces tendrá que obtenerse mediante un contraexamen de un declarante o con el riesgo de hacerlo ante un testigo propio pero hostil, versus el hecho que en la mayoría de los casos que un declarante de la contraparte no comparezca a prestar testimonio será mejor y menos dañino para nuestra teoría del caso. Es cuestionable la práctica generalizada de las defensas de hacerse de toda la prueba del Ministerio Público. También cabe cuestionarse sobre los efectos que puede tener esta declaración de la defensa en los debates de admisibilidad de la prueba en particular los de pertinencia e ilicitud. Moreno (2013), pp. 147-149.

h) *Credibilidad de las evidencias.*[223] Corresponde a los litigantes hacerse cargo de este importantísimo tema sin duda en el juicio oral con la producción de la prueba. Sin embargo, desde una perspectiva estratégica, durante la investigación debemos analizar nuestra evidencia para evaluar el posible impacto en credibilidad que generará en el tribunal de juicio.[224] Esta evaluación podría, por ejemplo, definir que seleccionemos a un testigo por sobre otro para ofrecerlo como declarante para el juicio cuando ambos permitían acreditar las mismas proposiciones fácticas, pues uno tiene mejores antecedentes de credibilidad personal o es capaz de verbalizar de mejor manera las proposiciones fácticas que deseamos acreditar en el juicio.[225] O decidiendo llevar a un declarante, nos permite conocer sus debilidades y decidir cómo ellas serán abordadas en el juicio, por ejemplo, anticipándolas para evitar que sean relevadas ante el tribunal durante el contraexamen.

Básicamente desde la perspectiva de la actividad probatoria en juicio oral, podemos distinguir cuatro momentos:

i. *Ofrecimiento de la prueba.* Como hemos visto, se lleva a efecto por el fiscal del Ministerio Público en su escrito de acusación, por el querellante, donde se le reconoce como sujeto procesal, en su adhesión a la acusación fiscal o acusación particular, y en el caso de la defensa, por regla general, verbalmente en la audiencia de preparación de juicio oral.[226]

ii. *Admisibilidad probatoria.* Los debates sobre admisibilidad de la prueba que tendrán lugar durante el desarrollo de la audiencia de preparación de juicio oral y que se cen-

223 Lorenzo (2012), pp. 146 y s. (recomienda preguntarse si nuestra prueba es creíble).

224 He aquí una razón más para justificar la indispensable necesidad de entrevistarse con nuestros declarantes y de preparar ética y legalmente su testimonio.

225 Fontanet (2010), p. 67 (debe evaluarse el testimonio del testigo rigurosamente, así como su apariencia y su conducta no verbalizada).

226 Salvo que la defensa la ofrezca en un momento previo, al contestar por escrito la acusación fiscal, cuestión en los hechos enteramente excepcional.

trarán, básicamente, en la posibilidad de excluir la prueba manifiestamente impertinente, esto es, aquella que no guarda relación o pertinencia substancial con la materia o hechos que se someterán al conocimiento del tribunal de juicio; la destinada a acreditar hechos públicos y notorios, por tratarse de prueba innecesaria; la reducción de la prueba testimonial, pericial o documental ofrecida por sobreabundante al tratarse de prueba ofrecida en exceso con una finalidad dilatoria, pues se ofrece para acreditar hechos o circunstancias idénticas; por provenir de actuaciones o diligencias declaradas nulas por resolución judicial, o haberse desarrollado con infracción expresa a una norma legal que las regula, como ocurre con la regulación procesal de los denominados actos de molestia o medidas intrusivas, la denominada prueba ilegal o irregular, o por tratarse de evidencia obtenida con inobservancia de garantías fundamentales, denominada en sentido estricto como prueba ilícita.

iii. *Producción o actuación de la prueba.* La prueba ofrecida por las partes y que haya sido admitida por el juez de la audiencia de preparación de juicio oral es la que se podrá producir, conforme a las reglas legales que regulan su producción, ante los jueces del tribunal oral en lo penal. Si bien existe el principio de libertad de prueba, la forma en que la evidencia declarada admisible debe producirse en juicio oral se encuentra reglada. Por ejemplo, el Código Procesal Penal chileno regula en primer lugar el orden de producción de la prueba, que debe comenzar con la destinada a acreditar los hechos y peticiones de la acusación y de la demanda civil, para luego pasar a la prueba de la defensa,[227] y en segundo lugar, la forma en que se rendirán o producirán las distintas pruebas,

[227] Art. 328 del C.P.P. de Chile, Art. 358 del Código Nacional de Procedimientos Penales de México, Art. 271.1 del Código del Proceso Penal de Uruguay, Art. 375 del C.P.P. de Perú.

como la declaración del imputado,[228] la declaración personal de los testigos y peritos,[229] la lectura o exhibición de documentos, objetos y otros medios,[230] los métodos de interrogación,[231] la prueba nueva y la prueba sobre prueba,[232] el uso de declaraciones previas como prueba[233] o para efectos de credibilidad,[234] la prohibición general de uso de registros o documentos de la investigación durante el juicio.[235]

iv. *Valoración de la prueba.*[236] La valoración que haga el tribunal se refiere única y exclusivamente a la prueba rendida en el juicio oral[237]. El tribunal valora la prueba con libertad, pero sin contradecir los principios de la lógica, las máximas de la experiencia y los conocimientos científicamente afianzados.[238] El tribunal debe hacerse cargo en su fundamentación de toda la prueba producida, incluso

---

228 Art. 326 del C.P.P. de Chile, Art. 377 del Código Nacional de Procedimientos Penales de México, Art. 376 del C.P.P. de Perú.

229 Art. 329 del C.P.P. de Chile, Art. 378 del C.P.P. de Perú. Cabe destacar que el Código Nacional de Procedimientos Penales de México, en su Art. 375, regula la situación del denominado testigo hostil.

230 Art. 333 del C.P.P. de Chile, Art. 383 del Código Nacional de Procedimientos Penales de México, Arts. 184 y 185 del C.P.P. de Perú.

231 Art. 330 del C.P.P. chileno.

232 Art. 336 del C.P.P. de Chile, Arts. 271.1 Bis y Ter, del Código del Proceso Penal de Uruguay.

233 Art. 331 del C.P.P. de Chile, Art. 386 del Código Nacional de Procedimientos Penales de México.

234 Art. 332 del C.P.P. de Chile, Arts. 376, respecto de los declarantes en general, y 377, sobre las declaraciones del acusado, del Código Nacional de Procedimientos Penales de México.

235 Art. 334 del C.P.P. de Chile, Art. 385 del Código Nacional de Procedimientos Penales de México.

236 Ella corresponde al tribunal, sin perjuicio de que a las partes litigantes les corresponde exponer la valoración que ellos hacen de la prueba producida en el juicio oral durante sus alegatos de clausura, conforme al Art. 338 del C.P.P. de Chile (que faculta a las partes, concluida la recepción de las pruebas, a presentar sus conclusiones). Véase el Art. 158 del C.P.P. de Perú.

237 Art. 296 del C.P.P. de Chile, Art. 359 del Código Nacional de Procedimientos Penales de México, Art. 393.1 del C.P.P. del Perú.

238 Es lo que se conoce como sana crítica como sistema de valoración probatoria.

de aquella que desestima, indicando en tal caso las razones que ha tenido en cuenta para hacerlo.[239]

v. *Clasificación de las evidencias en fuertes o débiles.* El criterio a utilizar para clasificar la evidencia en fuerte o débil se refiere básicamente a dos cuestiones. La primera, si la evidencia es capaz por sí sola de acreditar la proposición fáctica a la que se refiere, lo que en general permite distinguir entre evidencia directa o indiciaria. La segunda, al hecho de que la evidencia, como fuente de información, o la información que ella proporciona al juzgador, o ambos aspectos, presentan o no alguna debilidad o fragilidad en su credibilidad o confiabilidad.[240]

6. *Identificación de la Teoría del Caso de la contraparte*

Todo litigante, junto con construir su propia teoría del caso, debe anticipar cuál será la tesis que sostendrá la parte contraria, tanto en las audiencias preliminares como en el eventual juicio en que se conozca el caso.[241]

En un sistema de enjuiciamiento acusatorio adversarial, en que el juzgador se encontrará ante posiciones antagónicas, es deber del litigante identificar y refutar la prueba que presente la parte contraria.[242] Fontanet recomienda considerar los siguientes aspectos del caso de la contraria: 1°) Su versión fáctica, esto es, cuáles son los hechos reales que a juicio de nuestro contradictor integran el caso. Ello impone presentar prueba propia que genere dudas sobre la veracidad o credibilidad de la pretensión fáctica de la parte

---

239 Art. 297 del C.P.P. de Chile, Art. 393.2 del C.P.P. de Perú.

240 Sobre este segundo aspecto, *vid.* BAYTELMAN & DUCE (2004), pp. 89-90.

241 Ello es indispensable en el caso de un fiscal, de un querellante particular y de una defensa activa. Sólo en el evento de una defensa pasiva o negativa, que no va a sostener un relato alternativo al de la persecución, podrá trabajar sobre la que identifique como teoría del caso preliminar de la fiscalía, y que conocerá con precisión al deducir acusación el Ministerio Público. *Vid.* FONTANET (2010), p. 13.

242 *Id.*, p. 61.

contraria. 2°) Las inferencias que se pueden hacer sobre la versión fáctica que sea acreditada por la contraparte. 3°) Los fundamentos de derecho pertinentes al caso, esto es, verificar la corrección del derecho que según la contraparte es pertinente al caso y, por consiguiente, de aplicación a los hechos en controversia. 4°) La aplicación del derecho a los hechos del caso, para determinar la improcedencia de la aplicación del derecho seleccionado por la contraparte al caso concreto.[243] A lo reseñado debemos agregar la necesidad de conocer e identificar con claridad la evidencia de la contraria que será utilizada en juicio y las proposiciones fácticas que ellas sustenten, con la finalidad de determinar cuáles de esas evidencias o proposiciones fácticas serán controvertidas mediante el uso de prueba propia de refutación, y/o si serán objeto de ataque mediante el uso de la técnica del contraexamen, o de una prueba sobre prueba.[244]

También corresponde hacer este ejercicio de anticipación de la posición de la contraria cuando estemos en la etapa investigativa y enfrentemos alguna de las denominadas audiencias preliminares, tales como, el control de legalidad de una detención o un debate sobre medidas cautelares personales. Sabemos que uno de los principios fundamentales del proceso acusatorio es la contradicción: la posibilidad que sea la otra parte la que realice un control de calidad sobre la información que el litigante trae ante el juez. En función de ello, el juez siempre estará interesado en conocer y analizar los cuestionamientos que la otra parte realice a las afirmaciones que el litigante genera en audiencia.[245] La particularidad de esta actividad asociada a la etapa investigativa es que se hace básicamente con los antecedentes contenidos en el legajo o carpeta investigativa del fiscal, y en el caso de la defensa con aquellos

---

243 *Id.*, pp. 62 y s.

244 Es conveniente verificar la fortaleza o debilidad de las evidencias de la contraria, o de las proposiciones fácticas que ellas acrediten, como el hecho de que esas proposiciones fácticas soporten o no el test de superposición.

245 Lorenzo (2012), p. 45.

antecedentes que pudiere haberle proporcionado su defendido u obtenido en su investigación privada.[246]

7. *Identificación de las debilidades del caso*[247]

En esta fase de elaboración de su teoría del caso el litigante debe verificar la calidad del trabajo realizado hasta el momento para saber si presenta o no debilidades, y de tenerlas, determinar la entidad de las mismas y cómo serán abordadas.[248] Corresponde al litigante escudriñar y analizar en detalle su propia teoría del caso, pero también debe abocarse al estudio de la teoría del caso de la parte contraria.[249] Esta labor debe asumirse con gran seriedad y dedicación, pues muchas veces el orgullo profesional o la sobreestimación de las capacidades técnicas en el ejercicio de la profesión puede llevar a tomar esta etapa de la construcción de la teoría del caso sin toda la fuerza e interés que amerita, ya sea por sobrevaloración personal, o por lo complejo que resulta encontrar debilidades en el trabajo realizado, lo que hace enfrentar este análisis con una visión de túnel que supone que la elaboración es correcta y completa, o peor, por la subestimación que se hace de la contraparte y sus capacidades.[250]

---

246 Por regla general, no se presentará prueba en estas audiencias preliminares.

247 Moreno (2012), pp. 108-115.

248 Esto puede llevarnos a distintas respuestas, por ejemplo, establecerlas como criterios de negociación, asumirlas y justificarlas durante el juicio, omitirlas durante el juicio, preparar argumentaciones para el debate de la admisibilidad de la evidencia en la etapa preparatoria o su valoración en juicio, etc.

249 Así, un fiscal pese a tener la carga de la prueba debe identificar la teoría del caso de la defensa y sus debilidades, en especial cuando ella esté constituida por un relato alternativo al del fiscal. Por su parte, las defensas deben identificar las debilidades de la teoría del caso fiscal, sea para plantear incidencias procesales como incidentes de nulidad o exclusiones probatorias, o para identificar temas que abordará en los contraexámenes a efectuar a testigos o peritos de la fiscalía.

250 A propósito de la teoría del caso propia, Lorenzo destaca la necesidad de identificar las debilidades que presenten las proposiciones fácticas identificadas y la evidencia seleccionada para acreditarlas. Así, se resalta el test de superposición de proposiciones fácticas, a fin de determinar si algunas de ellas son débiles, toda vez que permiten el test de superposición, ya que la explicación que la contrapar-

Es recomendable que la labor de chequeo de la propia teoría del caso se haga colectivamente junto a un grupo de personas de confianza, sin que necesariamente todos sean letrados, o al menos, por otro abogado, pues es muy difícil que quien elaboró concienzudamente la teoría del caso vea con claridad sus eventuales defectos o vacíos al revisarla. Por el contrario, normalmente lo que ocurrirá es que tienda a ratificarla y a considerar que no tiene mayores problemas o dificultades. Muchas veces sólo el ojo de un tercero desprejuiciado hará volver a la realidad al litigante, mostrándole aquellos aspectos que requieren de un reforzamiento o de un nuevo estudio antes de seguir adelante, o al menos lo orientará sobre aquellos componentes fácticos o probatorios de su teoría del caso que presumiblemente serán confrontados o refutados por su contraparte.

Es importante determinar en qué momento o etapa del proceso se identificarán esas debilidades:

I. *Si el defecto o debilidad es detectado en una etapa procesal en que todavía no culmina la investigación.* Lo que corresponde en este caso es dimensionar su relevancia con relación a la teoría del caso en general del litigante, cuantificando de qué manera puede influir en que ésta no resulte acreditada o se vea afectada en su credibilidad ante el juzgador.

a. *Si la debilidad o defecto detectado aparece como subsanable.* Lo que corresponde en ese escenario es focalizar el tiempo que queda de investigación a fortalecer aquellos aspectos deficitarios del caso, como podría ser: la identificación de nuevas proposiciones fácticas que den cuenta mejor y de forma más integral de las cuestiones de hecho a sostener;[251] la búsqueda de nuevas y determinadas evidencias que permitan sostener o reforzar las proposiciones fácticas más débiles; la diversificación de evidencias que sustenten una misma pro-

---

te puede dar sobre una de nuestras proposiciones fácticas podrá ser tanto o más creíble que nuestra propia apreciación. LORENZO (2012), pp. 149-151.

251 Lo que supone a veces la búsqueda de nuevas evidencias que las sostengan o verificar si alguna de las evidencias ya identificadas puede hacerlo competentemente.

posición fáctica; la búsqueda de una justificación razonable o plausible sea para la proposición fáctica y/o la evidencia que la acredita, para estar en condiciones de generar una explicación razonable de la debilidad ante los jueces de juicio, sin que la credibilidad de la evidencia o del caso se vean afectadas en la valoración de los jueces.

b. *Si la debilidad es relevante y no se visualiza cómo subsanarla.* En ese evento el litigante debe optar por alguna de las siguientes posturas:

   i. Redireccionar su investigación, con la finalidad de modificar o ajustar su primitiva teoría del caso o derechamente abandonarla por otra.[252]
   ii. Considerar la debilidad detectada como un baremo de negociación, explorando con la contraparte la posibilidad de que la causa termine no por la vía del juicio oral, sino a través de una salida alternativa o un procedimiento especial, como el abreviado.[253] Lo que debe considerar el litigante es el riesgo de que la o las relevantes debilidades detectadas puedan ser advertidas por su contraparte, justificadas y utilizadas en contra de nuestro caso o de nuestra evidencia durante el curso del juicio oral, y el impacto que ello podría tener sobre su teoría del caso en la decisión del tribunal de juicio. Asumir un juicio cuando nuestra apreciación es que la debilidad relevante será identificada y utilizada por nuestra contraparte es un riesgo demasiado alto para ir a juicio oral.

---

252 Por ejemplo, pasar de sostener la figura agravada de un ilícito a su figura simple, por no ser susceptible de acreditar debidamente los presupuestos fácticos de la figura agravada: de un robo calificado a un robo simple; o pasar de un ilícito a otro (p. ej., de una violación a un caso de abusos sexuales).

253 Evidentemente las condiciones más o menos favorables de dicha negociación van a depender, entre otras cosas, del mayor o menor conocimiento que tenga una parte de las debilidades del caso de su contraparte, de la mayor o menor gravedad de las mismas y de sus propias falencias en acreditar su teoría del caso.

iii. Si recae sobre una evidencia en particular, se debe considerar la posibilidad de no ofrecerla como prueba para el juicio y reemplazarla por otra que permita acreditar de igual forma las proposiciones fácticas centrales de nuestra teoría del caso.[254]

II. *Si la debilidad es detectada cuando la investigación se agotó*, y ya se desarrolló la audiencia de preparación de juicio oral o de control de la acusación, y en consecuencia debemos decidir qué haremos con ella en el juicio. En este caso es necesario distinguir las siguientes situaciones:

a. Si la debilidad no es relevante desde el punto de vista del litigante o la considera posible de ser subsanada.[255] En esta hipótesis el litigante deberá planificar cómo procederá a abordar tal debilidad durante el desarrollo del juicio oral, pudiendo adoptar distintos mecanismos para hacerlo de manera eficaz. Así, en primer lugar podrá tomar la decisión de anunciarla al tribunal durante su alegato de apertura, indicando que será debidamente explicada o justificada durante el juicio y que, por lo mismo, no afectará la teoría del caso del litigante.[256] En segundo lugar, y

---

254 Por ejemplo, el caso de un testigo, de varios posibles de utilizar, pero que presenta serios problemas de credibilidad personal. En ese caso será reemplazado por otros respecto de los cuales se tenga conocimiento o se buscará otro testigo o medio de justificación de la proposición fáctica que se desea probar.

255 Piénsese en un fiscal que, luego del debate sobre admisibilidad de la prueba, se vea privado de una o más evidencias por haber sido excluidas por el juez de garantía, pero que considera que el caso aún puede sostenerse con la evidencia que pasó el test de admisibilidad, o por tratarse de una evidencia que en definitiva no fue excluida, pero que vislumbra que el fondo del problema de su obtención será abordado una vez más por la contraparte en el contraexamen de esa evidencia. Lo mismo le ocurriría a una defensa que presente a declarar a testigos que sabe que tienen una relación cercana o de parentesco con su defendido, o que presentan problemas previos con el sistema penal, etc.

256 Parece razonable adoptar esta actitud cuando la debilidad aparece en antecedentes que serán conocidos por la contraparte, pues es presumible que ella tratará de explotarlos en el juicio oral.

por regla general, abordará la debilidad durante alguno de los exámenes directos de los peritos o testigos que sean pertinentes y útiles a la finalidad de explicitar la debilidad ante el juzgador y proporcionarle los elementos fácticos de juicio necesarios para justificarla completamente, o al menos para establecer ante los ojos del juzgador que la debilidad, existiendo, no tiene la entidad necesaria, sea para afectar la teoría del caso del litigante, la credibilidad de una evidencia, o la confiabilidad de la información que esa evidencia ha proporcionado al tribunal. El sentido de abordar directamente la debilidad durante la presentación de la evidencia propia, particularmente como un capítulo de examen directo, obedece a la estrategia de evitar que sea la contraparte quien al ejecutar el contraexamen de un declarante nuestro ponga en conocimiento del tribunal esa debilidad, pues lo hará con la técnica del contraexamen, esto es, con preguntas sugestivas, cerradas, de un hecho, sin permitir que el declarante pueda tener espacio para explicar o justificar la debilidad. En cambio, incorporar el tratamiento de la debilidad en el examen directo permitirá al litigante formular preguntas abiertas al declarante para que éste se explaye en la exposición de los hechos o antecedentes que justifican o minimizan la debilidad.

Se debe planificar cómo será abordada en el desarrollo del juicio, sea anticipándola en la apertura y justificándola mediante el testimonio directo del testigo o perito pertinente, para que se explique que ella no es relevante ni daña nuestra teoría del caso, o construyendo los argumentos que se explicitarán en la clausura para justificar su irrelevancia en el caso concreto. La idea es tener el espacio que origina, por ejemplo, el examen directo para explicar al tribunal por qué la debilidad que efectivamente existe no daña o al menos no de modo significativo nuestra teoría del caso o la credibilidad de una evidencia en particular, sin dejar que sea la contraparte la que la exponga en el ejercicio de su facultad de contraexaminar impidiendo explicitar la justificación de la misma.

b. Si la debilidad es relevante y dañina, y no tenemos cómo generar una explicación razonable, y afecta a una evidencia que nos hemos visto en la obligación de presentar, pues no tenemos otra forma de acreditar ante el tribunal una proposición fáctica indispensable de nuestra teoría del caso. En esta hipótesis el litigante puede tomar la decisión de llevar a juicio la evidencia y producirla en el debate, sin mencionar la debilidad que la afecta.[257] Actuará al momento de rendirse la evidencia en cuestión como si ella no tuviera debilidad alguna, con la esperanza de que su contraparte no la haya descubierto y, por lo mismo, no pueda develarla ante el tribunal, aspirando con ello a que la valoración judicial de esa evidencia no se vea afectada por la debilidad que de hecho posee, pues el tribunal no ha tomado conocimiento de la misma. La opción de omitir la debilidad debiera desecharse,[258] pues la práctica enseña que las contrapartes sí son diligentes, descubrirán la debilidad de la evidencia y la harán presente en la audiencia del juicio. Como señala Pabón, la decisión de cómo tratar una debilidad, las que denomina circunstancias adversas, depende de dos factores: 1°) verificar si son conocidas por la contraparte, y 2°) verificar si la contraparte cuenta con pruebas para acreditarlas y descubrirlas.[259]

---

257 El caso en comento también supone una ponderación por parte del litigante en orden a establecer la necesidad de utilizar esa o esas evidencias para acreditar su teoría del caso, cuestión superior o más relevante que los efectos negativos que acarrearía para su caso la posibilidad que la debilidad de la evidencia sea establecida en juicio por su contraria.

258 En la mayoría de los casos debiera desecharse esta opción, sin perjuicio de reconocer que puede haber casos en que lo único razonable de hacer es jugarse por presentar esa evidencia omitiendo la debilidad, pues esa evidencia es la única que permite sostener una o más proposiciones fácticas y el litigante no tiene cómo aminorar el impacto que en ella genera la existencia de la debilidad.

259 Pabón Gómez (2019), p. 79.

Con los pasos analizados hasta ahora se agotan los elementos referidos a la elaboración de una teoría del caso, y por lo mismo el abordaje de cada uno de los pasos previamente reseñados resulta indispensable. Al final de ese exhaustivo trabajo se tiene una prognosis más que razonable y cierta sobre las posibilidades de éxito o fracaso en un posible juicio oral, permitiendo decidir fundadamente si la opción de ir a juicio con el caso analizado resulta ser una buena decisión o si corresponde evaluar la posibilidad de buscar un mecanismo diverso para poner término al caso.

8. *Clasificación de la Evidencia*[260]

Las evidencias a utilizar en el juicio, por haber sido declaradas admisibles, pueden ser clasificadas bajo distintos criterios. El objetivo es agrupar la evidencia reunida según ciertos criterios que orienten el desempeño del litigante en la audiencia de juicio oral al presentar cada una de ellas, de la forma más eficiente, y que cause mayor persuasión en el tribunal. Para cumplir dicho cometido se deben considerar cuestiones tales como: la oportunidad de la presentación, los énfasis de los interrogatorios, los alcances de la evidencia aportada, etcétera.[261]

Paul Bergman ofrece una clasificación que se aviene mejor, en nuestro concepto, con la lógica de la litigación oral.[262] Básicamente alude a dos grandes criterios para clasificar la evidencia a presentar en juicio: según el contenido o naturaleza de la evidencia, y según su relación con los hechos a acreditar.

A) Según el contenido o naturaleza de la evidencia, puede ser afirmativa, de refutación (simple negación o por conclusión), de

260 Existen otros criterios de clasificación de las evidencias, igualmente interesantes y útiles. *Vid*. Pabón Gómez (2019), pp. 182-192.

261 Bergman (1995), pp. 26-33.

262 No se trata de aquellas clasificaciones propias de la prueba legal o tasada, que distinguían entre los medios según su fuerza probatoria, o si eran o no preconstituidas u otros criterios que no tienen mayor relevancia en cuanto a la prueba a rendirse en un juicio oral.

credibilidad, explicativa o emocional. A continuación se proporciona una breve explicación de cada una de estas variantes de evidencia.

i. Evidencia afirmativa es aquella en virtud de la cual el litigante acredita ante el tribunal la existencia de una proposición fáctica, que da cuenta de la ocurrencia de un hecho pertinente y relevante para la resolución del caso. En palabras de Bergman, es la que recae en los hechos que tienden a demostrar la exactitud de una proposición fáctica.[263] Un ejemplo clásico es la declaración prestada en el juicio por la víctima respecto de lo que le ocurrió, o la declaración de un testigo presencial. Gran parte de la evidencia que se produce en un juicio oral tiene el carácter de afirmativa. Mediante su utilización se puede construir y acreditar ante el tribunal el relato que explica qué fue lo que ocurrió. Para ello no sólo es necesario agotar la acreditación de hechos que se vinculen temporalmente con el momento de ocurrencia del hecho jurídicamente relevante, sino también de hechos ocurridos con anterioridad o posterioridad a los hechos constitutivos del ilícito penal, pero que permiten comprender de mejor forma el hecho relevante desde el punto de vista jurídico.[264]

ii. Evidencia de refutación es aquella destinada a negar la existencia de un hecho o proposición fáctica alegada por la contraria, o confrontar o debilitar las evidencias afirmativas aportadas por la contraparte. Como señala Bergman, ella tiende a debilitar la prueba afirmativa del adversario, aunque no sea parte de una narración afirmativa.[265] Por ejemplo, si se presenta a los jueces información a través de preguntas de desacreditación, destinadas a afectar la credibilidad personal de un declarante de la parte contraria. Estos hechos aportados en el contraexamen son claramente una evidencia de refutación, pero los hechos que constituyen esta refutación no forman parte del eventual relato afirmativo que pueda sostener la parte que contraexamina. La manifestación concreta en juicio

---

263 Bergman (1995), p. 26.
264 *Id.*, pp. 26-27.
265 *Id.*, p. 27.

oral de la denominada evidencia de refutación puede ocurrir de dos formas diferentes:

En primer lugar, como una simple negación. Consiste en presentar ante el tribunal una evidencia que confronta la veracidad o exactitud de una proposición fáctica, sostenida en la prueba afirmativa rendida por la contraparte, con la finalidad de que el tribunal reste o niegue valor probatorio a esa evidencia afirmativa.[266] Un ejemplo sería presentar en juicio un testigo que niegue lo afirmado por un declarante de la contraria, sin agregar más;[267] o el testimonio del propio acusado si ha decidido declarar en el juicio, negando su participación en los hechos, sin aportar otros antecedentes. Otra manifestación de esta negación es la presentación en un contraexamen de información de desacreditación de un declarante de la parte contraria. Obviamente ello se hace con el propósito de que esa información impacte negativamente de manera indirecta en la valoración del testimonio del testigo impugnado.[268]

En segundo lugar, como una negación por conclusión.[269] La otra forma de hacer valer una refutación es aquella en que lo atacado no es directamente la evidencia, particularmente la indiciaria o circunstancial, sino las conclusiones o razonamientos que a partir de esa evidencia, ya producida, la parte que la presenta desprende y pide que el tribunal acoja. Se acepta el presupuesto material en que se basa la proposición fáctica esgrimida por la contraria, pero se señala al tribunal que pese a haberse establecido dicho presupuesto, de él no pueden deducirse las conclusiones o razonamientos sostenidos por el contradictor que permitirían

---

266 Si existen versiones distintas sostenidas por las partes en juicio, de alguna manera la evidencia afirmativa producida por una de ellas además tiene el carácter de evidencia de refutación o contradicción de la versión sostenida por la contraria.

267 Bergman (1995), p. 25 (uno intenta demostrar una proposición fáctica incluso cuando ésta es sólo la reformulación negativa de una proposición del demandante).

268 *Id.*, p. 27.

269 Bergman se refiere a esta forma de evidencia de refutación como "reconocer y explicar", al señalar que consiste en aceptar la exactitud de la prueba del adversario, pero pidiendo al juzgador que extraiga una inferencia que difiere de la que la contraparte solicita.

acreditar ante el tribunal la proposición fáctica buscada, sino que es posible también desprender otras conclusiones o proposiciones fácticas que se indicarán expresamente al tribunal. Estamos en este caso normalmente frente a evidencia de carácter indiciaria, de la cual la contraria extrae una determinada conclusión, la que no es compartida por el otro litigante, y respecto de la cual demostrará que es posible extraer con igual o mayor certeza otra inferencia o sostener una versión fáctica alternativa.[270]

iii. Evidencia de credibilidad es aquella evidencia en virtud de la cual, si bien no vamos a construir el núcleo central de nuestro relato y las proposiciones fácticas que los sostienen, sí permiten darle un mayor soporte o verosimilitud ante el juzgador.[271] Roxin la define como aquella evidencia destinada a probar hechos que ayudan a la prueba. Son hechos que una vez acreditados permiten extraer una conclusión de la calidad de un medio de prueba.[272] Como señala Rodrigo Cerda, permite valorar la fiabilidad de un medio de prueba, extraer una conclusión de la calidad de un elemento probatorio.[273] La evidencia de credibilidad afecta la verosimilitud y el carácter más o menos fidedigno de los relatos.[274]

Otra manifestación de una evidencia de credibilidad puede estar constituida no por una característica, información o particularidad de una evidencia ya producida o por producir en juicio, sino por la información que proporciona al juzgador otra evidencia que hace más verosímil o creíble la evidencia principal.[275] Por ejemplo, aquellos testigos que se presentan para resaltar la credibilidad de otro declarante, al sentar bases de su credibilidad ante el tribunal, sea sobre su persona o el contenido de su testimonio.

---

270 Recuérdese el test de superposición de proposiciones fácticas, esto es, la posibilidad de que una misma afirmación sea utilizada por ambos litigantes como integrante del relato que pretenden acreditar ante el tribunal.

271 Roxin (2001), p. 187.

272 Por ejemplo la capacidad de percepción de un testigo, su memoria, manejo de detalles relevantes.

273 Cerda San Martín (2009), p. 271.

274 Bergman (1995), p. 28.

275 *Ib*. Ella puede tener carácter afirmativo o de refutación.

La información que permite reforzar la credibilidad y por tanto la calidad de un medio de prueba puede obtenerse del mismo medio de prueba, como ocurrirá con los testigos o los peritos, respecto de los cuales el litigante debe con sus preguntas proporcionar información al tribunal que los haga creíbles. Por ejemplo, acreditando específicamente al perito en el área de la pericia que éste ha practicado o preguntándole al testigo sobre antecedentes que confirmen la verosimilitud de su relato, como ocurriría respecto de alguien que no sólo es capaz de decir lo que pudo observar, sino que justificar adecuadamente por qué en la posición en que se encontraba pudo ver con claridad lo declarado.

La evidencia de credibilidad puede provenir también de otra fuente de información o evidencia que viene a reforzar a otro medio probatorio. Por ejemplo, resaltando las cualidades personales de un declarante que lo hacen creíble y objetivo, o aportando antecedentes relevantes para reforzar la credibilidad ya no del declarante sino de su testimonio, como ocurre usualmente hoy en día en ciertos ilícitos sexuales con el testimonio de psicólogos en apoyo de la credibilidad del relato de un menor objeto de abuso sexual.

En ocasiones será esta clase de evidencia la que permita que un tribunal de juicio pueda optar entre dos relatos que son contradictorios.[276] Cuando no existan en los testimonios elementos que permitan hacer primar unos sobre otros, el tribunal debe recurrir a otras pruebas que refuercen el testimonio de algunos de esos declarantes y fundamentalmente a toda aquella evidencia o información que se haya relevado por los litigantes sobre factores que influyan en la credibilidad personal de cada uno de quienes declararon en juicio.

De lo anterior se desprende la necesidad de abordar el interrogatorio encaminando la acreditación de un declarante con seriedad y sentido estratégico, y no como una mera obligación procesal

---

276 *Ib*. Bergman señala que la evidencia de credibilidad aporta al juzgador una base para elegir entre historias contrarias.

sin sentido.[277] Puede ocurrir que sea precisamente la información obtenida durante la acreditación de un declarante la que al momento de la valoración de su declaración incline al juez a aceptar ese testimonio por sobre otro, que si bien contradijo al primero, no aportó ninguna información de interés para el tribunal tendiente a que éste pudiera formarse un juicio de credibilidad personal sobre la persona del interrogado. En ese contexto es posible que lo que defina cuál testimonio prima en la valoración del tribunal no sea exclusivamente el aporte de los declarantes sobre los hechos, sino quién es la persona que aporta esa información.[278]

iv. Evidencia explicativa es aquella que permite al tribunal comprender de la manera buscada por el litigante una proposición fáctica acreditada en el juicio.[279] En numerosas ocasiones nos encontraremos frente a juicios en que, si bien los hechos constitutivos del tipo penal se han acreditado de manera razonable al tribunal que ha de resolver, y probablemente a los demás intervinientes e incluso al público, les quedan dudas respecto del por qué ocurrieron los hechos de esa manera o qué motivó los comportamientos y acciones de los involucrados. En estos casos el presentar evidencia sobre los móviles o motivaciones de una determinada conducta o pericias que permitan comprender determinados fenómenos físicos o psicológicos, contribuyen a que el tribunal pueda razonada-

---

[277] Nada aportan, hoy en día, la mayoría de las preguntas destinadas a la acreditación de un declarante, pues ellas indagan sobre aspectos que no ayudan a que el tribunal pueda formarse un juicio de credibilidad sobre el declarante. Nos referimos a las típicas preguntas sobre si alguien es casado, tiene hijos, o si trabaja, sin indagar más profundamente sobre esos temas. Nadie podría sostener seriamente que quien esté casado es más creíble que quien es soltero, por ese sólo antecedente.

[278] Estas consideraciones traen a colación el tema de la necesidad de preparar los testimonios que se presenten en el contexto de un juicio oral, y la legitimidad de la entrevistas previas que debe sostener un litigante con su prueba, entre otras cosas para obtener esta información que permitirá acreditar la credibilidad del testigo durante su examen directo o justificar las debilidades que pudiera presentar él personalmente o en su testimonio.

[279] Bergman (1995), p. 28 (es una forma de evidencia afirmativa que indica a un juzgador por qué los hechos de una historia sucedieron de tal manera y no de otra).

mente dar cuenta en su sentencia de por qué los hechos probados sucedieron de una determinada manera y no de otra. En definitiva, la prueba explicativa tiende a apoyar las proposiciones fácticas al suministrar razones que explican por qué los hechos ocurrieron como uno afirma.[280]

v. Evidencia emocional o persuasiva es aquella evidencia que explota el hecho de que el relato que se pretende acreditar lo está siendo ante jueces que, como todos, tienen sus propias valoraciones y percepciones de la realidad. Ellos enfrentan el relato que se les presenta con un marco valórico y de conocimientos estructurado durante toda su vida. La imparcialidad del tribunal nunca evita que en mayor o menor medida ese conocimiento y valores acumulados que tenemos los seres humanos y, por cierto los jueces, no aflore en algún grado al momento de percibir la prueba y luego al valorarla.[281] En vez de negar este fenómeno es mejor estratégicamente aprovecharlo en nuestro beneficio en un juicio. Para ello se recurre en las argumentaciones y preguntas a las máximas de la experiencia, la lógica, los conocimientos científicamente afianzados, y a explotar la emotividad del caso cuando ella sea beneficiosa para nuestra teoría del caso.

Se ha sostenido que este tipo de evidencia sólo produce efecto respecto de los juicios por jurados, que a sus integrantes sí es posible conmoverlos, pero que ello no ocurriría con jueces profesionales. Tal aseveración desconoce el hecho que los jueces son seres humanos y que difícilmente podrán desprenderse de todo su acervo de formación personal, sus prejuicios, creencias religiosas, valores o experiencia acumulada, al momento de resolver un caso concreto. El hecho de tener que fundar sus resoluciones los obliga a expresar las razones en virtud de las cuales llegan a las conclusiones que expresan en sus fallos. Pero ello no impide que al aproximarse

---

280 *Id.*, p. 29.

281 DeShazo (2007), p. 44. Los jueces examinan un caso desde el punto de vista jurídico pero también tienen en cuenta el rostro humano del caso. Sería imposible que un juez no fuese afectado por sus experiencias, ideologías, formación como abogado, predisposiciones, etc.

a los hechos o al momento de dar o no por acreditado un elemento fáctico, las particularidades de su personalidad no jueguen un rol más que relevante en la toma de sus decisiones.[282]

B) Según su relación con los hechos a acreditar, la evidencia puede ser directa e indirecta o circunstancial. No toda evidencia es capaz por sí sola de dar por acreditada una proposición fáctica del relato. Muchas veces se requiere reunir varias evidencias que indirectamente permiten afirmar el hecho sostenido por el litigante, pero que analizadas todas en conjunto por el tribunal le permiten a través de una inferencia lógica darlo por establecido. Nos referimos en definitiva a la fuerza demostrativa que tiene la evidencia. Lo anterior nos permite diferenciar entre evidencia directa y evidencia indirecta, indiciaria o circunstancial. La distinción entre estos dos tipos de prueba se funda no ya en el valor intrínseco de cada medio de prueba abstractamente considerado, sino en la correlación perceptible, en concreto, entre el medio de prueba y el hecho que hay que probar.[283]

i. La evidencia directa es aquella que una vez rendida en la audiencia de juicio oral es suficiente para acreditar por sí sola una proposición fáctica.[284] De su sola apreciación se desprende nítido el hecho a acreditar. No se requiere de parte del tribunal ningún razonamiento complejo.[285] Según Bergman, demuestra una proposición fáctica sin necesidad de que haya una inferencia.[286]

Nos enfrentamos a esta situación cuando, por ejemplo, ha prestado testimonio en el juicio un testigo presencial de los hechos,

---

282 La evidencia emocional, al menos en un nivel subconsciente, también puede incidir en la evaluación que hace el juzgador sobre cuál es el relato más verosímil. Bergman (1995), p. 29.

283 Traversi (2005), p. 49.

284 Traversi las define como aquellas que facilitan la representación directa del hecho-delito objeto de la imputación (*id.*, p. 48). También se le ha definido como aquella que establece la existencia del hecho en forma inmediata.

285 Siguiendo a Roxin, esta evidencia directa serviría para acreditar lo que el autor denomina hechos directamente importantes, entre los cuales se cuentan todas las circunstancias que fundamentan por sí mismas la punibilidad o la excluyen. Roxin (2001), pp. 186 y s.

286 Bergman (1995), p. 30.

que ha pasado airoso el test del contrainterrogatorio. Si él señala haber visto a Juan abalanzarse sobre Pedro con un cuchillo en su mano derecha y que luego se lo clavó en repetidas ocasiones en el pecho, la verdad es que nos encontramos ante un testimonio que nos pone en la obligación, simplificando las cosas, de creerle o no. Si supera el contrainterrogatorio de forma satisfactoria y no hay otra evidencia o criterio de valoración que la contradiga, no queda otra opción que dar por cierto lo que el testigo ha señalado.

Lo dicho podría cambiar sustancialmente si existen factores personales del testigo que afectan seriamente su credibilidad como persona, más allá de las bondades de su testimonio ya prestado en el juicio. Por ejemplo, quien declara es un conocido y manifiesto enemigo de Juan o que posee otras características personales o en su historia personal que pueden hacer dudar de su credibilidad, por ejemplo, ha recibido pagos por declarar en otros juicios. Todas estas situaciones pueden afectar seriamente un testimonio que en principio parecía muy fuerte.

Frente a una evidencia directa, y en particular frente a un declarante (testigo[287], perito o imputado), el litigante debe poner énfasis en aquellos antecedentes destinados ya sea a sostener o impugnar su credibilidad personal o su testimonio, según se trate de un declarante propio o ajeno.[288]

ii. Evidencia indiciaria o circunstancial.[289] Para comprender este tipo de evidencia es necesario distinguir entre el "hecho a probar" (el hecho jurídicamente relevante del que depende directamente la decisión) y el "objeto de prueba" (el hecho del que la prueba ofrece la demostración o la confirmación).[290] El objeto de la prueba es la

---

287 Incluimos en esa categoría a la víctima.

288 Bergman (1995), p. 30.

289 Sobre el tema de la prueba indiciaria, García Cavero (2010).

290 Según Traversi, un indicio demuestra la existencia de un hecho secundario, es decir, de un hecho conocido desde el que es posible remontarse, a través de un razonamiento lógico, al hecho ignorado que hay que probar. Traversi (2005), p. 52. En materia testimonial, también se le ha denominado evidencia indirecta, pues el deponente declara no sobre la acción misma, que no presenció, sino sobre otra que puede con ella relacionarse. Por ejemplo, el testigo señala que oyó un

aserción fáctica sobre la que versa la prueba, aquello que la prueba es capaz de demostrar. Por ejemplo, lo que un testigo dice, o el contenido de un documento.

La prueba puede definirse como directa o indirecta en función de la relación que se dé entre el hecho a probar y el objeto de la prueba, es decir, entre los hechos que son afirmados en las dos enunciaciones. Se está ante una prueba directa cuando las dos enunciaciones tienen por objeto el mismo hecho, o sea, cuando la prueba versa sobre el hecho principal. En cambio, se estará ante una prueba indirecta cuando esta situación no se produzca, esto es, cuando el objeto de la prueba está constituido por un hecho distinto de aquel que debe ser probado por ser jurídicamente relevante a los efectos de la decisión.[291]

La evidencia indiciaria es aquella que por sí sola no es capaz de acreditar una proposición fáctica de aquellas que hemos denominado directa o principal, sino solo una proposición fáctica circunstancial, esto es, un hecho o indicio que requiere para que de él se pueda inferir la proposición fáctica principal, de un razonamiento lógico del tribunal, el cual a partir de ese indicio o de un conjunto de ellos acreditados en el juicio le permiten llegar a dar por establecida una proposición fáctica que fluye directa e inequívocamente de aquellas evidencias indiciarias acreditadas, como la conclusión única y razonable.[292] Esta o estas evidencias circunstanciales permiten la acreditación en el juicio oral de una proposición fáctica

---

grito, volvió a mirar y constató que la víctima estaba herida en el suelo, además pudo ver a varios sujetos, uno de los cuales tenía un cuchillo en la mano. Defensoría del Pueblo (2003), p. 109.

291 Pabón Gómez (2019), pp. 184 y s. Lo que se prueba directamente es el "hecho base", que pasa a denominarse "indicio" y que normalmente, en conjunto con otros, exige un razonamiento de tipo inferencial para arribar de modo unívoco a una conclusión, que ocupa el lugar de lo que se llama el "hecho consecuencia", que es precisamente la afirmación de hecho que se busca probar de modo indirecto.

292 Roxin señala que los indicios son hechos que permiten extraer una conclusión de un hecho directamente importante. Roxin (2001), p. 187. Por ejemplo, el hecho de que el sospechoso del asesinato inmediatamente antes del homicidio de la víctima la amenazó de muerte.

principal a través de un razonamiento judicial inferencial.[293] Por inferencia se entiende a aquel nexo mental entre un elemento de prueba y una conclusión.[294] Si estamos frente a una evidencia de estas características, el deber de un litigante que actúa de manera estratégica en el juicio es hacerse cargo de esto. En efecto, debe al menos preocuparse de dos cuestiones fundamentales:

En primer lugar, presentar de la forma más certera posible cada uno de los indicios de los cuales se desprende la conclusión buscada. Para ello debe preocuparse de agrupar dichos indicios en un espacio de tiempo delimitado, ojalá en un mismo "bloque de información".[295] De lo contrario corre el riesgo de que el tribunal no sea capaz de unir los indicios, presentados en distintos momentos del juicio, para extraer de ellos la conclusión que busca el abogado. Imaginemos un juicio que ha durado varios días y en el cual los distintos indicios han aparecido separados por distintos testimonios y transcurriendo varias horas entre unos y otros. No parece razonable en esas condiciones pedir mayores razonamientos al tribunal, quien no sólo puede que no esté en condiciones de unir los distintos indicios, sino que dada la forma en que se rindió la prueba considere que algunos de esos indicios ni siquiera eran pertinentes o relevantes.

La segunda cuestión a considerar es que habiendo rendido los indicios más fuertes, ojalá en un mismo bloque de información, el litigante debe dejar unos minutos de su alegato de clausura para señalarle al tribunal, mediante la argumentación, que cada uno de los indicios fueron acreditados durante el juicio y cómo de ellos se desprende lógicamente una determinada conclusión, que explicitará ante el tribunal.[296]

---

293 BERGMAN (1995), p. 30.

294 *Id.*, p. 31.

295 Entendemos por bloque de información un espacio de tiempo reducido en el cual se hace énfasis probatoriamente sobre algunas de las proposiciones fácticas que sostienen nuestro caso.

296 Al probar y argumentar por medio de indicios se deben realizar las siguientes tres operaciones: 1°) mencionar la proposición que es objeto de demostración; 2°) probar el hecho indicador; 3°) realizar la inferencia lógica o la conexión entre el

De lo que se trata es no dejar entregado al azar que el tribunal haya entendido nuestro trabajo y llegado a la conclusión que queremos, pues eso es demasiado riesgoso. Se debe explicitar formalmente lo que debe darse por probado, señalándole al tribunal de qué manera la conclusión fluye natural e inequívocamente de los indicios acreditados en el juicio.[297]

El carácter persuasivo de la evidencia indiciaria depende no sólo de su credibilidad, sino también de la fuerza de la inferencia.[298] El tribunal considerará o no la conclusión que se extrae de los indicios acreditados durante el probatorio según la fuerza con la que dicha conclusión se desprenda de tales indicios. En la medida que ella sea más unívoca, coherente y certera, el tribunal le dará mayor valor probatorio. En cambio, si el razonamiento inferencial es débil, y la conclusión buscada apenas se esboza a partir de los indicios, e incluso es posible alcanzar otras conclusiones en base a las mismas premisas, su valor probatorio decrecerá, pudiendo incluso perderlo enteramente. Lo anterior sin duda será recalcado por la contraparte en su alegato de clausura.[299]

Finalmente, una evidencia puede ser catalogada como directa o indirecta según sea la información que proporcione al tribunal. Por ejemplo, si el testigo lo que hace en su testimonio es describir físicamente al acusado de un ilícito, según lo que pudo percibir de su observación presencial y cercana del mismo, manifestando además las acciones desplegadas por éste que se corresponden con el tipo penal imputado, será una evidencia o prueba directa. En cambio, si lo que hace el testigo es entregar antecedentes al tribunal sobre ciertos rasgos particulares de una persona, a quien vio merodeando el lugar en que ocurrió el ilícito, el día y hora en que

---

hecho indicador y el hecho indicado. *Vid.* Defensoría del Pueblo (2002b), p. 68.

297 Las generalizaciones que pedimos a los tribunales no derivan de un saber jurídico especializado, sino del sentido común y de la experiencia cotidiana. La prueba relacionada con una generalización puede debilitarla o fortalecerla.

298 Bergman (1995), p. 30.

299 Sobre el tema de la prueba indiciaria, véase García Cavero (2010).

ocurrió, señalando que dicha persona portaba un efecto del ilícito, estamos frente a una prueba indiciaria o indirecta.[300]

9. *La forma de presentar el caso*[301]

La manera en que la evidencia que sostiene un caso es presentada o producida ante el juzgador influye sustantivamente en el resultado del juicio.[302] Un caso mal presentado ante un tribunal constituye un riesgo, aun cuando se tenga la razón en el fondo del asunto planteado, pudiendo perderse el juicio. En ese evento la responsabilidad no debe buscarse en el tribunal, que tuvo todos los elementos para resolver en un determinado sentido y lo hizo en otro. Por el contrario, el litigante debe hacer una autocrítica y reconocer cuáles fueron las fallas en las que incurrió al proporcionar la información al tribunal. Pudiera ser que la presentación de la evidencia que sostenía las proposiciones fácticas o la formulación de los argumentos sobre la prueba rendida hayan sido deficientes.[303] Piénsese en un rompecabezas que representa una determinada imagen. Si la representación de la imagen en el rompecabezas armado es la verdad, a esa imagen debiera arribar el tribunal después de conocer el caso. Sin embargo, la complejidad de presentar la prueba, de la percepción de la misma por el tribunal, las manifestaciones de la contradictoriedad,

---

300 En el capítulo dedicado al discurso de clausura se efectúan reflexiones adicionales acerca de la prueba indirecta o circunstancial.

301 *Vid.* Taruffo (2007), a propósito de la distinción entre narraciones verdaderas y falsas, buenas y malas. En nuestra opinión, en los juicios orales el litigante debe buscar idealmente la presentación de narraciones verdaderas (justificadas probatoriamente) y buenas (coherente, consistente, completa y plausible).

302 Los guionistas y directores de cine (y también los espectadores) saben que una misma historia puede contarse desde diversas perspectivas, en distinto orden temporal y con distintos tonos, pudiendo dar la impresión de tratarse de una historia diferente. Ministerio Público *et al.* (2008), p. 14.

303 En un modelo de juicio oral acusatorio el orden de presentación de la prueba queda entregado fundamentalmente a las partes. Son ellas quienes conocen mejor sus propios casos y, en consecuencia, son quienes están en condición de discriminar cuál es la información y en qué orden ésta debe ser presentada para construir un relato claro y comprensible para el tribunal que tendrá que resolver sobre la base de la misma información. Duce & Riego (2007), p. 397.

la continuidad y concentración de un juicio, pueden llevar a que el tribunal no sea capaz de armar correctamente ese rompecabezas sin mediar la intervención efectiva del litigante. Es muy distinto tomar todas las piezas de ese rompecabezas, que sabemos en su conjunto representan una imagen, y desparramarlas en el estrado del tribunal para que éste reconozca y reconstruya solo esa verdad, a que el litigante determine la forma más eficaz de ayudar a ese tribunal a cumplir su tarea, dándole pistas del contexto y piezas más relevantes en su apertura, presentado la prueba de manera ordenada y focalizado en las cuestiones jurídicamente relevantes y entregándole argumentos en la clausura para entender la posición de ciertas piezas o llenar los vacíos que hubieran quedado en la construcción al culminar el juicio.

A continuación se ofrece una serie de recomendaciones sobre cómo presentar un caso de manera eficaz y persuasiva ante el juzgador. Una vez más está presente la idea de que esto debe ser estudiado y decidido de manera previa al juicio, sin perjuicio de las adaptaciones que sufra eventualmente la planificación original según sea el devenir concreto del mismo.[304]

A) Orden o secuencia en la producción de la evidencia en juicio

El juicio oral es un escenario complejo para todos los operadores y particularmente para los jueces, quienes deben adoptar una decisión de absolución o condena. No existe tiempo, ni oportunidad para subsanar errores.[305] Por eso se espera del buen litigante que, aun teniendo la razón, haga la presentación de su relato y la evidencia que lo sostiene de la manera más eficiente y persuasiva posible, para asegurar un fallo favorable a sus intere-

---

304 Se trata de recomendaciones asociadas a la forma de enfrentar fundamentalmente la presentación de nuestras evidencias en juicio. El litigante debe manejar correctamente las diversas técnicas de litigación asociadas a su desempeño en juicio, las que serán presentadas en los capítulos siguientes.

305 No aplica el lugar común en sentido de que el orden de los factores no altera el producto. *Vid.* Pabón Gómez (2019), p. 192.

ses de parte. Lo deseable es que el litigante sea proactivo: que en su alegato de apertura trace los límites del rompecabezas que va a presentar al tribunal[306] y que luego, mediante la producción de su evidencia, vaya colocando cada una de las piezas en su lugar exacto y, finalmente, en su clausura indique por qué esas piezas calzan en ese relato y no existe otra forma de colocarlas para llegar a una imagen o relato distinto. Incluso debe indicar al tribunal cómo en aquellos lugares donde no se pusieron todas las piezas del rompecabezas es posible generar esa porción del relato o imagen, recurriendo a criterios de razonamiento universalmente reconocidos como la lógica, las máximas de la experiencia, el sentido común, las generalizaciones, u otros.[307] Por tanto, el orden en que se va a presentar la evidencia es central en la estrategia de un caso. El litigante ha de ser capaz de:

i. Determinar cuál o cuáles serán las evidencias ejes en torno a la cual se presentará el relato. Normalmente se necesitará un testigo, que podrá ser la víctima o un funcionario policial para el caso de la acusación, o el testimonio del imputado[308] o un testigo de la defensa, como declarante ancla.[309] A partir

---

306 Razón por la cual en un alegato de apertura no se consideran como insumos todos los hechos del caso, ni la referencia a toda la evidencia que se va producir durante el juicio.

307 Por ejemplo, piénsese en la metáfora del rompecabezas y que el litigante debe mostrar al juzgador la imagen del cielo. No es necesario que el abogado presente todas las piezas que expresan esa imagen, sino sólo algunas que estratégicamente colocadas le demuestren inferencialmente al tribunal que en aquellos espacios que aún permanecen vacíos, al término del juicio, sólo puede haber más cielo.

308 Cuestión de hecho a determinar en cada caso concreto por el acusado y su defensor, según la estrategia de defensa establecida para el juicio. Por regla general, un acusado debiera hacer uso de su derecho a guardar silencio y no exponerse al hecho de ser contraexaminado por la acusación.

309 Según Pabón, si se trata de un testigo será aquel que "presentice" con mayor cobertura y detalles los aspectos objetivos-subjetivos de la conducta objeto de prueba, es decir, el testimonio que proyecte el mayor impacto normativo a través de las descripciones y detalles al punto del objeto de prueba, y que no pueden ser muy abundantes. Si fuera el de la defensa, el que haga la mayor "presentización" de refutaciones de la teoría del caso acusatoria, y de ahí en adelante se presenten los demás testimonios con el propósito de fortalecer la credibilidad del testimonio base. Pabón Gómez (2019), p. 192.

de allí se presentará el resto de la prueba, sea dando credibilidad a ese testimonio, explicando ciertos hechos complejos, aportando los detalles indispensables, generando contexto, o aportando conocimientos técnicos que ratifiquen las proposiciones fácticas, etc.

Estas evidencias que se constituirán en los pilares de la construcción pueden ser una o varias, según si nos encontramos con una versión de hechos que tenga uno o más ejes temáticos. Tienen la particularidad que entregarán información indispensable para que el tribunal identifique los ejes fácticos que definirán el resultado del caso, y además les permitirán entender el sentido y el aporte probatorio de las demás evidencias que se presentarán durante el juicio.[310]

ii. Determinar cuál evidencia se presentará primero y el orden consecutivo de los demás testimonios a producir ante el tribunal.[311] Por regla general, aquella evidencia catalogada como "ancla" será aquella que se produzca en primer lugar durante el juicio oral, particularmente si ella se constituye en un testimonio en sentido amplio. Sin embargo, no siempre será así, pues existen casos en que antes de presentarla se privilegiará presentar otra que le dé credibilidad. Quizás si la evidencia eje es la víctima o el imputado, antes de su declaración se presentará evidencia de credibilidad sobre sus características personales, de modo de predisponer de una manera más favorable al tribunal para escuchar su testimonio.[312]

---

310 A veces es recomendable hacer referencia a estas evidencias centrales o base del caso en el alegato de apertura, señalando los ejes temáticos sobre los que recaerá su declaración en juicio.

311 Estos testimonios pueden ser de testigos, peritos o el imputado. Este último, pese a que no debe jurar decir verdad en el juicio, se somete al régimen de control de información propio de los sistemas adversariales en juicio, como es el contraexamen de las contrapartes.

312 Algunos autores proponen aplicar en los exámenes y contraexámenes una serie de principios para determinar el mejor orden de presentación de los declarantes: principio del orden cronológico; principio de la primacía y la novedad; principio del testimonio más creíble; principio del testigo más creíble y principio de adecuación al tipo de tribunal. Defensoría del Pueblo (2003), p. 109.

B) Determinar qué objetos materiales serán presentados, y con cuál declarante serán introducidos al juicio

Las evidencias materiales (objetos), si bien pueden ser gravitantes en la resolución de un caso, presentan el problema de que no es posible en general desprender su aporte probatorio directamente de ellas, pues requieren necesariamente, como todo medio probatorio de acreditación, informar al tribunal dónde se la encontró, en qué circunstancias, que ella no ha sido manipulada ni alterada entre el momento en que se le recogió y el juicio oral en el que se la presenta y, por supuesto, señalar cuál es la vinculación que ella tiene con un suceso o evento relevante para la acreditación de la teoría del caso del litigante.

Por prueba material se entienden todos aquellos medios de prueba regulados en la ley y que no consisten en declaraciones. La prueba material presenta, desde la perspectiva probatoria en juicios orales, dos grandes deficiencias o debilidades: 1°) Se producen en un contexto de inmediación debilitada del juzgador, pues éste no estuvo presente en el momento de su producción y, por lo mismo, ignora las condiciones en que se obtuvo, las cuales podrían influir en la credibilidad de la información que se pretende incorporar con ellas.[313] 2°) El control que se puede ejercer sobre la misma en juicio, mediante el ejercicio del principio contradictorio, se hace más complejo, pues las evidencias materiales no hablan por sí mismas y por ello se hace imposible interactuar directamente con ellas en un juicio. Al respecto González Lagier sostiene que:

> Dado que los objetos no pueden hacer verdaderas o falsas a nuestras creencias, esto es, dado que nuestras creencias no versan directamente sobre objetos (sino sobre la existencia de un objeto, o sobre la pertenencia de cierta propiedad al mismo, etc.), y dado que por medio de la prueba las partes pretenden suscitar ciertas creencias (el convencimiento) u otras actitudes psicológicas en el juez, entonces los objetos no son materia de prueba. Lo que puede

---

313 De allí la importancia, por ejemplo, de la cadena de custodia de una evidencia material para garantizar su indemnidad, o la existencia de protocolos forenses sobre la forma de fijar, recoger y conservar una evidencia.

probarse es la existencia de un objeto, esto es, un hecho (o, si se prefiere, la afirmación acerca de la existencia de un objeto), pero no el objeto en sí. Una pistola no puede probarse, pero sí que esa pistola estaba en posesión de un sujeto.[314]

Para lograr el objetivo de incorporar al juicio los hechos o eventos asociados al objeto, debemos recurrir al testimonio de alguien que nos pueda entregar toda esa información.[315] En otros casos necesitaremos además que alguien, normalmente un perito, informe de las características, composición, naturaleza, forma de uso u otras particularidades del objeto que son las que permiten vincularlo con un hecho relevante del juicio.[316]

C) Qué documentos se ofrecerán y luego presentarán en la audiencia de juicio oral, y si ellos serán leídos de forma autónoma para su introducción o ésta se llevará a efecto a través del testimonio de un declarante, quien deberá previamente reconocerlo indicando su origen[317]

Para determinar los documentos que se ofrecerán y presentarán habrá que discriminar entre (1°) aquellos documentos que por su naturaleza y características poseen cierta estandarización y conocimiento por parte de la generalidad de las personas, que hacen que sus necesidades de acreditación sea mínimas, como ocurriría con un certificado de nacimiento o la página editorial del diario más conocido de un país, y (2°) aquellos documentos que, por carecer

---

314 González Lagier (2005), p. 3.

315 La evidencia material requiere en general de un declarante que la autentique o acredite ante el juzgador.

316 Por ejemplo, un arma de fuego.

317 A propósito de la noción de documento, Bayltеman y Duce se apoyan en el Art. 333 del C.P.P. chileno para señalar que dicha norma se refiere a la "prueba instrumental", esto es, documentos que contengan declaraciones no producidas al interior del sistema de persecución penal —policía y Ministerio Público— y que sean relevantes para el fondo. Por ejemplo, este sería el caso del contrato a través del cual se consumó la estafa o la carta en la cual el acusado reconoce a su amante haber cometido el homicidio. *Vid.* Baytelman & Duce (2004), pp. 268 y s.

de las circunstancias descritas, requieren para su uso en juicio como prueba de una exigencia de acreditación mayor, que suponen muchas veces el testimonio de un testigo que lo reconozca, señale su origen y dé cuenta de su contenido.[318]

D) La determinación del o los bloques de información que se utilizarán para presentar la evidencia

Las ventajas de la oralidad, inmediación y concentración de la audiencia o audiencias sucesivas del juicio oral no están exentas de ciertos problemas. El mayor de ellos es la posibilidad que todos o algunos miembros del tribunal pierdan la concentración y atención necesarias en los momentos en que el litigante despliega una actividad probatoria prioritaria para la acreditación de su teoría del caso. La situación expuesta puede transformarse en un serio problema, toda vez que el sistema exige que los jueces pronuncien su veredicto de absolución o condena inmediatamente después de concluido el juicio. No existe la posibilidad de revisar los registros o de repasar partes significativas del juicio. Por tanto, si los jueces no percibieron una parte de la prueba,[319] no podrán valorarla y considerarla en su veredicto, con lo cual las posibilidades de obtener una sentencia favorable decrece.[320]

Para evitar el problema descrito el litigante debe proceder a dividir el tiempo que utilizará para rendir su prueba en juicio en distintos bloques de información. Mauet recomienda que en lo posible cada uno de ellos no se extienda más de quince o veinte minutos.[321] En ese espacio de tiempo el receptor puede mantener sin

---

318 Por ejemplo, la acreditación de documentos en juicio no tiene que ver con el carácter público o privado del documento, sino con su estandarización y fidelidad general.

319 Nos referimos al caso en que esa percepción falta porque el tribunal no prestó la atención debida cuando se presentó la evidencia. En caso alguno nos referimos a la ausencia física del juez en la audiencia de juicio.

320 Obviamente, una situación como la descrita podría en ciertos casos derivar en que la sentencia dictada pueda ser objeto de un recurso de anulación del fallo e incluso del propio juicio oral.

321 Mauet (2007), p. 19.

grandes problemas una alta concentración y retener la información aportada. Es probable que en el caso de jueces profesionales ese espacio de tiempo pueda extenderse hasta cerca de los treinta minutos, pero no más allá. Entonces se determinará la evidencia a rendir y se procurará extraer de ella toda la información relevante –las proposiciones fácticas que ellas sostienen– en dicho intervalo de tiempo.

Los bloques de información pueden darse naturalmente o tendrán que generarse ex profeso por los litigantes. El primer caso ocurre cuando se trata de un testimonio, interrogatorio de peritos, o documento cuya exposición y presentación al tribunal naturalmente sea posible de efectuar en un período reducido de tiempo, que no exceda de veinte minutos. Ello acontece, a modo ejemplar, con el bloque de información destinado a acreditar un declarante –testigo, imputado, perito– o cuando el interrogatorio de un declarante abarque estratégicamente sólo uno o dos temas relevantes. En esos casos es altamente probable que el tiempo invertido en obtener del declarante la información necesaria sea sólo de algunos minutos.

En este caso la preocupación del litigante será hacer saber al tribunal cuándo está culminando su interrogatorio o contrainterrogatorio. Para ello se recomienda usar alguna frase que explicite esto antes de formular las últimas preguntas. Por ejemplo, señalar al testigo antes de formularle una pregunta: "Para ir terminando...", "Por último...", "Quisiera que repasáramos o habláramos finalmente sobre...". Frases como esas harán que el tribunal, si hubiese perdido su concentración, la recupere al final de las preguntas y así escuche con mayor atención aquellos temas que fueron expuestos durante el interrogatorio y que serán resaltados nuevamente, o que se prepare para conocer a continuación un nuevo y relevante punto de impugnación del testimonio del declarante.

En el segundo caso, si estamos frente a un declarante que debe entregar mucha información al tribunal y ella además se refiere a tópicos distintos, es muy posible que su interrogatorio o contrainterrogatorio pueda fácilmente extenderse más allá de veinte o treinta minutos. Corresponderá entonces al litigante generar los distintos bloques de información mediante la incorporación de las denominadas "transiciones", a través del uso de titulares, y/o generando pausas de tiempo con el uso del silencio o el movimiento.[322]

Las transiciones tienen por finalidad indicar al tribunal, al declarante y público en general, que el litigante va a pasar en su interrogatorio a un área distinta de interrogación o que va a focalizarse en un tema determinado.[323] Así, tendrá que señalar al tribunal, utilizando ojalá un tono o volumen de voz distinto al usado al interrogar, que va a transitar de una etapa del interrogatorio a otra, de la etapa de acreditación del declarante a su declaración sobre los hechos del caso. Por ejemplo, "Bien, ahora quisiera que habláramos sobre..."; "El tribunal ya ha escuchado sobre su persona. Ahora vayamos al motivo por el cual Ud. se encuentra aquí"; "Hace un momento Ud. se refirió a un auto rojo; quisiera pedirle que lo describa...".

En general se trata de frases formuladas por el litigante que se intercalan antes de formular una pregunta o conjuntamente con ella, que permiten ordenar los interrogatorios en grandes bloques temáticos. Por ejemplo, partir con la acreditación del deponente y su declaración sobre los hechos, y luego abordar los distintos tópicos o temas dentro de los capítulos más genéricos de interrogación.[324]

Los "titulares" son de gran utilidad a la hora de organizar un testimonio directo que va a tener cierto grado de complejidad o una duración prolongada, o los temas a abordar en una contra

---

322 HEGLAND (1995), pp. 94 y s.

323 "No olvide que Ud. conoce todo el caso, pero el juez no. Cuando va a entrar en detalles de una narración larga que ha preferido no interrumpir, o cuando cambia de tema, avíselo mediante una transición previa a la pregunta que cambia de tema". MINISTERIO PÚBLICO *et al.* (2008), p. 17.

324 Utilizar las transiciones en la formulación de las preguntas directas cumple dos funciones importantes: primero, llama la atención del testigo al tema acerca del cual ahora se le preguntará y, segundo, le indica al juzgador de los hechos cuál será el próximo tema a discutir. *Vid.* WATSON (1997).

examinación cuando sean varios.[325] Permiten al tribunal saber desde un inicio las materias que se abordarán en un examen directo, cuál de ellas se está tratando específicamente, y cuándo se pasará a un tema distinto, pues el tópico que se estaba abordando con el declarante se ha agotado, o cuando se desea volver y profundizar respecto de una materia que fue abordada genéricamente por el declarante. Así, durante los interrogatorios el litigante utilizará frases como: "Sr., primero hablaremos de su trabajo y luego sobre..."; "Sra., ahora quisiera que habláramos sobre el lugar en que ocurrieron los hechos..."; "Pasemos a otro tema; por favor dígale al tribunal qué sabe Ud. de..."; "Ud. acaba de mencionar que estuvo en..., por favor díganos qué ocurrió allí..."; "Quisiera que volviéramos sobre algo que Ud. mencionó recién; podría explicar...", etc.

Otra forma de generar los bloques de información, impidiendo la desconcentración del tribunal y/o de atraer la atención del tribunal cuando se va a ejecutar por el litigante algún momento de gran relevancia en sus interrogaciones, es utilizar el recurso de hacer una pausa, guardar silencio por algunos segundos, antes de iniciar una nueva temática o formular una pregunta cuya respuesta es gravitante para la teoría del caso. Igual o mayor efecto se puede lograr combinando el silencio con proceder simultáneamente el litigante a desplazarse de un lugar a otro de la sala donde se está desarrollando el juicio, si fuera posible, antes de reiniciar sus preguntas, pues ello resalta aún más el hecho que se está pasando de una temática a otra, o que se quiere llamar la atención del tribunal para lo que viene.[326]

---

325 Los titulares sirven, por un lado, para generar bloques de información y de esa manera mantener la concentración del tribunal, y por otro, para ordenar y sistematizar la forma en que se desarrollará un examen o contraexamen.

326 La combinación del silencio y del movimiento será efectiva en aquellos tribunales donde está permitido que el litigante pueda estar de pie y desplazarse en la sala durante sus interrogatorios. Sin embargo, aún sentado es posible efectuar movimientos corporales y pausas para hacer más eficiente la presentación del mensaje al tribunal.

E) Utilización de los principios de la comunicación efectiva de primacía y lo más reciente (o novedad)

Es sabido que las personas prestan mayor atención al inicio y al final de un relato o exposición, decayendo en parte su concentración en el medio de la generación de esa información.[327] Se han elaborado dos principios que el abogado litigante debiera tener presentes al momento de enfrentar a un declarante en juicio: el de la primacía y el de lo más reciente. El litigante ha de ser capaz de presentar al tribunal las proposiciones fácticas más importantes y gravitantes para el caso al inicio y al final de las intervenciones, o derechamente reiterar el punto central de las alegaciones al principio y al final de sus intervenciones.[328]

Así, si se trata de un alegato de apertura, el litigante ha de aprovechar los primeros minutos para presentar la idea central de su caso y el final del mismo, para reiterar dicha idea solicitando la consecuencia jurídica que sea procedente. Si se trata de un examen directo, utilizará un bloque de información completo pero breve para acreditar al declarante, luego uno o más bloques de información para resaltar las proposiciones fácticas que se sostienen en este declarante, siguiendo la misma regla de primacía y relevancia, las proposiciones fácticas más gravitantes en las primeras preguntas y las otras luego para darle contexto y detalles a esas declaraciones, para terminar focalizando de nuevo la información más relevante. Al contrainterrogar, el litigante usará el principio y el final del contrainterrogatorio para resaltar los puntos más fuertes que tenga para afectar, sea a la persona del

---

327 En virtud de los principios de primacía y novedad, es habitual que recordemos mejor lo que vemos y oímos al comienzo y al final. Por eso Bergman recomienda comenzar y terminar con los testigos más sólidos. BERGMAN (1995), pp. 67 y s.; HEGLAND (1995), p. 92. Kahneman alude a la coherencia emocional exagerada o efecto halo, una de cuyas manifestaciones es que la evidencia se acumula gradualmente y la interpretación es modelada por la emoción que acompaña la primera impresión. A veces hasta el punto que la información siguiente es en su mayor parte despreciada. Por ello es importante partir con un tema fuerte de impugnación, sea personal o de su testimonio. KAHNEMAN (2012), pp. 112 y s.

328 FONTANET (2010), p. 31.

declarante o a su testimonio. En la clausura se mencionan los argumentos débiles en el medio del alegato, mientras que los mensajes fuertes tendrían que ser emitidos al principio y al final.[329]

F) Selección de los tipos de relatos a utilizar

El litigante debe determinar, conforme a las particularidades del caso y a la evidencia a presentar ante el juzgador, cómo presentará la información a la que aluden tales evidencias. Esto influirá en la secuencia de presentación de las distintas evidencias y en la forma en que de cada una de ellas se extraerá la información que pueden entregar al tribunal. El litigante tendrá que decidir si privilegiará un relato cronológico o temático. Si opta por un relato cronológico, es habitual que los hechos sean narrados a partir de interrogatorios directos.[330] Esta modalidad tiene la ventaja de presentar la información al tribunal de aquella forma en que normalmente los seres humanos percibimos el mundo que nos rodea.[331] Si opta por presentarla de manera temática, entonces se privilegiarán ciertos y puntuales episodios o temáticas del relato. Por ejemplo, ello es más frecuente en la examinación directa de peritos y de ciertos testigos, y ordinariamente en los contraexámenes[332].

Respecto de los relatos cronológicos, algunos autores no los recomiendan como una forma persuasiva de presentar un testimonio. Sostienen que es mejor dirigir o estructurar el relato en torno a temas, pues a veces resulta más efectivo que meramente reproducir una cronología de hechos.[333] No es verdad que las historias verídicas tengan que narrarse siempre de manera cronológica. Por

---

329 Vicente Fernández (2006), p. 164.

330 Fontanet (2010), p. 31.

331 Es más fácil reforzar una idea previa en la mente del receptor que cambiarla. Acaso la mejor forma de presentar el caso sea con un primer testigo capaz de contar el esquema cronológico principal del caso. Ministerio Público *et al.* (2008), p. 15.

332 *Ib*. También se recomienda acudir al suspenso; por ejemplo, no entregando toda la información y dejando los elementos centrales para el final. Ello contribuye a mantener la atención del tribunal.

333 Hegland (1995), p. 91 (alude a la importancia de modelar el testimonio).

el contrario, es más fácil que un declarante que miente recurra a la cronología para presentar su relato. Las personas que declaran verazmente muchas veces tienden a contar una historia sin un claro orden o cronología, pues le añaden o incorporan eventos a medida que los van rememorando.[334]

En definitiva, el tipo de relato a utilizar es una decisión estratégica del litigante, a la luz de las características de los hechos que pretende presentar al tribunal y del declarante que la presentará. Muchas veces la decisión más apropiada para un declarante, en el caso de un examen directo, es la de combinar ambos métodos según la naturaleza de los hechos a tratar.

G) Tratamiento de la evidencia indiciaria o circunstancial

No es de extrañar que parte de la evidencia sea de carácter indiciario. En esos casos se recomienda agrupar todos o la mayor parte de esos indicios en un bloque de información o en bloques ojalá sucesivos, a fin de que de ellos fluya con claridad y certeza la conclusión buscada por el litigante. Si no se agrupan los indicios para presentarlos en un momento cercano en el tiempo para el tribunal, éste puede no haber sido capaz de captar el sentido y fuerza de la inferencia que se desprendía de los indicios. Una herramienta esencial de las técnicas de litigación oral en juicio que se conecta de manera directa con la producción de evidencia indiciaria es el alegato de clausura. Entre otros aspectos, en la clausura corresponde explicitar al tribunal la construcción del razonamiento para entender la prueba indiciaria y arribar a la conclusión que de esos indicios se plantea por el litigante.

H) Determinar si se utilizarán elementos o herramientas de apoyo a las evidencias que se producirán en juicio oral

La tarea del litigante siempre debe ser facilitar el conocimiento y percepción de los hechos por el tribunal. Para ello debe recurrir

---

334 Rosenberg (2010).

no solo a los medios de prueba a través de los cuales demostrará la ocurrencia de los hechos relevantes de su caso, sino también debe echar mano a otras herramientas que faciliten a los jueces la aprehensión de la información entregada por las pruebas. Para tales efectos se debe recurrir muchas veces no a la evidencia propiamente tal sino a otros elementos o técnicas, tales como, el uso de elementos tecnológicos, diagramas o demostraciones.[335] Dentro de estos apoyos encontramos la denominada evidencia demostrativa, esto es, aquellas evidencias perceptibles por los sentidos cuya finalidad es ilustrar, clarificar o explicar otro testimonio o prueba real.[336]

El uso de elementos tecnológicos supone la habilidad del litigante para utilizar durante sus intervenciones en el juicio o durante la producción de la prueba de los diferentes elementos hoy existentes para la reproducción de imagen, sonido o información. Por ejemplo, puede presentar sus alegatos haciendo uso de PowerPoint, reproducir imágenes o acciones ante el tribunal mediante su proyección en la sala del tribunal o reproducir la voz de los implicados en el tema a resolver, en vez de sólo acompañar las transcripciones de sus diálogos o dichos, etc.

Los diagramas, modelos a escala, tablas o maquetas, permiten que los testimonios de quienes concurran a declarar ante los tribunales puedan ser entendidos de mejor manera, particularmente si ellos son complejos o comprenden la descripción de muchos detalles. Para describir ciertas acciones o sucesos puede ser de utilidad para el juzgador tener a la vista una representación del lugar donde ocurrieron, como sería el caso de una maqueta de una vivienda o de una intersección de calles. Más simple aún, pero no por ello menos útil a efectos de clarificar un testimonio, puede ser un dibujo realizado en un papelógrafo o pizarra por un declarante, previa autorización del tribunal.

---

335 HEGLAND (1995), pp. 92 y s. (sobre uso de diagramas y demostraciones).

336 RAMOS & VÉLEZ (1996), p. 105.

También ha probado ser de gran utilidad que durante un testimonio se hagan demostraciones por el declarante, sea que éste las haga por sí solo o con la ayuda del litigante que lo interroga. Así, se podrá simular ante los jueces cómo ocurrió una agresión o cómo se defendió una persona, la postura física en que se encontraba un sujeto, etc.

En esta labor de demostración se pueden usar objetos materiales que no necesariamente sean evidencias. Por ejemplo, si se quiere demostrar al tribunal cómo se le arrebató un bolso a una mujer, que no está disponible en el tribunal como prueba material, se puede usar un bolso cualquiera, ojalá de similares características o que permita aclarar el punto al que se refieren las preguntas del litigante.

Las demostraciones en juicio pueden jugar un papel positivo y útil en la búsqueda de la verdad, y los tribunales deberían permitirlas. Claro que se debe estar alerta al riesgo que puedan representar si no son pertinentes o no están debidamente diseñadas, tienden a engañar, confundir o crear prejuicio indebido.[337]

I) Utilización de generalizaciones (máximas de la experiencia)

Normalmente en un juicio se solicita a los miembros del tribunal que efectúen razonamientos destinados a extraer conclusiones. Para ello no siempre se utilizan evidencias indiciarias producidas en el juicio. Como explica Bergman, se le solicita al tribunal que extraiga determinadas conclusiones a partir de ciertas generalizaciones implícitas acerca del comportamiento de las personas y de las cosas.[338] Estas generalizaciones no derivan de un saber jurídico especializado, sino del sentido común y de la experiencia cotidiana.[339] Estas generalizaciones pueden estar destinadas a establecer

---

[337] BATISTA ORTIZ (2002), p. 419.

[338] En la mayoría de los códigos procesales penales las máximas de la experiencia están contempladas como un elemento que los jueces deben tomar en consideración al momento de valorar la credibilidad de las evidencias producidas en juicio.

[339] BERGMAN (1995), p. 31.

determinadas proposiciones fácticas necesarias para la acreditación de la versión de los hechos a partir de ciertas evidencias rendidas en juicio. También pueden tener por finalidad establecer ciertos criterios para la valoración que haga el tribunal de la credibilidad de la prueba rendida.[340] La fuerza de los razonamientos que pueda hacer el tribunal, a partir de las generalizaciones que se le han propuesto, depende de varios factores: lo compartida que es la generalización propuesta en la sociedad, el grupo al que pertenecen las partes del juicio, la comunidad jurídica, etc., la evidencia que se haya allegado al juicio destinada a confirmar la generalización propuesta, la correspondencia de ella con las máximas de la experiencia o el sentido común, la existencia o no de evidencia que controvierta el sentido de la generalización propuesta por la parte, entre otros factores.

A continuación presentamos un cuadro sinóptico de la metodología de trabajo propuesta para la elaboración de una teoría del caso, señalando las tareas a realizar en cada etapa de trabajo.

---

340 Bergman recomienda utilizar estas generalizaciones incluso en el alegato de apertura, señalando que las afirmaciones extraídas de la experiencia cotidiana son elementos propios de la argumentación. Así, no se rompería la regla de no extraer conclusiones de una prueba que aún no se ha rendido en juicio y que, comúnmente, se hace en el alegato de apertura. *Id.*, p. 33.

Matriz Avanzada de Teoría del Caso y Litigación Penal Estratégica

1	2	3	4	5	6	7	8
Relato de hechos	**Teoría Jurídica**	**Proposiciones fácticas**	**Evidencias**	**Teoría del caso de la contraparte**	**Debilidades**	**Clases de evidencia**	**Forma de presentación del caso**
Conocer los hechos (jurídicamente relevantes y de credibilidad). Clasificar los hechos (buenos, malos, neutros, inamovibles). Identificación del tema y el lema del caso. Identificación del punto de inclinación y focal del caso. Asignación de etiquetas.	De lo general a lo particular. Teoría General del Delito. Tipo penal. Circunstancias modificatorias. Causales eximentes de responsabilidad penal. Consideraciones jurisprudenciales. Consideraciones doctrinales.	Identificación de las proposiciones fácticas del caso. Un hecho por proposición fáctica. Clasificación: • Fuertes y débiles. • Soportan o no el test de superposición.	Principio de libertad de prueba y sus límites. Trabajar la credibilidad de la prueba. Evidencias fuertes o débiles. Etapas relevantes: • Ofrecimiento. • Admisibilidad. • Producción.	Para los debates de audiencias preliminares: Inutilizabilidad de antecedentes investigativos. Para los debates de juicio oral: • Exclusiones de prueba. • Temas de contraexamen.	Oportunidad en que se detectan y efectos: • Antes del cierre de la investigación. • Después de la audiencia preparatoria. Relevancia de las debilidades detectadas.	Criterios: • Según la naturaleza o contenido de la evidencia: afirmativa, de refutación, de credibilidad, explicativa, emocional. • Según su relación con el hecho a acreditar: directa, indirecta, indiciaria.	Orden o secuencia de presentación. Objetos a presentar y declarante que la acreditará. Forma de presentación de los documentos, distinguir según su estandarización. Bloques de información. Principio de la primacía y lo más reciente. Tipo de relato a utilizar. Tratamiento de la prueba indiciaria. Uso de apoyos a la declaración.

Capítulo 2:
DISCURSO DE APERTURA

I. PLANTEAMIENTOS INICIALES

A. *Juicio como referente de decisiones estratégicas.* Tal como lo señalamos en apartados anteriores, el juicio oral es un momento procesal de alta complejidad que exige de los intervinientes, simultáneamente, un buen manejo de las reglas procesales, un acabado conocimiento de los hechos jurídicamente relevantes (proposiciones fácticas), tanto propios como del contrario[341], un uso adecuado de las variables estratégicas para presentar hechos y desarrollar argumentos, y un buen y acabado manejo de las técnicas y destrezas de litigación. Todo ello supone por cierto una preparación previa al juicio de los elementos asociados a las investigaciones, recopilación y preparación de pruebas y elaboración de buenos argumentos para enfrentar el debate de admisibilidad en fase de control de acusación o de preparación de juicio oral.[342]

En función de lo anterior, suele reconocerse al juicio como referente para decidir las mejores estrategias frente a un caso. De lo que se trata es de imaginar desde los inicios de una causa, la suerte que correría si fuera presentada en juicio.[343] Ello no resulta del hecho de llevar efectivamente el caso a sede de juicio, pero es

---

341 Como fue explicado en el Capítulo 1, ello supone el conocimiento tanto de la teoría del caso propia como la del contrario.

342 Este punto es crítico, pues el desarrollo de los criterios y estándares de admisibilidad de pruebas en los distintos países de América Latina genera un estadio de control que termina condicionando los potenciales resultados de un juicio al eliminar pruebas de los litigantes o limitar su contenido.

343 Este ejercicio supone la identificación y ordenamiento de todas las proposiciones fácticas asociadas a los elementos de la teoría jurídica individualmente considerados, vinculados con las evidencias que los soportan. Ello implica conectar cada hecho relevante con el elemento jurídico con el que está asociado y, a su turno, la identificación del elemento de prueba que permite su incorporación al juicio.

un ejercicio que permite testear y analizar cuán recomendable es arribar a esa instancia o favorecer mecanismos alternativos de resolución de controversias[344], u otras instancias procesales como un procedimiento abreviado.

Lo dicho encuentra su razón de ser en la constatación de lo altamente complejo y exigente para los litigantes que resulta llevar el debate a la sede de un juicio oral. Este espacio procesal denominado juicio supone el lugar y ambiente más exigente y exhaustivo para presentar pruebas, examinarlas y contraexaminarlas, y desarrollar argumentos persuasivos y de calidad para convencer al juzgador de las razones que nos asisten. Esto es útil de tener en cuenta para evaluar correctamente la mejor solución para nuestro caso, de suerte que la prognosis o evaluación de posibles escenarios y resultados del caso en un juicio no quede entregado a percepciones generales o imprecisas, sino que resulte de un método y análisis serio y que pueda cumplir con los parámetros sugeridos[345], para anticipar la eventual decisión que tendría nuestro caso en el evento de ser presentado en un juicio.

Lo anterior es la medida que facilita y legitima en parte relevante, aunque no exclusivamente, el uso de métodos o procedimientos alternativos como la suspensión condicional o el procedimiento abreviado, y otorga un marco referencial serio y conocido para explicar las razones por las cuales un litigante decide un camino procesal distinto al juicio. En otras palabras, para evaluar si un caso resulta razonable de ser llevado a un juicio deben tenerse en consideración al menos los siguientes elementos: 1°) capacidad de presentar y sostener una versión estratégica de los hechos que resulte subsumible en la regla jurídica que invoquemos; 2°) calidad de los antecedentes y pruebas propias; 3°) calidad de las evidencias del contrario, 4°) capacidad de los testigos disponibles para

---

[344] Este sería el caso de la suspensión condicional del procedimiento, el acuerdo reparatorio o hipótesis de mediación que contemplan la mayoría de los Códigos Procesales Penales de América Latina.

[345] A esta idea responde la matriz avanzada presentada al final del capítulo sobre teoría del caso.

enfrentar un juicio y los exámenes y contraexámenes que ello conlleva; 5°) voluntad del cliente para asumir las exigencias y costos y beneficios propios de un juicio; 7°) solidez del caso en función de los estándares de valoración asentados por la jurisprudencia, y 7°) criterios institucionales que gobiernan los criterios y definiciones estratégicas.

B. *Relevancia de los hechos en juicio.* También se debe considerar la importancia que juegan los hechos y los relatos en el desarrollo del juicio oral. Una buena parte de la discusión, argumentos e información en juicio gira en torno a los hechos y el modo en que ellos pueden ser presentados y probados. El derecho es fundamental y es ello lo que dirige y mueve el debate como cuestión sustantiva, pero el modo en que el derecho se presenta en juicio es precisamente a través de la incorporación de afirmaciones fácticas que son capaces de satisfacer los presupuestos normativos.[346] Ello a su vez supone incorporar pruebas que permitan introducir las afirmaciones de los hechos al debate. Esta triada virtuosa de derecho-hechos-prueba[347] es clave en el desarrollo y preparación del juicio y entrelaza cada movimiento del litigante en cada fase del juicio.

C. *Información necesaria para el tribunal.* Los jueces del tribunal oral desconocen los hechos y estrategias de las partes, a excepción de los datos contenidos en los escritos de acusación y defensa, en su caso, y las resoluciones contenidas en el auto de apertura judicial que envía la causa a juicio. Tanto fiscal como defensa, y en su caso el querellante, asumen la responsabilidad y tarea de presentar sus versiones del caso y sus teorías del mismo, incorporando los hechos y las pruebas de un modo que resulte comprensible para el

---

346 Tal como se sostuvo a propósito de la teoría del caso, Paul Bergman ha señalado que, "De un lado están los relatos desprovistos de conclusiones jurídicas, del otro, las teorías y los elementos desprovistos del contenido fáctico específico. Las proposiciones fácticas son un modo de salvar esa distancia". BERGMAN (1995), p. 22.

347 La relación entre los presupuestos normativos y las proposiciones fácticas que pueden ser subsumidas en las normas legales y el sostén o soporte probatorio de las proposiciones fácticas representa el eje más relevante de relacionamiento y preparación del caso por parte del litigante.

tribunal y permita una adecuada internalización y valoración. Tal como lo expresan Baytelman y Duce, "El alegato de apertura es por excelencia el momento para ofrecer ese punto de vista para la apreciación de la prueba. No la valoración o el peso de la misma (pues todavía no se ha presentado), sino el ángulo desde el cual leerla. Este es el momento para comenzar a configurar la disposición mental del juzgador hacia el caso y la prueba."[348] Esta es una de las razones por la cual suele recomendarse a los litigantes el uso de términos sencillos y comprensibles, respetar la cronología en algunos casos, y presentar los hechos asumiendo por tanto que el tribunal desconoce su contenido. La variable asociada a este dato se encuentra en el hecho de que los jueces deciden la causa sobre la base de las pruebas que presentan las partes y no sobre información que incorporan los jueces al juicio (salvo algunas excepciones en determinados sistemas procesales penales).

D. *Juicio Compartimentalizado*. Un cuarto elemento inicial de relevancia viene dado por la naturaleza compartimentalizada del juicio, dividido en etapas y segmentos. En efecto, hay instancias del juicio en las que los litigantes sólo pueden hablar y desarrollar ideas o argumentar en su caso, como lo son los discursos de apertura y clausura, siendo los únicos instantes en que se ofrece la oportunidad de desarrollar planteamientos de modo continuo. El resto del juicio supone un fuerte protagonismo de las pruebas –testigos y peritos– y que requieren preguntas adecuadas de los litigantes, pero sin posibilidades de argumentar sobre esas respuestas hasta el momento procesal de la clausura.

E. *Relación entre el hecho y el derecho*. Es necesario evidenciar y explicar el modo en que las afirmaciones de los hechos aportados –proposiciones fácticas– son capaces de satisfacer los presupuestos normativos de la teoría jurídica. Los relatos cumplen un rol integrador y explicativo, pero no pueden sustraerse a la necesidad de dar cuenta de todos y cada uno de los elementos jurídicos relevantes que deben ser acreditados.[349] Paul Bergman señala a este

---

[348] Baytelman & Duce (2004), p. 334.
[349] Bergman (1995), p. 12.

respecto que: "En un juicio, concitar la atención del juzgador no es suficiente. Además, hay que relatar una historia que sea suficiente desde el punto de vista legal."[350] Esta tarea de subsunción de los hechos en el derecho implica que el litigante ofrece al tribunal una completa mirada y relación sobre la autosuficiencia de los hechos para dar por acreditados todos los elementos de la figura jurídica que se intenta presentar.

Los relatos deben permitir al tribunal identificar las variables jurídicas del debate, o dicho en otras palabras y a modo ejemplar, deben identificar las proposiciones fácticas que permiten sustentar los elementos jurídicos del tipo penal que presenta la fiscalía o todos y cada uno de los elementos de la eximente de responsabilidad penal que presenta la defensa.

F. *Relatos simples y creíbles*. El relato escogido para ser presentado al tribunal en el discurso de apertura debe ser persuasivo y verosímil en abstracto. Si se desea que el juzgador tome en cuenta los hechos narrados por el litigante y los utilice como guía para la posterior valoración probatoria, se requiere que el relato, junto con ser simple y fácil de retener, resulte creíble y persuasivo incluso antes que el juzgador reciba y valore la prueba. Tal como explica Bergman, "La claridad y la credibilidad de esta historia representarán probablemente un papel tan considerable en el resultado como un hecho individual cualquiera o un elemento fundamental de prueba."[351] La persuasión y credibilidad del relato permitirán satisfacer dos objetivos simultáneos, cuales son, dotar de credibilidad la estrategia presentada, y adelantar puntos de apoyo de las versiones de testigos y peritos que declararán con posterioridad ante el tribunal.

De lo señalado puede desprenderse la centralidad que posee el discurso de apertura en el desarrollo del juicio oral, siendo un espacio clave para poder ordenar y presentar el caso a un tribunal que desconoce los hechos, sus particularidades y los énfasis

---

350 *Ib.*

351 *Id.*, p. 21.

estratégicos en temas críticos. El discurso de apertura es el primer relato que tendrán los jueces del juicio acerca de la forma como ocurrieron los hechos desde la perspectiva e intereses que las partes representan y que resulta fundamental para las pretensiones de los litigantes.

II. OBJETIVOS ESTRATÉGICOS

El discurso de apertura es el primer momento relevante del juicio para informar al tribunal de los hechos del caso, la teoría del caso de la parte y los énfasis e ideas centrales del mismo.[352] Por esta razón debe estar asociado a objetivos específicos y aprovechar el tiempo asignado para exponer el relato de modo claro y persuasivo. Es conveniente listar los elementos que tornan estratégicamente relevante al discurso de apertura como modo de favorecer la identificación de objetivos y maximizar las ganancias que pueden emerger del mismo.

Los objetivos estratégicos centrales del discurso de apertura son los siguientes:

a) El discurso de apertura es la oportunidad de las partes para presentar los relatos de teoría del caso ante el tribunal y compartir la forma de entender y explicar los hechos que sustentan la visión de la parte que los presenta.[353] El alegato de apertura permite al litigante introducir la historia que se compromete a probar durante el juicio y sus elementos centrales.

---

352 Hemos sostenido que "el juicio oral puede concebirse como la sede en la que los litigantes presentan su teoría del caso, su versión estratégica e intencionada de los hechos, de modo de persuadir al tribunal oral de su posición, contando para ello con evidencias que sean capaces de apoyar cada una de sus proposiciones fácticas y en definitiva su relato de lo ocurrido". Blanco *et al.* (2005), p. 163.

353 Según Thomas A. Mauet, la teoría del caso es una clara y simple historia sobre lo que sucedió, desde el punto de vista del litigante. La teoría del caso "debe ser consistente con la evidencia no controvertida y con su propia versión de la evidencia controvertida y la aplicación del derecho sustantivo". Mauet (2000), p. 24.

b) En el discurso de apertura es posible enfatizar hechos, datos y contextos relevantes que doten de comprensión al relato. El discurso de apertura es el momento procesal para poder generar una explicación de los hechos y entregar los contextos y datos más relevantes que permitirán a los jueces entender y aproximarse a la tesis de la parte que lo presenta. Este punto es importante pues no debe perderse de vista que los jueces no tienen conocimiento previo de las estrategias o teorías del caso de cada parte, y desconocen los elementos y énfasis estratégicos. Lo anterior supone que la teoría del caso sea presentada y rodeada de los elementos explicativos y de contexto que logren favorecer su verosimilitud y capacidad de asimilación por el Juzgador.

c) En el discurso de apertura es factible proporcionar un guión. Otra forma de ver el discurso de apertura es entenderlo como la oportunidad de entregar un relato o guión que luego dará sentido a las pruebas que se presenten y las afirmaciones que aportarán al juicio, permitiendo a los jueces utilizar el discurso de apertura como marco de referencia para entender los aportes y especificidades de cada prueba.[354] El discurso de apertura se constituye como un soporte crítico para poder entender la información y relevancia de cada prueba que presenta la parte. Si se presentaran las pruebas sin entregar previamente un marco referencial o guión de los hechos, resultaría confuso o difícil de entender el aporte de cada prueba en particular.

   Puede compararse el discurso de apertura con la imagen del puzle que se trabajará durante el juicio oral, donde las pruebas son las piezas de dicho puzle. Sería difícil ensamblar las piezas sin tener la imagen que debe construirse como elemento referencial. El discurso de apertura es el momento para ofrecer al tribunal la imagen del puzle que se proporcionará en el juicio oral. Dicha presentación debe efectuarse

---

[354] Blanco (2018), p. 85.

en forma elocuente, asegurándose que el relato sea fácil de entender y retener.

d) En el discurso de apertura se puede presentar un tema. Un esfuerzo adicional supone que el litigante no sólo entregue el relato de teoría del caso, sino que proporcione en forma clara una suerte de idea condensada de lo que ocurrió, o los ejes centrales que permiten explicar lo que ocurrió. En el ámbito del litigio suele denominarse a esta idea focal y agregada como "tema" y permite orientar la mente e interés del juzgador en la dirección que el litigante desea imprimir al caso. El tema se asocia a la idea central que será recurrentemente usada en las distintas fases del juicio. El tema debe responder a criterios de simpleza para ser fácil de recordar y al mismo tiempo poder asociarse a valores relevantes para el sistema de justicia.[355] El discurso de apertura entonces es el momento propicio para entregar datos claves que predispongan al tribunal a mirar el caso desde una óptica o perspectiva que representa los intereses estratégicos de la parte. En efecto, no basta entregar un relato de hechos sin intencionar ese relato con ideas o valores que permitan al tribunal entender la relevancia de lo que debe resolver. Este punto en particular refiere a la posibilidad de incorporar nociones asociadas a las razones de justicia subyacentes en los planteamientos de la parte que lo presenta. Esta recomendación supone buscar en los hechos que se presentan elementos tales como: valores, bienes jurídicos, ideas o ideales de justicia, que pueden relacionarse con el caso y que pueden legítimamente llamar la atención del tribunal y predisponerlos favorablemente para escuchar y atender los relatos que se presentan y luego las pruebas que los soportan, según se explicitará más adelante.

e) El discurso de apertura es una guía para resolver los aspectos de pertinencia del juicio. La historia y teoría del caso entregada en el discurso de apertura debería ser de utilidad

---

355 Fontanet (2010), p. 41.

para el tribunal, de modo que logre entender los relatos y posiciones de las partes y de esta forma estar en condiciones de resolver problemas de pertinencia durante el juicio. Tal como lo señala Leticia Lorenzo, "podemos pensar el alegato de apertura como la herramienta de litigación que permite a los litigantes fijar la pertinencia de su actuación en el debate y por ende ejercer el principio de contradicción a la contraparte."[356] Los debates de pertinencia pueden estar referidos a múltiples aspectos durante el juicio, siendo algunos de los más importantes los siguientes:

i. Debates de pertinencia relacionados con los contenidos de las pruebas presentadas, vinculados a los puntos sobre los cuales declararán los testigos.
ii. Debates sobre la pertinencia de ciertas preguntas formuladas. Una manifestación de ello son las objeciones relacionadas con la impertinencia de las preguntas efectuadas durante el desarrollo del juicio.[357]
iii. Debates relacionados con la pertinencia de incorporar determinados apoyos gráficos o visuales.
iv. Debates sobre la pertinencia y justificación de incorporación de pruebas nuevas o prueba sobre prueba en el juicio.

En todos estos casos un relato en el alegato de apertura, sencillo, fácil de retener, puede suministrar valiosa información para entender el sentido y propósito de una determinada pregunta, o línea de preguntas, o solicitudes de los litigantes, permitiendo repeler la objeción de impertinencia sostenida por la parte contraria o los argumentos presentados. Si el tribunal ha logrado entender la estrategia y planteos centrales del litigante, estará mejor preparado e inclinado

---

356 Lorenzo (2012), p. 161.
357 Blanco (2018), p. 86.

para permitir las preguntas o secuencias de preguntas que se dirigen a acreditar la historia prometida en el discurso de apertura. Por el contrario, si el tribunal no logra entender la lógica o hechos de la historia, puede aceptar objeciones del litigante contrario referidas a cualquiera de los debates sobre pertinencia antes señalados, perjudicando al litigante que incurrió en tal omisión.

f) Humanización de la parte. El discurso de apertura puede ser visto asimismo como una oportunidad para entregar al tribunal antecedentes de las partes que son representadas y que pueden contribuir a generar credibilidad y una mayor empatía entre el juzgador y quien es representado por el litigante. Este punto será desarrollado en el acápite de estructura del discurso de apertura, pero es útil tener a la vista que este objetivo puede permitir no solo una mejor comprensión de la teoría del caso, sino rodearla de elementos que la pueden dotar de mayor credibilidad.

III. CONTENIDO

a) *Relato focalizado de hechos, simple y fácil de retener.* El discurso de apertura es el momento procesal de la fase de juicio oral en el que las partes exponen ante el tribunal sus teorías del caso y de esa forma comunican los hechos desde la óptica e intereses de cada parte. Para ello centran la atención del tribunal en los relatos que dan cuenta de la forma en que ocurrieron los hechos, proporcionando un lente u óptica que permite explicar y dar sentido a la prueba que cada una presentará en las fases siguientes del juicio. Lo central del discurso de apertura se focaliza entonces en la capacidad de las partes de proporcionar a los jueces un relato único, simple, comprensible, fácil de retener, creíble y autosuficiente, de modo de poder constituirse en una guía útil para luego valorar las evidencias que serán presentadas.

La esencia del discurso de apertura se basa en los hechos del caso. En ocasiones puede, según la estrategia de las partes y especialmente de la defensa, centrarse en problemas probatorios –conectados con los hechos del debate– o alegaciones jurídicas según las posibilidades estratégicas disponibles. En efecto, hay casos en los que la estrategia de la defensa no consiste en presentar un relato alternativo al del fiscal sino evidenciar los problemas de las pruebas de la fiscalía, razón por la que el discurso puede en esos casos centrarse en las debilidades del contrario, en su falta de consistencia o credibilidad o en los errores de tales evidencias. El adelanto de tales circunstancias debe llamar la atención del tribunal, sin entregar a la contraparte demasiadas variables propias de la contra examinación que debe producirse posteriormente.

b) *Apertura y pruebas*: un aspecto conceptual que vale la pena destacar dice relación con las distintas visiones sobre la relevancia de hacer mención o referencia a las pruebas en el discurso de apertura. Sobre este punto puede decirse lo siguiente:

i. Lo central del discurso de apertura son los hechos del caso y no las pruebas que los soportan.
ii. Lo importante es entregar un relato sencillo de retener para permitir posteriormente el ejercicio de corroborar y entender la producción probatoria del juicio. El discurso de apertura es un relato orientador que permite comprender el contenido e información que entrega cada prueba en el juicio. Sin este relato, sería más complejo entender la relevancia y contenido de cada prueba en particular.
iii. La posibilidad de enunciar las pruebas en el discurso de apertura está sujeta a las siguientes consideraciones estratégicas y restricciones procesales:

   La prueba aún no se ha rendido en juicio, razón por la cual las argumentaciones sobre su contenido específico son desaconsejables. Lo anterior se relaciona con dos riesgos inherentes a este punto: que la prueba no logre entregar los contenidos prometidos, y causar la impresión de haber preparado maliciosamente al testigo en cuestión.

En juicios con una cantidad importante y extensa de pruebas, la referencia a las mismas puede tornarse burocrático e incluso confuso.

La mención no argumentativa de las pruebas puede ser útil en juicios de corta duración y de poca producción probatoria, en la medida que dicha mención pueda ser útil para ordenar la mente del tribunal y relacionar las porciones del relato con los soportes de prueba respectivos. En los juicios referidos a hechos acotados y específicos, vinculados a una producción de prueba igualmente acotada, el discurso de apertura puede resultar esclarecedor para el tribunal como guía para entender el aporte probatorio de cada medio de prueba en particular. En estos supuestos el discurso de apertura no sólo se constituye en un relato que incorpora la teoría del caso, sino que enuncia y llama la atención del tribunal sobre el medio probatorio que permitirá acreditar cada porción relevante de los hechos.

iv. La mención a las pruebas en el discurso de apertura puede también justificarse en aquellos casos en los que la defensa desea hacer mención en su apertura a prueba de refutación relevante que genera deliberadamente un punto de inclinación en la confrontación de historias entre partes. El discurso de apertura es un momento relevante para plantear al tribunal aquel punto de inclinación del relato que suele estar referido a una o más pruebas que permiten incorporar un hecho o antecedente que modifica la estrategia o versión planteada por la parte contraria. Esta referencia no está dirigida a la prueba en general de la parte contraria sino a una porción de ella o a una prueba específica que puede alterar sustantivamente la autosuficiencia, racionalidad o credibilidad del relato que sostiene el oponente. Esta puede ser una opción estratégica válida, especialmente para el discurso de la defensa, cuando las debilidades de la parte contraria son en sí misma la estrategia del caso y se articula una tesis de prueba de refutación.

c) *Incorporación de la teoría del caso.* Lo central del discurso de apertura es la incorporación del relato de los hechos que permite evidenciar la teoría del caso frente al juzgador. Para ello se requiere presentar los datos fácticos más importantes del caso. Tales datos pueden ser anunciados de manera cronológica, o bien, temática. El relato se apoyará en la variable cronológica cuando esa estructura facilite la comprensión o la credibilidad de la historia. Si la cronología es irrelevante, podrán agruparse los hechos del relato de modo de resaltar lo más relevante al inicio y al final del discurso.

Al momento de introducir los hechos del relato es preferible no incorporar excesivos detalles, para evitar generar confusiones o dilaciones que empañen la mejor comprensión o interés del tribunal. Paul Bergman enfatiza que "Una apertura excesivamente detallada puede inducir al juzgador a prestar escasa atención al propio testimonio, o a llegar a la conclusión de que el testigo se atiene al libreto bien ensayado que el abogado le suministró."[358]

d) *Tema en el discurso de apertura.* Tal como fuera señalado con anterioridad, un aspecto que las partes deben considerar al enunciar y desarrollar el discurso de apertura es la formulación de una idea fuerza o un valor del sistema de justicia que pueda ser fácilmente vinculado a los hechos del caso que son presentados. Las razones que justifican el uso de temas en los discursos de apertura son las siguientes: 1°) son una forma de llamar la atención del tribunal sobre la importancia de lo que va a fallar o resolver; 2°) son una manera de condensar o resumir el eje estratégico que subyace al relato de los hechos; 3°) pueden ser un soporte para explicar las razones por las cuales los hechos se desarrollaron en la forma que la parte indica. Para ejemplificar estas aseveraciones sobre el tema colocaremos los siguientes casos:

i. Si un fiscal pretende incorporar un tema para dar fuerza al reconocimiento que hace la víctima del robo a su perpetrador, puede indicar que el caso trata de una persona atrevida y osada, que en lugar de seguir las reglas de entregar lo

---

358 BERGMAN (1995), p. 239.

que se tiene para evitar un mal mayor, decide enfrentar y observar a la cara a quien la asaltaba. En este caso el lema sería: una persona osada o valiente. En este ejemplo lo que se desea resaltar con el tema es la capacidad y verosimilitud acerca de la posibilidad de reconocimiento que tuvo la víctima respecto al imputado.

ii. Si un defensor está presentando la teoría del caso en su discurso de apertura y los hechos evidencian un actuar arbitrario y desprolijo de la policía al identificar al responsable, siendo finalmente apresado un mendigo que estaba en las cercanías y que uno de los testigos cree reconocer como el autor del robo, podría colocarse como tema del caso el prejuicio social, el prejuicio policial, o la desprotección de las personas de calle. Profundizando en este lema, el defensor podría incluso señalar que si su representado –el acusado del juicio– hubiera vestido como lo hacen el fiscal, el defensor o los jueces en la audiencia, no habría sido detenido. Asociado a ello, pueden incluso ofrecerse algunas cifras estadísticas sobre errores en el reconocimiento de imputados por parte de testigos.

El tema puede también apelar a variables emotivas que intentan otorgar mayor relevancia y atención al caso y el modo en que se presenta. La finalidad sería persuadir al tribunal a mirar la teoría del caso de la parte con un componente movilizador adicional. Ello es particularmente relevante de conectar con fallos anteriores del o los jueces y juezas que conforman el tribunal, y las consideraciones que han tenido en casos anteriores para fallar en una determinada dirección, siguiendo patrones valorativos específicos.

El tema debe reunir asimismo algunas características relevantes, tales como, ser fácil de recordar, expresar valores y principios, y que sea consecuente con los hechos del caso.[359]

---

[359] Fontanet (2010), pp. 41-44; Berger, Mitchell & Clark (2008), pp. 66-68.

IV. ESTRUCTURA

El discurso de apertura posee una estructura que resulta fundamental de entender y retener para ser eficaces en los objetivos que se pretende lograr en los minutos iniciales del juicio.

La estructura básica del discurso de apertura es la siguiente[360]: 1°) palabras iniciales que logren captar la atención del tribunal y otorgar relevancia a lo que se va a presentar; 2°) hechos centrales y relevantes del relato que dan coherencia a lo sucedido desde la perspectiva de parte (teoría del caso); 3°) identificación de las personas que intervienen en los hechos y sus relaciones y roles; 4°) humanización de las personas que juegan un rol gravitante en los hechos para dar fuerza y credibilidad a los sucesos, en la medida que sea posible; 5°) solicitudes concretas y remate del discurso de apertura.

1. Ideas iniciales. El inicio de un juicio supone lograr captar el interés del juzgador en los hechos que la parte va a presentar, de tal forma que anote y retenga los datos y sucesos que se muestran en esta fase de apertura. Este ejercicio supone una predisposición favorable del tribunal que no resulta evidente y que puede estar afectado por razones de cansancio, distracción o dificultades para captar y entender al litigante. Así como Steven Goldberg enfatiza que "todas las declaraciones eficaces privilegian la sustancia por encima de la forma"[361], conviene evitar el uso de fórmulas estandarizadas, referencias normativas abstractas o la invocación de principios y garantías que el tribunal conoce bien. Para evitar o superar estos obstáculos iniciales es útil tener en cuenta las siguientes recomendaciones:

i. Inicie el discurso con ideas movilizadoras que llamen la atención y logren captar la atención del tribunal, permitiendo que estas ideas estén asimismo asociadas a la teoría del caso que se va a presentar. Por ejemplo, si el discurso de apertura corresponde a un fiscal o un querellante en un caso

---

360 Blanco *et al.* (2005), p. 165.

361 Goldberg (1994), p. 144.

de violación, en lugar de hacer énfasis en cuestiones formales como la relevancia dogmática del bien jurídico protegido, es aconsejable referir a datos que contextualicen la importancia del caso, incorporando cifras de casos de violación, para luego explicar que la cifra negra evidencia lo complejo que resulta que una persona quiera exponer su caso, con las consecuencias que ello conlleva en lo humano y familiar y que el caso que se está presenciando es precisamente de aquellos que ha logrado sortear todas esas dificultades. Pueden añadirse estadísticas político-criminales, diciendo que, del total de mujeres violadas, solo un porcentaje realiza la denuncia, y que un porcentaje aún menor llega hasta la instancia del juicio, saltando las barreras directas o indirectas. Así, se puede afirmar que en el caso en particular "la víctima logró pasar todas esas barreras para llegar a ser escuchada."[362] Es importante destacar que de lo que se trata es de predisponer favorablemente al tribunal, dándole razones de justicia para atender el caso, evitando en cualquier caso utilizar elementos emocionales sin relevancia o descontextualizados o que resultan oportunistas o puramente sentimentales y sin contenido estratégico. Estas ideas deben ser entendidas únicamente como iniciales, para los primeros dos minutos del discurso y solo representan un inicio para captar el interés del juzgador.

ii. Otro aspecto que puede ser útil de considerar es la utilización de temas al inicio del discurso de apertura.[363] Como forma de llamar la atención y de vincular un valor relevante con el rol llamado a desempeñar por el tribunal, en esta fase pueden emplearse temas que luego se repiten al final del discurso. En efecto, el tema debe ser difundido durante todo el proceso, incluyendo la presentación inicial en el alegato de apertura y luego en la clausura.[364]

---

362 Blanco *et al.* (2005), pp. 157 y ss.

363 *Ib.*

364 Fontanet (2010), pp. 41-44.

iii. No debe olvidarse que los mensajes que entregamos tienen dos momentos críticos: al inicio y al final. Tal como hemos señalado a propósito de los principios de primacía y lo más reciente, los niveles de retención de la información que se tiene en el medio de un discurso suelen ser menores y acotados. Por ello resulta tan importante aprovechar bien el inicio de un juicio y en particular el comienzo del discurso de apertura. Una forma de verificar el impacto y relevancia de lo que decimos en el tribunal está referido a la actitud del juez o jueces y de su resolución a tomar apuntes de lo que se está señalando. El ritmo de la exposición que el litigante realice durante el curso de su alegato debe permitir al tribunal entender, asimilar y anotar lo relevante o enfatizado.

iv. Otro aspecto importante de analizar dice relación con las palabras o expresiones empleadas para asentar ideas en la mente de los tribunales. Un buen discurso de apertura debe considerar un relato coherente, comprensible y consistente de los hechos. Pero también una adecuada selección de las palabras usadas, de modo que el receptor del mensaje esté en condiciones de realizar asociaciones entre el hecho descrito y la imagen que se busca que quede grabada en el tribunal. Sobre este punto cabe recordar las recomendaciones de Steven Goldberg: "Se organizan los hechos y se eligen las palabras con el fin de crear imágenes en la mente de los jurados [y jueces profesionales]. Los seres humanos prefieren aprender visualmente. La mayoría de nosotros, después de escuchar una idea, tratamos de verla en nuestra mente."[365]

Desde un punto de vista estratégico, se recomienda utilizar vocablos con un significado unívoco. Por ejemplo, la expresión "relación entre ambos" si no es acompañada de información adicional puede ser equívoca, siendo preferible el vocablo "amantes". La expresión "daños severos" es ambigua y puede quedar a una amplia interpretación, resultando preferible ser

---

365 GOLDBERG (1994), p. 140.

más preciso: "le fue mutilada la oreja". De lo que se trata es de intencionar una manera de observar los hechos y contextualizar los escenarios. Por ejemplo, es preferible señalar que "el lugar estaba oscuro" a decir que "había poca luminosidad", si el objetivo es convencer al tribunal sobre la imposibilidad de reconocimiento efectivo.

También se sugiere usar expresiones con implicancias culturales. Se trata de palabras o expresiones a las que les atribuimos un significado con facilidad, siendo ello una cuestión que está determinada en parte por los marcos sociales o entornos culturales. Por ejemplo, se alude a un "mendigo" o "pordiosero" para graficar la situación de calle en que puede vivir una persona. La idea subyacente es lograr que la palabra empleada se asocie con una imagen en la mente del tribunal, siendo ello más sencillo en la medida que tal palabra es posible de relacionar con una imagen predeterminada que está anclada en la mente de las personas.[366]

También es recomendable apelar a los criterios de la sana crítica para formar impresiones o percepciones. Por ejemplo, puede decirse que el sujeto X se alejó del sujeto Y, pues tenía una enfermedad infecciosa y contagiosa. La mención a la enfermedad contagiosa alude a la máxima de la experiencia que indica que tendemos a alejarnos de personas que puedan contagiarnos, reforzando la veracidad del hecho.

Otro aspecto aconsejable es utilizar cuidadosamente expresiones que permiten caracterizar o humanizar mejor a la víctima o al acusado, según el rol que se desempeña. De esta forma, si el fiscal pretende en su discurso de apertura enfatizar la vulnerabilidad de la víctima, es útil a su estrategia señalar que la víctima X es una joven que recién terminó su enseñanza secundaria, en vez de decir que es una mujer que acaba de iniciar sus estudios universitarios. Ambas expresio-

---

[366] Desde luego ello requiere una adecuada comprensión de la pertenencia cultural del juez o jueces que deben resolver (más todavía si se trata de jurado), atendida la pluralidad de percepciones existentes en varios de nuestros países.

nes pueden ser ciertas; sin embargo, hay una de ellas que podría reforzar más fácilmente la idea central de la estrategia de la fiscalía. Por su parte, un defensor podría decir que su cliente, el señor Z, es un pordiosero que vagaba libremente en el lugar, o que es un modesto y honesto recolector de cartones, oficio con el que se gana la vida. Si de lo que se trata es de justificar la razón por la cual tenía determinada suma de dinero en su poder, la segunda expresión es más consistente y elocuente de su estrategia.

Un último aspecto que merece atención a propósito del uso del lenguaje es el tipo de discurso o exposición de ideas que se desea desarrollar ante el tribunal. Se deben utilizar lenguajes diferenciados según el momento y la fase del juicio. Según Rodrigo Valenzuela, en el rol del abogado es posible apreciar tres tipos de discursos: técnico, poético y polémico.[367] En el alegato inicial o de apertura debiera privilegiarse un tono poético si se pretende resaltar la relevancia de un tema o el valor de justicia que está presente en el caso, pues a lo que se apela con este enfoque discursivo es a variables morales y forzar una deliberación por convicciones que movilizan el deber ser. En cambio, la invocación de una norma y su correcta interpretación fuerza al abogado a abordar el debate con un discurso técnico que apela al conocimiento experto y a la legitimidad de las fuentes que se invocan para forzar una determinada conclusión. Por último, el lenguaje polémico se instala con fuerza frente a la resolución de incidentes que las partes promueven durante el juicio y en los que se superponen las necesidades de resaltar las ventajas y fortalezas de la posición propia, pero al mismo tiempo desvirtuar y deslegitimar las del contrario. Esta última aproximación se aprecia fuertemente en el discurso de clausura del juicio.

2. Hechos jurídicamente relevantes y centrales del relato que dan coherencia a lo sucedido desde la perspectiva de parte y he-

---

367 Valenzuela Coria (2009), p. 27.

chos que aportan credibilidad al relato. El discurso de apertura posee un cuerpo central y más relevante que alude a los hechos del caso y su ordenamiento y exposición ante el tribunal. Este es el foco central de la gran parte de los discursos de apertura y tiene por objetivo introducir la teoría del caso y la selección de los hechos que sean más relevantes, tanto desde el punto de vista jurídico como desde el aspecto de la credibilidad, para entregar los elementos centrales de dicha teoría. Lo central es incorporar en el discurso de apertura lo siguiente:

i. Describir el contexto de los hechos, esto es, el entorno, circunstancias, historias previas, que facilitan la comprensión de los hechos centrales; algunas caracterizaciones o explicaciones previas que faciliten la comprensión de los datos fácticos más relevantes.
ii. Describir los hechos centrales o focales del caso y que dicen directa relación con los elementos de la teoría jurídica que se desea acreditar. En efecto, lo que da sentido final al discurso de apertura es que el conjunto de las proposiciones fácticas que se identificaron sirva como guía para incorporar la información más relevante y sean el soporte de la tesis o teoría jurídica que sostiene la estrategia global del caso.[368] Puede forzarse una conclusión jurídica a partir de los datos fácticos mencionados y explicados en el discurso de apertura. Pero aún sin ello, las conclusiones más evidentes deben fluir de modo sencillo desde lo fáctico a lo jurídico.

Para introducir los hechos centrales del caso, el litigante puede auxiliarse utilizando las matrices de las proposiciones fácticas. Ello se realiza sin adelantar ni utilizar la expresión específica y concreta que introducirá el testigo o perito, pero empleando la esencia de su contenido para dar vida a la historia. Sobre este aspecto importa seguir las siguientes directrices:

---

368 Martineau (2000), p. 23.

a. Ser breve y conciso en la presentación de los hechos. De lo que se trata es que el tribunal entienda y retenga la información proporcionada.
b. Si es útil para la comprensión de los hechos del caso, respetar la cronología. La idea focal es que el tribunal entienda las secuencias y procesos. La cronología puede ser útil para esa tarea pedagógica que desarrolla el litigante, permitiendo al mismo tiempo agregar dosis de veracidad al relato.
c. Seleccionar las porciones más relevantes de información. El objetivo es aprovechar al máximo el tiempo asignado, que suele ser muy acotado, para incorporar los hechos más significativos y no los detalles que restan fuerza y comprensión al relato central. En este punto resulta aconsejable utilizar los hechos buenos-indubitados-propios que otorgan una ventaja a la hora de fijar desde temprano en el juicio los hechos más importantes y fuertes del litigante.

   Es también relevante colocar al inicio y al final del discurso de apertura los elementos más relevantes de modo de facilitar al tribunal la retención y compresión de lo más significativo de la historia. Tal como lo expresa Fontanet, "Un principio fundamental en la persuasión consiste en que las personas prestan mayor atención a la parte inicial y final del mensaje. De ahí surge el llamado principio de primacía y novedad (*primacy and recency*)."[369]
d. Debe aprovecharse este momento para incorporar los personajes que intervienen en la historia y el rol que cada uno desempeñó y las acciones centrales ejecutadas por ellos.
e. Debe hacerse énfasis en las expresiones fácticas que tienen un especial significado jurídico. Recuérdese que se busca construir un relato apoyado en lo fáctico y que posea tanta fuerza y claridad que resulte sencillo para el tribunal poder reconducirlo a una conclusión jurídica.

---

369 Fontanet (2010), p. 45 (la expresión inglesa *recency* se ha traducido como lo más reciente).

f. Deben enfatizarse aquellas cuestiones que dotan de credibilidad al relato y lo tornan verosímil frente a un tercero imparcial. Este aspecto apela a aquellos elementos de la historia que son capaces de otorgar confiabilidad y verosimilitud al relato. Una sugerencia relevante es intentar asociar los hechos más relevantes con máximas de la experiencia y los conocimientos científicos, que son las bases de la valoración probatoria del tribunal.

3. Identificación de las personas que intervienen en los hechos y sus relaciones y roles en los mismos. Una vez presentado el contexto de los hechos, en el discurso de apertura corresponde referirse a quienes han intervenido en ellos y la manera en que lo han efectuado. Para ello se deben especificar los datos más importantes, tales como, acciones llevadas a cabo, relaciones o interacciones entre los sujetos, funciones que cumplían, información que conocían, etc. Los discursos de apertura deben facilitar la comprensión de los hechos en consideración de su secuencia, consistencia y verosimilitud. Por ejemplo, si la víctima es una persona que no posee problemas de vista y que el lugar tenía muy buena luminosidad, entonces pudo reconocer fácilmente a su atacante, quien era un vecino o un conocido en el barrio que con anterioridad la había amenazado.

4. Humanización de las personas que juegan un rol gravitante en los hechos para dar fuerza y credibilidad a los mismos. Un recurso poco utilizado en los discursos de apertura, pero que puede entregar valiosa información de contexto o elementos de credibilidad del relato, es la denominada humanización de la víctima o del acusado, de modo de ofrecer una perspectiva adicional a los meros hechos e identificación general de los intervinientes. La humanización no es una variable puramente emocional o forzada. Por el contrario, puede otorgar fundamentos y plausibilidad a las afirmaciones introducidas en el discurso de apertura. De lo que se trata entonces es que los datos proporcionados sobre la víctima o victimario contengan antecedentes personales que predispongan favorablemente al tribunal, pero en una perspectiva concreta y referida a los antecedentes del caso y no en una aproximación meramente abstracta. Puede ser conveniente identificar y resaltar los datos que permitan fortalecer la verosimilitud del relato de teoría del caso a través de la mención de las características de quien está siendo humanizado. Por ejemplo:

> —El Sr. X ha sido acusado de cometer un delito de robo. El Sr. X es un modesto comerciante y no tiene antecedentes penales. Concurre diariamente a cobrar su pensión al lugar donde se produjo el robo del cual se le acusa. El Sr. X requiere ir a cobrar dicho monto pues ello permite su subsistencia. El Sr. X nunca ha dejado de ir a cobrar su pensión porque de ello depende el poder comprar sus medicamentos para su enfermedad crónica.

Como puede observarse, se proporcionan simultáneamente los siguientes elementos: 1) el Sr. X tiene un ingreso fijo; 2) el Sr. X tiene razones para estar en el lugar de los hechos; 3) la concurrencia al lugar de los hechos tiene un propósito recurrente; 4) posee un historial sin antecedentes penales y que lo relaciona con ingresos permanentes. Un segundo ejemplo puede complementar las explicaciones anteriores:

> —Señores y señoras del tribunal, la víctima del delito de violación, una muchacha que apenas lleva unos meses de egresada de la enseñanza secundaria y confiando en su vecino, y amigo de sus padres, a quien llama Sr. Pérez, lo deja entrar a su casa, aun estando sola, por el vínculo de confianza que estableció con la familia por años.

En este ejemplo se pretende resaltar los siguientes elementos: 1) la víctima es joven y recién egresada del colegio o enseñanza secundaria, por lo que se resalta su corta edad; 2) su inocencia y capacidad de confiar en los demás es lo que explica que dejara entrar al acusado a su casa; 3) se alude al Sr. Pérez con la intención de fijar cierta formalidad, para que no se pueda insinuar que pudiera existir una relación sentimental entre víctima y acusado, además de enfatizar la diferencia de edad entre ambos.

La humanización debe ser capaz de entregar al tribunal datos adicionales de la víctima o del acusado que proporcionan una explicación o justificación acerca de los hechos que se discuten y que ofrecen motivos para acrecentar la credibilidad y verosimilitud de la estrategia o coartada elegida por el litigante. La humanización abstracta y anclada en ideas rituales o formales no aporta mayor utilidad al caso y suelen ser desechadas por el tribunal. Por el contrario, la humanización concreta que logra aportar características de la víctima o acusado pueden resultar pertinentes y útiles en los siguientes casos:

i. Si permiten acrecentar la comprensión de los hechos, entregando razones para que el tribunal logre entender la secuencia de los hechos o el rol de cada personaje en los mismos. Por ejemplo, la víctima conoce a la persona porque es pariente o amigo y por ello le permite ingresar en su domicilio.
ii. Si refuerzan la credibilidad de la coartada que se enuncia. Por ejemplo, se explican las razones por las cuales alguien estaba en el lugar de los hechos.
iii. Si permiten reforzar explicaciones y plausibilidad de una afirmación. Por ejemplo, la persona recolecta cartones o botellas en forma habitual en el lugar de los hechos y por esa razón encontró el objeto robado.

5. Un último aspecto a considerar a la hora de establecer la estructura del discurso de apertura es su parte final. El litigante debe concluir exponiendo solicitudes concretas y las conclusiones más relevantes. La parte final del discurso de apertura puede privilegiar todos o algunos de los siguientes aspectos:

i. Eco final. Una primera idea útil es utilizar como idea inicial de la apertura un elemento fuerte de la teoría del caso y que refiere a un hecho o personaje central que da sentido a la historia y que luego se repite en la parte final de la apertura. Esta técnica permite entregar una historia que refuerza una idea importante al inicio y al final del relato, acrecentando la capacidad de retener y reforzar hechos por parte del tribunal. Es un sistema de eco diferido que insiste en un tema, idea o hecho de relevancia, pero inserto en el contexto de una historia. Por ejemplo, un defensor representa a una persona que ha sido acusada de transportar armas ocultas en un camión y de las que no tenía conocimiento. El defensor podría iniciar su apertura diciendo lo siguiente:

—Mi cliente, conductor de camiones por más de 20 años, es un experimentado transportista que jamás carga personalmente las encomiendas pues las empresas para las que trabaja poseen un sistema invariable de empaquetamiento y carga mecanizada que impide visualizar la carga. A él solo se le entrega una orden o registro de los materiales transportados a través de encargados especiales.

Luego de ello el defensor puede relatar los hechos del caso y su posterior detención para finalizar de la siguiente manera:

—Tal como lo señalamos, mi representado, que nunca ha tenido problemas con la justicia y que no posee antecedentes penales, se limitó en los hechos a transportar una carga supuestamente legítima que no conocía, que nunca cargó personalmente, y lisa y llanamente se limitó, tal como lo ha hecho por 20 años, a transportarla según las reglas y normas de la industria.

ii. Concluir con el tema con el cual se inició la apertura. Otra técnica efectiva consiste en finalizar el discurso de apertura mencionando el tema principal del alegato inicial. Ello tiene por ventaja el reforzar el tópico central o valor de justicia que el caso contiene y, al mismo tiempo, permite recordar el tema al tribunal. Una construcción adecuada del tema también permite reforzar las ideas centrales del caso, pues destacar el tema es una suerte de regla nemotécnica auxiliar para el juzgador.

iii. Utilizar el punto de inclinación como remate final. Otra opción posible para finalizar el discurso de apertura consiste en reiterar el foco o eje central de la estrategia de refutación planteada, enfatizando el denominado punto de inclinación que imprime un giro relevante y decisivo a la historia que pretende incorporar la contraparte en juicio. Esta opción resulta particularmente atractiva en los casos de estrategias de defensa que introducen evidencia de refutación relevante. Ello puede igualmente combinarse con peticiones concretas, explicando las consecuencias y conclusiones jurídicas y de justicia que suponen el aceptar la tesis planteada por el litigante.

iv. Explicitar las peticiones que se formulan al tribunal a partir de los antecedentes que se han entregado.[370] Por ejemplo, solicitar la absolución por la evidente inocencia del acusado, o explicitar la calificación jurídica del hecho y la pena que se solicita como sanción.

v. Reforzar las ideas que permiten asociar los hechos con conclusiones jurídicas relevantes. Esta última opción consiste en cerrar el discurso de apertura con los hechos centrales del caso, enfatizando aquellos que pueden asociarse con calificaciones jurídicas atingentes.

V. RECOMENDACIONES ADICIONALES

Además de lo señalado en los párrafos precedentes, en el discurso de apertura conviene formular algunas advertencias o énfasis que permitirán al litigante abordar adecuadamente los objetivos estratégicos de esta etapa del juicio oral:

1. Es conveniente no adelantar argumentaciones específicas sobre la prueba. Dado que la prueba aún no ha sido presentada ni introducida en el juicio, es riesgoso argumentar sobre el contenido específico de pruebas que los jueces aún no conocen. Como el discurso de apertura es una de las primeras actividades en el juicio oral, Baytelman y Duce sostienen que "lo que corresponde realizar en su desarrollo es básicamente la presentación de los elementos fácticos del caso y, eventualmente, su vinculación con las normas aplicables, pero no extraer conclusiones de la prueba que aún no se ha presenta-

[370] Esta forma de concluir el discurso de apertura suele ser la más extendida en la práctica. Además, es la manera que el tribunal espera pues le interesa entender las peticiones fácticas y jurídicas del litigante.

do al juicio, ni menos realizar apelaciones argumentativas al proceso de razonamiento de los jueces."[371]

2. Persuadir desde los hechos. Un buen discurso de apertura incorpora y presta atención a la denominada "persuasión fáctica".[372] El litigante debe exponer de modo claro e intencionado los hechos jurídicamente relevantes y aquellos que aportan credibilidad a la causa para, a partir de ellos, forzar al tribunal a llegar a conclusiones relevantes. Desde luego esta persuasión fáctica es distinta que la persuasión argumentativa que forma parte del discurso de clausura, ocasión en la cual se argumenta a partir de las pruebas ya rendidas y conocidas por el tribunal.[373] La persuasión fáctica en la apertura se produce en un contexto en el que el tribunal carece de pruebas; éstas no han sido incorporadas y, por tanto, el recurso central y crítico son los hechos presentados, el modo en el que se informa de ellos al tribunal y los énfasis que establece el litigante.
3. Es conveniente evitar la utilización de términos complejos que el tribunal pudiera no comprender. La información que se proporcione en el relato de apertura debe ser sencilla, fácil de entender y retener. Ello supone evitar la incorporación de terminologías o palabras con un contenido técnico o científico de difícil comprensión. Esto obliga al litigante a traducir, simplificar y ejemplificar, procurando mantener al tribunal atento y apto para entender el relato que se incorpora como teoría del caso y, por ende, como guía para el resto del juicio.
4. Se recomienda que el discurso de apertura sea breve. Otro aspecto que debe cuidarse especialmente es la innecesaria extensión del discurso de apertura. El objetivo es desarrollar un relato no solo comprensible sino posible de retener y entender por parte del tribunal. La alocución inicial debe operar

---

371 Baytelman & Duce (2004), p. 342.
372 Goldberg (1994), p. 138.
373 *Ib.*

como un esquema de comprensión general de la prueba que posteriormente se rendirá en juicio. En virtud de lo anterior es aconsejable:

i. No agregar detalles de los hechos en el discurso de apertura, sino los elementos centrales y más relevantes de la teoría del caso. Siguiendo a Baytelman y Duce, "la repetición de los detalles por parte de los testigos en forma similar a la planteada por el abogado puede prestarse para pensar que estos se están limitando a repetir un libreto previamente preparado por aquel, con la consiguiente pérdida de credibilidad para el testimonio."[374]
ii. Privilegiar los hechos por sobre la mención de las pruebas o evidencias.
iii. Repetir las ideas centrales que dan sentido al relato, colocándolas en lo posible al inicio y al final del discurso de apertura.
iv. Utilizar un tema que pueda ser enunciado al inicio y explicado durante la apertura.

5. Seleccionar cuidadosamente los ejes críticos del relato. Corresponde al litigante identificar los focos o elementos persuasivos relevantes para luego determinar los hechos que serán mencionados para auxiliar tales ejes. En palabras de Steven Goldberg, "el primer esbozo de la declaración inaugural no incluye hechos que se deseen presentar; contiene puntos que se quieren formular. Después que uno ha decidido cuántos de esos puntos deben ser presentados en la declaración inicial, descubrirá los hechos que contribuirán a aclarar la idea y los dispondrá de tal modo que la conclusión sea obvia para el oyente."[375]

---

374 Baytelman & Duce (2004), p. 348.
375 Goldberg (1994), p. 139.

6. Uso de apoyos visuales. Otra forma de auxiliar la representación de imágenes en la mente del tribunal es el uso de dispositivos gráficos, visuales o audiovisuales al momento de realizar el alegato de apertura con el propósito de reforzar ciertas ideas. La mayor parte de las legislaciones permiten la utilización de materiales de apoyo durante el discurso de apertura. Así, el litigante puede proyectar una imagen o secuencia de imágenes a modo de apoyo visual para ir asentando y reforzando sus dichos o palabras y los hechos centrales a los cuales el tribunal debe prestar especial atención.[376] Obviamente, estos materiales de apoyo no son pruebas. Lo anterior exige anticipar los requerimientos tecnológicos e informáticos que se usarán como soporte, para evitar distracciones del tribunal durante la audiencia. Las principales sugerencias sobre este aspecto se pueden sintetizar en las siguientes acciones del litigante:

   i. Debe solicitar con antelación los apoyos logísticos para montar las presentaciones en el tribunal.
   ii. Debe ejercitarse y simularse la presentación con anterioridad.
   iii. Las imágenes deben corresponder a los contenidos resaltados en el discurso de apertura, evitando generar confusión o distracción excesiva.
   iv. Las imágenes en secuencia suelen exigir que el litigante vaya lentamente explicando cada suceso en forma progresiva, permitiendo una adecuada comprensión por parte del tribunal.
   v. No deben adelantarse variables estratégicas que se desea ingresar a través de los respectivos exámenes directos, para evitar que la contraparte tenga capacidad de reacción,

---

376 Por ejemplo, en aquellos casos en que la fiscalía lleva a juicio causas relacionadas con lavado de activos y existe un entramado de vínculos y relaciones entre personas y empresas que constituyen un mapa complejo de entender, relacionar y recordar.

anticipe debilidades, proporcione explicaciones o complemente su estrategia.

vi. Debe recordarse que estos elementos son meros apoyos gráficos y carecen de valor probatorio, por lo que no resulta necesario haberlos anticipado en la audiencia de preparación de juicio oral o en la audiencia de control de la acusación.

7. Utilización de esquemas o notas para apoyar el discurso de apertura. No es aconsejable leer un texto al momento de desarrollar el discurso de apertura; por lo demás, la mayoría de los códigos procesales o las prácticas procesales no lo permiten. En cambio, resulta útil y necesario emplear un apoyo de memoria que contenga el listado de puntos y temas que se desean exponer de manera introductoria en el juicio.

VI. VARIABLES ESTRATÉGICAS COMPLEJAS PARA LOS LITIGANTES

1. *Variables estratégicas para la fiscalía*

Existen elementos específicos del discurso de apertura que son de especial preocupación para los fiscales y que es conveniente mencionar:

a) *Focalizarse en la estrategia propia.* Es necesario resolver si el discurso de apertura de la fiscalía es un buen momento para adelantar las debilidades de la teoría del caso o hechos de la parte contraria y usarlo como parte de la exposición propia. Sobre este particular se recomienda centrar la preocupación y tiempo disponible en los hechos propios y sus virtudes y fortalezas, intentando cautivar la atención del tribunal. La inclusión de las debilidades del contrario podría aminorar la potencia del relato propio, desperdiciando tiempo valioso en la oportunidad que se tiene para explicar la perspectiva de los hechos, la teoría del caso o asentar ciertos énfasis relevantes para la estrategia propia. Por otra parte, muchas veces se desconoce la estrategia exacta que será anunciada por la defensa. Si la fiscalía intenta dañar la estrategia de la defensa en esta oportunidad, recuérdese que a continuación será precisamente la defensa quien hará uso de la palabra, por lo que podría reaccionar y modificar los planteamientos que tenía previsto formular en su discurso de apertura.

b) *No usar evidencia del contrario como parte del discurso de apertura.* Esta recomendación apunta a erradicar de las estrategias propias de la fiscalía aquellas evidencias que controla la defensa y que resultan poco seguras en cuanto a su utilidad y efectiva disponibilidad. Por ejemplo, la mayoría de las legislaciones permiten que el acusado declare en el juicio. Sería un error de la fiscalía tratar de anticipar los dichos del acusado y considerarlos como elemento de apoyo de su teoría del caso.[377] Aun cuando el acusado haya declarado con anterioridad al juicio y ello sea relevante para la fiscalía, no puede anticiparse con certeza lo que el acusado declarará efectivamente durante el desarrollo del juicio. Por cierto, no es posible incorporar las actas de la declaración del acusado por corresponder a registros investigativos que en la mayor parte de los sistemas procesales carecen de valor probatorio.

c) *Coordinación con el querellante.* Otro aspecto relevante para la fiscalía en los sistemas procesales latinoamericanos dice relación con la existencia de la figura del querellante,[378]

---

377 La declaración prestada por el acusado ante la fiscalía y que se incorpora como acta a los registros de la investigación, no tiene por sí misma el carácter de evidencia, pudiendo ser usada según las reglas procesales de cada país para refrescar memoria, o bien, confrontar la versión que el acusado preste en el juicio.

378 Algunas legislaciones procesales en América Latina, p. ej., el C.P.P. de Chile, el C.P.P. de Perú y el Código Nacional de Procedimientos Penales de México, otorgan atribuciones procesales a la víctima, o bien, a su abogado (querellante), para que pueda participar en las distintas fases y audiencias del proceso penal, solicitando medidas cautelares, diligencias de investigación, aportando pruebas para efectos del juicio e incluso participar como litigante en juicio.

con roles y atribuciones que permiten su participación en el juicio y la presentación de evidencias en el mismo. Importa que la fiscalía intente establecer puentes de contacto para coordinar las variables estratégicas más relevantes e impedir que su teoría del caso sea deteriorada o debilitada por los querellantes.

2. *Variables estratégicas para la defensa*

Los defensores también deben tomar en cuenta algunos elementos específicos al momento de preparar y formular sus discursos de apertura, entre los que se cuentan los siguientes:

a) *Defensa positiva y defensa negativa*. A diferencia de la fiscalía, la defensa penal puede tener la opción de no desarrollar ningún discurso de apertura y aun así ganar el caso, pues la carga de la prueba reside en el Ministerio Público. No obstante, es útil para la defensa desarrollar su discurso de apertura y dar a conocer su propio relato, coartada, o mostrar las debilidades de la parte contraria, en la medida que ello sea posible. Lo señalado ratifica que la defensa puede adoptar una fisonomía de defensa positiva u optar por una defensa negativa. En el primer escenario, la defensa expone un relato alternativo al de la fiscalía, el cual debiera ser acreditado con evidencia propia. Para ello la defensa debe asumir la tarea de presentar su teoría del caso y el relato fáctico asociado. En cambio, en el caso de la defensa negativa, el defensor dispone de dos opciones estratégicas posibles. Por una parte, se presenta la posibilidad de desarrollar una estrategia de defensa utilizando prueba de refutación de las evidencias presentadas por el fiscal. Esta alternativa supone presentar información que desvirtúa o desacredita una o más hipótesis planteadas por la fiscalía. Esta estrategia posee las más de las veces un eje específico o foco o punto que posee una relevancia central y que permite desvirtuar el núcleo o corazón estratégico de la contraparte. La segunda opción es desarrollar una estrategia que deslegitime las pruebas presentadas por la fiscalía, incorporando elementos que atacan la credibilidad de sus testigos o peritos. En estos casos la defensa centra su estrategia en atacar las debilidades de las pruebas de la fiscalía, de modo que ésta no logre alcanzar el estándar de convicción que la ley exige al tribunal. Así, la estrategia y foco de la defensa puede recaer en las inconsistencias, contradicciones y debilidades de la prueba que presenta la fiscalía. Ello supone, por ejemplo, que la defensa hará un uso apropiado de las preguntas que formule y de la información que logre extraer durante los contraexámenes a los testigos y peritos de la fiscalía.

Ambas estrategias son posibles; sin embargo, la pregunta más compleja es si ambas pueden ser entrelazadas. Más precisamente, cabe preguntarse si la defensa puede al mismo tiempo presentar una defensa positiva y en la apertura además hacer mención de las debilidades de la prueba de la fiscalía (defensa negativa). *Prima facie* se suele recomendar a la defensa privilegiar en todo momento la estrategia de defensa positiva, si se cuenta con ella, y sólo limitadamente evidenciar los errores o las inconsistencias de la prueba de la fiscalía. Lo anterior se basa en los siguientes elementos: 1°) no es aconsejable complejizar en exceso el contenido del discurso de apertura; 2°) superponer dos estrategias puede resultar extenso y potencialmente confuso para el tribunal; 3°) debe privilegiarse la estrategia de defensa positiva cuando esta sea posible para poder ilustrar la relevancia de la prueba propia.

b) *Relevancia del derecho*. En ocasiones la mención y análisis de variables jurídicas puede representar un aporte valioso y crítico para los intereses del acusado, siendo en ciertas ocasiones el único o más relevante aspecto del discurso de apertura. Ello es especialmente atingente cuando no se posee prueba propia, no existen debilidades relevantes de la prueba de la fiscalía, y el foco estratégico central es la obtención de una pena más baja o atenuada.

c) *Declaración del acusado al inicio del juicio oral.* Si la defensa decide que el acusado preste declaración al comienzo del juicio, es conveniente engarzar de la mejor forma posible el discurso de apertura de la defensa y la declaración del acusado como primer movimiento estratégico, incluso anterior a las pruebas de la fiscalía. En ese escenario, terminado el discurso de apertura de la defensa, se le entrega la opción a la defensa de presentar la declaración del acusado, como primera evidencia para presentar al tribunal.
d) *Mención de los derechos y garantías del proceso.* Este es un tema recurrente en los discursos de apertura de las defensas y su referencia general y abstracta suele no ser recomendable, pues no es conveniente enfatizar variables que son bien conocidas por el tribunal. Abordar en el discurso de apertura asuntos procesales o formales no es conveniente, pues ello genera la percepción de estar ante un relato abstracto y desconectado de las temáticas centrales sobre los hechos del caso. En cambio, la alusión a asuntos jurídicos o garantías específicas puede ser útil en la medida que se conecten con un bien jurídico relevante para el acusado y el sistema de justicia, o se vinculen con elementos estratégicos útiles para obtener una sentencia absolutoria o una penalidad más baja.

VII. VARIABLES RELEVANTES PARA LOS TRIBUNALES

En los apartados precedentes se ha insistido en la relevancia que reviste el discurso de apertura para los litigantes, mencionando sólo de modo tangencial el rol que se espera los jueces adopten en esta etapa del juicio. Así como se ha insistido en la importancia que posee la apertura para expresar la teoría del caso del litigante e incidir en la mente y valoraciones posteriores del tribunal, el alegato inicial resulta relevante también para los jueces. Entre los aspectos a destacar se aprecian los siguientes:

a) Los discursos de apertura permiten al tribunal visualizar una síntesis fáctica, e identificar los hechos más relevantes del caso, asociándolos a determinadas aproximaciones jurídicas preliminares.
b) En la apertura se toma nota de las promesas que los litigantes formulan y que deben ser posteriormente acreditadas y cumplidas en el curso del juicio.
c) Los discursos de apertura permiten a los jueces formarse una impresión general sobre la importancia de determinados hechos, lo que facilitará posteriormente resolver incidencias relacionadas con debates de pertinencia probatoria.
d) La apertura contribuye a anotar y comprender las acciones, secuencias, personajes e interacciones que facilitan con posterioridad la extracción de la información más relevante cuando se rinde la prueba correspondiente de testigos o peritos, entre otras.
e) Los discursos de apertura permiten al tribunal identificar los temas del debate y fijar criterios para posteriormente resolver cuestiones relacionadas con la pertinencia de peticiones u objeciones.

Estos aspectos ventajosos suponen por parte del tribunal algunos planteamientos críticos que es necesario listar y desarrollar, entre los que aparecen los siguientes:

1. *Duración de los alegatos iniciales o de apertura.* Este suele ser un asunto prudencial que reposa en manos del tribunal y que los códigos no contestan con una fórmula temporal precisa. Lo relevante es proporcionar a las partes un tiempo que les permita adecuadamente desarrollar las ideas iniciales, las presentaciones de sus teorías del caso y de los hechos relevantes de la causa. Para efectos de determinar el tiempo preciso de duración de un alegato de apertura el tribunal debiera considerar: a) la complejidad general de la causa; b) la cantidad de hechos y evidencias que serán rendidos en el juicio; c) las consecuencias jurídicas del caso y la gravedad

de las sanciones a imponer; d) la solicitud y justificaciones proporcionadas por las partes para definir la duración del alegato inicial.

2. *Rol del tribunal durante el desarrollo de los discursos de apertura*. Sobre este aspecto son importantes las siguientes ideas:

   i. El rol del tribunal en esta parte del juicio es eminentemente pasivo y de escucha, pues no le corresponde un juicio de mérito estratégico sobre las presentaciones de las partes.
   ii. Es un momento en el que el tribunal debiera escribir y generar las notas que le permitan posteriormente escuchar con mayor capacidad de comprensión las rendiciones de prueba de las partes.[379]
   iii. Sin perjuicio del rol pasivo del tribunal, pueden evidenciarse hipótesis en las que se justifique en esta fase del debate una mayor proactividad por parte del tribunal, a fin de cautelar las reglas del juego justo y ajustado a derecho. Por ejemplo, corresponde al tribunal evitar el uso inadecuado e impropio del lenguaje de las partes, erradicando términos manifiestamente ofensivos para las mismas. También debe evitar que las partes hagan referencia en el discurso de apertura a elementos que no forman parte del debate, tales como evidencias que fueron excluidas en las fases anteriores. El tribunal debe estar atento y contener la intención de alguno de los litigantes de incorporar antecedentes que se encuentran prohibidos por la ley procesal, como sería el caso de

[379] Si durante la presentación del discurso de apertura los miembros del tribunal están tomando notas de los dichos, ello puede ser una señal de la atención que está prestando el tribunal y de su interés por la información que está siendo proporcionada. Recuérdese que uno de los propósitos más relevantes de esta parte del juicio es que el juzgador escuche, entienda, anote y recuerde la historia y teoría del caso que está siendo presentada.

mencionar acuerdos procesales previos que no prosperaron (p. ej., suspensión condicional del procedimiento, procedimiento abreviado).

iv. El tribunal debe evitar que la contraparte genere objeciones o incidentalice las presentaciones de la contraparte de manera injustificada. Los jueces están interesados en la fluidez de las presentaciones y en extraer de ellas los elementos provechosos para el posterior ejercicio de valoración de prueba.

VIII. CONCLUSIONES

El discurso de apertura posee una marcada relevancia estratégica para los litigantes y jueces. En primer lugar, representa el primer encuentro entre el tribunal y la teoría del caso que las partes exponen, enfatizando los hechos centrales y las consecuencias jurídicas que se derivan de los mismos.

En segundo término, constituye un esquema fundamental para poder comprender el sentido de las afirmaciones que posteriormente se entregarán por los testigos y peritos. Dicho esquema permite guiar y entender la secuencia de hechos y acciones más importantes del caso desde la perspectiva de parte. El discurso de apertura es una guía útil para sacar el mayor provecho a las pruebas que a continuación serán rendidas por fiscales, defensores, y eventualmente querellantes, en su caso.

En tercer término, la correcta exposición de la teoría del caso en el discurso de apertura del juicio ofrece un marco conceptual valioso para resolver posteriores incidencias de pertinencias, referidas a preguntas, incorporación de pruebas nuevas, admitir una secuencia de preguntas guiadas con un propósito legítimo y justificable, entre otros aspectos.

En cuarto lugar, el discurso de apertura ofrece una excelente oportunidad para presentar al tribunal una arista de los personajes centrales de la historia o relato, pudiendo proporcionar información útil para comprender y otorgar verosimilitud a las historias que sostienen la teoría del caso.

Por último, no debe desaprovecharse la oportunidad que brinda la apertura para llamar la atención del juzgador en torno a valores en juego en el juicio respectivo y la relevancia que posee la causa presentada, y sus fundamentos y sentido de justicia envuelto en el asunto.

Esta aproximación no olvida que las afirmaciones de fiscales y defensores no constituyen material probatorio, pero poseen la capacidad de dirigir la atención del juzgador en un determinado y estratégico sentido que puede ser incorporado en el momento de la apertura.

Lo anterior es además un enfoque pertinente para evadir los modelos rutinarios y burocráticos de apertura que insisten en llamar la atención en asuntos que el tribunal conoce y ha escuchado en reiteradas ocasiones, y que no contienen la información que el tribunal espera recibir de parte del litigante al comienzo del juicio.

Capítulo 3:

EXAMEN DIRECTO DE TESTIGOS Y PERITOS

I. INTRODUCCIÓN

Uno de los momentos más relevantes de un juicio dice relación con la presentación de la prueba propia. En ella descansa buena parte de las pretensiones de la fiscalía o querellantes, y de la defensa de coartada o de la defensa de refutación. El examen directo es la oportunidad procesal para introducir los medios de prueba que contienen la información identificada y seleccionada para ser incorporada en el juicio y que se identifica con las proposiciones fácticas que permiten sustentar la teoría jurídica y dar cuenta de la teoría del caso sostenida.[380] El examen directo es, asimismo, la oportunidad para introducir información al juicio a través de un declarante –medio de prueba relacionado con personas que aportan información– que permite al juez conocer y valorar la información que acredite la versión que el litigante ha presentado en el discurso de apertura.[381] La información agregada por el medio de prueba escogido debe ser capaz de conectarse de modo directo o indiciario con el hecho que pretende ser probado, siendo el examen directo el momento para extraer y traer tal información al juicio.

La relevancia de tal información, y su capacidad de probar el hecho, supone argumentar acerca de la forma en que tal ejercicio racional resulta posible. No basta desde la óptica del litigio estratégico, por un lado, agregar la información sin que se expliquen las razones por las cuales se considera que la misma tiene la capacidad

---

380 Según Bergman, "un examen directo eficaz persuade al juzgador de que la declaración de un testigo es exacta y ayuda al juzgador a identificar la evidencia importante que demuestra las proposiciones fácticas". Bergman (1995), p. 58.

381 Lorenzo (2012), p. 170.

de dar por probado el hecho en disputa y, por otro, satisfacer un elemento de la teoría jurídica en debate. Esta porción específica del debate supone argumentaciones propias del discurso de clausura, siendo la base material de la misma la información extraída e incorporada en el examen directo. Existe una triada virtuosa entre el relato presentado en el discurso de apertura, el modo en que una porción de ese relato es acreditada en el examen directo con la prueba ingresada, y la argumentación que realiza el litigante en el discurso de clausura, explicando la relevancia y capacidad de probar un hecho que posee ese determinado medio de prueba.

El examen directo corresponde a una definición estratégica previa que se relaciona con la teoría del caso que la parte ha definido como eje estructurante y soporte explicativo. La teoría del caso es la guía que define la relevancia de la información, las porciones de ellas que deben ser presentadas en juicio, el orden, las debilidades que deben ser aclaradas y anticipadas, y los argumentos que se deben extraer para arribar a determinadas conclusiones. Un buen examen directo supone entonces definiciones previas que se relacionan con los siguientes elementos:

a) Definición previa de una teoría del caso.
b) Evaluación sobre la relación y utilidad de una información y el declarante, en relación con la teoría del caso seleccionada.
c) Identificación de la información específica que se quiere introducir a juicio con la prueba seleccionada.
d) Definir el momento preciso en que se introducirá la información seleccionada.
e) Identificar la necesidad de rodear de elementos de credibilidad a la información presentada.
f) Definir en forma previa la necesidad de adelantar y explicar debilidades manifiestas o pertinentes del medio de prueba que se utiliza para acreditar la información seleccionada.
g) Identificar la relación y concordancia del examen directo de testigos con los otros medios de prueba que se pretenden incorporar en el juicio.

h) Identificar e introducir un medio de prueba distinto y complementario que puede ser reconocido y acreditado durante el examen directo. Por ejemplo, evidencias materiales que pueden ser introducidas a través del examen directo de un testigo o perito.

II. CONCEPTO

El examen directo es el momento procesal en el que se incorpora a juicio, o a la audiencia correspondiente, la información que posee el testigo y que permite introducir una o más de las proposiciones fácticas que sostienen nuestra versión de los hechos del caso[382]. Es la etapa del debate en la que incorporamos para el conocimiento del ente juzgador la información que previamente hemos identificado como nuestras proposiciones fácticas[383], las que solo pueden ser válidamente valoradas cuando son efectivamente introducidas a través de los medios de prueba que han sido admitidos. Esta etapa está marcada por el binomio pregunta-respuesta del abogado y su medio de prueba, que puede adquirir sin embargo la lógica de una triada, esto es, pregunta del abogado, objeción de la contraparte, decisión del tribunal y eventual pregunta aceptada o rechazada. Ello implica que existe un método para extraer la información del testigo que supone una pregunta válida y una respuesta consecuencial, o bien, una pregunta cuestionada y, por tanto, la necesidad de defenderla o reformularla para poder agregar la información a juicio. El examen directo también puede ser

---

382 El examen directo puede ser conceptualizado como la revisión de los testigos propios durante el desarrollo del juicio oral, a través de las preguntas formuladas por el litigante que los presenta. BLANCO *et al.* (2005), p. 168.

383 Según Baytelman y Duce, el examen directo es "la revisión en el juicio oral de los testigos que la propia parte presenta, cualquiera sea el nombre que se les dé en el Código Procesal Penal (acusado, víctima o testigo propiamente tal). Es respecto de estos testigos donde resulta posible desarrollar el relato de manera tal que permita la comprobación de nuestras proposiciones fácticas y el éxito de nuestra teoría del caso". BAYTELMAN & DUCE (2004), p. 101.

visto y conceptualizado como el momento para permitir la efectiva valoración del tribunal del medio probatorio seleccionado y las proposiciones fácticas que contiene.

III. UTILIDAD

Tal como se indicó, el examen directo es la oportunidad que se entrega a los litigantes en juicio para introducir información que permite corroborar la teoría del caso presentada en el discurso de apertura.[384] Sobre la base de estas aproximaciones es posible señalar la utilidad que tiene para el litigante esta etapa del juicio:

a) Es la oportunidad para presentar la prueba propia.
b) Es el momento de resaltar la información útil, pertinente y necesaria relacionada con nuestras proposiciones fácticas.
c) Es la oportunidad para evidenciar la consistencia y coherencia entre las pruebas propias.
d) Es la oportunidad para dotar de coherencia al conjunto del relato que hemos presentado en nuestro discurso de apertura.
e) Es el momento para agregar la información relacionada con evidencia material y dotarla de sentido, lo cual supone o requiere de un testigo o perito que pueda explicarla.

IV. OBJETIVOS ESTRATÉGICOS

El desarrollo del examen directo debe estar precedido de la definición de objetivos estratégicos muy precisos. De esa manera se puede asegurar que en el inicio, desarrollo y término del examen

---

[384] La información crítica que incorpora el litigante a través del o los testigos dice relación con las denominadas proposiciones fácticas, siendo para ello necesario agregar información adicional de contexto, explicativa o de credibilidad para dotar de mayor fuerza a tales proposiciones fácticas.

directo no se cometan errores. Entre los objetivos estratégicos que es posible identificar encontramos los siguientes:

a) El objetivo más general y relevante es el de presentar evidencia para fundamentar la teoría del caso propia, esto es, incorporar información que permite acreditar todo o parte de la versión de los hechos que hemos presentado en el discurso de apertura del juicio.
b) Acreditar la fuente de la información, esto es, la credibilidad del testigo para fundar una determinada proposición fáctica. Cada prueba –testigo, perito u otra– requiere que la información que entrega y proporciona al tribunal resulte creíble, verosímil, para ser aceptado por el juez.
c) Introducir todas las proposiciones fácticas que el testigo está en condiciones de incorporar al juicio a través de las preguntas que se le formulan y que le permiten entregar la información que posee.
d) Adelantar las debilidades del testigo y explicarlas, ganando espacios de credibilidad frente al juzgador.
e) Incorporar evidencia material –objetos– o documentos no estandarizados, que pueden ser reconocidos y acreditados por el testigo o perito, permitiendo de este modo introducir información relevante al caso.
f) Desvirtuar la teoría del caso de la contraparte.
g) Aportar a la construcción del discurso de clausura y de la sentencia definitiva, seleccionando posteriormente las informaciones más relevantes aportadas por el testigo o perito en su examen directo.

V. PREPARACIÓN PREVIA DEL TESTIGO

La estructura y dinámica del sistema procesal penal acusatorio y adversarial, que supone una audiencia para confrontar información entre partes ante un tercero imparcial, conlleva la exigencia y obligación de conocer previamente la información y soporte de ésta que será presentada en dicha audiencia. Tal como se explicó en el capítulo de teoría del caso, no resulta posible ni aconsejable llevar a un testigo para que declare en la audiencia sin que previamente se haya realizado una entrevista con él. Es imprescindible verificar su utilidad para acreditar porciones de información útiles a la teoría del caso de la parte que lo presenta.[385] Esta simple y lógica idea conlleva adoptar las siguientes precauciones y acciones previas al examen directo en juicio:

a) Entrevistar al testigo[386] que ha sido identificado como portador de información útil y pertinente para verificar que esa

---

385 Mauet (2000), pp. 515 y s. (sobre las tres definiciones básicas que se deben efectuar al seleccionar a los testigos: ¿Quién declarará? ¿Sobre qué asuntos? ¿Cómo se organizará su examinación?).

386 *Vid.* Blanco *et al.* (2005), pp. 171 y s. La entrevista a un testigo debe realizarse en un lugar que resulte razonablemente cómodo y amigable para el testigo. La entrevista debe considerar como primer aspecto la presentación del entrevistador y la explicación del rol que el entrevistador posee en el caso. El entrevistador debe tomarse el tiempo necesario para explicar al testigo la forma en que funciona el sistema penal y la etapa procesal en la que se encuentran en el caso concreto, así como sus derechos y obligaciones. El entrevistador debe realizar preguntas directas y sencillas para escuchar del testigo la información que posee, sin forzar conclusiones o terminar frases, de modo de determinar de manera fidedigna lo que el testigo verdaderamente sabe y la forma en la que lo expresa. El entrevistador debe evitar colocar ideas o frases armadas en boca del testigo, pues dicha forma de entrevista no sólo resulta reprochable éticamente, sino que tiende a deslegitimar en la mente del entrevistado la función e intereses del litigante. El interrogador puede comenzar la entrevista preguntando al testigo aspectos que se refieran a su vida personal y profesional, de modo de obtener información que luego contribuya a legitimar al testigo frente al tribunal. Esto permite, asimismo, establecer conexiones lógicas entre los hechos y la particular posición del testigo en el caso. En esta lógica debe el entrevistador tener el cuidado de advertir al testigo que relate también aquellos aspectos que por la probabilidad de ser difundidos puedan afectar su credibilidad y que deben ser necesariamente conocidos por el litigante que lo presentará, de forma de manejarlos como debilidades que eventualmente deban anticiparse al contrainterrogatorio de la otra parte. Esta fase comprende las relaciones que el testigo posee con la víctima, con el acusado, con otros testigos y, en general, con todos los intervinientes del caso. Luego de la fase de conocimiento personal del testigo debe comenzar la entrevista sobre los hechos propiamente tales, con énfasis en el conocimiento y relación que posee de los mismos.

hipótesis es correcta. Al mismo tiempo se requiere indagar en aquellos aspectos que permiten dotar de credibilidad el relato del testigo. Este último aspecto dice relación con información sobre el propio testigo, o sus características u otros aspectos que tornan digno de credibilidad lo que él afirmará.

b) Extraer del testigo toda la información pertinente que posee, identificando y seleccionando las proposiciones fácticas que esté en condiciones de aportar e incorporar en el juicio y, al mismo tiempo, cotejar y comparar esas afirmaciones y conocimiento del hecho con los otros testigos que se desea llevar a juicio para verificar grados de consistencia y coherencia que poseen entre sí.[387]

c) Identificar las debilidades personales que el testigo tiene y que pueden perjudicar su credibilidad y evaluar la posibilidad de adelantarlas y explicarlas en juicio. Este punto debe ser a su vez evaluado teniendo en vista las siguientes consideraciones: 1°) nivel de publicidad y conocimiento de las debilidades por la contraparte[388]; 2°) nivel de relevancia de las debilidades; 3°) posibilidad de explicar y diluir tales debilidades.

Teniendo a la vista estas consideraciones, en primer lugar, el óptimo es una debilidad menor o insignificante que es desconocida por la contraparte, caso en el cual la aparición o adelantamiento de la debilidad puede no ser una opción estratégica. En segundo término, aparece como un escenario igualmente favorable cuando la debilidad es conocida o puede ser conocida por la contraparte, pero ella puede ser adelantada y explicada sin grandes dificultades. El tercer escenario es el más complejo y consiste en la existencia de una

---

387 Blanco *et al.* (2005), p. 178 (sobre la coherencia de la versión del testigo con las versiones de otros testigos que se consideran útiles para el juicio).

388 Fontanet (2010), p. 84.

debilidad que es conocida por la contraparte y que no posee explicaciones satisfactorias.[389]

Asimismo, debe identificarse en concreto la porción del relato del testigo en el que aparecen aspectos que pueden afectar la consistencia de su declaración, caso en el cual es necesario trabajar el modo de adelantar y explicar tales debilidades a objeto de evitar afectar la confiabilidad del relato.

d) Identificar la forma en la que se expresa y comporta el testigo, de modo de ir preparando una estrategia de examinación directa en juicio. Este punto supone colocar especial atención a las siguientes cuestiones:

1°) Identificar si el testigo tiende a hablar y extenderse en sus respuestas, o bien, es parco y poco comunicativo. Esto es relevante pues un testigo que habla en abundancia puede ser un problema que suponga realizar preguntas breves y acotadas de modo de lograr controlar el examen adecuadamente. A su vez, un testigo parco y escueto supone preparar un set de preguntas cerradas[390] para ir extrayendo del testigo la información necesaria.

2°) Advertir las expresiones coloquiales usadas por el testigo y que no sean comprensibles o auto explicativas, para solicitarle que pueda entregar una traducción o explicación acerca del significado de estas durante el momento de su declaración.[391] El litigante es un facilitador que debe ge-

---

389 En el capítulo sobre teoría del caso, y específicamente en la séptima sección de la metodología, se desarrolla en particular la identificación de las debilidades del caso.

390 Lo que debe prepararse, para los efectos del juicio, son los distintos temas que se quiere tratar con el testigo, y no una batería precisa y exacta de preguntas que por lo demás pueden ser acomodadas, identificadas y desarrolladas durante el examen directo de modo más flexible y estratégico según las circunstancias. Preparar preguntas como una suerte de listado estructurado que el litigante lleva previamente preparado suele ser un mal diseño y una estrategia poco dinámica que tensiona innecesariamente al examen directo.

391 Lorenzo (2012), p. 173.

nerar las condiciones para que el testigo se sienta cómodo en su declaración, empleando el lenguaje o término que suele utilizar, pero explicando su significado o contenido.

3°) Advertir al testigo de la relevancia de las informaciones más importantes que debe aportar y que puede incorporar en el juicio. Esto es relevante pues permite que el testigo focalice o haga un mayor esfuerzo por memorizar tales porciones de información, enfatizando en este punto que lo importante es aquello que el testigo conoce y sabe por la percepción de sus sentidos o conocimiento directo de la afirmación.[392]

4°) Corresponde resaltar al testigo la relevancia que posee su información para la teoría del caso de quien lo presenta, sin perjuicio de lo cual no es aconsejable compartir con el testigo la estrategia global del proceso, particularmente con aquellos menos relevantes. No aplica esta consideración al caso de las declaraciones del acusado o la víctima.

5°) Es útil colocar por escrito la declaración del testigo –en el caso del fiscal ello es una obligación procesal– y, posteriormente, a pocos días del juicio, entregarle una copia como ayuda-memoria para el día en que deba declarar. Sin perjuicio de lo señalado, se le debe recalcar al testigo que lo esencial es que él, en su testimonio ante el tribunal, le entregue toda la información que posee sobre los temas que se le pregunten, conforme él los tiene alojados en su memoria y de la manera en que vayan siendo recordados.

6°) No es sensato exigir al testigo que memorice su declaración, sino que únicamente recuerde los temas más importantes. Ello impide presionar o colocar nervioso al testigo. Por lo demás, siempre será posible refrescar la memoria del testigo usando sus declaraciones anteriores. Esta es una posibilidad permitida en prácticamente la totalidad de las legislaciones procesales modernas.

---

392 *Id.*, p. 172.

Sobre este punto es fundamental enfatizar que el deber de todo litigante es obrar lealmente, de buena fe, honrando las exigencias éticas de la profesión. Ello no sólo resulta de un imperativo moral, sino de la mejor estrategia posible en un contexto de litigio adversarial y de control de calidad de información, donde la posibilidad de que la mentira o preparación dolosa quede a la luz resulta alta, afectando de este modo la credibilidad de los testigos y del propio abogado del litigio.

7°) Finalmente es útil recordar la necesidad de realizar con el testigo una segunda entrevista con miras a la preparación de su declaración en juicio, resaltando en esta oportunidad la información que el testigo conoce y posee y que resulta útil como proposición fáctica a ser introducida al juicio.[393] Asimismo, es aconsejable en esta segunda entrevista realizar con el testigo una simulación de su declaración en juicio, replicando lo que será el examen directo y el contraexamen. Ello es conveniente para el litigante que realizará el examen directo, pues le permite conocer en detalle el comportamiento y reacciones del testigo, anticipando el escenario judicial. Al mismo tiempo, es útil al testigo pues le permite entender la dinámica a la que será sometido en el juicio verdadero, y de ese modo estar más informado y preparado para poder aportar la información que efectivamente conoce.

Dado lo novel de la implementación de los sistemas acusatorios en nuestro continente, existe poco desarrollo sobre reglas o estándares que regulen las entrevistas entre testigos y litigantes previas a las audiencias o al juicio. Ni el legislador, ni muchas veces las regulaciones sobre la conducta profesional de aquellos abogados que se dedican al litigio penal, han abordado el tema de las entrevistas de manera exhaustiva.[394] Sin perjuicio de ello, es posible encontrar

---

393 Blanco *et al.* (2005), p. 173.
394 *Id.*, pp. 181-182.

doctrina, jurisprudencia y regulaciones éticas del ejercicio de la profesión que reconocen como legítima y ética no sólo la posibilidad de que los litigantes se entrevisten o reúnan con un testigo o declarante con la finalidad de determinar si estamos frente a una evidencia pertinente y que aporta o es útil a la acreditación de la teoría del caso del litigante, sino que también la entrevista destinada a preparar al testigo ya ofrecido y admitido para su declaración en la audiencia de juicio.[395] También se han ido configurando limitaciones éticas e incluso penales con el propósito de castigar el denominado entrenamiento o *coaching* ilegítimo de un declarante.

La preparación de los declarantes en el proceso penal es esencial, toda vez que parte sustantiva de la información que queremos que el juzgador conozca la pueden proveer única y exclusivamente los testigos. Como señala Fontanet, los testigos no son perfectos, por lo que le corresponde a los abogados maximizar todo su potencial y fortalezas, y paralelamente mitigar sus debilidades. No se trata de cambiar la realidad ni las circunstancias del testigo. Tampoco de afectar lo que constituye su percepción y su recuerdo sobre los hechos.[396]

La entrevista previa de un litigante con un declarante, antes de verificarse el juicio oral o incluso durante la etapa investigativa, no es cuestionable en la lógica adversarial de un sistema de enjuiciamiento penal acusatorio. A propósito del debate sobre el contenido material u objetivos de esas entrevistas previas, es posible distinguir entre la preparación o entrevista legítima y el

---

395 El litigante debe informar al declarante, entre otras cosas, la dinámica de los exámenes y contraexámenes en el juicio oral, el sentido de las objeciones y su forma de reaccionar, si se le pedirá realizar alguna actividad complementaria (p. ej., dibujar, graficar o demostrar algo), la relevancia de su testimonio para el caso. Es conveniente que el declarante sepa que es posible y legítimo contestar que no sabe o no recuerda, y que existe la técnica del refrescamiento de la memoria si la información es relevante. El testigo debe ser orientado a decir siempre la verdad. Es útil que antes de contestar las preguntas de la contraparte, guarde silencio un par de segundos, pues ello da tiempo para evaluar si corresponde o no objetar la pregunta respectiva. Incluso pudiera ser útil simular la realización de un examen directo y contar con un colaborador que efectúe la simulación de contraexamen.

396 Fontanet (2010), p. 29.

entrenamiento o *coaching* del testigo, lo cual sería ilegítimo. El *coaching* de un testigo consiste en la conducta desplegada por el litigante con la intención de modificar la presentación o testimonio de un testigo, de forma tal que su testimonio sea falso o comunique una impresión incorrecta sobre los hechos, que incluso en el contrainterrogatorio no se pueda contrarrestar.[397]

El Colegio de Abogados de Estados Unidos (*American Bar Association*) ha dispuesto un conjunto de estándares en el ámbito penal que prohíben ciertas conductas para evitar la obstrucción a la justicia en procedimientos judiciales.[398] Las Reglas Modelo de Conducta Profesional de la ABA se refieren a este tema en los siguientes términos:

- Los abogados defensores deben conocer y cumplir la ley y las reglas de la jurisdicción con respecto a las víctimas y los testigos. Al comunicarse con los testigos, el abogado debe conocer y respetar las leyes y las normas de ética relacionadas con el uso de engaños y la comunicación con personas representadas, no representadas y organizativas.[399]
- El abogado defensor o los agentes del abogado deben entrevistar a todos los testigos, incluida la entrevista a la víctima o víctimas, y no deben actuar para intimidar o influenciar indebidamente a ningún testigo.[400]
- Se debe permitir que los abogados defensores compensen a un testigo por los gastos razonables, como los costos de asistir a la corte, las declaraciones de conformidad con el estatuto o la regla de la corte, y las entrevistas previas a la prueba, incluido el transporte y la pérdida de ingresos. [401]
- Cuando la necesidad de corroborar una entrevista se anticipa razonablemente, el abogado debe estar acompañado por

---

397 Zacharias & Martin (1999), pp. 1010-1011; Green (2008).
398 American Bar Association (ABA), Model Rules of Professional Conduct (2020).
399 *Id.*, 4-4.3 (b).
400 *Id.*, 4-4.3 (c).
401 *Id.*, 4-4.3 (e).

otra persona confiable durante la entrevista. Los abogados defensores deben evitar estar a solas con testigos previsiblemente hostiles.[402]

- El abogado defensor no debe desalentar u obstruir la comunicación entre los testigos y la fiscalía, aparte de los empleados, agentes o familiares de un cliente, si es compatible con las normas éticas aplicables. El abogado defensor no debe aconsejar a ninguna persona, ni hacer que se le aconseje a ninguna persona, que se niegue a proporcionarle a la fiscalía la información que dicha persona tiene derecho a dar. Sin embargo, los abogados defensores pueden, en forma justa y precisa, aconsejar a los testigos sobre las posibles consecuencias de su información, pero solo si lo hacen de una manera que no desanime la comunicación.[403]

Estas normas dejan en claro que no hay obstáculo para que se concreten y lleven a efecto reuniones o entrevistas previas al juicio oral o durante la etapa investigativa entre abogados y posibles declarantes, sean testigos propios o incluso de la contraria. Los cuestionamientos que eventualmente pudieran originarse a esta interacción entre abogados y testigos sólo podrían surgir a partir del análisis, en concreto, del contenido de esas entrevistas. Lo tratado en esas entrevistas sería lo que eventualmente podría originar una infracción o la configuración de unos de los elementos que permitan sostener una imputación penal.

Como se puede apreciar, una cosa es la preparación legítima de un testigo y otra distinta corresponde a una mala práctica profesional denominada entrenamiento del testigo. En este último caso el abogado no está tratando de extraer los hechos del testigo sino de verterlos en él. La entrevista con el declarante debe permitirle al litigante aprender lo que el declarante sabe, y en ningún caso para enseñarle aquella información que debiera decir.[404] La entrevista y

---

402 *Id.*, 4-4.3 (f) (en su parte pertinente).

403 *Id.*, 4-4.3 (h).

404 Robinson *et al.* (2017), p. 1.

preparación de los declarantes no sólo es legítima y ética sino que constituye una obligación de un abogado diligente en la defensa de los intereses de sus clientes. Según lo dispuesto por el Colegio de Abogados en la investigación y análisis de los elementos fácticos y legales del problema, los litigantes deben cumplir con los estándares de los profesionales competentes, entre los cuales también se incluye la preparación adecuada.[405] La única forma en que un abogado puede preparar adecuadamente un juicio es entender lo que sabe un posible testigo y cómo responderá bajo la presión de un examen directo. El litigante debe conocer el contenido del testimonio de su testigo y cómo se comportará en un interrogatorio. Más todavía, el abogado debe revisar los hechos y los temas del caso e instruir al testigo sobre la mejor manera de presentar la información.[406]

La preparación ilegítima de testigos constituye una conducta reñida con la actividad ética y profesional que se espera del litigante.[407] Algunas de las formas de enfrentamiento inadecuado del testigo son las siguientes:

a) A propósito de su vinculación con un cliente, el abogado no debe aconsejar a un cliente para que participe en una conducta que el abogado sabe que es criminal o fraudulenta. Sin embargo, un abogado puede discutir las consecuencias legales de cualquier curso de conducta propuesta por un cliente y puede aconsejar o ayudar a un cliente a hacer un esfuerzo de buena fe para determinar la validez, alcance, significado o aplicación de la ley.[408]
b) A propósito del ofrecimiento de evidencias, el abogado no debe, a sabiendas, ofrecer pruebas que sabe son falsas.[409] Si

---

405 ABA (2020), Regla 1.1.
406 Robinson *et al.* (2017), p. 2.
407 Se trata de distinguir entre la acción legítima de reunirse con un testigo para discutir el contenido de su testimonio y el tratar de influir en el testigo y su posible futura declaración, de manera indebida.
408 ABA (2020), Regla 1.2 (d).
409 ABA (2020), Regla 3.3 (a) (3).

bien la estrategia de defensa es definida conforme a la voluntad del cliente, el abogado no debe ofrecer testigos que sabe son falsos, sea porque su cliente se lo ha señalado o porque ello se desprende de manera palmaria del conocimiento de los antecedentes que posee del caso.[410] Las obligaciones éticas del abogado no se agotan en el hecho de abstenerse de ofrecer testigos cuyas declaraciones sabe son falsas, sino que le exigen un comportamiento activo. Una de las razones que justifican la entrevista previa con los testigos y su legítima preparación es precisamente hacerle saber al testigo que debe comportarse de manera veraz en juicio. Si el abogado se percata que sus dichos son falsos, debe plantearle derechamente que debe decir la verdad sobre los mismos, independiente de las motivaciones que pudiera tener para alterar la verdad acerca de cómo han ocurrido los hechos.

c) Respecto a la relación con los testigos ofrecidos por el abogado para sostener la tesis de su cliente, éste no debe aconsejar o ayudar a un testigo a declarar falsamente.[411] Estas conductas constituyen una infracción ética, que trasunta un entrenamiento ilegítimo de un testigo, y podría llegar a constituir un indicio de la configuración de un ilícito de carácter penal en el que podría incurrir el litigante.

d) Es una manifestación de mala conducta profesional participar en acciones que impliquen deshonestidad, fraude, engaño o tergiversación; o participar en una conducta que sea perjudicial para la administración de justicia.[412] Si bien se reconoce en los sistemas adversariales que el foco de atención de los abogados litigantes en materia penal está en representar de la manera más leal, profesional y efectiva los intereses de su cliente, ello no puede llevarlo a adoptar decisiones o

---

410 Esta es una legítima razón para que un abogado, si es privado, renuncie a la representación de un caso, o tratándose de un defensor público para no seguir la directriz de un cliente que le solicita que esos testigos sean presentados a declarar a juicio.

411 ABA (2020), Regla 3.4 (b).

412 *Id.*, Regla 8.4.

realizar conductas que se riñan de manera abierta con los valores del sistema de justicia.

Entre las diversas conductas inadecuadas en las que podría incurrir un litigante que entrena a un testigo, Robinson *et al.* aluden a tres hipótesis[413]:

1. El abogado induce a sabiendas y abiertamente a un testigo a declarar algo que el abogado sabe que es falso. Ello supone una conducta proactiva y consciente del abogado litigante.
2. El abogado actúa de manera encubierta para inducir a un testigo a declarar algo que sabe que es falso.[414]
3. El abogado no induce a sabiendas al testigo a declarar algo que el abogado sabe que es falso, pero la conversación del abogado con el testigo, sin embargo, altera la historia del testigo.[415]

Pese a que es posible regular prescriptivamente y de manera directa las conductas éticas o aquellas reñidas con el adecuado comportamiento profesional, en el ejercicio de la profesión no es tan fácil establecer la línea divisoria entre conductas éticas y aquellas que no lo son. Por ello se requiere no sólo un deber de abstención del abogado de actuar contrario a las reglas éticas antes mencionadas, sino que deben ser conscientes de la posibilidad que existe de influir de manera inapropiada en el testimonio de un testigo

---

413 Robinson *et al.* (2017). Estas conductas deben ser apreciadas en concreto y en el contexto del caso particular. Ellas podrían configurar una infracción a las reglas de comportamiento profesional esperado del litigante, y eventualmente constituir un indicio para analizar esa conducta desde la perspectiva penal, para verificar si ella no sólo infringe normas éticas sino que también configura una infracción penal.

414 Un ejemplo de esta conducta sería explicarle a un testigo antes de que él le entregue su versión de los hechos, las normas penales aplicables al caso y las posibles hipótesis normativas de exculpación de un acusado. Es probable que si el testigo tiene un compromiso relevante con la parte que lo pretende ofrecer, adapte parte de su testimonio para satisfacer alguna de las hipótesis normativas que el abogado le explicó.

415 Robinson *et al.* (2017), p. 3.

aún sin ninguna intención de hacerlo. Durante la preparación de los testigos los abogados deben estar atentos en sus esfuerzos por minimizar cualquier influencia involuntaria en el testimonio de un testigo.[416]

VI. ESTRUCTURA

La puesta en escena del examen directo en juicio supone sujetar su dinámica a una estructura que ayude al litigante a entregar la información e, igualmente, colabore con el tribunal a entender tales antecedentes. En este entendido, el examen directo posee fases y elementos esenciales que deben ser tenidos en cuenta: 1) parte introductoria y legitimación de la prueba; 2) presentación de los hechos del caso; 3) incorporación de prueba material relacionada; 4) parte final o remate del examen directo, y 5) desarrollo del re-directo.[417] A continuación se abordan tales elementos por separado.

1. *Parte introductoria y legitimación del testigo*

Esta fase corresponde al inicio de la examinación de la prueba de testigos y su objetivo es generar un ambiente previo que les permita responder preguntas en un contexto de tranquilidad, sin presiones indebidas y evitando que el susto o nervio propio de una persona que declara en juicio impida que pueda aportar la información necesaria o que lo haga de modo confuso o poco claro.[418] De lo que se trata entonces es de rodear al examen directo de condiciones razonables para que el testigo se sienta cómodo, entienda

---

416 *Id.*, p. 4.

417 *Id.*, p. 176; FONTANET (2010), p. 93.

418 Es relevante que el examinador esté atento a las señales verbales y no verbales del testigo, haciendo contacto visual con él en todo momento, identificando su estado de ánimo durante su declaración, a objeto de intervenir razonablemente y a tiempo frente a cualquier signo de cansancio, confusión o duda del testigo.

lo que va a ocurrir y se eviten errores o presiones innecesarias o indebidas.

a) Técnicas introductorias. Para lograr los objetivos planteados se recomienda: no iniciar el examen directo con preguntas específicas de los hechos[419]; utilizar formulas contextuales de inicio que permitan al testigo interactuar sin sentirse presionado; utilizar fórmulas que aludan a la dinámica a la que se someterá al testigo y sus derechos y obligaciones en juicio; permitir al testigo o perito hablar sin tener que referirse al objeto central de la declaración. Ejemplos de preguntas introductorias:

> —Señor testigo, ¿es primera vez que declara en un tribunal?
>
> —Señora testigo, ¿le costó mucho llegar al tribunal?
>
> —Señor testigo, ¿podría repetirnos su nombre y profesión?
>
> —Señorita testigo, a continuación le haré algunas preguntas sobre los hechos del caso. Si no entiende algo puede solicitar que se aclare, ¿le queda claro?

b) Contexto y fase de legitimación de la prueba: esta fase de la examinación directa del testigo está referida a la importancia que posee el que la información aportada por ellos sea creíble, verosímil y, por tanto, aceptada por el tribunal que debe valorar dicha prueba. La información aportada debe ser plausible de ser aceptada por provenir de una fuente confiable que la torna, por tanto, en una información de calidad. La credibilidad de los testigos debe ser un objeto de preocupación previa del litigante, el que debe buscar y preparar los datos que tornan confiable las pruebas presentadas.

En cuanto a los ámbitos relevantes de credibilidad, no es posible agotar todas las hipótesis temáticas vinculadas con este tema. Sin embargo, es relevante destacar algunas ideas a tener en consideración al momento de llevar a cabo un examen directo.

---

419 Según Blanco *et al.*, "es aconsejable que las primeras preguntas de un examen directo estén dirigidas a temáticas que el testigo maneja con facilidad, introducidas de forma incluso coloquial y que no estén referidas directamente al fondo del asunto". Blanco *et al.* (2005), p. 178.

1°. La credibilidad de los testigos no resulta de consideraciones generales o abstractas. No existen, salvo excepciones, aspectos de credibilidad de carácter general que auxilien o ayuden a la veracidad de las declaraciones de testigos en general. La variable de credibilidad debe ser construida para cada testigo en particular, de acuerdo con los hechos específicos del caso, el contexto, las características del testigo, y su vínculo con el caso. A modo ejemplar podemos decir que un testigo no resulta más confiable por el hecho de trabajar, tener familia o profesar algún credo religioso. De lo que se trata es de presentar en el examen directo un hecho que dote de credibilidad a ese testigo en particular y en relación con el caso concreto.

2°. La credibilidad del testigo debe estar relacionada con el contenido de sus afirmaciones. El foco debe estar puesto en aquello que dota de confiabilidad los dichos específicos sobre los que declara el testigo. Por ejemplo, si el testigo declara que pudo escuchar la conversación entre la víctima y el victimario, importa preguntar la distancia a la que se encontraba y los aspectos relacionados con su capacidad auditiva. Si, en cambio, afirma que logró ver una determinada acción de la víctima o del victimario, importa saber si su capacidad visual le permite ser creíble.

3°. La información permite entender las razones por las cuales un testigo estaba en condiciones de adquirir o conocer determinados antecedentes de los hechos. Por ejemplo, si un testigo afirma que pudo observar algo porque estaba en un determinado lugar, será pertinente preguntar las razones por las que estaba en ese lugar. Si un testigo dice estar en una plaza y que desde ahí pudo observar algo relevante, las preguntas debieran estar dirigidas a entender por qué estaba en esa plaza en ese momento, con qué frecuencia visita esa plaza, a qué distancia está la plaza de su lugar de trabajo o del lugar donde vive, etc. Todo lo anterior se vincula con el objetivo de que resulte creíble que el testigo estaba razonable y verosímilmente en condiciones de estar en el lugar en el que afirma pudo observar los hechos.

4°. Otro aspecto de la credibilidad es el nivel de parcialidad del testigo que declara. Si el testigo posee una relación de amistad o parentesco con alguna de las partes del juicio, puede ser objeto de cuestionamiento, por lo que importa aclarar y explicar la existencia del vínculo. Es preferible anticipar eventuales debilidades y explicar por qué dicho nexo no altera el conocimiento ni los dichos del testigo.

5°. Existencia de eventuales intereses en los resultados del juicio por parte del testigo que declara, como lo sería el mantener un vínculo laboral de subordinación o dependencia con alguna de las partes del juicio, o poseer un interés económico o material en el resultado del juicio, u otros conflictos de interés equivalentes. Al igual que en el punto anterior, es recomendable trabajar este aspecto adelantando la existencia de ese interés, explicándolo y demostrando que no afecta ni limita la veracidad y ánimo de colaborar y declarar la verdad de los hechos que conoce. Acá también es pertinente utilizar la técnica de adelantamiento de la debilidad para evitar problemas en el contraexamen de dicho testigo.

6°. Informaciones o antecedentes del testigo que pueden afectar su credibilidad personal. Esto se vincula especialmente con los antecedentes penales del testigo y en particular en aquellos casos en los que el testigo ha sido condenado por hechos asociados a delitos como perjurio, obstrucción a la justicia, falso testimonio o hipótesis de estafa o engaño. Este punto es también relevante en el evento que el testigo pertenezca a una institución en la que ha sido sancionado administrativamente.

7°. Otro aspecto de la credibilidad que importa destacar son las capacidades o habilidades del testigo para captar, retener y entregar una determinada información. En efecto, y tal como lo hemos insinuado en apartados anteriores, la información específica que el testigo entrega debe ir acompañada de razonables motivos para ser considerada digna de credibilidad. Entre los temas relacionados con las capacidades o habilidades personales aparecen temas como la capacidad física del testigo, ausencia de dificultades para escuchar lo que dice que habría escuchado del hecho, inexistencia de problemas de visión para identificar a alguien en el sitio del suceso o de desplazamiento que impida considerar creíble que pudo recorrer una determinada distancia, en cierto tiempo, etc.

c) Entrelazamiento directo entre credibilidad y hecho. En determinados momentos del juicio resulta pertinente vincular de modo más claro y explícito la relación entre un hecho determinado –proposición fáctica– y el soporte directo de credibilidad de tal afirmación. Ello supone generar binomios de interrogación entre la información entregada y el motivo directo para considerarla creíble. Ejemplos de secuencias de preguntas que podría formular el interrogador directo, asociando hechos y datos de credibilidad:

—Señor testigo, usted ha señalado que estuvo presente en el lugar de los hechos. ¿Podría decirnos qué vio?

—Señor testigo, ¿podría decirle al tribunal si usted tiene algún problema a la vista?

—¿Podría decir qué luminosidad había en el lugar mientras usted observaba?

—¿Podría agregar a qué distancia estaba usted de los hechos que pudo observar?

Recuérdese que el objetivo es entregar información valiosa al tribunal, pero también proporcionar los soportes de credibilidad que la hacen digna de ser considerada como verosímil. Probablemente en muchos de estos casos el esfuerzo del litigante consistirá en asociar la afirmación del testigo a algún elemento de credibilidad específico.

2. *Presentación de los hechos del caso*

Un segundo elemento de la estructura del examen directo guarda relación con la incorporación de información central de los hechos. El foco en este punto es realizar preguntas que permitan proporcionar por parte del testigo las proposiciones fácticas previamente identificadas por el interrogador en la fase de preparación del testigo. Esta fase de la estructura del examen directo supone abordar las cuestiones relacionadas con los hechos, las acciones, los personajes que intervienen, sus interacciones. Es la parte medular del examen directo, donde el testigo se explaya acerca de lo que sabe y conoce de los hechos y las razones por las cuales tiene conocimiento de tales hechos.

La presentación de un determinado testigo en el juicio depende del análisis previo que se ha efectuado y de la capacidad de dicho testigo de incorporar, a través de su declaración, una o más proposiciones fácticas que hemos definido previamente como útiles, pertinentes y necesarias para sustentar uno o más elementos de la teoría jurídica. Esta guía es fundamental para desarrollar el interrogatorio del testigo pues, más que tener un listado de preguntas preparadas –lo cual no es una idea sensata–, es aconsejable tener un listado de temáticas o puntos a los que se relacionan las proposiciones fácticas de cada testigo o perito. Luego, esa información puede trabajarse a través de varias preguntas diversas.

Para facilitar la declaración de un testigo en juicio, y al mismo tiempo facilitar la comprensión de tales informaciones por parte del tribunal, es aconsejable tener presente los siguientes aspectos de la examinación directa:

a) Secuencia comprensiva de la información para terceros. Un aspecto relevante de la examinación directa de testigos es la manera mediante la cual se agrega la información durante el desarrollo del juicio. El litigante que realiza el interrogatorio directo debe asumir que el juez no conoce la información que el testigo va a proporcionar en la audiencia. Para que dicha información sea comprensible, se requiere que el examinador logre que el testigo la vaya proporcionando adecuadamente, de modo que sea entendible por el tribunal. Así, el juez descubrirá y desprenderá de los dichos del testigo las proposiciones fácticas y su relevancia.

   El discurso de apertura sirve como elemento de referencia para auxiliar la comprensión general del caso, desde la óptica de los intereses del litigante. También es un marco de referencia útil para que el tribunal logre cuadrar la declaración del testigo en ese marco-guía más general. Por tanto, el discurso de apertura se transforma en un aporte para que el tribunal comprenda la relevancia que poseen los dichos del testigo en relación con el marco de la teoría del caso entregada al inicio del juicio.

b) Orden de la información en los exámenes directos. Al igual que en el discurso de apertura, y en base al principio de primacía y novedad, deben aprovecharse los mejores testigos en los momentos iniciales y conclusivos de las examinaciones pues suelen ser los momentos donde encontramos más atentos a los jueces.[420] Este punto auxilia el orden en que presentaremos al conjunto de los testigos de que disponemos, privilegiando a los mejores al inicio o al final de la fase de prueba propia.[421] Este orden puede complementarse con otros criterios relevantes, entre los que destaca la variable cronológica para que la secuencia de los hechos resulte más comprensible y contextual para el juzgador.[422]

c) El litigante debe definir si la examinación directa se desarrollará siguiendo una estructura cronológica o temática.[423] La estructura será cronológica si el examinador considera más conveniente que el testigo se refiera a los hechos en conformidad a la línea de tiempo en la que fueron aconteciendo. Esa decisión se adoptará en la medida que la secuencia cronológica de los hechos resulte ser más beneficiosa y útil para entender y retener el relato del testigo, sea más acorde con la verosimilitud del relato, y ayude al tribunal a entender de mejor manera la secuencia de los hechos.[424] Las preguntas del examinador deben formularse de modo de permitir al testigo ir refiriendo paso por paso la secuencia de tiempo de los hechos, haciendo énfasis en los puntos del relato que

---

420 Fontanet (2010), p. 45.

421 Según Bergman, "una posibilidad de ordenamiento –de testigos– es la que sugieren los principios de primacía y novedad. Estos principios sugieren que recordamos mejor lo que vemos y oímos primero y último". Bergman (1995), p. 67.

422 Pueden intercalarse las declaraciones de testigos con las de peritos, para reforzar las versiones y hechos declarados por los testigos cuando encuentran apoyo en datos o conclusiones aportados por peritos. Otra variable está referida a la relevancia de ordenar las declaraciones de los testigos de conformidad a criterios cronológicos, facilitando de este modo la comprensión del tribunal.

423 Blanco *et al.* (2005), p. 176.

424 Bergman (1995), p. 70 ("la cronología, como el contexto, ayuda a un juzgador a rememorar la evidencia y a reconocer su significado").

refieren a las proposiciones fácticas. Esta forma de presentar los hechos en el examen directo exige entrelazar los hechos centrales del relato cronológico con los detalles relevantes asociados a tales hechos. Para lograr este propósito pueden utilizarse dos fórmulas alternativas propuestas por Bergman[425], que dependerán del nivel de extensión y complejidad del relato y la historia:

> *Opción A.* Pregunta sobre el primer hecho relevante; a continuación preguntas sobre detalles asociados a ese primer hecho; luego pregunta sobre el segundo hecho relevante; para continuar con preguntas sobre detalles asociados a ese segundo hecho.
>
> *Opción B.* Pregunta sobre el primer hecho relevante; a continuación pregunta sobre el segundo hecho relevante; luego pregunta sobre el tercer hecho relevante; para continuar con preguntas sobre los detalles de todos los hechos anteriores.

La estructura temática, en cambio, es aconsejable en aquellos casos en los que la cronología no posee relevancia. El examinador privilegiará determinados temas que permiten incorporar las proposiciones fácticas. Los temas seleccionados, y que el examinador quiere tratar con el testigo, deben seguir alguna pauta, por lo que se sugiere que los temas más importantes para la teoría del caso sean tratados al inicio y al final del examen directo, o bien agruparlos de conformidad a su vinculación con una proposición fáctica específica.[426] En este último caso, de lo que se trata es de preguntar al testigo todas aquellas cuestiones que se relacionan con un mismo hecho que posee relevancia jurídica para el caso y que facilita al juzgador la comprensión probatoria del mismo.

---

425 *Ib.*

426 *Id.*, pp. 76 y s.

Evidentemente, existe la posibilidad de combinar ambos tipos de estructuras. Por ejemplo, pudiera ser atractivo para el litigante abordar temáticas claves al inicio y cierre del examen directo, dando la posibilidad para que el testigo ofrezca un relato cronológico en el segmento intermedio de su declaración.

d) Cuidado con el detalle. Las preguntas deben permitir incorporar información relevante, razón por la cual no es conveniente dilatar en exceso el interrogatorio, pues desvía la atención del testigo y del tribunal.[427] Es aconsejable focalizar el esfuerzo del testigo y del tribunal en los puntos más importantes de la declaración del testigo[428], teniendo a la vista que lo central es que incorpore en sus respuestas y declaraciones las proposiciones fácticas, las rodee de la información de contexto que aclara y permite comprender las secuencias y relaciones de los hechos, cuidando que todo esto se vea corroborado y asentado en elementos que doten de la necesaria credibilidad y verosimilitud a tales declaraciones.

e) Bloques de información. En el examen directo es conveniente abarcar todos los elementos relevantes de la información que el testigo debe introducir en el juicio, evitando dejar espacios o cabos sueltos a partir de los cuales el contraexaminador pueda plantear dudas o intente evidenciar debilidades o inconsistencias de la misma declaración. De lo que se trata entonces es que las preguntas realizadas permitan simultáneamente al testigo incorporar las proposiciones fácticas que conoce y los elementos de contexto, credibilidad y explicativos que tornen a su declaración como un todo compacto y sólido que logre sortear razonablemente el contraexamen sobre esos mismos puntos. Por ejemplo:

---

427 *Id.*, p. 64 ("al incluir información de importancia marginal, uno puede desdibujar la información fundamental y crítica").

428 *Id.*, p. 63 ("cuanto más completa es la historia que se intenta narrar, menos puede apreciar el juzgador las relaciones entre la evidencia importante y las proposiciones fácticas controvertidas").

Examinador: Señor testigo, ¿podría indicarnos qué vio el día de los hechos?

Testigo: Vi a un hombre con un arma.

Examinador: ¿Podría decirnos a qué distancia lo observó?

Testigo: A cinco metros aproximadamente.

Examinador: ¿Tiene usted problemas a la vista?

Testigo: Sí, tengo miopía.

Examinador: ¿Qué utiliza para corregir ese defecto en su vista?

Testigo: Lentes.

Examinador: ¿Tenía usted puestos los lentes el día de los hechos en que observó al hombre con el arma?

Testigo: Sí.

Esta secuencia permite graficar la relevancia de trabajar los denominados bloques de información, lo que supone no contentarse únicamente con la proposición fáctica central, por ejemplo, que el testigo vio al hombre con el arma, sino que también se trabajan los elementos de contexto y credibilidad para hacer de la declaración un todo serio, creíble y comprensible para el juzgador.

3. *Tipos de preguntas*

Las preguntas deben estar formuladas de tal manera que le permitan al testigo hablar de los hechos que conoce y que puedan justificar su conocimiento. Las preguntas deben permitir al testigo ser el protagonista de la examinación directa entregando la información que posee, sin ser inducido por el abogado examinador. Esto último se enmarca en la necesidad de evitar objeciones a las preguntas, pero sobretodo evitar la posibilidad de afectar el valor probatorio de las respuestas e información que el testigo produce en juicio. La máxima calidad de información será posible de obtener en la medida que el testigo aporte la información sin presiones, sugerencias indebidas o errores o confusiones producidas por la defectuosa calidad de las preguntas del examinador.[429] Para lograr

---

429 El error o confusión a que puede inducirse al testigo proviene de preguntas engañosas o capciosas y en ocasiones a preguntas compuestas.

lo anterior, las preguntas que se realicen suponen el uso de fórmulas y técnicas muy precisas que pasaremos a enunciar. Un primer aspecto se relaciona con el tipo de preguntas a utilizar, entre las que sobresalen por su relevancia las preguntas narrativas, abiertas y cerradas.

a) Preguntas Narrativas. Las preguntas narrativas son el tipo más amplio de preguntas posibles de utilizar e invitan al testigo a declarar todo lo que sabe sobre un conjunto de hechos relacionados con el caso.[430] Poseen como ventaja el que permiten al testigo aportar información sin una guía exhaustiva del examinador, elevando al mismo tiempo el nivel de credibilidad del mismo.[431] Por ejemplo:

—¿Qué pasó el día de los hechos?

—¿Cuáles son los hechos que usted conoce del caso?

—Por favor describa lo que sucedió ese día.

—¿Qué información posee en relación a este caso?

b) Preguntas Abiertas. Un segundo tipo de preguntas que suelen aconsejarse en los exámenes directos son las preguntas abiertas, distinguiéndose de las narrativas en su foco o alcance, dado que invitan al testigo a contestar en torno a un hecho específico, limitando el ámbito de la respuesta desde una perspectiva temática o temporal. También puede decirse que las preguntas abiertas son narrativas con un alcance limitado.[432] Estas fórmulas abiertas permiten obtener del testigo información más específica en torno a un hecho y no un conjunto indeterminado de hechos, haciendo foco en aspectos que están más vinculados con los aspectos nucleares de la examinación.

Ambos tipos de preguntas tienen la ventaja de evitar las aproximaciones sugestivas, dando al testigo el protagonismo y permitiendo el uso de sus conocimientos del hecho sin necesidad de guías más exhaustivas, evitando de paso objeciones y permitiendo

---

430 Bergman (1995), p. 81.

431 *Id.*, p. 82.

432 *Id.*, p. 88.

al testigo aportar la información que conoce de modo correcto y legítimo. Sin perjuicio de las bondades de las preguntas narrativas y abiertas, ambas exigen del que pregunta la tarea de precisar, detallar y extraer del testigo los detalles que pueden quedar sin ser tratados o bien haber sido descritos o mencionados de un modo genérico o impreciso. En efecto, de lo que se trata es de evitar que la narración sobre un conjunto de hechos o sobre un hecho en particular, desvíe la atención en aspectos relevantes que pueden haber quedado omitidos o desdibujados en el relato del testigo. Lo anterior sugiere usar una combinación de preguntas narrativas y abiertas, seguidas de preguntas focalizadas o de seguimiento.[433] Un ejemplo de lo señalado y aplicado a un caso de robo con violencia puede ser el siguiente:

Pregunta narrativa

—Señora testigo, por favor señale al tribunal qué sabe de los hechos del caso.

Preguntas abiertas

—Señora testigo, por favor aclare las características físicas del atacante.

—Señora testigo, por favor indique las condiciones de visibilidad que había el día de los hechos.

c) Preguntas cerradas. Otro tipo de preguntas recomendables de usar en los exámenes directos son las preguntas cerradas que se construyen a partir de la información que el testigo aportó luego de hacerse una pregunta narrativa o abierta y que están dirigidas a un punto en particular y específico, por lo que se persigue profundizar en detalles sobre lo que el testigo ya aportó previamente en su declaración, evitando ser sugestivos. Un ejemplo de este tipo de preguntas puede observarse en el siguiente esquema:

Pregunta narrativa

—Señor testigo, ¿qué pudo observar de los hechos del caso?

Pregunta abierta

—Señor testigo, ¿puede precisarnos qué elementos portaba el atacante?

Preguntas cerradas

---

433 *Id.*, pp. 83-84.

—Usted señala que el acusado portaba una pistola. ¿Podría indicarnos de qué color era la pistola?

—¿Podría indicarnos en qué mano portaba el arma?

En definitiva, durante los exámenes directos de testigos se debe privilegiar una estructura compuesta de preguntas narrativas, abiertas y cerradas. Las preguntas narrativas y abiertas suelen ser el mecanismo gatillante para extraer información del testigo, siendo la pregunta cerrada una forma de exigir precisiones o complementos a la información ya aportada por el declarante, construyéndose a partir de la respuesta a una pregunta narrativa o abierta.

d) Preguntas Complejas. Existe un conjunto de preguntas que suele acarrear debate en los textos jurídicos o manuales de litigación y que puede ser útil referir y aclarar.

i. Preguntas de Opción. Son preguntas que se formulan con el propósito de entregar al declarante un marco de posibilidades concretas y acotadas. Estas preguntas están permitidas en la medida que no refieran al núcleo fáctico central de lo debatido en juicio, debiendo siempre ofrecer opciones reales entre las cuales encontrar la posible respuesta. De este modo, resulta posible preguntar en un caso de robo con intimidación si el hecho ocurrió de día o de noche, pero no resulta aceptable si se pregunta a la víctima del hecho si el acusado tenía una arma en su mano o no tenía ninguna arma, pues en este último caso la pregunta pretende en el fondo inclinar o sugerir la respuesta, transformándose en los hechos en una pregunta sugestiva encubierta, referida al núcleo de los hechos en debate.

ii. Preguntas sobre antecedentes personales del testigo. Las preguntas dirigidas por el abogado examinador a su testigo y que están referidas a los antecedentes personales del mismo y que no se vinculan con los elementos o puntos de prueba o proposiciones fácticas de modo directo o indirecto, debieran poder emerger en la examinación incluso a través de fórmulas sugestivas, sin que puedan ser objeto de objeciones.

A continuación se explican algunas pautas complementarias para formular preguntas en el examen directo. Además de las recomendaciones precedentes, las preguntas deben cumplir simultáneamente los siguientes requisitos o condiciones: 1°) ser preguntas simples dirigidas a un solo punto, evitando la complejidad o dispersión de la información; 2°) ser preguntas con un foco claro e identificable; 3°) ser preguntas cuya respuesta es conocida por el examinador, dado que está basada en información que el testigo aportó en la fase previa al juicio y que, por tanto, conoce el abogado examinador; 4°) ser preguntas que eviten inducir a error al testigo, como sería el caso de preguntas compuestas o capciosas.

4. *Ejes problemáticos del examen directo*

Además de las recomendaciones precedentes, debe tenerse presente otra batería de instrumentos o consejos para auxiliar el trabajo de examinación directa, ante problemas de común ocurrencia en los juicios, entre las que sobresalen las siguientes:

i. Evitar que el testigo se explaye en puntos irrelevantes. Al formular preguntas abiertas que inviten al testigo a referirse a ciertos hechos o temas, se enfrentan algunos riesgos. El testigo no debería explayarse sobre puntos impertinentes o irrelevantes. Tampoco debería perder el foco de lo que se busca que declare ni el hilo conductor del relato. Sería inconveniente que se proporcionara información irrelevante para la estrategia que se ha diseñado o que se aleje de la teoría del caso y de las proposiciones fácticas que se desea incorporar. Para que ello no suceda es recomendable utilizar las siguientes técnicas: 1°) Interrumpir al testigo de modo mesurado y pausado, solicitándole que aclare cierta información aportada, ahonde en un determinado hecho o aclare los antecedentes más importantes para que no pasen desapercibidos entre mucha información. 2°) Si se desea que el testigo continúe declarando, no es conveniente usar fórmulas como la siguiente: "Señor testigo, perdón que lo interrumpa, puede ahora proseguir con su relato". Una interrupción de ese tipo puede desconcentrar al testigo y hacerlo perder el hilo o la concentración. Es preferible recordarle al testigo lo último que estaba diciendo, y de esa manera aminorar los riesgos de una interrupción. Por ejemplo:

—Señor testigo, antes que lo interrumpiera Ud. estaba señalando las características del lugar donde encontró el arma, ¿podría decirnos que más recuerda de ese lugar?

ii. Testigo olvidadizo. Otro problema que suele enfrentarse en las examinaciones directas se refiere al testigo que olvida una determinada información. Para superar ese impasse hay un conjunto de técnicas que se pueden utilizar.[434] La legislación procesal penal en los distintos países de América Latina confiere a los litigantes la posibilidad de utilizar la declaración prestada con anterioridad por el testigo, o el informe pericial del perito en su caso, para refrescar su memoria en la audiencia de juicio oral.[435] En el evento que el testigo olvide algún antecedente relevante durante su declaración en juicio, será necesario hacer alusión a sus declaraciones previas. Esta atribución procesal no debe ser empleada en forma mecánica y automática, pues se deben considerar los siguientes elementos estratégicos para su uso: 1°) Si el testigo olvida algo en su declaración y ello no es relevante, puede seguirse adelante sin necesidad de refrescar memoria pues ello supone distraer al testigo y generar un incidente innecesario desde un punto de vista estratégico. 2°) En cambio, si la porción de información olvidada es relevante, entonces

434 El uso de técnicas de refrescamiento de la memoria puede tener incidencia y afectar la credibilidad del testigo, razón por la cual su utilización debe hacerse considerando la necesidad del refrescamiento, la relevancia de la información omitida y el modo de encarar el refrescamiento para evitar el daño a la consistencia y credibilidad del testigo o su testimonio.

435 Esta atribución suele estar asociada a que la declaración escrita anterior del testigo haya sido obtenida sin vulneración de derechos o garantías y de conformidad a las reglas legales. En algunos códigos se exige además que tales declaraciones hayan sido prestadas ante la fiscalía o un juez. Incluso algunos códigos permiten el refrescamiento de la memoria utilizando las declaraciones efectuadas ante la policía, en la medida que se cumplan supuestos adicionales de legalidad y adecuada protección de garantías procesales.

el litigante debe volver sobre el punto intentando auxiliar al testigo para que refresque su memoria, sin repetirle la misma pregunta por segunda vez. Esto último intenta evitar insistir sobre un punto que el testigo ya indicó que olvidaba y que puede colocarlo nervioso. Es aconsejable, sin sacar al testigo del tema general, alejarlo del foco específico y preguntarle datos adicionales que pueden contribuir a recobrar su memoria. Se sugiere no insistir sobre la misma pregunta que el testigo no pudo contestar, sacarlo del problema de memoria inmediata, pero sin alejarlo del foco que nos interesa, entregando elementos auxiliares para ayudar la memoria a través de las preguntas. Por ejemplo:

Examinador:

—Señor testigo: ¿de qué color era el auto que usted indicó?

Testigo:

—No lo recuerdo

Examinador:

—¿Podría decirnos dónde estaba exactamente usted en ese momento?

Testigo:

—En la intersección de las calles X e Y.

Examinador:

—¿Qué podía observar desde ese punto en el que se encontraba?

Testigo:

—Personas que transitaban, motos, buses y el auto que mencioné. Perdón, ahora lo recuerdo, el auto era de color rojo.

Si la técnica empleada no da los resultados esperados y el refrescamiento es importante, entonces procede insistir sobre el punto. Para ello la técnica elemental y más básica consiste en llevar a cabo los siguientes pasos:

Examinador:

—Señor testigo, ¿recuerda el color del auto?

Testigo:

—No.

Examinador:

—¿Declaró usted sobre estos hechos con anterioridad a este juicio?

Testigo:

—Sí, ante la fiscalía.

Examinador:

—Esa declaración a la que usted refiere, ¿la prestó personalmente?

Testigo:

—Sí.

Examinador:

—¿Recuerda cuánto tiempo había transcurrido entre el hecho que presenció y el momento en que efectuó la declaración ante la fiscalía?

Testigo:

—Apenas dos horas.

Examinador:

—¿Le sería útil revisar esa declaración para refrescar su memoria?[436]

Testigo:

—Sí.

Examinador:

—Solicito al tribunal que se permita refrescar memoria del testigo.

Juez:

—Concedido, previa exhibición a la contraria de la información que desea refrescar, indicando la parte exacta que quiere utilizar para esos efectos. Si no hay objeción de la contraparte, autorizo el refrescamiento de memoria.

Examinador:

—Solicito permiso para aproximarme al testigo. Señor testigo, ¿reconoce usted esta firma? (se le exhibe su declaración anterior prestada ante el órgano correspondiente).

Testigo:

—Sí, esa firma es mía.

Examinador:

---

436 Esta pregunta es relevante para dejar claro al tribunal que el testigo conviene en que la consulta o revisión específica a la declaración prestada con anterioridad facilita su capacidad de refrescar memoria sobre el punto en debate. Esto puede denominarse efecto de validación sobre la utilidad de la declaración previa.

—Señor testigo, ¿puede leer en voz baja la parte marcada?

—Señor testigo, ahora que pudo refrescar su memoria con la declaración que usted mismo prestó dos horas después del hecho, ¿podría decirle al tribunal el color del auto que usted vio?

Testigo:

—Sí, el auto que vi ese día era de color rojo.

La utilización de mecanismos de refrescamiento de memoria del testigo puede generar dudas sobre su credibilidad, lo que ocurrirá si el olvido se vincula con un antecedente importante y que sea poco plausible o razonable el olvido en el contexto de lo debatido. Este punto exigirá al litigante examinador incorporar información adicional al juicio, para aminorar o fortalecer la credibilidad del testigo y su testimonio, intentando mostrar argumentos que tornen verosímil o explicable el olvido antes mencionado.

iii. Otro aspecto que merece atención se refiere al caso del testigo propio que cae en contradicción, asunto que también debe ser atendido, de modo que se le permita al testigo explicar sus dichos y aclarar sus inconsistencias.

5. *Otras técnicas complementarias del examen directo*

Hemos visto que las preguntas deben satisfacer una serie de requerimientos básicos para asegurar que información de calidad ingrese al juicio. Además, es útil conocer otras técnicas complementarias que facilitan o aseguran que las preguntas del examen directo sean debidamente escuchadas y comprendidas por el tribunal.

i. Utilizar fórmulas de transición.[437] Las transiciones son fórmulas o expresiones que permiten al examinador guiar al testigo

---

[437] Es aconsejable "utilizar fórmulas denominadas "de transición" durante la realización de exámenes directos de testigos, con el objeto de evitar la provocación de confusiones. Las fórmulas de transición lo que persiguen es permitir al examinador indicar al testigo que se desea continuar con otros temas distintos a los

para avanzar hacia un tema distinto en el interrogatorio.[438] De esa manera se evita que tanto el testigo como el tribunal pierdan el orden o hilo de las examinaciones. Las transiciones ayudan a comprender cuándo el examinador ha concluido una temática y desea dirigir la examinación hacia otro asunto. Por ejemplo:

—Señorita testigo, me queda clara su respuesta; permítame ahora llevarla a un tema distinto.

ii. Resaltar información relevante. Esta técnica, denominada tradicionalmente "eco", apunta a la necesidad de reforzar determinadas declaraciones de los testigos que se vinculan especialmente con las proposiciones fácticas que el testigo logra incorporar. Lo que se busca es que el tribunal logre percibir con claridad aquellas afirmaciones que poseen especial relevancia y que deben evidenciarse con mayor énfasis. No resulta conveniente abusar de la aplicación de esta técnica pues puede provocar la sensación de fastidio en el tribunal y dar pie a la formulación de objeciones de la contraparte por tratarse de preguntas repetitivas. Por las razones precedentes nos inclinamos por el uso de una técnica distinta a las tradicionales y que consiste en repetir los dichos del testigo en el preámbulo de la próxima pregunta al testigo. La técnica del preámbulo en el examen directo apunta a lograr que el examinador repita en voz alta ante el tribunal la principal afirmación o conclusión del testigo, como elemento introductorio a su siguiente pregunta. Lo anterior no puede considerarse sugestivo o argumentativo, pues es el testigo quien produjo la información, no se está concluyendo nada nuevo; por el contrario, se enfatiza una porción de la respuesta anterior y se la usa como preámbulo de la siguiente pregunta. Por ejemplo:

Examinador:

—Señor testigo, Ud. nos ha señalado que logró ver al atacante. ¿Podría decirnos a qué distancia logró verlo?

---

tratados hasta ese momento. De esta forma se logra realizar una pausa y ordenar la declaración del testigo, evitando confusiones." Blanco *et al.* (2005), p. 183.

438 Fontanet (2010), pp. 74-75.

Testigo:

—Aproximadamente a diez metros de distancia.

Examinador:

—Señora testigo, Ud. nos dijo que estaba parada frente al lugar de los hechos y que había buena visibilidad. ¿Podría señalarnos qué logró ver?

Testigo:

—Pude ver cómo empujaba y le arrebataba el bolso a la señora.

iii. Uso de demostraciones. En ocasiones los testigos o peritos pueden expresar mejor una idea o concepto, esclarecer un aspecto de su declaración vinculada con acciones, secuencias o distancias, en la medida que se les permite desarrollar o efectuar demostraciones físicas, gráficas o de otro tipo. Ello posee un valor adicional pues permite ratificar, consolidar, repetir o esclarecer un aspecto de la declaración del testigo que facilita a su vez la comprensión del tribunal. Por ejemplo:

Examinador:

—Señor testigo, ¿podría indicarnos a qué distancia se encontraba de la víctima de los hechos?

Testigo:

—No podría decirle con exactitud, no soy bueno con las mediciones, pero era muy cerca.

Examinador:

—Tribunal, solicito autorización para que el testigo pueda hacer una demostración.

Juez:

—Si la contraparte no tiene objeción, lo permitiremos entonces.

Examinador:

—Señor testigo, le solicito que se coloque de pie. Asumiendo que yo soy la víctima, ¿podría indicarnos a qué distancia estaba Ud. de la víctima exactamente?

iv. Utilizar apoyos gráficos o visuales durante el examen directo. Ello permite reforzar la declaración del testigo a través de imágenes, fotografías, u otros materiales de carácter visual o gráfico. Estos apoyos suelen permitir al testigo aclarar sus dichos, y también facilitan al tribunal una mejor comprensión de determinada parte de la declaración o de los hechos relatados. Al mismo tiempo, facilitan la capacidad de memorizar y recordar una circunstancia en particular y la información aportada durante el examen directo. El uso de apoyos gráficos supone un especial cuidado de parte del examinador al evitar que su uso durante el interrogatorio resulte sugestivo. No está permitido al litigante exponer al testigo a imágenes que pueden sugerir o condicionar respuestas, y que él no ha referido previamente.

Un aspecto técnico que debe tenerse presente al utilizar apoyos gráficos con un testigo es que antes de solicitar su uso, el litigante debe formularle al testigo las preguntas previas que le permitan explayarse sobre el conocimiento que posee de la imagen que se le va a exhibir con posterioridad. De esta forma se evita que se presente una objeción por la contraparte o que el tribunal considere poco valiosa la información incorporada al ser inducida la respuesta por la imagen exhibida al testigo. Por ejemplo:

Examinador:

—Señorita testigo, ¿podría indicarnos el lugar por el cual ingresaron a su domicilio la noche del robo?

Testigo:

—Ingresaron por la ventana delantera de la casa. Es una ventana que fue forzada para poder abrirla.

Examinador:

—Señorita testigo, ¿podría explicarle al tribunal las características de la ventana?

Testigo:

—La ventana es grande, de marco metálico y sistema de apertura desde el interior.

Examinador:

—Tribunal, solicito autorización para incorporar un apoyo gráfico al juicio.

6. *Incorporación de prueba material relacionada*

El examen directo de testigos o peritos es el momento procesal para incorporar la prueba material en juicio. El desarrollo del juicio supone la introducción de fuentes confiables y auto explicativas. La prueba material no resulta comprensible autónomamente pues no puede expresar nada ni ser explicada por sí misma.[439] Requiere de un soporte o apoyo que permita dar cuenta de su origen, características, relevancia, etc. Por ello se requiere de un testigo que pueda referirse a ella y entregar al tribunal la información que le permita entender la importancia de la prueba material y su vinculación con los hechos del caso. La introducción de la prueba material en juicio supone respetar los siguientes pasos estratégicos:

a) Debe identificarse, previo al juicio, el testigo con el cual se desea trabajar, exhibir y agregar la evidencia material. Puede ser usada con varios testigos por la parte que la presentó.
b) Durante el examen directo del testigo con el cual se incorporará la evidencia material se deben efectuar las preguntas que permitan previamente que el testigo refiera al conocimiento que posee de la prueba material y que la describa y dé cuenta de sus características. Este momento puede denominarse "legitimación de la evidencia material" y persigue evitar que la contraparte objete la solicitud de incorporación, o que el tribunal no otorgue valor a la prueba por ser introducida de un modo sugestivo.
c) Una vez efectuado el paso anterior procede solicitar al tribunal la incorporación de la prueba material según el número correlativo que posee en el juicio.
d) La fase de incorporación de la prueba material con el testigo puede suponer, en los casos en que sea necesario o exigible, hacer referencia a la "cadena de custodia". El objeto agregado como prueba debe cumplir las reglas de indemnidad probatoria. Debe asegurarse que el objeto no fue manipulado indebidamente; por el contrario, se debe dar cuenta que

---

439 Según Lorenzo, "la prueba material es toda evidencia que se presente en juicio y que no se trate de una declaración testimonial, pericial, o la propia del imputado. Dentro de lo que entendemos como prueba material se incluyen los objetos, documentos, videos, grabaciones de audio, fotografías, etc." LORENZO (2012), p. 193.

ha sido custodiado preservando su naturaleza, integridad e indemnidad.

e) La introducción de la prueba material en el juicio requiere efectuarse en conformidad a un protocolo. De esa manera se evita la sugestividad, y se fortalece el valor probatorio tanto del testigo como de la prueba material. Por ejemplo:

Examinador:

—Señora policía, ¿podría decirnos qué encontró en el sitio del suceso?

Testigo:

—Encontré un arma de fuego.

Examinador:

—¿Podría describirla?

Testigo:

—Era una pistola marca X, color Y.

Examinador:

—¿Quién la recogió?

Testigo:

—Fui yo misma.

Examinador:

—¿Qué hizo con ella?

Testigo:

—La protegí, le saqué una foto y esperé a que llegara la policía especializada.

Examinador:

—Tribunal, solicito incorporar al juicio la evidencia material N° 1.

Juez:

—Si la contraparte no se opone, entonces autorizo la incorporación de la evidencia N° 1.

Examinador:

—¿Podría decirme qué es esto que le estoy exhibiendo?

Testigo:

—Es el arma que le había comentado.

Examinador:

—¿Por qué está tan segura?

Testigo:

—Porque tiene el color que le indiqué; además tiene esta marca en la empuñadura que recuerdo bien.

Examinador:

—¿Podría decirnos algo más de la pistola encontrada por usted?

(Testigo entrega descripción más detallada de la evidencia.)

Examinador:

—Tribunal, solicito que quede incorporada al juicio la evidencia material N° 1 y que quede constancia en actas que el testigo la reconoció como el arma que había en el sitio del suceso.

7. *Parte final o remate del examen directo*

En la parte final del examen directo es recomendable invitar al testigo a aportar información útil y relevante para reforzar su importancia como fuente de prueba y, a su vez, dejar una buena impresión en el tribunal. Algunas sugerencias prácticas para finalizar el examen directo de manera efectiva son las siguientes:

a) Concluir el examen directo pidiendo al testigo que se refiera a información relevante sobre las proposiciones fácticas más importantes.[440]

b) Terminar con una pregunta abierta que permita que el testigo refuerce su credibilidad personal y de ese modo fortalezca sus versiones sobre los hechos.

c) Finalizar con un tema que permita evidenciar la consistencia de las declaraciones de este testigo con las del testigo que vendrá a continuación. Se sugiere intentar una correlación virtuosa entre las declaraciones de dos testigos, colocándolos en orden consecutivo para reflejar tal consistencia.

d) Tratándose de testigos especiales, como sería la declaración de la víctima o del acusado, puede formularse una última

---

440 Esta idea se relaciona con los principios de primacía y lo más reciente o de novedad. La información más fácil de recordar es aquella que aparece al inicio y al final de una declaración o relato.

pregunta abierta. En consideración del contexto del caso y de la cultura del tribunal, una pregunta abierta podría permitir al testigo explayarse sobre un tema relevante, reforzando la legitimidad de las versiones de los testigos.

e) Intentar cerrar el examen directo con un aspecto vinculado con el tema que dimos cuenta en el discurso de apertura.

8. *Segundo interrogatorio del testigo*

La mayor parte de las legislaciones procesales permiten interrogar nuevamente al testigo, una vez finalizado el contraexamen. Esa figura recibe el nombre de segundo interrogatorio, re-directo o nuevo interrogatorio. Esta oportunidad procesal está pensada para hacerse cargo de:

a) Temas relevantes del testimonio directo que quedaron desdibujados o afectados en el contraexamen y que requieren ser reforzados o complementados.

b) Temas asociados a la necesidad de reforzar la credibilidad del testigo que quedó dañada o en entredicho luego del contraexamen.

c) Temas asociados a la necesidad de aclarar dudas que pudieran haber quedado luego del proceso de contraexamen al que fue sometido el testigo.[441]

---

441 El re-directo no es el momento procesal para repetir el examen directo o para complementar el examen directo del testigo que ya fue objeto de interrogación.

VII. RECOMENDACIONES FINALES

Además de considerar la estructura y las sugerencias analizadas en los apartados precedentes, es importante tener en consideración algunas recomendaciones adicionales que permitan sacarle el máximo de rendimiento al examen directo de un testigo en un juicio oral:

a) Es conveniente, tal como lo hemos sostenido con antelación, juntarse con el testigo seleccionado algunos días antes del juicio para revisar su declaración y recordar los puntos centrales que incorporará en el examen directo. Esta reunión debe ser útil también para que el testigo entienda la dinámica del juicio. Incluso puede efectuarse un ejercicio de simulación con el testigo respecto del examen directo y del contraexamen.

b) Es importante que el fiscal entregue una copia al testigo propio de la declaración que prestó ante la fiscalía como una ayuda memoria para el juicio. A su turno la defensa debiera entregar al testigo propio una minuta con la información que él mismo ha provisto, para que pueda repasarla autónomamente antes de la audiencia de juicio.

c) Es útil llamar al testigo cada cierto tiempo para recordarle que su declaración sigue siendo importante para el caso, de modo que no sienta que puede desvincularse de este compromiso.

d) Debe tenerse presente que el testigo estará nervioso el día del juicio, razón por la cual es útil emplear formulas introductorias para iniciar el examen directo.

e) El examen directo debe hacerse teniendo en cuenta que el testigo ha sido seleccionado para introducir determinadas proposiciones fácticas útiles para acreditar la teoría del caso.

f) No es recomendable llevar un cuestionario de preguntas previamente establecidas. Es mejor identificar y marcar los temas que se desea trabajar con el testigo en la audiencia. De esa manera se evita quedar entrampado en preguntas o fórmulas específicas o incurrir en riesgos de pérdida de atención a las respuestas proporcionadas por el testigo.

g) Resulta fundamental anotar al final del examen directo las respuestas y afirmaciones del testigo que se relacionan con las proposiciones fácticas que se requería introducir al juicio a través suyo, para poder utilizar dicha información al momento de presentar el discurso de clausura.

VIII. TESTIGOS COMPLEJOS

1. *Declaración del acusado*

Una de las examinaciones directas más complejas del proceso penal es aquella que presta el acusado en el juicio, requiriendo para su preparación un conjunto de recomendaciones y advertencias previas que deben ser analizadas para tomar la decisión de hacer declarar al imputado y el momento procesal específico en que ello debiera suceder.[442] A continuación se presentan algunas consideraciones a tener en cuenta al momento de adoptar decisiones estratégicas en esta materia.[443]

1°. *Derecho a declarar en juicio.* La declaración del acusado en juicio corresponde a un derecho que le asiste como parte de su derecho a defensa y de su derecho a confrontar las evidencias de descargo del ministerio público.[444] Sobre esta base es que se debe decidir si el acusado declarará o no en el transcurso del juicio.

---

442 Todas las legislaciones procesales reconocen el derecho del acusado a declarar durante el juicio si lo estima necesario y conveniente como parte de su derecho a defensa.

443 Estas consideraciones corresponden a un listado preliminar para enunciar criterios generales que deben ser tenidos en cuenta para tomar decisiones estratégicas por parte de los defensores.

444 Las legislaciones procesales de América Latina reconocen el derecho que tiene el acusado a ser presumido inocente y a guardar silencio como parte central de sus derechos procesales. Asimismo, reconocen el derecho a declarar en juicio como

2°. *Decisión de declarar en juicio*. La decisión de que el acusado preste declaración en la fase de juicio debe estar orientada entre otras consideraciones por las siguientes:

a) Elemento central de la teoría del caso: si la declaración que presta el acusado es relevante para poder presentar y acreditar la estrategia o teoría del caso en el juicio, deberá considerarse. Esta hipótesis suele estar presente en aquellos casos en los que se enfrentan dos pruebas directas, la del acusado y la de la víctima, siendo las restantes pruebas indicios o pruebas indirectas que se reconducen a una de las pruebas directas. En estos casos la declaración del acusado resulta relevante para dar sentido a las pruebas indiciarias o indirectas.

b) Orden de los hechos. Otro caso en que la declaración del imputado resulta relevante es aquella en la que dicha prueba permite entender de mejor forma los hechos y darles el sentido u orientación para fortalecer la verosimilitud de la teoría del caso.

c) Prueba central de confrontación. Otra hipótesis en la que la declaración del acusado es necesaria es aquella en la que su versión resulta no sólo aclaratoria, sino que además permite desvirtuar o desacreditar la prueba de cargo. En estos casos la incorporación de la declaración del acusado permite dejar en evidencia las inconsistencias, contradicciones o fallas de la prueba de la fiscalía.

d) Características personales. Uno de los aspectos que debe ser evaluado a todo evento antes de decidir la declaración del acusado en juicio es su personalidad o carácter. La forma en la que el acusado se expresa y la impresión que causa a terceros ameritan ser consideradas al determinar si debe ser él mismo quien transmita la información en el juicio o privilegiarse otro medio probatorio para incorporar tal información. Tomar una

---

parte de su estrategia de defensa y como parte de la evidencia de descargo que se presente.

decisión en base a esta variable supone conocer y aproximarse al acusado para ser capaz de proyectar esta decisión al juicio.

e) Otro aspecto que debe ser tenido en cuenta al momento de decidir la declaración del acusado en juicio es su capacidad de soportar un examen directo y a continuación un contraexamen. El acusado debe ser capaz de mantener la calma, sostener y explicar adecuadamente la información de la que es portador y expresarse de modo que sea comprensible para el tribunal o jurado. Especialmente relevante es la capacidad de anticipar los posibles escenarios de un contraexamen y la capacidad del acusado de enfrentar al abogado contraexaminador. Es una mala estrategia decidir que el acusado declare, efectuar el examen directo, y que posteriormente el acusado decida no responder o no declarar frente al contraexaminador. Con prescindencia de las interpretaciones sobre el derecho a guardar silencio una vez que el acusado ha renunciado al mismo, la impresión que se causa frente al tribunal es negativa. En otras palabras, tomada la decisión de declarar, entonces el acusado debe enfrentar el contraexamen en el juicio. La decisión de hacer declarar al acusado en juicio está condicionada por las declaraciones previas que realizó en sede de fiscalía o ante instancias jurisdiccionales previas, que generan condicionamientos importantes sobre las declaraciones que resultan posibles y razonables de introducir en juicio por el acusado.[445]

f) Otra razón que debe tenerse en consideración a la hora de decidir la declaración del acusado en juicio es la posibilidad de diseñar una estrategia penal que le permita acceder a beneficios de aminorantes de pena que sean útiles para efectos de evitar sanciones desproporcionadas en relación a los antecedentes y colaboración del acusado en el esclarecimiento de los hechos.

---

[445] En algunas legislaciones se permite confrontar al acusado con sus declaraciones previas prestadas ante la fiscalía o ante jueces penales. Ese derecho a confrontación se amplía incluso a declaraciones prestadas ante la policía. En todas ellas, sin embargo, es esencial que no haya habido vulneración de garantías en la obtención de tales testimonios, lo que naturalmente provoca la imposibilidad de ser usadas como mecanismos de confrontación.

3°. Momento de la declaración del acusado: un aspecto central sobre la declaración del acusado dice relación con el momento en que debe producirse, a efecto de obtener el mayor beneficio estratégico del caso para su defensa e intereses. Pueden distinguirse los siguientes momentos procesales:

> Una primera alternativa es que el acusado declare al inicio del juicio, esto es, una vez concluidos los discursos de apertura de las partes y antes de la presentación de la prueba de la fiscalía. Esta opción se justifica en la medida que se cumplan los siguientes requisitos:
>
> 1°) El acusado está en condiciones de presentar un relato coherente y consistente que resulta razonablemente claro y persuasivo para introducir la teoría del caso de la defensa.
> 2°) El acusado está en condiciones de afrontar exitosamente –o al menos resistir– un contraexamen de la fiscalía.
> 3°) La declaración del acusado es útil para desvirtuar la prueba que presentará la fiscalía.
> 4°) La prueba total a rendir en el juicio no resulta abundante por lo que la declaración del acusado podrá ser recordada por el tribunal cuando se inicie la presentación de prueba de la defensa.
>
> Una segunda opción es que la declaración del acusado se preste cuando la defensa presenta su prueba en el turno procesal correspondiente. En este caso la declaración del acusado forma parte de la estrategia de la defensa para dar sentido a la totalidad de la prueba de descargo.[446] Esta opción resulta preferible en las siguientes circunstancias:

---

[446] Esto corresponde a una manifestación del derecho básico de una defensa informada, esto es, conocer la prueba de cargo previo a decidir la presentación de pruebas de descargo. La prueba en el proceso penal acusatorio sólo adquiere el carácter de tal cuando es admitida e incorporada en juicio, siendo ese el momento procesal en que toma conocimiento preciso y exacto la defensa, de su conte-

1°) Es preferible que primero se presente y escuche la totalidad de la prueba de cargo de la fiscalía para fijar la estrategia definitiva de la defensa. Ello es aconsejable cuando se duda de la consistencia de la prueba que puede presentar la fiscalía y los eventuales errores o inconsistencias en que puede incurrir en el juicio.

2°) En juicios largos, donde existe abundante prueba de la fiscalía, puede resultar más sensato reunir toda la prueba de descargo en un mismo momento, aumentando el poder persuasivo y argumentativo.

3°) Cuando la defensa posee prueba propia que presentará en su turno procesal y la declaración del acusado puede dar sentido y consistencia a tales elementos de prueba.

Otra consideración relevante sobre la declaración del acusado es evitar o desechar la posibilidad de presentar la declaración del acusado al momento de cerrar el juicio, llamada también fase de palabras finales o de clemencia del acusado. La razón para descartar esta opción procesal es que ella no presenta las características de una declaración, atendido que las pruebas de cargo y de descargo ya se presentaron. Una manifestación de ello es que no existe en esta fase final la mecánica propia de conocimiento y confrontación de prueba por lo que no resulta sensato ni coherente esperar que el tribunal otorgue valor a una información que se introduce en estas condiciones. Lo que se intenta al hacer declarar al acusado es que entregue información valiosa que logre persuadir razonablemente al tribunal acerca de su relevancia y confiabilidad. Este no sería el efecto logrado si la declaración del acusado se introduce de modo tardío o inoportuno. Las razones que acompañan este razonamiento son las siguientes:

---

nido y consistencia, surgiendo al final de la producción de la prueba de cargo el derecho a decidir la presentación de la prueba de descargo.

1. No es creíble a los ojos de un tercero imparcial una declaración que se intenta incorporar sin que ella pueda ser repelida o confrontada razonablemente por el oponente.
2. No es consistente argumentar o interpretar que el acusado está exento de la posibilidad de contraexamen o confrontación, pues la mayor parte de las legislaciones no contemplan esta exención o ventaja. Aún en el evento de que prosperara una interpretación en contrario, se arriesga que la protección formal del acusado le haga perder dosis de confiabilidad a la hora de la valoración de la información por parte del tribunal.
3. El último argumento se relaciona con la percepción humana a la que puede empujarse al tribunal, intentando presentar información que al no confiarse en ella se la intenta sustraer de la regla general de examen y contraexamen a la que debe quedar sujeta toda prueba que pretende erigirse en digno medio de información.

Independiente del momento en que el acusado decida prestar declaración en juicio, el abogado defensor debe ser siempre el primero en examinarlo para posteriormente permitir a la contraparte ejercer el derecho a contraexaminar y confrontar las declaraciones del acusado.

2. *Declaración de la víctima*

Un segundo caso de examen directo de testigo complejo al que debemos hacer referencia en el juicio oral ocurre con la declaración de la víctima. Los relatos de la víctima suelen ser una prueba muy valiosa para la fiscalía y el querellante. Para que la información que porta la víctima produzca los resultados esperados como prueba de cargo, debe ser considerada con el mayor resguardo y sentido estratégico.

La declaración de la víctima es particularmente relevante en estas situaciones: 1) Cuando es la prueba directa única que permite acreditar la existencia de los hechos. 2) Cuando la información que porta la víctima es fundamental para acreditar la teoría del caso y no es posible de sustituir por una mejor prueba. 3) Cuando su declaración otorga consistencia al contexto o cronología del relato, facilitando al juzgador la comprensión de los hechos.

No obstante lo anterior, estas consideraciones deben aún ser cruzadas con otras variables para tomar una decisión final sobre la opción de hacer declarar a la víctima en el juicio, entre las cuales cabe mencionar las siguientes:

- El carácter de la víctima y su capacidad para enfrentar razonablemente un examen y contraexamen. Si la personalidad de la víctima o su grado de inestabilidad emocional, producto de los hechos delictivos, genera un impedimento o severos problemas, entonces deberán considerarse otras opciones posibles. Las legislaciones suelen contemplar mecanismos de resguardo y protección de la víctima, que permiten acompañarla, derivarla para tratamiento, y solicitar para su declaración en juicio sistemas como: caracterización de la víctima (p. ej., maquillaje o disfraces para no ser reconocida), declaraciones por sistemas remotos o videoconferencias, o incluso la recepción de la declaración en juicio a través de mecanismos de prueba anticipada. Con prescindencia del sistema contemplado, debiera siempre quedar a salvo la posibilidad de la defensa de confrontar la información aportada por la víctima en juicio.
- Debilidades que posee la víctima y que pueden ser anticipadas y explicadas razonablemente en el juicio. En efecto, otro problema que debe ser previsto son las debilidades que pueden ser observadas e incorporadas por la contraparte en relación a la víctima o su declaración. En ambos casos la decisión de hacer declarar a la víctima supone adelantar la debilidad, explicarla y, de esa forma, desvanecerla. En estos casos es siempre recomendable –y antes de tomar una decisión al respecto– efectuar un ejercicio de simulación lo más real posible de examen y contraexamen. Ello permite predecir y evaluar el comportamiento de la víctima en la audiencia de juicio oral.

- Otra consideración que ya ha sido mencionada con ocasión de la estructura general del examen directo es la conveniencia de aportar información sobre la víctima en el examen directo que permita agregar elementos de credibilidad que refuercen la verosimilitud de su testimonio. A modo de ejemplo, si declarará una víctima de robo que identificó a su agresor, será importante preguntar sobre su capacidad de visión, la distancia y luminosidad del lugar de los hechos, la distancia a la que estaba del atacante, las características específicas que distinguió y las razones por las cuales las retuvo, cuánto tiempo transcurrió hasta que entregó tales características a un oficial de policía, etc.

a) Momento procesal para la declaración de la víctima en juicio. La declaración debe ser presentada en el momento procesal correspondiente a la presentación de la prueba de cargo que realiza el fiscal. El momento preciso para incorporar dicha información es una cuestión de primera relevancia que debe estar sujeto a ciertos parámetros útiles de ser ponderados.

- Existen casos en los que la declaración de la víctima debiera ir como primera prueba de cargo. Ello es particularmente claro en los relatos donde la víctima es prueba directa que puede dar fuerza, consistencia y justificación al resto de las pruebas, permitiendo de este modo la corroboración de las otras evidencias y dotando al mismo tiempo de mayor consistencia y credibilidad a esas pruebas.
- El que la víctima declare antes que las restantes pruebas permite que las pruebas indiciarias cobren fuerza y capacidad explicativa frente al tribunal.
- Si la víctima es una prueba de mala calidad, puede escogerse como primera prueba otra más fuerte y consistente que permita darle luego a la declaración de la víctima un apoyo adicional, que refuerce sus dichos, contexto, motivos, etc.
- No es descartable que la víctima sea quien cierre la presentación de la prueba por parte de la fiscalía. Ello puede

ser aconsejable cuando por alguna razón se quiera ganar tiempo para que la víctima pueda estar presente en el juicio en forma adecuada. Pero en este caso se debe ser extremadamente estratégico para que las pruebas anteriores sean autoexplicativas y suficientes, siendo por tanto el relato de la víctima un broche final que refuerce la teoría del caso presentada.

b) Entre las recomendaciones finales que pueden ser útiles a propósito de la declaración de una víctima, cabe destacar que:

- La declaración de un testigo o víctima se deteriora con el tiempo por diversas razones: pérdida o deterioro de memoria, menor intensidad del compromiso con los resultados del sistema de justicia, inclinación a querer abandonar el caso por razones de salud mental, etc. Por ello es conveniente recibir esa declaración lo antes posible y en el tiempo más breve desde que los hechos ocurrieron. La declaración recibida ante el fiscal es un valioso aporte que servirá luego de guía y respaldo de memoria de la declaración de la víctima en juicio.
- También resulta útil acelerar la realización del juicio para evitar el deterioro probatorio, caso en el cual la pronta declaración de la víctima en juicio será una ventaja por estar frescos los hechos del caso en su memoria.[447] Esto es especialmente importante en los casos de delitos flagrantes, donde la mayor parte de la prueba es obtenida en el mismo momento de la detención del imputado.
- Dado que los tiempos del sistema de justicia pueden ser más lentos de lo esperado, es útil diseñar una estrategia para acompañar a la víctima, entregarle información, verificar sus necesidades de protección, derivación o contención. En

---

[447] Estas situaciones debieran activar la opción contemplada en algunas legislaciones procesales de optar por el denominado "juicio inmediato" por parte de la fiscalía, para acelerar el desarrollo del juicio en el más breve plazo y evitar cualquier deterioro de la declaración de la víctima.

la mayor parte de los casos su declaración es la clave para ganar el juicio, por lo que su acompañamiento es vital para las pretensiones del fiscal o querellante.

3. *Declaración del policía*

Otro de los testigos complejos de un examen directo es la policía. Normalmente esta suele ser una prueba importante de la fiscalía, y en particular en delitos flagrantes.

a) Resulta importante preparar adecuadamente la declaración del policía antes del juicio, teniendo en consideración las siguientes recomendaciones:

- Como se ha sostenido respecto de los testigos en general, es imprescindible reunirse con el policía antes del juicio para conocer su declaración, la calidad de la información que posee y evaluar su relevancia.
- También es útil determinar la prueba material que será incorporada a través de su declaración, pues la policía suele ser el actor que en muchas ocasiones detiene e incauta objetos del sitio del suceso o que estaban en poder del imputado.
- Es de alta relevancia conocer el historial disciplinario del policía para poder anticipar debilidades que pueden resaltar las contrapartes en juicio o ventajas que pueden ocuparse favorablemente. Esto implica indagar y acopiar información sobre su carrera como policía, ascensos, reconocimientos, condecoraciones, pero también sanciones u otros problemas que pueden afectar su credibilidad o testimonio.

b) El litigante debe conocer la formación y entrenamiento que el policía ha recibido, así como la experiencia que posee en la investigación de conductas delictuales. La información entregada sobre la capacitación del policía puede mejorar su nivel de confianza por parte del tribunal, si la misma es atingente al caso sobre el cual declara. El conocimiento y entrenamiento del policía permite hacer preguntas que suponen ese conocimiento técnico o científico, evitando la objeción por impertinencia u opinión inadmisible. El conocimiento o capacitación previa permite obtener datos o afirmaciones más concluyentes sobre los hechos relevantes para el caso. Asimismo, permite establecer patrones, modus operandi o similitudes con casos previos, en los que la formación o experiencia acumulada por el policía tornan más confiable y menos especulativa la respuesta que se pretende obtener. Hay ocasiones en las que el policía puede combinar en una respuesta su conocimiento como testigo de los hechos y su conocimiento experto para ampliar una determinada respuesta.

c) Otras recomendaciones sobre la declaración del policía refieren a la preocupación sobre su disponibilidad para declarar en juicio. En este sentido compartimos los siguientes lineamientos: 1) Es relevante mantenerse en contacto cada cierto tiempo con el policía para conocer su disponibilidad y anticipar eventuales traslados (propios de sus funciones) que pueden dificultar su ubicación posterior. 2) Es relevante conversar o reunirse con el policía antes del juicio para revisar sus apuntes y declaraciones sobre los hechos, para evitar problemas de memoria que razonablemente produce el tiempo. 3) Es conveniente realizar una simulación de examen directo y contraexamen, sobre todo en aquellas situaciones en las que el policía no ha declarado nunca antes en un juicio.

d) Un último aspecto que merece ser explicitado es la relevancia que posee el reunirse con el policía luego de haber prestado declaración en juicio para poder retroalimentar al policía, enfatizando los aspectos positivos y negativos de su declaración, focalizando de este modo los errores y aciertos en su trabajo, de modo de permitir mejoras en sus procedimientos y presentaciones. Lo que se busca es mejorar la calidad profesional de las actuaciones de la policía, su despliegue y presentación de testimonios y evidencias en juicio y corregir errores que pueden legítimamente ser objeto de mejoras en futuros casos.

IX. EXAMEN DIRECTO DE PERITOS

La declaración de peritos en juicio es uno de los mayores desafíos para los litigantes, pues impone aproximarse a información técnica o científica que la mayor parte de las veces requiere de alto nivel de preparación, información y formación. La examinación de peritos supone una mayor preparación del litigante y eventualmente mayor nivel de asesoría para conducir el examen de manera adecuada. Ello exige que la pericia que recae sobre un asunto pertinente sea científicamente seria y se encuentre respaldada por los conocimientos y metodologías utilizadas por la disciplina científica, técnica o arte respectivo.[448] Este conjunto de elementos impone al examinador la tarea de evidenciar al tribunal las afirmaciones –proposiciones fácticas– que es capaz de introducir a juicio el perito a través del examen directo, evidenciar las conclusiones a las que ha arribado el perito y su conexión con la teoría del caso presentada, proporcionando los antecedentes que acreditan el conocimiento científico o técnico pertinente del perito que declara en juicio.

1. *Consideraciones iniciales*

La examinación directa de peritos en juicio implica asumir un conjunto de desafíos para los litigantes, por lo que se aconseja tomar los resguardos necesarios para evitar errores estratégicos que impidan entregar al juzgador las informaciones necesarias que

---

[448] Uno de los mayores desafíos de los sistemas procesales penales de América Latina recae precisamente en los criterios de admisibilidad de las pruebas periciales, existiendo un alto nivel de dispersión sobre los estándares y criterios que los jueces desarrollan y utilizan para declarar admisible este medio de prueba. Ello genera problemas de calidad de pruebas en juicio y falta de predictibilidad para los litigantes.

los peritos están en condiciones de proveer desde su conocimiento técnico, científico o del oficio de que se trate.

a) La prueba en juicio es el perito y no su informe pericial. La mayoría de las legislaciones procesales modernas establece que la prueba de peritos es la declaración de peritos en juicio y no el informe escrito que emana del perito.[449] Es cierto que algunas legislaciones permiten considerar o presentar el informe escrito como prueba en juicio, pero ello es un grave error de comprensión del principio de inmediación, en su dimensión objetiva o material.[450] La perspectiva estratégica aconseja llevar al mismo perito al juicio, no solo como una cuestión dogmática sino porque es la mejor forma de incorporar y explicar la información frente al tribunal. Dado que la información es técnica, científica y especializada, se requiere que el experto esté en condiciones de traducir, explicar y hacer comprensible la información que emana de su informe pericial. La mera lectura del mismo frente a jueces que carecen de la formación para entenderlo de manera autónoma, arriesga que la indagación aportada sea de poca utilidad. Hay un elemento adicional de valoración probatoria, pues si una de las partes lleva a un perito y la otra parte lleva solo un informe, se estaría frente al escenario de contrastar el peso o fuerza probatoria de un perito que fue

---

449 Es posible observar algunos casos excepcionales en los que las legislaciones procesales, tal como lo constituye el artículo 315 del Código chileno, permiten la incorporación del peritaje escrito como la prueba del juicio y sin la necesidad de llevar al perito a la audiencia de juicio oral, cuando la pericia y sus resultados provienen de procesos científicos altamente estandarizados que arrojan un resultado producto de procesamientos realizados por sistemas tecnológicos de alta confiabilidad. Por ejemplo, alcoholemias, test de ADN, o exámenes referidos a sustancias estupefacientes o sicotrópicas. En estos casos lo que se efectúa en sede de admisibilidad es un debate acerca de la posibilidad de aceptar como prueba admitida el informe pericial, salvo que existan líneas de contraexamen razonables o plausibles que podrían justificarse frente a las alegaciones de adulteración de la muestra o procesamiento inadecuado, falta de preparación o experiencia de los peritos para realizar el test, entre otras.

450 Decap (2019), pp. 126-130.

examinado y contraexaminado versus un informe que no pasó por ese control y que sólo fue leído. Parece evidente que, salvo situaciones muy puntuales, el tribunal se inclinará a dar mayor valor a la prueba que es presentada, sometida al proceso de confrontación bajo las reglas de la inmediación. Lo anterior supone que el perito aportó información valiosa y fue debidamente acreditado.

b) Utilidad del informe pericial escrito en juicio. El informe pericial (escrito) podrá ser un aporte en el juicio únicamente como un soporte para ayudar la memoria del perito que declara en juicio, en caso de requerir recordar un dato o información específica. Este recurso de memoria debe ser siempre utilizado de modo estratégico y razonable, para no debilitar la fuerza probatoria del perito.

c) No deben forzarse conclusiones indebidas de la prueba pericial. Debe recordarse que la prueba pericial suele ser una prueba indiciaria, por lo que es aconsejable evitar sacar un provecho indebido o forzar conclusiones del perito que carecen de toda base científica. Un ejemplo de esto puede verse fácilmente graficado en la errada pregunta al perito que examina a la víctima de un delito de violación, requiriendo que explique si considera que la víctima fue violada. Este ejemplo permite explicar el error en la pregunta, pues el perito puede dar cuenta de la existencia de lesiones u otros elementos, pero no puede llegar a la conclusión, por lo demás jurídica, si esos hechos constituyen o no un delito que cuadra con el tipo de violación.

d) Preparación previa del perito. Hemos enfatizado, a propósito del examen directo de testigos, la relevancia de reunirse previamente con el testigo antes de su declaración en juicio. Por su dificultad técnica, esta sugerencia cobra mayor valor tratándose del examen de peritos. Es fundamental entrevistarse con el perito propio antes del juicio para adquirir un adecuado conocimiento de la información que está en condiciones de aportar e incorporar, entender el contenido y sentido de esta información y hacer las preguntas correctas para que sus dichos sean entregados eficientemente y de la forma más comprensible para el tribunal.[451]

e) Explicar al tribunal el método científico y la confiabilidad del informe. Sabemos que el examen directo del perito no se limita a entender y aportar la información y conclusiones de su informe, sino que exige adentrarse en la metodología de investigación aplicada y su confiabilidad científica, de modo que las conclusiones sean confiables. A diferencia del testigo, el perito llega a determinadas conclusiones a partir de un método de trabajo que debe cumplir con las exigencias de su respectiva disciplina. El estándar que se espera de un informe de peritos es que pueda ser sometido a referato por parte de la comunidad de expertos en el área. Estas consideraciones deben ser tenidas en cuenta por el litigante para incorporarlas en el examen directo en juicio.

f) Acreditación del perito. Un último aspecto guarda relación con la formación, conocimiento y experiencia del perito. El valor de la información que entrega el perito como resultado de su pericia estará directamente asociado a su conocimiento y experiencia, por lo que resulta fundamental evidenciar la formación teórica y práctica del perito con el objeto de demostrar al tribunal que la elaboración del peritaje y las conclusiones a las que arriba son científicamente válidas y confiables por provenir de una persona que reúne las condiciones para considerarlo valioso y digno de crédito. Este mismo razonamiento aplica al conocimiento que el perito debe tener de la metodología empleada. En efecto, resulta relevante no solo la información y conclusiones del peritaje, sino asimismo el procedimiento y método empleado para obtener los resultados y la vigencia y validez científica del método utilizado por el perito.

---

451 BLANCO *et al.* (2005), p. 190.

2. *Perito, metaperito y testigo experto*

Otro aspecto a considerar es la diferencia que debe establecerse entre el perito, el metaperito y el testigo experto. El "perito" es la prueba relacionada directamente con el objeto o sujeto periciado. Es el experto que declara sobre el informe pericial evacuado y sobre el cual desarrollaremos algunas ideas generales en términos de admisibilidad en la próxima sección. El "metaperito" es una prueba pericial propiamente tal, pero que en lugar de examinar el objeto o sujeto de la pericia, examina el peritaje desarrollado por otro perito. La pericia del metaperito es la pericia del o los peritos que estuvieron en condiciones de examinar el objeto o sujeto periciado. El propósito del metaperitaje es aportar información técnica o científica acerca de la confiabilidad del peritaje realizado por un tercero. Suele ser un medio a través del cual se ponen de manifiesto los errores cometidos por el perito. Estos errores pueden estar relacionados tanto con el método empleado por el perito como las conclusiones a las que llega o bien a las competencias profesionales del perito. El "testigo experto" es una prueba de testigos propiamente tal, cuya diferencia exclusiva con otros testigos radica en poseer un nivel de conocimiento que debe ser acreditado si quiere ser usado, y que permite dirigirle preguntas técnicas o científicas sobre los hechos, pues suponen precisamente ese conocimiento experto. En función de lo anterior y habiendo previamente acreditado el conocimiento experto, el testigo está en condiciones de declarar sobre los hechos que conoce y sobre cuestiones técnicas o científicas relacionadas con los hechos.

3. *Admisibilidad del perito*

Los procesos penales acusatorios modernos y la regulación de los sistemas de admisibilidad de prueba han encontrado en la prueba pericial uno de sus mayores problemas y desafíos. Es un esfuerzo y necesidad procesal el filtrar y eliminar las pruebas de mala calidad, tales como aquellas que resultan impertinentes, son presentadas con fines dilatorios, son sobreabundantes, corresponden a hechos públicos y notorios, son obtenidas con vulneración de derechos o garantías, etc. En el caso de la prueba pericial los mayores problemas están asociados a:

- Pericias realizadas por quienes carecen del conocimiento suficiente para desarrollarlas.
- Peritos que realizan afirmaciones que no resultan posibles de avalar por la disciplina científica a la que pertenecen.
- Pericias realizadas con métodos forenses no avalados por la comunidad científica o que corresponden a la denominada "ciencia basura" (*junk science*).
- Pericias que corresponden a la denominada "ciencia novel" o que carece de validez científica acreditable.
- Pericias efectuadas con métodos que perdieron vigencia científica o técnica.
- Pericias realizadas con métodos que evitan explicitar el margen de error con el que se trabaja.
- Pericias que omiten el método empleado o en las que es desconocido y carece de publicaciones científicas serias que las respalden.
- Pericias realizadas de modo tardío o extemporáneo y que dañan la confiabilidad de las conclusiones.

Estos problemas representan un enorme desafío para los sistemas de justicia penal que intentan construir modelos de debate con información de calidad, que sea la base sobre la cual se asiente la decisión de los tribunales en juicios orales. Este conjunto de problemáticas han sido objeto de deliberaciones y decisiones judiciales que marcaron hitos jurisprudenciales, tales como los casos Fryre[452] y Daubert[453]. En este último caso se establecieron los criterios más relevantes para considerar admisible la prueba pericial, lo que permitió otorgar seriedad científica a las pruebas periciales que son admisibles para el debate en juicio. A partir de los casos

452 *Fryre v. US*, 293 F 1013 (DC.App.1923).
453 *Daubert v. Merrel Dow Pharmaceuticals, Inc.*, 509 US 579 (1993).

mencionados se han consagrado los siguientes criterios que han servido como guías para los jueces:

- Que el contenido de la pericia informada por el perito resulte de general aceptación por la comunidad científica del área.
- Que el procedimiento o técnica empleada por el perito sea posible de ser probada y demostrada por los métodos científicos.
- Que la técnica o procedimiento utilizado para arribar a las conclusiones haya sido objeto de investigación científica y que esté publicada en revistas acreditadas.
- Que en el procedimiento o técnica empleada para arribar a las conclusiones se identifique el índice o margen de error.

En el caso Kumho[454] se sostuvo que las exigencias fijadas en el caso Daubert aplican tanto a la prueba científico-pericial como a la prueba técnico-pericial. El desarrollo de la prueba pericial en Puerto Rico muestra una evolución basada en Daubert, fijando pautas para admitir y valorar prueba pericial en juicio. Por ejemplo, la Regla 702 de 2009 establece los requisitos para otorgar valor probatorio a la prueba pericial:

> Regla 702. Testimonio Pericial. Cuando conocimiento científico, técnico o especializado sea de ayuda para que la juzgadora o juzgador pueda entender la prueba o determinar un hecho en controversia, una persona testigo capacitada como perita, podrá testificar en forma de opiniones o de otra manera. El valor probatorio del testimonio dependerá, entre otros, de:
>
> a) Si el testimonio está basado en hechos o información suficiente,
>
> b) Si el testimonio es el producto de principios y métodos confiables,
>
> c) Si la persona testigo aplicó los principios y métodos de manera confiable a los hechos del caso,

454 *Kumho Tire Co. Ltd. V. Carmichael*, 509 US 579 (1993).

d) Si el principio subyacente al testimonio ha sido aceptado generalmente en la comunidad científica,

e) Las calificaciones o credenciales de la persona testigo, y

f) La parcialidad de la persona testigo.

En la experiencia latinoamericana este es un debate pendiente, pues el nivel de desarrollo de criterios que la jurisprudencia tiene en consideración para admitir una prueba pericial suelen ser algo laxos y básicos, generando como problema el exponer a los tribunales orales a información de mala calidad, no avalada por la comunidad científica o sin información suficiente sobre su confiabilidad o margen de error. Este es un desafío que debe ser abordado estableciendo criterios más exigentes, con respaldo en la comunidad científica y que aseguren la calidad de la información a la que luego se expone el órgano decisor del juicio oral.

La mayor parte de los sistemas procesal penales de América Latina cuentan con una fase intermedia que constituye uno de los principales momentos procesales para establecer mecanismos de control de admisibilidad de la prueba en general y de la prueba pericial en particular. Es en este espacio en el que los jueces de control o garantía debieran acometer la labor de revisar la calidad de la prueba pericial que las partes pretenden incorporar a juicio oral, generando criterios generales y avalados por la ciencia para admitir o rechazar la prueba pericial. Este es un espacio procesal que fue diseñado precisamente para filtrar la pertinencia, seriedad y confiabilidad de la información que se pretende ingresar a juicio, evitando exponer a los jueces orales a prueba de mala calidad que luego incide en su proceso de adjudicación judicial.

4. *Estructura del examen directo de peritos*

La estructura del examen directo de peritos debiera considerar los siguientes componentes: 1°) preguntas introductorias; 2°) etapa de acreditación sobre la formación teórica y experiencia práctica del perito; 3°) preguntas sobre el método empleado por el perito para llegar a sus conclusiones; 4°) preguntas sobre su capacidad y conocimiento para emplear el método que indica en el peritaje; 5°) principales conclusiones del informe pericial; 6°) preguntas sobre las distintas partes del informe, destacando aquellas porciones de información más importantes para la teoría del caso.

1) Preguntas introductorias: al igual que en el examen directo de testigos, es aconsejable hacer preguntas sencillas de inicio para brindar tranquilidad al perito, particularmente cuando es primera vez que declara en juicio. También el examinador puede explicar al perito mediante instrucciones sencillas. Por ejemplo:

> —Sr. Perito, le haré preguntas sobre su informe y le ruego ser lo más claro y explicativo, para la comprensión del tribunal...

2) Preguntas de acreditación: esta parte del examen directo de peritos es central pues resulta ser la base para dar crédito a las afirmaciones y conclusiones que luego realizará sobre su informe. El perito es una prueba que aporta datos que suponen un conocimiento técnico o científico que se asienta en sus estudios, práctica y experiencia previa. Por ello es fundamental explicitar, informar y aclarar al tribunal el modo en que el perito posee efectivamente este conocimiento. Esta base es relevante pues al tribunal le resulta de utilidad para los siguientes propósitos:

- Incentivos para prestar atención al perito.
- Dar crédito a las afirmaciones del perito.
- Utilizar esta información para fundar el valor probatorio que le otorga a la información que el perito entrega en el juicio.
- Utilizar esta acreditación como medio de comparación entre dos peritos que llegan a conclusiones opuestas o parcialmente distintas.

El primer aspecto que debe ser cubierto en la acreditación del perito es su formación forense científica o técnica.[455] En este punto es aconsejable preguntar cómo adquirió el conocimiento que posee, el lugar de su formación, las especializaciones posteriores, entre otros aspectos. Por ejemplo:

> —Sr. Perito, por favor comente al tribunal su título profesional y grado académico.
>
> —Sr. Perito por favor indique al tribunal el lugar, universidad o centro técnico donde realizó sus estudios.

Estas preguntas permiten evidenciar el área de conocimiento del perito y la existencia de estudios técnicos o superiores que acrediten ante el tribunal su capacidad para evacuar el peritaje y para ser interrogado sobre dichas materias.

> —Sr. Perito, por favor relate al tribunal si posee especializaciones o grados posteriores a su título inicial y en qué áreas específicas realizó tales especializaciones.

Esto puede ser particularmente relevante si el conocimiento derivado de las especializaciones se relaciona con la pericia realizada o con algún punto relevante de la misma. Esta pregunta permite resaltar el conocimiento más profundo del perito y puede otorgarle ventaja a la simple posesión de un título de mayor generalidad, si ese conocimiento especializado permite al perito hacer afirmaciones o formular conclusiones sobre aspectos más puntuales del peritaje.

> —Sr. Perito, por favor relate al tribunal otras capacitaciones o estudios que ha realizado.

En este punto puede ser importante resaltar los estudios de corta duración que el perito ha realizado y que se relacionan con las

---

455 La pericia supone una experticia que, resultando necesaria para el caso y siendo idónea y confiable, se pone por un litigante al servicio del adecuado entendimiento del tribunal de un tema determinado, para lo cual se le entrega a este una cierta asesoría técnica o científica a través de la declaración del perito en el juicio.

metodologías empleadas por el perito o las afirmaciones, y conclusiones a las que llega producto del peritaje.

Cabe mencionar que el litigante debe destacar ante el tribunal que el perito posee un conocimiento pertinente a la materia del peritaje, por lo que la información puede ser considerada valiosa y digna de valor científico o técnico. Esta acreditación permite sostener y avalar las preguntas que se realizan para evitar caer en una hipótesis de objeción por impertinencia o por preguntar un asunto u opinión que requiere previamente una acreditación experta.

Un segundo aspecto que debe ser objeto de acreditación ante el tribunal es la experiencia práctica del perito y dónde y cómo fue adquirida. Este punto es relevante pues no basta el mero conocimiento teórico; es imprescindible que tales conocimientos se hayan logrado asentar y validar en el ejercicio práctico. Las credenciales de formación teórica son un excelente antecedente para demostrar el manejo de una ciencia o técnica a nivel teórico o conceptual, pero el desarrollo de un peritaje supone asimismo un método o procedimiento a través del cual se llega a determinadas conclusiones. El manejo y uso de esos procedimientos y técnicas forenses supone un entrenamiento complementario y una base de experiencia práctica relevante. Este segundo aspecto permite evidenciar una adecuada formación y práctica forense del perito y debe ser desarrollado, explicado y evidenciado frente al tribunal. Entre las preguntas que pueden ser sugeridas en este punto se encuentran las siguientes:

> —Sr. Perito, comente al tribunal el número de años que lleva usted desarrollando la práctica forense.
>
> —Sr. Perito, indique al tribunal qué experiencia posee en el uso de la técnica o procedimiento que utilizó en esta pericia.
>
> —Sr. Perito, indique el número de procedimientos que ha realizado con anterioridad en esta materia.[456]

---

[456] Cada referencia que se efectúe a algún tema debe haber sido aportado primero por el perito, para evitar precisamente la sugestividad.

3) Un tercer asunto que debe ser objeto de acreditación ante el tribunal es el método o procedimiento empleado por el perito y su grado de vigencia, confiabilidad y respaldo científico. Debe quedar claro que el perito conoce y maneja tal procedimiento, y que es capaz de usarlo adecuadamente. Entre las preguntas sugeridas para abordar esta materia se recomiendan las siguientes:

—Sr. Perito, explique al tribunal el método que empleó en su peritaje para arribar a las conclusiones que indica.

—Sr. Perito, indique al tribunal las razones por la cuales el método empleado es el indicado y razonable.

—Sr. Perito, señale las razones por las cuales el método seleccionado es el que está validado y vigente por la comunidad científica.

—Sr. Perito, indique el margen de error que posee el método por usted empleado.

4) Un cuarto aspecto que debe ser objeto de preguntas al perito es el conocimiento específico que posee en el uso científico o técnico del método o procedimiento empleado. En efecto, debe complementarse la información sobre el adecuado método seleccionado y la capacidad, entrenamiento y uso adecuado del método en la pericia específica que el perito utilizó. En esta parte las preguntas recomendadas son las siguientes:

—Sr. Perito, comente y explique al tribunal si Ud. ha sido entrenado adecuadamente en el método que utilizó para arribar a las conclusiones del peritaje.

—Sr. Perito, indique si Ud. mismo realizó el peritaje en todas sus partes.

—Sr. Perito, explique al tribunal si el modo en el cual Ud. empleó el método fue el correcto.

—Sr. Perito, indique el modo específico en el que Ud. empleó el método o procedimiento en el objeto (o sujeto) periciado.

5) Un quinto aspecto del examen directo del perito está referido a la información que proviene del informe pericial y su explicación y traducción para un público lego o no experto. Esta parte es central y estará guiada por el examinador a objeto de evidenciar los antecedentes pertinentes, útiles y relevantes que emergen del informe pericial y que son importantes para apoyar la teoría del caso.

Es en este momento cuando se deben incorporar las proposiciones fácticas que fueron identificadas antes del inicio del juicio y que deben ser introducidas por el perito. No se debe perder de vista la necesidad de traducir o explicar los términos o afirmaciones técnicas que requieren o suponen un conocimiento especializado. De lo contrario, el perito realizará afirmaciones y conclusiones que no serán posibles de entender por el tribunal y, por consiguiente, imposibles de ser valoradas y consideradas en la decisión.

Otro elemento a tener en cuenta para efectos de orden es examinar al perito en relación a las distintas partes del informe, en un orden secuencial de ser necesario y más explicativo y simple, o bien, relevando los aspectos que resultan más importantes de ser atendidos. La examinación del perito en relación a su informe supone hacer especial énfasis en aquellas porciones de información que logran acreditar directa o indirectamente las proposiciones fácticas que se relacionan con la prueba pericial. Algunas preguntas sugeridas en esta parte son las siguientes:

—Sr. Perito, ¿podría Ud. referirse a la primera parte o sección de su pericia y relatar los hallazgos o conclusiones más relevantes?

—Sr. Perito, ¿podría explicar el término X a efectos de hacerlo comprensible para el tribunal?

—Sr. Perito, ¿qué relevancia tiene la afirmación que Ud. acaba de hacer?

—Sr. Perito, ¿podría explicar las razones por las cuales esa conclusión es consistente con el método empleado?

—Sr. Perito, vamos a la segunda parte del peritaje, ¿podría referir las principales conclusiones de esta sección del peritaje realizado?

—Sr. Perito, ¿podría indicar las conclusiones finales de su peritaje?

5. *Recomendaciones adicionales*

Finalmente, para el caso de tener que planificar y desarrollar un examen directo de un perito, es conveniente tener en cuenta que:

a) El perito entrega información que requiere ser explicada y traducida ante el tribunal, por lo que el examinador directo debe siempre estar atento frente al uso de palabras o expresiones que exijan esa traducción a lenguaje simple y comprensible.

b) Es aconsejable no forzar al perito a realizar conclusiones que lo apartan del rigor científico, pues lo exponen frente al tribunal y pueden desacreditar su confiabilidad y consistencia.
c) El perito suele no ser un experto en derecho, por lo que no corresponde preguntarle sobre términos jurídicos que no está en condiciones de contestar o que de hacerlo sería improcedente y perdería todo rigor científico. Un ejemplo de esta cuestión puede ser el siguiente:

> —Sr. Perito forense, luego de examinar el cuerpo de la víctima, ¿está usted en condiciones de afirmar que estamos en presencia de una violación?
>
> —Sr. Perito, ¿puede usted afirmar si hubo dolo en el accionar del sujeto?

d) Debe recordarse que la pericia propia puede contener afirmaciones que parcialmente resulten desaconsejables o derechamente dañinas para la teoría del caso. Esta es una cuestión compleja que puede hacer recomendable no presentar al perito en juicio. Si se opta por su efectiva presentación en el juicio, se requiere adelantar las debilidades del peritaje y explicarlas al tribunal, con la finalidad de amortiguar o limitar el daño de esa información.
e) Si el debate en el juicio sobre la prueba pericial puede focalizarse en la metodología empleada y su nivel de confiabilidad, puede pensarse como estrategia complementaria llevar un metaperitaje que se refiera a la metodología y su confiabilidad.
f) Al igual que en el caso de los testigos, es pertinente considerar la formación de binomios entre una afirmación y la acreditación de la fuente que lo formula. Si el perito va a realizar una determinada afirmación que resulta relevante, puede preguntarse primero sobre su especial formación o conocimiento en el área sobre la cual se le preguntará y posteriormente formularle la pregunta sobre el punto que se

quiere relevar. De esta forma quedará más blindada y asegurada la confiabilidad de su respuesta por corresponderse con el conocimiento experto que previamente se asentó.

g) Debe escogerse un tema relevante para el remate del examen directo del perito, y así dejar una buena imagen final ante el tribunal.

6. *Relación entre examen directo del perito y discurso de clausura*

La relación entre el examen directo del perito y el contenido del discurso de clausura es un tema que suele pasar inadvertido en los textos especializados. Entre ambos componentes es posible efectuar una conexión virtuosa. Al igual que en el examen directo de testigos, es necesario seleccionar, anotar y relevar las afirmaciones que el perito realizó en el juicio, y destacarlas en el discurso de clausura. Corresponde al litigante mostrar las informaciones, datos y respuestas que el perito introdujo en el juicio y que se pueden asociar con conclusiones y argumentaciones que no son posibles de efectuar durante el examen directo. Esto cobra especial relevancia en la prueba pericial, pues la gran mayoría de las afirmaciones de un perito son indicios o prueba indiciaria y, por tanto, requiere de un razonamiento lógico para aproximar tales afirmaciones a conclusiones que sean estratégica y legalmente relevantes para la teoría del caso. Para que este ejercicio sea posible es necesario que las respuestas del perito sean anotadas por el examinador, reservadas y luego utilizadas en el discurso de clausura. En este punto de la clausura será necesario añadir a las afirmaciones del perito las conclusiones a las que resulta posible llevar tales afirmaciones, convirtiéndolas en argumentaciones persuasivas y útiles para empujar al tribunal a una deliberación intencionada y vinculada a nuestra teoría del caso. Algunas recomendaciones prácticas:

a) Anotar las respuestas más importantes del perito.

b) Anotar lo más relevante de la acreditación del perito y que se relaciona con las respuestas principales que entregó en su examen directo, la competencia y conocimiento pertinente que posee para entregar y sostener esa respuesta y afirmación.

c) Generar un nexo entre las afirmaciones del perito y las respuestas de testigos que quedan o resultan reafirmadas por las respuestas del perito. Esta situación puede denominarse "correlación probatoria" entre distintas pruebas, y que amerita ser destacada en el discurso de clausura.

d) Al momento de la clausura se deben tomar las afirmaciones proporcionadas por el perito y agregarles los argumentos y conclusiones que pueden ser extraídas de ellas a partir de su relación con los hechos y con otras pruebas presentadas. Por ejemplo, en el discurso de clausura el examinador podría argumentar de la siguiente manera:

> —Miembros del tribunal, recordarán Uds. que la víctima del delito de violación ha señalado que el agresor la tomó fuertemente de los brazos para inmovilizarla. Ello quedó además refrendado por la declaración del perito que sostuvo en el tribunal que al examinar a la víctima pudo advertir la presencia de escoriaciones y hematomas en ambos brazos, todo lo cual resulta consistente con la declaración de la víctima.

e) Finalmente, cabe resaltar que las afirmaciones y argumentaciones que se hagan de la declaración del perito no pueden exagerar o distorsionar lo que ha dicho en la audiencia, pues aparecerá como un mal intento de exagerar indebidamente la prueba pericial.

Capítulo 4:

CONTRAEXAMEN DE TESTIGOS Y PERITOS

I. CONCEPTO, IMPORTANCIA Y ALCANCE

Entendemos por contraexamen al conjunto de preguntas que se dirigen por el litigante a un declarante ofrecido por la parte contraria, que ya ha prestado testimonio directo ante el tribunal, con el propósito de alcanzar un objetivo definido en su teoría del caso.[457] En otras latitudes se le denomina interrogatorio cruzado, contrainterrogatorio, repreguntas o *cross examination*. Fontanet define al contraexamen como el interrogatorio que hace la parte contra quien se ha ofrecido el testimonio del declarante.[458]

A través del contraexamen se provoca que la información fáctica proporcionada por un declarante[459] ante el juzgador durante un juicio oral sea sometida a un "control de calidad" por la intervención de la contraparte. El tribunal hasta este momento sólo ha escuchado *una* versión sobre cómo ocurrieron los hechos, es decir, ha escuchado *una* manera de narrar los hechos del caso de boca del declarante. Mediante el contraexamen se puede ilustrar al tribunal sobre las debilidades, omisiones, falta de detalles razonables, incoherencias, contradicciones, u otros defectos de la versión prestada por un declarante durante su examen directo en juicio oral, o dar a conocer al tribunal los cuestionamientos que pueden formularse respecto del declarante mismo; o al menos enfrentar

---

457 DECASTRO (2005), p. 1 (el contraexamen es el interrogatorio de un testigo por una parte que no es la que hizo el interrogatorio directo).

458 FONTANET (2010), p. 214.

459 Usamos el término declarante en un sentido amplio, en el que contemplamos a un testigo, perito, víctima e incluso acusado, si renuncia a su derecho a guardar silencio y decide declarar en el juicio oral.

al declarante contrainterrogado con una versión diferente de los hechos.

La existencia del principio de contradictoriedad o contradictorio y el derecho a presentar e impugnar pruebas son los medios que permiten dotar de contenido material al derecho a defensa como integrante del denominado debido proceso de ley.[460] El principio de contradictorio se expresa en la posibilidad de someter a cuestionamiento y control la información probatoria producida en juicio por la contraparte, contribuyendo a que la información producida en el juicio oral tenga un estándar de confiabilidad suficiente que permita fundar una decisión jurisdiccional. Dicho razonamiento es recogido por la Sexta Enmienda a la Constitución de Estados Unidos, al señalar que:

> En toda causa criminal, el acusado gozará del derecho de ser juzgado pública y expeditamente, por un jurado imparcial del Estado y distrito en que el delito se haya cometido, distrito que habrá sido determinado previamente por la ley; así como de ser informado sobre la naturaleza y causa de la acusación; que se le caree con los testigos en su contra; que se obligue a comparecer a los testigos en su favor y de contar con la ayuda de Asesoría Legal para su defensa.

Como señala Chiesa Aponte, la parte afectada por el testimonio de un testigo tiene derecho a que el testigo declare frente a ésta (la parte perjudicada) y, sobre todo, sujeto a contrainterrogatorio.[461]

La Convención Americana de Derechos Humanos señala que una de las garantías judiciales "es el derecho de la defensa de interrogar a los testigos presentes en el tribunal y de obtener la comparecencia, como testigos o peritos, de otras personas que puedan arrojar luz sobre los hechos."[462] El Pacto Internacional de Derechos Civiles y Políticos establece que toda persona goza de la garantía mínima a "interrogar o hacer interrogar a los testigos de cargo y

---

460 Mandato contenido en la Carta Magna de 1215, y que se vio reflejado con posterioridad en las Enmiendas V y XIV de la Constitución de Estados Unidos.

461 Chiesa (2016).

462 Art. 9, letra f), de la Convención Americana de Derechos Humanos.

a obtener la comparecencia de los testigos de descargo y que éstos sean interrogados en las mismas condiciones que los testigos de cargo."[463] Por su parte la Declaración Americana de Derechos y Deberes del Hombre señala que toda persona acusada de un delito tiene derecho a que se "aseguren todas las garantías necesarias para su defensa"[464], donde entendemos se encuentra el derecho a testear la calidad de la información de la prueba de cargo.

La práctica del contraexamen permite proporcionar al tribunal un test de confiabilidad de la información que las partes pretenden incorporar en el juicio por medio de sus declarantes en la audiencia, lo que impactará positivamente en disminuir las posibilidades de que el tribunal incurra en un error en la valoración de los testimonios.[465] El fiscal del ministerio público y el querellante, en las legislaciones que lo contemplan, puede ejercer el principio de contradicción respecto de los declarantes que la defensa presente a declarar en el juicio oral para sustentar su teoría del caso.

En síntesis, la importancia del contraexamen en un sistema acusatorio adversarial radica básicamente en que, por una parte, contribuye a una mejor administración de justicia, al permitir al juzgador tener mayores elementos de valoración de la credibilidad del declarante y de la confiabilidad y veracidad de su testimonio, permitiéndole con ello determinar en su sentencia su real alcance y contenido; y por otra, es una manifestación concreta del derecho a defensa y el principio de contradicción como integrantes del debido proceso de ley.

El contraexamen no se limita única y exclusivamente a aquellos temas abordados expresamente por el declarante en el examen directo, aunque hay legislaciones más restrictivas respecto del ámbito de acción del contraexamen.[466] Entendemos que un declarante,

---

463 Art. 14, letra e), del Pacto Internacional de Derechos Civiles y Políticos.

464 Art. 11 de la Declaración Americana de Derechos y Deberes del Hombre.

465 Sobre la relevancia de la cláusula de confrontación, y en particular del contraexamen, recomendamos leer el fallo de la Corte Suprema de Estados Unidos, *Crawford v. Washington* (2004).

466 Podemos citar a modo ejemplar lo que ocurre en Estados Unidos, Puerto Rico o Colombia. En esas legislaciones se permite contraexaminar en el ámbito de

sea testigo o perito, puede ser confrontado con lo expresado por él de manera explícita en su examen directo, pero también con otras versiones de los hechos relevantes de las teorías del caso presentadas en el curso del juicio por los litigantes y su prueba.[467] Por ejemplo, puede ser confrontado con lo sostenido por la parte que lo presenta a declarar en su alegato de apertura como teoría del caso, o con lo expuesto por otros testigos o peritos durante el juicio.[468]

Es importante adoptar una posición sobre este punto, pues de ello dependerá que en los juicios orales pueda existir un control amplio o restringido de un declarante, lo que tendrá un impacto efectivo en la calidad y confiabilidad de la información de la que dispondrá el juzgador para valorar en concreto la declaración en cuanto a su credibilidad y aporte relevante a la resolución del caso.[469]

Por una parte, se debe propiciar que un contraexamen sea efectivo para implementar una parte de la estrategia global del litigante, destinada a acreditar su teoría del caso y/o desacreditar la de la contraria. Por otra parte, se deben proporcionar elementos de juicio útiles al tribunal para valorar la credibilidad de los declarantes y de la información proporcionada por estos en sus dichos. Por ello, no basta analizar la declaración del testigo en forma aislada,

---

la credibilidad personal del declarante, abordando temáticas no tratadas en su examinación directa. Sin embargo, en muchos casos lo que se cuestiona no es el hecho de abordar temas no tratados específicamente en el examen directo, sino que ello se haga utilizando preguntas sugestivas. En efecto, lo que se plantea es que, de abordarse temas nuevos, ellos deben preguntarse conforme a las reglas del examen directo, esto es, utilizando preguntas abiertas y no preguntas sugestivas.

467 Así se establece, por ejemplo, en el artículo 330, inc. 2°, del C.P.P. chileno: "Durante el contrainterrogatorio, las partes podrán confrontar al perito o testigo con sus propios dichos u otras versiones de los hechos presentadas en el juicio."

468 Lo mismo puede decirse de la información que provenga de otras fuentes de información que se hayan actuado como medio de prueba en el juicio, entre ellos un documento u otra prueba material.

469 Basta poner como ejemplo para darse cuenta de la relevancia de esta decisión, el que se permita o no al contrainterrogador informar al tribunal sobre el hecho que el deponente ha omitido en su examen directo información relevante.

sino que debe hacerse dentro del contexto de toda la información y evidencia del caso.[470]

II. OBJETIVOS[471]

Encontramos variados objetivos que pueden ser alcanzados mediante un contraexamen.[472] No todos ellos podrán, en general, ser abordados por el litigante en un caso particular respecto de un declarante específico.[473] La idea es que de todos ellos se seleccionen los más relevantes y efectivos desde la perspectiva de la teoría del caso.

Algunas manifestaciones de los objetivos referidos a afectar la credibilidad de un declarante o de su testimonio pueden sugerirnos la idea de hacer prevalecer ante el juzgador ciertas categorías de prejuicios o ciertas discriminaciones, pero la verdad es que en el escenario de un juicio oral, como dice Bergman, el abogado se enfrenta con la vida como es, no como él quisiera que fuera.[474]

---

470 Ello permite que a veces la impugnación del testimonio de un declarante se haga con los principios de la lógica, las máximas de la experiencia, o con otras evidencias del caso.

471 Mencionaremos un mayor número de objetivos de los que ordinariamente se señalan en los textos de litigación, sin atender a su mayor o menor importancia, para permitir que sea el litigante quien determine, conforme a la realidad particular de su caso y del deponente a interrogar, cuál o cuáles de los objetivos propuestos son los que buscará alcanzar en su interrogatorio.

472 Fontanet menciona tres objetivos: 1°) Aportar aspectos positivos a nuestro caso, 2°) Destacar aspectos negativos del caso de la parte contraria, 3°) Impugnar la credibilidad del testigo de la parte contraria. *Vid.* FONTANET (2010), p. 214. En otra oportunidad hemos sostenido que los objetivos serían los siguientes: 1°) poner de manifiesto la falta de credibilidad del testigo, 2°) la falta de credibilidad del testimonio, 3°) inconsistencias del testigo con otras versiones presentadas en el juicio, 4°) inconsistencias del testigo con las reglas de la lógica, máximas de la experiencia o conocimientos científicamente afianzados, 5°) incorporar evidencia material. BLANCO *et al.* (2005), p. 206.

473 Incluso algunos pueden ser considerados incompatibles, como veremos más adelante.

474 BERGMAN (1995), p. 36.

Estos objetivos que un litigante conforme a su teoría del caso pretenda alcanzar en el ejercicio del contraexamen, se acostumbra clasificarlos en dos grupos: por un lado, los denominados "objetivos destructivos", que constituirían la regla general, pues de ordinario lo que se pretende al ejecutar la técnica del contraexamen es afectar de manera relevante la credibilidad personal de quien presta el testimonio ante el juzgador y/o la credibilidad del contenido de su declaración; y por otro lado, los denominados "objetivos constructivos", por los cuales sin atacar directamente al declarante se utiliza el contraexamen para: ratificar información proporcionada por éste durante su examen directo favorable para la teoría del caso del contraexaminador; para utilizar su testimonio con el propósito de incorporar al juicio pruebas materiales, tales como, documentos u objetos que requieren de acreditación previa, cuando parece ser indispensable realizar esa tarea a través del testimonio de un declarante de la parte contraria, u otros propósitos relevantes para la teoría del caso del contraexaminador.[475]

Pasemos ahora a enunciar y analizar los objetivos concretos a alcanzar con el contraexamen:

1. Afectar o atacar la credibilidad personal del declarante. Trataremos de demostrar al tribunal que el testigo presenta alguna característica o cualidad que impacta severamente en su credibilidad personal, pudiendo en ciertos casos llegar a perderla totalmente frente al juzgador.[476] Sabemos por la experiencia cotidiana que el modo de reaccionar frente a la información está influido por lo que sabemos acerca de la fuente.[477] Se trata de transmitir al tribunal la idea que quien declaró ante él no es confiable y que existen razones por las cuales el tribunal debe desconfiar de él como fuen-

---

475 Decastro (2005), p. 372; Nizer (1963), p. 284 (el contraexamen constructivo asemeja a la construcción de un edificio a partir de los reconocimientos arrancados al testigo).

476 En los sistemas acusatorios adversariales no existen testigos inhábiles, pero los litigantes podrán dirigir preguntas al testigo tendientes a demostrar su credibilidad o falta de ella. Lo mismo ocurre con los peritos y su imparcialidad e idoneidad.

477 Bergman (1995), p. 46.

te de información, pues precisamente esas razones pueden influir en que los dichos vertidos en el juicio no sean veraces, objetivos, completos e imparciales. Algunos de los antecedentes que pueden afectar la confiabilidad de un deponente son:

a) La existencia de antecedentes penales pretéritos;
b) La conducta moral previa del testigo;
c) La presencia en el declarante de adicciones a sustancias psicotrópicas, medicamentos o alcohol;
d) Conductas socialmente reprochables, aun cuando no hayan significado una condena penal;
e) La existencia de algún interés comprometido.[478] Se trata de identificar si a quien declara se le puede imputar el tener un compromiso económico, afectivo, de amistad, enemistad, familiar, de venganza con alguna de las partes, o un interés en el resultado del juicio que pueda afectar su imparcialidad y objetividad al declarar. Estas motivaciones de los declarantes deben ser lo suficientemente fuertes o intensas para que el juzgador considere que afectan la confiabilidad del declarante. Estas circunstancias deben exponerse con claridad ante el juzgador y no solo de manera genérica o sin profundizar en ellas, para demostrar que no son la mera manifestación de un prejuicio o de una circunstancia accesoria que no influye en el testimonio prestado en el juicio.[479]
f) La existencia de una vinculación del declarante con el hecho que es objeto de juzgamiento. Nos referimos aquí, por ejemplo, a la situación de un testigo que depone en juicio en contra del acusado, en circunstancias que durante

---

[478] Otros autores hablan de la existencia de un motivo, para aludir a las motivaciones subyacentes al testimonio de un declarante.

[479] Bergman sostiene que hasta los testigos "neutrales" a menudo están comprometidos psicológicamente por lo que inicialmente dijeron acerca de lo que sucedió, referencias a las que quizás recuerdan más que a los hechos mismos, y una vez que la narración inicial los alinea con una parte más que con la otra, es posible que simpaticen naturalmente con esa parte. Bergman (1995), p. 49.

la investigación fue vinculado como partícipe en el hecho juzgado.[480]

g) El estado de los sentidos del deponente. Se trata de demostrar que el declarante, como sujeto que declara sobre hechos que ha percibido directamente, presenta alguna patología que afecta uno o más de sus sentidos, que fueron los que utilizó para percibir los hechos.[481]
h) La memoria del testigo y su capacidad de recordar. Si el testigo no tiene buena memoria o padece de alguna afectación de su capacidad de recordar, ello puede afectar su confiabilidad.

La acreditación de circunstancias que impactan en la confiabilidad del declarante puede generar de manera indirecta una afectación sobre la credibilidad de lo declarado por el deponente en la audiencia de juicio oral, al estimar el juez que la concurrencia de esas circunstancias impacta negativamente en su objetividad e imparcialidad para

---

480 La mayoría de los códigos procesales penales contemplan una regla similar a la del artículo 335 del C.P.P. chileno, que señala que no se podrá invocar, dar lectura, ni incorporar como medio de prueba al juicio oral ningún antecedente que diga relación con la proposición, discusión, aceptación, procedencia, rechazo o revocación de una suspensión condicional del procedimiento, de un acuerdo reparatorio o de la tramitación de un procedimiento abreviado. Dicha norma tiene por finalidad proteger las instancias de negociación entre la persecución penal y el imputado y su defensa, que pueden plantearse durante la etapa investigativa y que pueden eventualmente fracasar, evitando que la información generada en ellas pueda utilizarse durante el juicio oral. Pocos estarían dispuestos a negociar si lo que estuvieron dispuestos a conceder en aras de hacer fructificar una negociación que finalmente fracasó pudiera salir a la luz durante la audiencia de juicio. Esta norma sin embargo sólo protege a la persecución penal y al acusado en la causa, pero no a otros sujetos, como sería el caso de quien fue coimputado en los hechos y durante la investigación negoció una salida al proceso penal distinta al juicio, y hoy es presentado como testigo en el juicio oral seguido contra otro imputado. Aquí sí es relevante que el juez sepa de estas negociaciones pues ellas pueden impactar en la credibilidad que el juez otorgue a su testimonio.

481 Por ejemplo, el sujeto presenta problemas de visión, que le obligan a utilizar anteojos, y no los estaba usando al momento de ocurrir los hechos; o presenta problemas de audición y no utiliza audífonos o no los usaba en el momento de ocurrencia de los hechos.

declarar, o en su capacidad para percibir correctamente los hechos, dejando de ser entonces, a juicio del tribunal, una fuente confiable de información para esclarecer lo efectivamente ocurrido.

2. Afectar la fiabilidad del testimonio.[482] Un testimonio es fiable cuando se le puede considerar creíble, fidedigno (digno de fe y crédito), sin error. Es decir, presenta ciertas características que hacen que, a primera vista, sea considerado confiable y veraz para quien lo presenta, incluso para el propio tribunal que lo evaluará en su credibilidad una vez culminado el examen directo. Sin embargo, el contenido del testimonio puede ser objeto de cuestionamiento y control por parte del contraexaminador con el propósito de demostrar que presenta debilidades o deficiencias en cuanto, entre otros aspectos, a su consistencia, falta de verosimilitud, insuficiente aporte de detalles relevantes, presentar contradicciones u omisiones relevantes, o no dar justificación suficiente sobre sus dichos.

Será labor del abogado litigante, a través de sus preguntas, controvertir o poner en entredicho la versión entregada por el declarante en su examen directo, para obtener que el tribunal niegue valor probatorio a ese testimonio o relativice el daño que ese testimonio pueda tener respecto de la teoría del caso del contraexaminador.

Existen testigos que debida y suficientemente acreditados ante el tribunal pueden ser muy creíbles a primera vista, se refieren a los hechos, dan razón de los mismos, creen firmemente en lo que deponen y actúan con absoluta buena fe. Tratar de afectarlos aludiendo a factores de credibilidad personal puede ser hasta contraproducente, frente a un testigo convencido fielmente de lo que dice.[483] En esos casos lo que debemos cuestionar ante el tribunal es la fiabilidad de su testimonio, indicándole que a pesar de la creencia

---

482 Rua (2014), p. 52 (se trata de dejar una imagen de duda sobre lo relatado y percibido por el testigo).

483 Carofiglio (2010), p. 31. Refiere a "inexactitud involuntaria" para aludir a las declaraciones en que los testigos, por muy diversas razones, señalan circunstancias que no responden total o parcialmente a la verdad en la errónea convicción

del testigo en la veracidad de su testimonio, existen elementos en su construcción asociados al relato mismo que le restan fiabilidad o que comprometen la certeza que muestra el testigo. El testigo puede estar de buena fe, ser muy creíble personalmente, pero haber cometido un error, por ejemplo.

En general en un contraexamen se ataca la fiabilidad de partes o porciones del testimonio de un declarante y no la integridad del mismo. Aunque excepcionalmente también es posible cuestionar la credibilidad general de todo el relato prestado por el deponente en juicio durante su examen directo.

Los factores que pueden afectar la fiabilidad del testimonio son, entre otros:

a) La inverosimilitud de su relato. Se refiere a que el relato en sí, más allá de las consideraciones que puedan formularse sobre la persona del deponente, no parece verdadero o creíble, aparecen en él elementos que hacen posible sostener su falsedad. Verosímil es aquello que tiene apariencia de verdadero y que es creíble por no ofrecer carácter alguno de falsedad. Lo que buscaremos como litigantes no será atacar directamente el contenido específico de alguna porción del relato del testigo, sino que identificar qué elementos o supuestos del relato presentado son cuestionables, falsos o dudosos, de manera tal de generar en el tribunal la idea de que si se presentan esas deficiencias en los supuestos esenciales del relato, éste deja de ser fiable por completo o al menos en aquellos ámbitos en que la información proporcionada es pertinente y útil para la resolución del conflicto, más allá de la credibilidad personal y de su testimonio que se haya construido en el examen directo.[484]

---

de estar manifestando cosas ciertas, para distinguir del testigo que declara falsamente siguiendo un propósito deliberado.

484 Sería el caso de afirmaciones vertidas por un declarante que se basan en indicios incorrectos o que no tienen la fuerza y certeza suficiente para sostener la afirmación planteada en el directo por el testigo.

Por ejemplo, supongamos que el testigo acaba de señalar en su examen directo que, pese a haber bebido, vio con claridad al acusado disparar sobre la víctima. Las preguntas del contraexamen podrían ser las siguientes:

—Don Andrés, vamos a hablar del momento en que llegó al domicilio de Carlos, esa noche. Usted iba acompañado, ¿verdad?

—¿Iba con su amigo Rubén?

—¿También los acompañaba su amigo Francisco?

—Entonces ustedes eran tres personas, ¿cierto?

—Ustedes llegaron caminando a la casa de Carlos, ¿verdad?

—Al llegar a la calle Caminito, ustedes vieron a varias personas frente a la casa de Carlos, ¿verdad?

—A algunos de ellos usted los conocía, ¿cierto?

—Ustedes también se acercaron al frente de la casa de Carlos, ¿cierto?

—Y entonces, para que abriera, ustedes decidieron lanzar algunas piedras a las ventanas de la casa, ¿verdad?

—Usted había bebido esa noche, ¿cierto?

—De hecho, como usted señaló al fiscal, ¿usted estaba un "poco borracho"?

—Mientras sus amigos y otras personas seguían tirando piedras a la casa de Carlos, usted decidió cruzar la calle, ¿verdad?

—¿Para sentarse en el suelo?

—En la vereda del frente a la casa de Carlos, ¿verdad?

—Usted veía a las personas que estaban fuera de la casa de Carlos de espaldas, ¿verdad?

—¿Y es cierto que en ese momento usted estaba somnoliento según nos indicó?

—Y mientras dormitaba, usted escuchó un disparo, ¿verdad?

—Y luego de escuchar el disparo usted se levantó, ¿verdad?

—Demoró unos segundos en hacerlo, ¿cierto?

—Luego caminó hacia donde estaban todos, ¿verdad?

—Y fue en ese momento que vio a Francisco en el suelo, ¿verdad?

—Y los demás empezaron a alejarse del lugar, ¿no es cierto?

—Usted no vio a nadie con un arma en sus manos, ¿verdad?

b) Presencia en el relato de omisiones relevantes, o falta de detalles pertinentes y necesarios para comprender o explicar lo declarado. Un relato tiene que contener un mínimo de información, que lo haga coherente, completo, consistente y, por lo mismo, posible de ser aceptado por un receptor. Si ello no ocurre, los receptores del mensaje, en este caso los jueces, se sienten frente a una especie de mensaje telegráfico, a un relato plagado de vacíos o de información no creíble en abstracto. En definitiva, un relato que no satisface un razonable estándar de fiabilidad. Por el contrario, hay múltiples motivos para dudar de su verosimilitud y son ellos los que debe dejar en evidencia el contraexaminador.[485] Respecto de los detalles, no se trata de una cuestión simplemente matemática, sino asociada a las particularidades que presentaba quien percibe y las condiciones existentes al momento en que se produjo el suceso percibido, por lo que nos parece adecuado utilizar el concepto de "detalles razonables".[486]

Otra manifestación de estas circunstancias vinculadas al nivel de información y detalle que manifiesta el declarante en juicio oral la constituye el hecho que un declarante se refiera a ciertos hechos perjudiciales para la contraparte con un nivel alto de detalle y justificación de sus dichos, sin embargo, en otros ámbitos de su testimonio se manifiesta con menor información, detalles y justificaciones. Un ejemplo de lo planteado sería el caso en que el testigo es capaz de describir con lujo de detalles en el juicio al acusado, pero contrainterrogado no es capaz de responder aportando información

---

485 Sobre la falta de detalles, *vid*. BERGMAN (1995), p. 45. La experiencia enseña que si hemos participado en un hecho o le prestamos atención, podemos recordar una serie de detalles pertinentes. Asimismo, podemos haber recogido cierta impresión en el sentido que es difícil una mentira detallada. Hasta cierto punto el detalle tiende a convencer al juzgador que una historia es verosímil. Sin embargo, la experiencia también muestra que nuestra capacidad para observar y recordar detalles es limitada.

486 No siempre, como se acostumbra decir, quien conozca un mayor número de detalles de un determinado suceso es necesariamente un mejor declarante.

razonable sobre los otros sujetos presentes en el hecho, o la descripción del lugar en que ocurrieron los hechos, pese a haber estado allí, etc. La imagen que queremos dejar en el tribunal es que no resulta creíble un manejo tan dispar de información respecto de un mismo suceso.

c) La presencia en la declaración en juicio del deponente de contradicciones o inconsistencias. Un requisito básico de un relato para que sea confiable es que no presente serias inconsistencias o contradicciones en su contenido. Estas pueden ser internas, es decir, posibles de encontrar en el relato mismo del testigo prestado en juicio, considerado aisladamente, por ejemplo, por infringir los principios de la lógica o los conocimientos científicamente afianzados, o por presentar contradicciones o inconsistencias con declaraciones previas del mismo testigo prestados fuera del juicio, ordinariamente durante la etapa investigativa, que pueden ser utilizadas en juicio para impugnar su actual declaración;[487] o estas contradicciones pueden ser externas, ahora en relación al contenido de la declaración del deponente contraexaminado, comparada con el resto de la prueba rendida en el juicio.[488] Reiteramos, con toda la prueba rendida en el juicio cualquiera sea su naturaleza, no sólo con otros testimonios.[489]

d) La capacidad y condiciones de percepción del testigo en el momento de la ocurrencia de los hechos.[490] La capacidad de

---

487 Bergman menciona la consecuencia interna como un criterio de credibilidad de un testimonio. Una técnica de contraexaminación será que el testigo ratifique sus afirmaciones contradictorias prestadas en el juicio oral o acreditando la contradicción de lo declarado con una versión previa. BERGMAN (1995), p. 40.

488 Algunos consideran este proceder como un objetivo independiente en el contraexamen. Así lo entiende GUEVARA VÁSQUEZ (2015), p. 213 (un objetivo del contraexamen es obtener el testimonio de un testigo que entra en conflicto con el testimonio de otro testigo de la parte contraria).

489 Por ejemplo, con el contenido de un documento.

490 Nos referimos a las condiciones en el momento de la percepción, no a circunstancias o patologías presentes con anterioridad. Así sería el caso de alguien alcoholizado o bajo los efectos de sustancias estupefacientes al momento de la ocurrencia del hecho percibido.

percibir los hechos que tenga el testigo en particular, dado el contexto en que los presenció, es un antecedente a explotar a fin de minar su fiabilidad, por ejemplo, respecto de un testigo presencial y ocular de unos hechos, el lugar donde estaba ubicado, su ángulo de visión, la luminosidad, las distancias, la existencia de obstáculos que afectaran su visión, el tiempo de duración de un acontecimiento, las circunstancias fácticas en que se produce la observación,[491] el estado anímico del testigo en ese momento, etc., serán, entre otros, los factores que podrán ser tratados por el contraexaminador a fin de afectar la fiabilidad de ese testimonio.

Por ejemplo, supongamos que la víctima acaba de reconocer en la audiencia de juicio a quien la asaltó, sindicándolo directamente ante el tribunal. El contraexamen podría ser el siguiente:

Defensor:

—Quisiera que habláramos del momento en que usted fue asaltada, en la plaza. Usted fue asaltada, como le dijo al fiscal, ¿cerca de las once de la noche?

Víctima:

—Sí, era tarde.

Defensor:

—Cerca de las once de la noche, ¿verdad?

Víctima:

—Sí.

Defensor:

—Usted caminaba por la Plaza El Diamante, ¿cierto?

Víctima:

—Sí, iba a mi casa.

Defensor:

—Entonces, ¿usted conoce esa plaza?

---

491 Un ejemplo de lo señalado lo encontramos en el denominado "efecto arma", según el cual si una persona es atacada con un arma el foco de su atención estará preferentemente centrado en esa arma.

Víctima:

—Claro, casi todos los días transito por ahí.

Defensor:

—Esa plaza tiene luminarias en sus esquinas, ¿verdad?

Víctima:

—Sí.

Defensor:

—De hecho, ¿no tiene luminarias en los senderos internos?

Víctima:

—No, pero la plaza es bien tranquila.

Defensor:

—Pero, ¿no tiene luminarias en esos senderos?

Víctima:

—No, si ya le dije.

Defensor:

—Y usted esa noche, ¿caminaba por uno de esos senderos?

Víctima:

—Sí, prefiero atravesar la plaza, es más corto.

Defensor:

—Y mientras caminaba, sintió que alguien se acercaba, ¿verdad?

Víctima:

—Sí, me asusté.

Defensor:

—Usted señaló que era alguien que se acercaba por su espalda, ¿cierto?

Víctima:

—Sí, por eso me dio susto.

Defensor:

—Ese sujeto le dio un tirón a su cartera, ¿verdad?

Víctima:

—Sí, ese tipo me la quería quitar.

Defensor:

—Y usted trató de retener su cartera, ¿verdad?

Víctima:

—Claro pues, no quería que se la llevara ese ladrón.

Defensor:

—Sin embargo, es verdad que esa agresión duró sólo algunos segundos, ¿correcto?

Víctima.

—Sí, fue rápido, él era más grande que yo y me quitó mi cartera.

Defensor:

—Y después el sujeto que la atacó corrió con su cartera, ¿verdad?

Víctima:

—Sí, se llevó mis cosas.

Defensor:

—Mientras el sujeto corría le daba la espalda a usted, ¿verdad?

Víctima:

—Sí.

Defensor:

—Y en esa posición usted no podía ver el rostro del sujeto, ¿verdad?

e) Falta de habilidad para transmitir verbalmente los hechos al tribunal en forma adecuada. Una de las limitantes que es connatural a los juicios orales es que quienes declaran en él lo hacen de manera verbal, cuestión que puede resultar un obstáculo no fácil de superar para algunos declarantes, en particular aquellos que tienen el carácter de testigo o incluso para algunos acusados.[492]

Puede ocurrir entonces que uno de los litigantes se haya visto en la obligación de presentar a un declarante por imponérselo los requerimientos de acreditación de su teoría del caso, pese a presentar serias deficiencias en cuanto a su capacidad de rememorar, verbalizar y relatar adecuadamente ante el juzgador los hechos a los cuales se va a referir. En

---

492 *Vid.* BERGMAN (1989), p. 18. Según Bergman, rara vez uno puede demostrar lo que realmente sucedió. Las recreaciones verbales provienen de seres humanos cuyos poderes falibles de observación y memoria han sido documentados; incluso las descripciones verbales exactas deforman la realidad (las palabras poseen un poder limitado para reflejar los hechos reales). Si ello ocurre con un declarante promedio, esto puede verse incrementado sustantivamente si, además, ese declarante presenta debilidades manifiestas en su capacidad y habilidades para transmitir los hechos.

tal evento, el contraexaminador puede asumir la tarea en su contraexamen de exacerbar estas situaciones, demostrando al juzgador la falta de precisión de sus dichos, o los términos lingüísticos utilizados para describirlos, p. ej., señalando que utiliza términos confusos o ambiguos y/o que no ha sido capaz de justificar adecuadamente sus afirmaciones en el examen directo.[493]

f) La falta de correspondencia entre lo declarado y las máximas de la experiencia.[494] Todos nosotros, y los jueces también, vamos generando durante la vida y la experiencia acumulada ciertas expectativas que parecen naturales y obvias en determinadas circunstancias, esperamos que determinadas circunstancias o hechos ocurran o se desarrollen bajo esas expectativas. En el contexto judicial ello significa que cuando un testigo manifiesta una determinada respuesta, esperamos que contenga cierta información o sea capaz de hacerse cargo al justificarla de lo que llamaremos "expectativas razonables". Así, al escuchar un testimonio lo compararemos con esa experiencia acumulada y tenderemos, como dice Bergman, a considerar verosímiles las versiones que armonizan con esa experiencia, y tenderemos a descreer aquellas que la contradicen.[495] No podemos negar que es posible que un hecho sea percibido y luego relatado de una manera diversa a la experiencia común, pero trataremos de destacar en el contraexamen que no hay ninguna circunstancia o antecedente especial en el testimonio que haga razonable abandonar lo que dicta esa experiencia común.

g) La falta de correspondencia con los hechos públicos y notorios o con los hechos acordados en las convenciones probatorias. Para lograr este objetivo no solo debemos escuchar

---

493 DECASTRO (2005), p. 451 (se refiere a explorar la forma en que el testigo comunica los hechos percibidos).

494 Algunos entienden incluso que podría extenderse esta línea de contraexamen a situaciones en que el testimonio prestado en juicio presenta contradicciones relevantes con lo que usualmente denominamos "sentido común".

495 BERGMAN (1995), p. 37.

con mucha atención lo que el testigo declara en su examen directo, sino también conocer en detalle todas sus declaraciones previas y los hechos del caso que no requieren prueba por ser considerados por el tribunal como hechos públicos o notorios y los que fueron acordados y liberados de prueba en la audiencia de preparación de juicio oral.[496] Los hechos convenidos probatoriamente o constitutivos de hechos públicos y notorios pueden ser abordados por el litigante en sus alegatos de apertura y clausura, y también durante un contraexamen para obtener del declarante un testimonio que los contradiga.[497]

3. Obtener proposiciones fácticas favorables a nuestra teoría del caso. En este caso la información que pretendemos obtener del contraexaminado puede, por ejemplo, afectar la credibilidad de otro declarante de la parte contraria o su testimonio en determinado puntos[498]; servir como un antecedente que demuestra alguna de las proposiciones fácticas que van en apoyo de nuestra teoría del caso[499]; corroborar hechos ya acreditados, o que se demostrarán durante el curso del juicio oral con prueba propia; o al menos obtener ciertas concesiones por parte del declarante.

---

496 No olvidemos que uno de los debates planteados a propósito de las exclusiones de prueba está asociado precisamente a impedir que ingrese prueba innecesaria cuya finalidad sea exclusivamente dilatar el juicio. Ello ocurre precisamente con aquellas evidencias ofrecidas para acreditar hechos públicos o notorios.

497 En igual sentido Bergman (1995), p. 45.

498 Estableciendo que el testimonio en determinados puntos relevantes para la teoría del caso de quien contraexamina es más coherente, o aporta mayores detalles que otro declarante de la contraparte, o estableciendo contradicciones entre ambos testimonios que se explicitarán en la clausura, argumentando la prevalencia del testimonio del contraexaminado.

499 No olvidar que si se trata de proposiciones fácticas centrales de nuestra teoría del caso, como por ejemplo aquellas que no soportan el test de superposición de proposiciones fácticas, ellas deben ser acreditadas prioritariamente con prueba propia, pues no podemos tener certeza que el declarante de la parte contraria con el que queremos justificarlas ante el juzgador, declarará en definitiva en el juicio oral o será renunciado por la contraparte.

Puede ocurrir que de la declaración de un testigo presentado por la contraria podamos extraer proposiciones fácticas que sirvan también a nuestra teoría del caso. No trataremos de impugnar esa parte de su declaración, sino reafirmarla[500], a fin de que luego, con nuestra prueba, podamos establecer los puntos comunes entre ambas, que demostrarán al tribunal que nuestra teoría del caso explica de mejor forma cómo ocurrieron los hechos. Como señala Rua, nada más creíble y persuasivo que introducir información valiéndonos de un testigo que es hostil a nuestra versión de los hechos.[501]

4. Obtener del testimonio del testigo contraexaminado información que permita la acreditación e incorporación de evidencia material. Se trata de una manifestación de un contraexamen constructivo o positivo, al igual que aquel cuya finalidad es acreditar proposiciones fácticas favorables para la teoría del caso de quien contrainterroga, pues con ellos más que atacar directamente un declarante de la contraparte se pretende fortalecer la teoría del caso propia. La prueba material en sentido amplio, en la que comprendemos los documentos no estandarizados,[502] los objetos materiales, u otros mecanismos o soportes de reproducción de una imagen o sonido, que requieren, dadas las lógicas de producción de la información en un juicio oral, que sea a través de un testimonio que se realice su presentación ante el juzgador. La prueba material no puede acreditarse por

---

500 Este objetivo demuestra que en el contraexamen se pueden hacer preguntas que buscan que el declarante repita o reitere información ya proporcionada por el declarante en su examen directo. Estas preguntas sugestivas no son objetables por repetitivas o reiterativas pues, si bien fueron formuladas y contestadas en el examen directo, es la primera vez que las formula el contraexaminador y por ello no pueden ser consideradas reiterativas.

501 Rua (2014), p. 45.

502 Documentos que por su naturaleza requieren del testimonio de un declarante para poder ingresarlos como prueba ante el tribunal, pues es precisamente ese testimonio el que informará al tribunal del origen y sentido del mismo. Es el testimonio del testigo el que acredita el documento, para que luego demos a conocer al tribunal el contenido del documento. Distinto es el caso de los documentos, sean públicos o privados, altamente estandarizados que pueden incorporarse directamente en juicio como prueba mediante la lectura de ellos que hace el litigante. Sería el caso de un certificado de nacimiento o defunción, etc.

sí misma,[503] ni señalar al tribunal el contexto fáctico en que la información que proporcionan es relevante para resolver las cuestiones controvertidas del caso. Para estos efectos es altamente persuasivo y desde la perspectiva de la credibilidad el que esa acreditación se haga utilizando un declarante de la contraparte.[504]

Acreditar prueba material con el testimonio de un declarante de la parte contraria implica ciertos riesgos. En primer lugar, los propios de realizar esta actividad de acreditación con un declarante que puede comportarse eventualmente de manera hostil y no favorecer la incorporación eficaz del medio probatorio. En segundo término, existe un riesgo aún más importante, como sería el que la contraparte durante el juicio oral renunciara a la presentación del declarante que se pretendía utilizar para la incorporación de la evidencia material, impidiendo con ello alcanzar un objetivo relevante para nuestra teoría del caso.[505] La recomendación estratégica es planificar la incorporación de nuestras evidencias materiales privilegiando la utilización de declarantes propios, y sólo recurrir a un deponente de la contraria cuando no sea posible hacerlo con un declarante propio.

No todos los objetivos que pueden plantearse por el litigante en un contraexamen serán destructivos respecto del testigo o su declaración. La mayoría sí lo serán, pero acreditar proposiciones fácticas favorables a nuestra teoría del caso o acreditar evidencia material favorable a nuestra teoría del caso durante un contraexamen, son manifestaciones de un contraexamen constructivo, que puede impactar en la forma en que abordaremos al declarante, o incluso podrían llevar al litigante a optar por no ejecutar determi-

---

503 Hacen excepción a lo señalado los documentos altamente estandarizados que, dada la confiabilidad que presentan, pueden ser introducidos directamente por su lectura en el juicio oral.

504 Rua (2014), p. 46.

505 La forma para evitar en parte tan grave efecto sería que el litigante en la audiencia de preparación de juicio oral ofrezca como prueba propia al declarante ofrecido por su contraparte. Así, en el evento que la contraria renuncie a su presentación durante el juicio, se podrá proceder a su presentación como prueba propia, pero con la dificultad de tener que examinarlo conforme a las reglas del examen directo.

nadas líneas de contraexaminación, sopesando, por ejemplo, si es más valioso para su teoría del caso afectar la credibilidad personal de un declarante o resaltar ciertas proposiciones fácticas de importancia para su teoría del caso, bajo la lógica que si se ataca severamente la credibilidad personal del deponente contraexaminado, no resultará coherente y creíble para el tribunal que adicionalmente ratifiquemos ciertas proposiciones fácticas favorables a nuestra teoría del caso con su testimonio, y que le solicitemos finalmente al tribunal, en la clausura, que establezca que el declarante no es una fuente de información confiable, salvo en aquello que ha señalado que es favorable a nuestros intereses.[506]

III. PREPARACIÓN

Para abordar con una expectativa razonable de éxito un contraexamen debemos de manera previa al juicio preparar el ejercicio de esta técnica. Para ello recomendamos:

a) Tener claridad respecto de las teorías del caso en juego y los antecedentes que las justifican y fundan;
b) Haber determinado antes del juicio los declarantes a ser contraexaminados;
c) Identificar el o los temas que serán abordados en el contraexamen de cada declarante y cómo serán abordados durante el juicio, es decir, debemos determinar previamente cuál es la línea de interrogatorio que utilizaremos para acercarnos a los puntos a tratar. Además debemos tener en consideración los principios de primacía y lo más reciente[507],

---

506 Otros autores plantean que se pueden abordar objetivos que aparecen como contradictorios, y que lo relevante es el orden en que se abordarán temáticamente durante el contraexamen, así se plantea que se debe iniciar con los objetivos constructivos o no confrontacionales y luego avanzar a aquellos destructivos o dañinos para el declarante o su testimonio. *Vid.* Rua (2014), pp. 46-47; Decastro (2005), p. 375.

507 Sería recomendable iniciar o terminar el contraexamen con una confrontación relevante con declaraciones previas. Fontanet recomienda que si es posible una impug-

dejando para el principio y el final los temas más importantes a abordar con el deponente. Otro tema a considerar es cómo abordar los temas identificados para el contraexamen. Para no facilitarle las cosas a quien es objeto de la contrainterrogación, se recomienda alterar la cronología seguida en el examen directo al abordar la tarea de contraexaminación.

d) Contar con los elementos de control pertinentes para reaccionar ante una respuesta no esperada del declarante, o derechamente desfavorable para nuestra teoría del caso.

El litigante deberá conocer en detalle y comparar todas las declaraciones previas del deponente con su testimonio prestado en el examen directo y, además, con el resto de las evidencias del caso, a fin de detectar inconsistencias o contradicciones.[508]

Según Bergman, se puede plantear un modelo de seguridad de las preguntas y temáticas a abordar en un contraexamen según sea nuestra capacidad de enfrentar o refutar una respuesta desfavorable del declarante.[509] Así, Bergman distingue entre:

a. Preguntas muy seguras: es posible refutar una mala respuesta del declarante recurriendo a una declaración previa del mismo,[510] o al testimonio de un declarante más verosímil o creíble.[511]

---

nación del testigo, esta se haga al inicio del contraexamen, porque pueden lograrse dos cosas: 1°) para efectos del juzgador, todo lo que conteste el testigo con posterioridad va a estar maculado por la impugnación; 2°) el testigo puede quedar intimidado por el abogado y podría tornarse más cooperador. Fontanet (2010), p. 243.

508 Adicionalmente puede ser utilizado como mecanismo de control o impugnación la institución de la prueba sobre prueba. Sobre este punto véase Rua (2014), pp. 148-152.

509 Bergman (1995), pp. 146-173.

510 Deberá considerarse en cada país si la concepción de declaración previa es amplia o restringida. De ser restringida sólo a aquellas generadas en el contexto del mismo proceso penal, particularmente durante la etapa investigativa, otros registros previos del contraexaminado originados fuera del proceso penal deben ser utilizados para confrontarlo a través del mecanismo procesal denominado "prueba sobre prueba".

511 Ese declarante puede ser uno ofrecido por quien ejecuta el contraexamen, o incluso otro declarante de la parte contraria. Este ejercicio de refutación puede

b. Preguntas de seguridad media: se utilizarán como mecanismo de refutación nuestra propia historia[512], un testigo que no puede ser llamado,[513] o para demostrar la inverosimilitud de lo señalado por el contraexaminado.[514]

c. Preguntas mínimamente seguras ("salir a pescar"): ello ocurre cuando el litigante formula preguntas en que no sólo no sabe cuál será la posible respuesta del declarante, sino que además no cuenta con un mecanismo para refutar una posible mala respuesta. ¿Se puede preguntar sobre puntos respecto de los cuales se ignora la respuesta? Si el contraexamen supone una preparación exhaustiva, y si esa

---

suponer la realización de dos contraexámenes, uno del declarante actualmente interrogado y otro de otro testigo de la contraparte ratificando aquellas partes de su declaración que son contradictorias con el testimonio del primer declarante contraexaminado; o el contraexamen del declarante a impugnar más la examinación directa de un declarante propio que se considere que es más verosímil en el tema impugnado que el declarante contraexaminado.

512 Será un contraexamen basado en nuestra teoría del caso en la medida que las respuestas del declarante puedan ser refutadas por la víctima o el acusado, según sea el caso.

513 Según Bergman, si uno pregunta de un modo que sugiere enérgicamente que puede refutar una respuesta desfavorable, es posible que el testigo se incline más a presentar una versión veraz. Con el fin de sugerir enérgicamente nuestra capacidad de refutación, debemos formular muchas preguntas que evoquen detalles relacionados con el testigo inalcanzable antes de intentar la obtención de la evidencia que uno necesita. Bergman (1995), p. 160. Se trata de casos en que no hemos ofrecido a ese declarante, no está disponible como prueba sobre prueba, ni podríamos utilizar su declaración previa.

514 Supone repetir en el contraexamen aquellas porciones del examen directo que demuestra la falta de coherencia interna del testimonio prestado o con las máximas de la experiencia, reglas de la lógica o los conocimientos científicamente afianzados, que de ordinario en la mayoría de los Códigos procesales se constituyen en límites que tiene un juzgador al valorar la prueba. Obtenida la información, se procede argumentativamente en el alegato de clausura a demostrar cómo esos dichos del declarante son contradictorios con criterios relevantes del razonamiento humano. Junto con obtener la reiteración de la información pertinente durante el contraexamen, se recomienda al litigante evaluar la pertinencia de aprovechar esa instancia para cerrar las puertas a otras posibles explicaciones que pudiera plantear el contraexaminado, dotando con ello de mayor fuerza persuasiva a las argumentaciones que formularemos sobre la inverosimilitud del testimonio durante el discurso de clausura.

preparación requiere el conocimiento acabado de todos los antecedentes del caso, en el contraexamen durante el juicio oral no vamos a pretender descubrir nueva información realizando preguntas investigativas al declarante para ver si de sus respuestas surge o no un punto o hecho que nos sea de utilidad. Adoptar tal actitud sería asumir un alto riesgo, pues perdemos control del interrogatorio al no saber qué es lo que nos va a contestar el declarante, y porque además si lo que nos señala es perjudicial para nuestra teoría del caso, no tendremos cómo confrontarlo, pues no nos hemos preparado para esa hipótesis.

En el contraexamen es esencial mantener el control no sólo del declarante sino también sobre sus dichos. Sin embargo, ello no constituye una máxima inquebrantable, por lo que finalmente será el litigante –enfrentado a la situación en concreto– el que deberá decidir si evita hacer preguntas cuya respuesta probable no conoce, o si por el contrario, evalúa como razonable asumir ese riesgo y procede a hacer ese tipo de preguntas al contraexaminado. Bergman sugiere que si se decide salir de pesca, para ser eficaz en ese ejercicio se debe: 1) prestar atención a los temas que el adversario evita tocar durante su examen directo; 2) confiar en el juicio del litigante, para identificar aquellos temas sobre los cuales el declarante no demuestra seguridad al prestar su testimonio; 3) evitar los ataques frontales al testimonio; 4) explorar detalles del contenido de la declaración del testigo, para demostrar que no los maneja, que da detalles más allá de lo razonable, o que la entrega de ciertos detalles entra en contradicción con sus declaraciones previas; 5) utilizar la técnica de "saltar, brincar y correr", esto es, efectuar un contraexamen que rompa la estructura y cronología del examen directo, con el propósito de generar confusión en el declarante, sin darle la posibilidad de dar explicaciones de sus dichos. El riesgo de esto es que la confusión no sólo alcance al declarante sino también al tribunal; 6) tratar de determinar qué hechos debieron haber ocurrido, sea antes, durante o después, si lo dicho por el declarante es cierto. La repregunta debilita al testimonio directo demostrando que no existen los hechos que uno esperaría hallar si la declaración del testigo fuese cierta.[515]

IV. PREGUNTAS A UTILIZAR EN EL CONTRAEXAMEN

La forma de guiar un testimonio para lograr los objetivos propuestos es hacerlo con preguntas que permitan controlar al declarante y llevarlo a revisar sólo aquellos tópicos que queremos tratar con nuestras preguntas. Para ello debemos utilizar exclusivamente preguntas sugestivas.[516] La idea es evitar que con nuestras preguntas el interrogado llene los vacíos que hubieren quedado en su examen directo, cuestión que le sería muy fácil de lograr si se le formulan preguntas abiertas, que son propias de un examen directo.[517]

Otra regla básica del contraexamen es evitar que el testigo vuelva a repetir ante los jueces la declaración que ya prestó, pues ello sólo contribuiría a formar convicción en el tribunal de que esa narración de los hechos contraria a nuestra teoría del caso es la que más se acerca a la verdad. La forma más simple de evitar que ello ocurra es no darle oportunidad al testigo para repetir sus dichos utilizando preguntas abiertas.[518] Las preguntas abiertas en un contraexamen hacen perder control a quien pregunta, le entregan el

---

515 Bergman (1995), pp. 167-173.

516 En algunos textos se habla de "preguntas asertivas" para referirse a las preguntas idóneas de formular en un contraexamen. Usaremos en este texto el término sugestivo y lo consideraremos sinónimo de asertivas, inductivas o afirmativas, pese a que existen autores que las consideran a cada una de ellas como diferentes.

517 El artículo 330 del C.P.P. chileno, al regular los métodos de interrogación en juicio oral, limita el uso de las preguntas sugestivas solo respecto de los interrogatorios (o examen directo de testigos o peritos). Se señala expresamente que, en sus interrogatorios las partes que hubieren presentado a un testigo o perito, no podrán formular sus preguntas de tal manera que ellas sugieren la respuesta. Igual regulación se aplica con el imputado cuando se allana a prestar declaración en juicio.

518 Fontanet (2010), p. 136. Más adelante veremos que esta regla tiene ciertas excepciones asociadas a la técnica de la confrontación con declaraciones previas inconsistentes o con la situación en que algunos de los dichos del deponente son

control del contenido del testimonio al declarante, que ordinariamente es hostil a las pretensiones del contraexaminador, por lo que muy probablemente frente a una pregunta abierta el declarante procederá a repetir ante el juzgador información perjudicial para nuestros intereses o evadirá las temáticas que queremos tratar; incluso podrá aprovechar la oportunidad de complementar lo ya referido en su examen directo. Difícilmente podremos lograr que el deponente se refiera en sus dichos a los temas que concretizan los objetivos definidos al planificar su contraexamen.

La directriz en el contraexamen es la utilización de preguntas sugestivas, sobre temas específicos, de un hecho concreto. Las interrogaciones formuladas deben ser más bien afirmaciones de hecho, referidas a un punto específico de información, que buscan ser ratificadas o negadas por el declarante.[519] Se trata de afirmaciones formuladas por el litigante que contienen un hecho favorable a nuestra posición o un conjunto de afirmaciones de hecho que, formuladas por separado, una a una, apoyan la construcción de una conclusión favorable a nuestra tesis.[520]

Lo anterior permite hacer preguntas breves, precisas, claras y con control, sin que puedan generar equívocos en su interpretación, ni en el destinatario de la misma, ni en el tribunal que espera que ella sea contestada afirmativa o negativamente.

Formular preguntas sobre un hecho supera los problemas que origina el uso de preguntas compuestas, esto es, que contengan la afirmación de más de un hecho en la pregunta. Ese tipo de pre-

---

favorables a nuestra teoría del caso y, por ende, queremos volver a reforzarlos en nuestro contraexamen.

519 Una cosa es manifestar que la forma correcta de abordar un contraexamen es utilizando preguntas sugestivas y no preguntas abiertas, y otra muy distinta es plantear que ello constituye una regla obligatoria que de no cumplirse permite objetar la forma en que de manera defectuosa se realiza un contraexamen con preguntas abiertas. Desde un punto de vista estratégico, no habría incentivo alguno para quien realizó el examen directo de objetar preguntas abiertas formuladas a alguno de sus declarantes durante el contraexamen de la parte contraria.

520 Como se afirma frecuentemente en los cursos de litigación oral, en cada pregunta de un contraexamen sólo cabe un hecho que, al ser reconocido por el examinado, nos permite formular una nueva afirmación y así avanzar sucesivamente.

guntas puede habilitar a nuestra contraparte para formular una objeción por pregunta compuesta, como una manifestación de capciosidad, o una objeción por ser confusa. Además de dificultar el control del declarante, si la respuesta del testigo es negativa tendríamos que desagregar la pregunta en cada una de las afirmaciones que contiene para efectuar el control de su respuesta y especificar a qué se refería su negativa, y aunque contestara afirmativamente a esa pregunta compuesta, el juzgador podría tener dudas si esa respuesta afirmativa se refiere a todos los términos de la pregunta o sólo algunos, o incluso creyendo que es respecto de todos los términos de la pregunta si es con la misma intensidad.

Las preguntas sugestivas, referidas a un tema específico y de un punto, deben además tener una característica adicional: deben ser "incrementales", es decir, deben ser formuladas de manera tal que cada pregunta de una serie de ellas vaya aumentando o incrementando la información que se le entrega al tribunal.[521] Recordemos que la idea es impactar al tribunal, generando con la información proporcionada por el declarante un elemento de juicio que deteriore la credibilidad del contraexaminado o de su testimonio, y con ello reducir la posibilidad de que ese testimonio contribuya a que una versión distinta a la nuestra pueda ganar su convicción. Para tales efectos es de suma importancia que la información aflore del declarante, pero que lo haga de manera incremental, hasta evidenciar una conclusión respecto de ciertos hechos.[522] En caso contrario, no sólo podemos encontrarnos en una hipótesis de pregunta objetable por confusa, sino que más importante que lo anterior, frente a una nula ganancia en impacto y persuasión ante el tribunal.

---

521 Por ello es una recomendación propia del contraexamen ir desde lo general a lo particular.

522 Preguntar de manera directa e inmediata la conclusión buscada en el contraexamen nos pone en una posición de antagonismo con el declarante, que se irá incrementado, además de afectar el impacto que esas preguntas puedan causar en el juzgador, dada la brevedad de la secuencia de preguntas. Sin perjuicio de ello, debe recordarse que la conclusión que favorece nuestra teoría del caso debe necesariamente señalarse explícitamente en el discurso de clausura.

Las preguntas sugestivas cumplen en el contraexamen la virtuosidad de permitir al litigante dirigir sus preguntas sobre los temas que desea abordar conforme a su teoría del caso, permitiéndole controlar al deponente y orientar al tribunal sobre las temáticas que a juicio del contrainterrogador afectan la credibilidad personal del deponente o de su testimonio. La fórmula de preguntas sugestivas, referidas a un tópico específico de información, en las que solo cabe un hecho por pregunta, colabora eficientemente a que el tribunal cuente al final del contraexamen con información útil y valiosa para la valoración de una declaración, sin que exista riesgo sobre la calidad de esa información generada ante el juzgador.

Existe una diferencia fundamental y trascendente en el uso de las preguntas sugestivas en un examen directo y en un contraexamen, que está asociado al posible riesgo de afectación de la calidad de la información que adquiere el juzgador. En el examen directo el riesgo es muy alto, pues el declarante ha sido presentado a rendir testimonio por el interrogador y como suele compartir su pretensión, tiene una alta disponibilidad en caso de tener duda sobre la ocurrencia de un hecho o incluso de ignorar derechamente su existencia, a conceder el punto al examinador directo si éste se lo sugiere abiertamente en su pregunta. Por el contrario, en el caso del contraexamen, el riesgo de este acuerdo tácito prácticamente desaparece y con ello el riesgo para la calidad de la información que recibirá el juzgador. En efecto, el deponente ya ha prestado y justificado su testimonio ante el tribunal, por lo que su disponibilidad a cambiar sus dichos ante propuestas sugestivas del litigante que representa un interés contrario es prácticamente nula. Más bien la reacción natural y obvia de un testigo que cree firmemente en lo ya declarado, será negar la propuesta del contraexaminador y mantener sus dichos.

¿Cómo se estructura una pregunta sugestiva? En un sistema maduro de litigación la sugestividad debiera expresarse básicamente por la entonación de la pregunta, pues es la forma más limpia de hacerlo. Sin embargo, cuando se trata de un sistema de litigación que está en camino a consolidarse, como ocurre en la mayoría de los países de Latinoamérica, o frente a ciertos testigos que no son capaces de diferenciar una aseveración de una pregunta cerrada, es necesario recurrir a ciertas palabras o términos que no dejen duda que la pregunta formulada es sugestiva.[523]

Una pregunta cerrada es aquella que refiriéndose a un punto específico de información permite que el testigo muchas veces conteste afirmativa o negativamente, como de ordinario son las respuestas que escuchamos en un contraexamen estructurado en base a preguntas sugestivas. Ejemplos de preguntas cerradas serían: "¿Ud. conoce al acusado, el Sr. X?" o "Ud. está casado, ¿cierto?" Esas son preguntas propias del interrogatorio directo[524], donde buscamos que el deponente nos conteste según su saber sobre un punto específico de información. No le estamos proponiendo como interrogador cuál es la respuesta buscada, aún en el evento, como ocurre de ordinario, que sabemos la respuesta que nos dará.[525] En cambio, en la pregunta sugestiva o inductiva la respuesta buscada va incluida en la pregunta; ya no buscamos que el declarante elija entre dos opciones posibles, sino que ratifique la opción que nosotros le proponemos en la pregunta. Si la entonación al formular la pregunta no es suficiente, debemos usar algunas palabras o "muletillas" que dejen eso claro al declarante. Ejemplos de preguntas sugestivas: "Ud. está casado, ¿verdad?"; "¿Es verdad que Ud. conoce al acusado?; "¿No es verdad que Ud. conoce al acusado?" Queda claro que las preguntas buscan claramente establecer dos hechos, que una persona sí está casada, y que conocía al

---

523 Por ejemplo, agregando al principio o final de la pregunta expresiones tales como: "¿es verdad?", "¿es cierto?", "¿es correcto?", "¿es efectivo?", u otra fórmula que permita que el testigo a quien se formula la pregunta tenga claridad absoluta que la pregunta que se le hace debe ser contestada en forma positiva o negativa.

524 Muchas de ellas surgen a partir de la respuesta a una pregunta abierta, para focalizar el testimonio en puntos más específicos mencionados por el declarante en su respuesta. Por ejemplo si el testigo señaló que había entrado a un bar, la siguiente pregunta podría comenzar de la siguiente manera: "Al ingresar Ud. al bar, ¿vio al acusado?".

525 Sabemos que en el examen directo, y con mayor razón en un contraexamen, lo que buscamos es transmitir información conocida al juzgador, por lo que si preguntamos aun cerradamente a un declarante, sabemos que su respuesta proporcionará directa o indirectamente una proposición fáctica de nuestra teoría del caso que necesitamos justificar ante el tribunal.

acusado. Nadie podría entender que la pregunta está planteando una opción diferente.

Distinto es que un declarante contraexaminado legítimamente pueda no aceptar la propuesta formulada en la pregunta por el contrainterrogador y negarla. Pero en tal evento se supone que un buen contrainterrogador contaría con algún mecanismo para demostrar al tribunal que la afirmación contenida en su pregunta debiera haber sido la respuesta obtenida. Por ejemplo, podría confrontar a ese declarante con una declaración previa o presentar una prueba sobre prueba para demostrar la falta de veracidad del declarante.

¿Sólo pueden utilizarse preguntas sugestivas en el contraexamen? ¿Se pueden formular preguntas abiertas? Las respuestas a estas preguntas han generado debates académicos y entre litigantes en general. La mayoría de los autores fundan el contraexamen como expresión de la contradictoriedad.[526] El contraexamen es un acto de control sobre el deponente y sus dichos, por lo que debiera estructurarse a partir de preguntas sugestivas, que son la únicas que permiten por un lado focalizar rápidamente los temas a abordar con el deponente, impidiendo que éste pueda repetir lo manifestado en su examen directo, y por otro, en el camino a evidenciar las contradicciones, omisiones, faltas de consistencia, interés, etc., del declarante, permiten mantener el control sobre el deponente y la extensión de sus respuestas, impidiéndole extenderse en explicaciones o justificaciones para minimizar los efectos alcanzados con el contraexamen. Quienes adhieren a esta tesis señalan que no hay excepciones a esta regla.

Para otros autores, como Fontanet, no cabe duda que la regla general debe ser la propuesta, es decir, utilizar preguntas sugestivas y además que sean referidas a temas específicos y que aborden un hecho a la vez, pero ella puede tener ciertas excepciones. Dentro de estas excepciones se mencionan, por ejemplo: las preguntas intro-

---

526 Recordemos que el principio contradictorio es una piedra angular en el diseño de los procedimientos acusatorios y en particular de los juicios orales adversariales.

ductorias, o referidas a aspectos no sustantivos de nuestra teoría del caso, o a hechos pertinentes del caso pero no controvertidos, o incluso para abordar hechos controvertidos del caso, particularmente si contamos con otra evidencia o mecanismo de control que reduzca al mínimo el efecto de los dichos o la explicación que quisiese intentar el declarante.[527] Marín alude a la posibilidad de utilizarlas al comienzo de una línea de interrogación o cuando el objetivo es acreditar las propias proposiciones fácticas de nuestra teoría del caso con las que el declarante está de acuerdo.[528]

V. COMPORTAMIENTOS ESPERADOS DE UN CONTRAINTERROGADOR

1. Asumir un rol activo. Si en el interrogatorio directo se señala que el rol del abogado es prácticamente pasar inadvertido ante el juzgador durante la declaración de sus testigos, interviniendo sólo para controlar o redireccionar el testimonio, permitiendo con ello que la información fluya directamente del deponente hacia el tribunal, ahora de lo que se trata es que el abogado asuma un rol mucho más activo, visible y de control sobre la declaración del deponente. Cayendo en el pecado de exagerar un poco, el abogado litigante habla a través del testigo contrainterrogado, quien debiera limitarse básicamente a ratificar la información contenida en la pregunta formulada.

Es posible también utilizar un tono más asertivo que en el examen directo, eso sí, sin perder nunca la calma o aparentar molestia

---

527 En igual sentido Fontanet (2010), pp. 224 y s.

528 Marín (2018), p. 115. Si la información buscada es compartida por el declarante, es más persuasivo que éste la entregue libremente con sus dichos y que no sea una simple ratificación de lo que nosotros aseveramos. Ello no es óbice para que tengamos que contar con un mecanismo de control, ordinariamente una declaración previa, para obtener esa información en concreto si el declarante en la respuesta a una pregunta abierta se limitara a realzar otros puntos que no son relevantes o incluso son dañinos para nuestra teoría del caso.

o desagrado con el deponente, es decir, nunca debe aparecer como una cuestión personal entre el declarante y el contraexaminador.[529]

Otra forma de asumir un rol más activo y mantener el control sobre el declarante es utilizar titulares que señalen al testigo, y también al tribunal, el tópico que se abordará con la secuencia de preguntas que seguirán a continuación, para evitar que el testigo se desvíe de esas temáticas en sus respuestas.

2. Usar un volumen de voz y una entonación adecuada. Ya hemos señalado que el mecanismo más idóneo para efectuar un contraexamen efectivo es la utilización de preguntas sugestivas referidas a un tema en particular y que ellas contengan en su elaboración un solo hecho. Incluso aludimos a la posibilidad de utilizar ciertas palabras o "muletillas" para reafirmar el carácter sugestivo de una pregunta. Colaboran al objetivo de una contraexaminación eficiente, por una parte, el utilizar un volumen de voz apropiado, esto es, que pueda ser escuchado con claridad en la sala de audiencias por el declarante y el juzgador; y por la otra, un tono o entonación firme, de modo que el testigo comprenda que se espera de él una respuesta breve y concisa.

3. Ser flexible. El litigante debe ser rápidamente capaz de adaptar su estrategia de interrogatorio a las dificultades que pueda oponerle el declarante, por ejemplo, su hostilidad, la falta de disposición a colaborar, su exagerada capacidad de argumentar, sus evasivas, etc., o su contraparte al interrumpir la secuencia de preguntas del contraexaminador con sus objeciones. El contraexamen es un ejercicio de paciencia donde el litigante debe mostrar su inteligencia y perspicacia para no apartarse del foco de los objetivos a alcanzar con determinado declarante. La frustración e incluso la molestia que siente el abogado frente a un testigo que escapa a su control, o ante las objeciones, revela que el método de ejecución elegido fue inapropiado y muchas veces es posible observar que

---

[529] Como se suele decir coloquialmente, "sea duro con los hechos y blando con las personas".

lamentablemente conlleva el abandono del contraexamen por el litigante.[530]

4. Actuar de manera inteligente. Como se trata de llevar al declarante a una forma de interrogación muy distinta al examen directo, y para evitar que éste se considere atacado por el contraexaminador, algunos litigantes recomiendan iniciar el contraexamen con preguntas sugestivas de contexto, que puedan fácilmente ser aceptadas por el testigo y que no afecten en nada la teoría del caso del contraexaminador, para luego progresivamente avanzar hacia los puntos centrales del contrainterrogatorio.

Otros recomiendan iniciar el contraexamen sobre los hechos del caso, refiriéndose a los puntos de la declaración prestada por el declarante que sean favorables a nuestra teoría del caso para ratificarlos y reiterarlos ante el juzgador, o respecto de hechos en que exista una alta probabilidad que sean aceptados por el declarante. Proceder de la forma antes reseñada permitirá que el testigo se ponga de acuerdo con el litigante en algunos puntos, no asuma una postura defensiva u hostil al contrainterrogador y luego esté más dispuesto a hacer concesiones sobre otros hechos más conflictivos.

Sobre esta forma de proceder podemos destacar dos técnicas de contraexamen. La denominada "concesión debilidad" consiste en abordar un tema de contraexamen, partiendo con preguntas sugestivas destinadas a que el testigo reconozca hechos que no serán controvertidos por él, los haya o no mencionado en su examen directo, para luego avanzar a hechos que evidencien la debilidad del testimonio o del declarante que se pretende establecer. La denominada "hipótesis versus realidad" consiste en pedir al declarante que se refiera a la forma en que una determinada actividad o

---

530 Para evitar este indeseado efecto se sugiere que el litigante que practica un contraexamen tenga a la vista una ficha del declarante a contraexaminar que junto con otras informaciones contenga una enumeración de los temas o capítulos que serán abordados. Así cuando el litigante perciba que está perdiendo el control y se plantee abandonar el contraexamen, pueda mirar dicha minuta y verificar si ha abordado todos los puntos que previamente ha definido como necesarios de tratar con ese declarante, conforme a su teoría del caso.

procedimiento debe realizarse correctamente, para luego contrastar esa información reconocida por el declarante con lo que efectivamente ocurrió en el caso. Por ejemplo, establecer con un policía la forma en que se debe cerrar y resguardar un sitio del suceso conforme a los protocolos y directrices institucionales, para luego demostrar los aspectos de ese protocolo que fueron incumplidos en el caso concreto.

En las estrategias propuestas el objetivo es el mismo: no entrar en una confrontación inmediatamente iniciado el contraexamen, que pueda significar acrecentar el eventual antagonismo del declarante, particularmente si hay tópicos del contrainterrogatorio que no son confrontacionales, como sería por ejemplo obtener del declarante proposiciones fácticas favorables a la teoría del caso y que fueron mencionadas en el examen directo o utilizar su declaración para incorporar o reconocer evidencia material.

5. Considerar quién es y qué particularidades presenta la persona que será contraexaminada.[531] Es imprescindible tener cierto conocimiento de la persona objeto del contraexamen para determinar cuál será el tono de voz y actitud corporal frente a él. No es posible concebir una regla única en cuanto a la manera que debemos afrontar en estrados el contraexamen, pues ello dependerá, por ejemplo, de la edad del declarante, del delito que se trate en el caso de la víctima,[532] del grado de experiencia del deponente en declarar en juicios,[533] el que sepamos con certeza que la persona ha mentido en el examen directo o lo está haciendo en el contrainterrogatorio, cuando lo que cuestionaremos es un error en que incurrió una persona probablemente de buena fe, etc.[534] Todas estas

---

531 Carofiglio (2010), pp. 36-37 (es necesario conocer a quién se va a contraexaminar y la impresión que ha causado en los jueces durante el examen directo).

532 Determinados delitos causarán una mayor empatía natural con la víctima por parte de los jueces y, por tanto, estarán más dispuestos a protegerla de ciertas formas de interrogatorio que se pudieran considerar agresivas o coactivas.

533 Sería el caso de los funcionarios policiales o de los peritos pertenecientes a instituciones estatales, los cuales habitualmente concurren a los tribunales a enfrentar contraexámenes.

534 En igual sentido Fontanet (2010), pp. 121-122.

consideraciones, y otras que puedan derivarse del caso particular, deben ser tenidas en cuenta al momento de definir la forma en que se enfrentará al declarante en el contraexamen.[535]

Sin perjuicio de la decisión de ser más asertivos o intensos en el contraexamen de un determinado declarante, la recomendación general es no confundir esta técnica con una cuestión de carácter personal con el declarante. Lo que se debe buscar es dar a conocer al tribunal ciertos elementos de hecho que le permitirán valorar de mejor forma aspectos sobre su credibilidad o de su testimonio. Para ello no es necesario enemistarse con el deponente o enfrentarse a él durante el contraexamen. Sobre la forma en que se abordará un contraexamen en particular, el litigante debe ponderar cuál sería el impacto que podría tener en el juzgador la manera en que se realice el contraexamen.[536]

6. Definir si el contraexamen será temático o cronológico. La forma en que se desarrollará el contrainterrogatorio en el juicio es una decisión estratégica que se debe adoptar al término del examen directo, pues es posible que aquello que se había planificado en abstracto antes del inicio del juicio, requiera de un ajuste por lo efectivamente ocurrido en el examen directo.

Se puede desarrollar siguiendo un orden cronológico, pero en general ello no es recomendado pues hacerlo de esa manera facilita la declaración del declarante, incluso al punto de correr el riesgo de repetir el examen directo. Sería un error permitir al declarante que vuelva a relatar una historia ante el tribunal que ha sido narrada conforme a las pretensiones de la contraparte. En el contraexamen es preferible limitarse a aquellas porciones o partes de la historia respecto de las cuales es posible extraer información favorable a la teoría del caso.[537] Por ello se sugiere

---

535 Sobre la forma de proceder en ciertos casos especiales de declarantes, *vid.* Rua (2014), pp. 127-136.

536 Carofiglio (2010), p. 37 (sobre el efecto psicológico que la modalidad de contraexamen puede causar en el juzgador, lo cual se hace más relevante en juicios ante jurados).

537 La forma cronológica es recomendable cuando lo que se busca es demostrar al tribunal que la declaración prestada por el declarante no era completa o tenía

dar preferencia a una estructura temática en el contraexamen, atacando directamente el punto más débil de la declaración del testigo[538], tocando diferentes puntos de su declaración en un orden distinto al del testimonio prestado[539]; partir de la última pregunta formulada en el examen directo[540]; abordando diversos temas que sean de interés para el contraexaminador, partiendo por el más fuerte para dejar de inmediato una fuerte impresión en el juzgador; iniciar obteniendo del declarante nueva evidencia o repitiendo evidencia favorable, etc.[541]

En el caso de los contraexámenes temáticos es conveniente marcar o dejar claro ante el declarante y el tribunal cuando se está pasando de un tema a otro, o cuando dentro de una temática en particular se abordará un capítulo de información diferente. Para que ello sea efectivo se suelen incorporar transiciones, que más que

---

numerosas inconsistencias. Al tocar los mismos puntos de su declaración original, da la idea de una labor acuciosa y razonada del litigante que, por lo mismo, es fácil de percibir por el tribunal. De esa manera se pueden ir completando los vacíos del examen directo. También puede resultar de utilidad cuando el examen directo del declarante ha dejado en evidencia la preparación o *coaching* del testigo. Interesa resaltar ante el juzgador que el deponente se ha aprendido un libreto. Este sería el caso en el que se pueden hacer preguntas abiertas, para que el tribunal escuche una repetición textual del testimonio.

538 Se puede adoptar este modelo, por ejemplo, cuando el punto en cuestión recae sobre una proposición fáctica central para la contraparte. La idea es dar un golpe de gracia al testimonio, mediante el contraexamen. Se trata de transmitir al tribunal que el o los puntos en los que se ha focalizado el contraexamen son los aspectos principales para desechar ese testimonio totalmente, o al menos sobre algunos asuntos en particular.

539 Abordar el contraexamen de manera temática implica identificar distintos puntos conforme a nuestra teoría del caso, corroborando durante el desarrollo del examen directo que son asuntos posibles de ser contraexaminados, pero alterando el orden o la secuencia seguida en el examen directo. Este modelo es útil para enfrentar a un declarante que puede haber sido instruido en la forma y contenido de su declaración. En esos casos el contraexamen perseguirá desordenar el "libreto" que el testigo tenía preparado.

540 A veces será útil para demostrar al tribunal que estamos preparados para enfrentar adecuadamente cualquier tema, incluso aquellos que la contraparte ha determinado como fuertes y que ha utilizado para cerrar su examen directo.

541 Bergman sugiere diversas maneras para ordenar el contraexamen de un declarante. *Vid.* BERGMAN (1995), pp. 138 y ss.

preguntas son frases orientadoras que focalizan por una parte al declarante sobre aquello que versarán las preguntas siguientes, y al tribunal para informales que se ha agotado una temática y que se avanzará hacia otro tema. También cumple la misma finalidad el uso de una pausa de silencio, pero ello puede ser arriesgado en caso de estar ante testigos que tengan un compromiso afectivo muy fuerte con la causa, pues el silencio puede ser considerado por el declarante como una oportunidad para explayarse sobre otro tema o redondear alguna idea que quedó pendiente en su examen directo.

7. Detenerse en el momento oportuno.[542] Un contrainterrogador experimentado sabe el *momento justo* en que debe terminar sus preguntas. La regla esencial es buscar la inconsistencia de la declaración del testigo, su falta de imparcialidad o evidenciar una omisión en su testimonio, asentarla ante el tribunal y luego culminar el interrogatorio o pasar a otro tema a abordar en el contraexamen, para explicitar las conclusiones que de ello derivan en el discurso de clausura.[543] Como dice Fontanet, una vez establecida la inconsistencia son muchas las cosas que se pueden argumentar sin tener que insistir en que el testigo nos provea de mayor información.[544]

Es habitual ver escenas en la industria cinematográfica en las que el contraexaminador destruye al declarante, logrando que se quiebre y confiese que miente o reconozca que su versión de los hechos es incompleta, etc. Sin embargo, lo que sucede en la práctica es muy diferente. Si se fuerza el contraexamen tratando de destruir al testigo, lo más probable es que se defienda, transformando el contraexamen en un enfrentamiento personal, o eventualmente dará una explicación que parezca satisfactoria a los jueces y el

---

542 Fontanet (2010), p. 238 (el riesgo de no saber cuándo terminar es que el testigo explique de manera creíble y razonable la inconsistencia).

543 Bergman grafica estas ideas al hablar de "tocar y correr". Uno no puede alimentar la esperanza realista de obtener de un testigo contrario más que unos pocos fragmentos favorables de la evidencia. Bergman (1995), p. 136.

544 Fontanet (2010), p. 240.

eventual triunfo en el contraexamen terminará en una derrota, saliendo el testigo y su testimonio incólumes del interrogatorio.

VI. ¿SIEMPRE SE DEBE CONTRAEXAMINAR?[545]

Es tarea de un buen litigante entender que la labor de contraexaminar sólo debe acometerla cuando efectivamente esté en condiciones de obtener algún dividendo positivo para su teoría del caso. En caso contrario, deberá adoptar una de las decisiones más difíciles para todo litigante: no contraexaminar.[546] Si se efectúa un contraexamen, el juzgador asumirá que el testimonio del declarante es importante y, de manera implícita, es necesario aportar información relevante para que el tribunal juzgue la credibilidad del declarante o de su testimonio.[547]

Si la declaración del testigo de la contraria ha sido coherente, imparcial, verosímil, completa y no se vislumbra al término de su declaración ningún punto que pudiera refutar su imparcialidad, atenuar el impacto de sus dichos, entonces se debe evaluar seriamente la posibilidad de renunciar a la facultad de contraexaminarlo. Esta decisión será, en la práctica, la mejor forma de enfrentar su declaración. No seremos nosotros quienes reforcemos aún más la credibilidad de su testimonio ante el tribunal con nuestro contraexamen.[548] Para tomar fundadamente esta compleja decisión el litigante puede hacerse las siguientes preguntas:

---

545 A veces el mejor contrainterrogatorio es no hacer ninguna pregunta, o a veces la mejor pregunta es aquella que no se hace. Fontanet (2010), p. 236.

546 Carofiglio (2010), p. 37 (se procede a contrainterrogar cuando se tiene un objetivo probatorio, y en la práctica ello se aprecia como alcanzable).

547 Bergman (1995), p. 138. Si uno no cumple su propia promesa, perjudica su caso, incluso si no revela una evidencia nueva y perjudicial. La ironía de la mística reside en que el peligro más general de la repregunta no es la revelación dramática de la evidencia perjudicial, sino la mera incapacidad para avanzar.

548 Marín (2018), p. 96 (no es obligatorio hacer siempre un contrainterrogatorio a todos los declarantes).

a. ¿El testigo ha perjudicado su teoría del caso con su declaración?[549] Si la respuesta fuera negativa, entonces no es conveniente contrainterrogar.[550]
b. ¿Es importante el testigo? ¿Tiene el testigo un rol central dentro de la prueba de la contraparte?
c. ¿El testimonio prestado fue menos dañino de lo que se esperaba? Quizás no valga la pena contrainterrogar y abrir la posibilidad de un re-directo, en que se pueda reestablecer al testigo o abordar de nuevo aquellos puntos que no habían generado daño a nuestra teoría del caso.
d. ¿Cuáles son las expectativas realistas de lo que se puede obtener en el contraexamen de ese declarante?
e. ¿Cuenta con un mecanismo de control para poder enfrentar una mala respuesta del testigo? Ello ocurriría, por ejemplo, si disponemos de una declaración previa en la que señala algo favorable a nuestra teoría del caso, pero que no mencionó en su examen directo o respecto de la cual señaló algo distinto a lo referido en dicha declaración previa.[551]
f. El testimonio del testigo aparece como confiable, o es posible argumentar sobre la credibilidad del mismo en el alegato de clausura, sin necesidad de contraexaminarlo.

Algunos autores plantean una excepción a esta regla de no proceder a efectuar un contraexamen, la que denominaremos gráficamente "Banda del Titanic". Cuando las expectativas de éxito son tan bajas y el litigante se está hundiendo, puede recurrirse a

---

549 Un caso evidente de lo que sugiere el criterio señalado sería el testimonio directo de un declarante de la acusación que se ha referido a hechos que no son objeto de debate por la defensa.

550 En igual sentido Bergman (1995), p. 137. Bergman aclara acertadamente que el testimonio de un testigo de la parte contraria casi siempre "perjudica", en el sentido que suministra al adversario la evidencia que necesita para apuntalar sus proposiciones fácticas. Por tanto, se recomienda intervenir con prudencia, pues las repreguntas podrían aumentar el daño.

551 Lo mismo se puede decir si a juicio del litigante se cuenta con una mejor evidencia testimonial o documental sobre el punto a abordar en el contraexamen.

un contrainterrogatorio basado en la teoría del caso propia, aun cuando se sepa que el declarante negará todas las afirmaciones contenidas en las preguntas que se le hagan.[552]

En síntesis, el ejercicio o no de la facultad de contraexaminar a un declarante es una decisión estratégica que debe adoptar el litigante, conforme a un conjunto de consideraciones asociadas a su teoría del caso y su capacidad de controlar una respuesta desfavorable del declarante. No se trata de una obligación o siquiera de un deber que deba necesariamente ejercerse ante todo declarante. La excepción a lo señalado, como dice Decastro, se encontraría en la hipótesis de falta de defensa técnica en materia penal, cuando se demuestre de manera evidente que solamente el contrainterrogatorio, en las circunstancias del caso concreto, era el medio de defensa para materializar una defensa técnica. En ese caso el contrainterrogatorio podría catalogarse como un deber.[553]

VII. CONTRAEXAMEN DEL TESTIGO HOSTIL

A propósito de la flexibilidad que debe tener quien contrainterroga, se espera que sea capaz de reaccionar a comportamientos indeseados del declarante, como ocurriría en el caso en que, al formularse una pregunta técnicamente bien construida, éste evada contestar o lo haga de una manera ambigua. Ante esta situación existe la posibilidad de pedir de inmediato auxilio al tribunal, solicitándole que intervenga ordenando al testigo que conteste la pregunta en los términos formulados. Pero hacerlo puede no resultar beneficioso. Es el litigante quien debe manejar y controlar al declarante, y recurrir rápidamente al juez puede verse tanto por el declarante como por el propio juzgador como un signo de debilidad del contraexaminador. En la medida que se exacerba ante el juzgador la actitud evasiva del declarante, más daña la credibilidad

---

552 Marín (2018), p. 96.
553 Decastro (2005), p. 238.

personal de éste.[554] En estos casos se sugiere reaccionar de alguna o algunas de las formas que continuación se señalan[555]:

a. Luego de la contestación del declarante que no contestó la pregunta formulada, repetir textualmente la pregunta.[556]
b. Repetir la pregunta en forma más lenta y pausada.
c. Interrumpir al declarante y repetir la pregunta.[557]
d. Interrumpir, afirmar que la respuesta no contesta la pregunta, y repetirla una vez más.
e. Señalarle al declarante que la pregunta que se le formula no se refiere a lo que él ha contestado, repitiéndole la pregunta.[558]
f. Señalar al declarante que probablemente no ha entendido nuestra pregunta y repetírsela una vez más.
g. Consultar al interrogado sobre lo que se le preguntó y solicitarle la respuesta. Ya sea interrumpiendo al declarante, o después de su respuesta, se le pregunta si recuerda la pregunta que se le formuló. Si contesta afirmativamente, entonces se le pide que la repita, y una vez que lo haga se le solicita que conteste.
h. Encabezar la pregunta con el nombre completo del deponente.

---

554 Rua (2014), p. 111 (no se sabe a ciencia cierta cuál será la reacción del tribunal ante el pedido de auxilio). Podría considerarse como razonable el recurrir de inmediato a la tutela del juez en aquellos casos en que el declarante no sólo no contesta lo que se le ha preguntado, sino que procede a incorporar información nueva o complementaria a lo referido en su examen directo. En estos escenarios no reaccionar para controlar la actitud del declarante puede ser extremadamente perjudicial para la teoría del caso de quien contraexamina, pues de manera desleal el declarante está aprovechando el contraexamen para complementar sus dichos o incorporar nuevos antecedentes, pese a que ya tuvo la oportunidad de declarar sobre esos hechos durante su examen directo.

555 Todas las recomendaciones siguientes parten de la base que la peor reacción posible es enfrascarse en una discusión abierta y absurda con el testigo.

556 Marín (2018), p. 98.

557 Puede hacerse interrumpiendo con su intervención la respuesta, o estirando el brazo con la palma abierta de la mano, lo cual es más eficiente y menos violento con el declarante.

558 Bergman (1995), p. 175.

i. Transforme la respuesta "no recuerdo" del declarante en una posibilidad de que sea cierta la afirmación contenida en su pregunta. Al menos ello permitirá que ese testigo no pueda ser utilizado para refutar el hecho si otro testigo declara en ese sentido.[559]
j. Dejarlo hablar, preguntarle si tiene algo más que decir, y luego pedirle que ahora conteste la pregunta.
k. Señalar de manera enfática al tribunal que en ese contexto no hay más preguntas para ese testigo.

De lo que se trata es evitar un enfrentamiento con el testigo, o pedir ayuda al tribunal para que intervenga de inmediato y con ello seguir preguntado. Por el contrario, lo que se busca con esta forma de reacción es generar en el tribunal un impacto negativo sobre la credibilidad general del declarante. Si la pregunta está bien formulada, es sugestiva, se focaliza en un punto específico de información y en un hecho, no hay razón para que un declarante no la responda directa y claramente, de manera afirmativa o negativa. Si no responde como corresponde, es posible referirse en la clausura al comportamiento desleal del declarante.[560]

VIII. OTRAS CONSIDERACIONES PARA UN CONTRAEXAMEN EFECTIVO

1. En el contraexamen se recomienda fundamentalmente utilizar preguntas sugestivas, referidas a un solo hecho o punto de información, procurando que sean entendibles por el declarante, y manteniendo el control del testimonio del declarante. Son preguntas que contienen en su formulación la respuesta buscada. La sugestividad se manifiesta en una afirmación formulada por el liti-

559 *Id.*, p. 177.

560 A veces será el propio tribunal el que intervendrá directamente, sin que medie solicitud de quien contrainterroga, pues ha quedado en evidencia la falta de colaboración del declarante y el incumplimiento de su obligación de declarar.

gante que debe ser ratificada o negada por el declarante. Salvo en contadas excepciones se sugiere incorporar preguntas abiertas en el contraexamen.

2. Recuerde que existe un vínculo indisoluble entre la teoría del caso, el contraexamen, y el alegato de clausura. A partir de la teoría del caso es posible determinar los objetivos a alcanzar en cada contraexamen. Además la teoría del caso permite discriminar, a propósito de los objetivos predeterminados, cuáles son los temas específicos más relevantes a abordar en el juicio oral, desechando otros que no tendrán un impacto significativo en apoyo de nuestra teoría del caso. Asimismo, permitirá identificar los mecanismos de control a utilizar en caso de una mala respuesta del declarante y, adicionalmente, permitirá decidir en qué casos no vale la pena efectuar un contraexamen de un declarante en particular.[561]

Habiendo fijado el o los objetivos a alcanzar en juicio con el uso de esta técnica, se procederá a la práctica concreta del contraexamen, siguiendo las reglas y usos para que sea eficiente, respetando el hecho de que la conclusión buscada al ejecutarlo no se expondrá explícitamente en una pregunta, sino que se dejará en evidencia ante el juzgador, sin entrar en un debate personal con el declarante.

Será en el alegato de clausura donde el litigante argumentativamente explicará y resaltará ante el juzgador los impactos y efectos logrados con sus contraexámenes. Como hemos señalado, el objetivo buscado y su conclusión no serán preguntados de manera directa durante el contraexamen, pues podría significar poner al contraexaminador en una situación de enfrentamiento personal con el declarante o posibilitar al declarante proporcionar una justificación plausible de sus dichos.[562] Lo señalado es un imperativo estratégico indispensable, pues en numerosos casos los efectos de un contraexamen no son posibles de visualizar por el juzgador

---

561 *Vid.* Rua (2014), pp. 41 a 45.

562 Bergman (1995), p. 145 (los temas a utilizar como blancos en las repreguntas deben ser los mismos a mencionar en el discurso de clausura).

directamente al ejecutarse la técnica.[563] Por ejemplo, si en un contraexamen se pretende establecer la inconsistencia o contradicción del testimonio de la persona contraexaminada con otra prueba producida en el juicio.

3. El contraexamen es la expresión viva del principio contradictorio en la audiencia de juicio oral. En virtud de este principio, toda información o antecedente entregado por los intervinientes durante el juicio a través de las pruebas puede ser contradicho, controvertido o relativizado por la contraparte. El ejercicio del principio de contradictoriedad, junto a los principios de inmediación del tribunal y de oralidad, permite que la información que es percibida directamente por el tribunal sea de alta calidad y, por lo mismo, útil para resolver el asunto.

4. Sentido de realidad. El contraexamen difícilmente será el momento crucial que definirá un caso o mediante el cual se obtendrá que un declarante sucumba ante el contraexaminador, reconociendo que ha faltado a la verdad. Por lo general en los contraexámenes se obtienen algunas piezas de información que contribuyen a la teoría del caso que se ha presentado al tribunal. Por sí solo el contraexamen es insuficiente para definir el resultado del juicio y alcanzar una sentencia favorable.[564]

5. Mientras se realiza el contraexamen, el contraexaminador debe procurar mantener siempre el control. En todas las actuaciones que realiza un litigante en la audiencia de juicio está en juego su credibilidad personal y profesionalismo, por lo que es especialmente importante que mantenga el control de lo que está sucediendo durante el contraexamen.[565] Uno de los motivos por

---

563 Una excepción a lo señalado puede ocurrir cuando se ha evidenciado una contradicción relevante del testimonio del declarante con una declaración previa, o cuando se utiliza el contraexamen para incorporar en el juicio oral una evidencia material.

564 Marín (2018), p. 98 (procure no hacer "la pregunta demás" y recuerde que los efectos de un buen contraexamen deben ser argumentados ante el tribunal en el discurso de clausura).

565 *Id.*, p. 97. Es el contraexaminador quien decide los temas a los cuales debe referirse el declarante, a pesar de la incomodidad que pudiera exhibir. El con-

los que se pierde el control ocurre cuando el abogado improvisa o formula preguntas cuyas respuestas no conoce, es decir, cuando "sale a pescar". En ningún caso se debería entorpecer el proceso de comunicación con el tribunal a través de la prueba que actúa o produce ante el tribunal. Tampoco se debe ver afectada la credibilidad personal del contraexaminador ante el juzgador.

En primer lugar, se sugiere que la actitud del abogado contraexaminador hacia el declarante no sea de animadversión, pues no es recomendable que el tribunal se forme la impresión que existe un problema personal hacia él, cualquiera sea el comportamiento que adopte al responder. El debate con el declarante se refiere a hechos, sea que estos afecten su credibilidad personal o la de su testimonio, pero no se refieren a una disputa personal con él. En consecuencia, este no es el momento para provocar una discusión innecesaria ni impedirle expresar sus opiniones.[566]

En segundo lugar, se recomienda prestar atención tanto al lenguaje verbal como a la comunicación no verbal con el declarante, en especial si sus respuestas no son las esperadas. El contacto visual permanente con el declarante es fundamental, pues es una manera de darle a conocer que es el contraexaminador quien controla la situación. Si el testigo percibe que el abogado no presta interés a lo que contesta, tendrá la tentación de incorporar información más allá de la indispensable para contestar la pregunta formulada. Si el contraexaminador reacciona en forma inadecuada frente a las respuestas, ello puede generar la sensación de pérdida de control al efectuar el contraexamen. La inseguridad que refleje el contraexaminador lo único que provoca es la sensación de falta de experiencia, dificultad en el manejo de las destrezas de litigación o improvisación en la conducción del caso. Incluso el juzgador, más aún si fuese un jurado, puede formarse la impresión de que la

---

traexaminador es quien debe ordenar la información, a pesar que al declarante le parezca que el tema o asunto debiera ser abordado de manera diferente. Es el contraexaminador el llamado a enfatizar la información que le parece relevante, aunque al declarante le parezca que todo sea impertinente.

566 Rua (2014), p. 103 (interrumpir al testigo para tratar de silenciarlo puede generar una imagen negativa del litigante).

información proporcionada por el testigo es importante y dañina para el contraexaminador, dadas las reacciones que ha exteriorizado. En consecuencia, el contraexaminador debe reaccionar con naturalidad ante las respuestas inesperadas o inapropiadas, simulando que la conversación con el declarante acontece tal como había sido planificada.

En tercer lugar, también se debe mantener la calma ante las objeciones que pudiese formular la contraparte.[567] El método más eficaz de evitar objeciones es formular preguntas técnicamente bien construidas, sugestivas, referidas a un punto específico de información y que contengan un sólo hecho. Así se evita incurrir en la causal de pregunta compuesta, la cual es objetable. En la medida que el contraexaminador avance desde lo general a lo particular, impedirá objeciones por impertinencia. Si el lenguaje utilizado en la elaboración de las preguntas es sencillo, claro y referido a hechos, evitará objeciones por ser ambigua la pregunta o ser de opinión. Si la objeción formulada es que la pregunta es repetitiva, pues el tema ya fue abordado en el examen directo, se puede explicar al tribunal que se tiene derecho a formularla, pues es clara y es la primera vez que se plantea, sea porque le interesa ratificar una información o porque a partir de la respuesta del declarante avanzará a otro tema más específico.

6. Si fuera posible, el contraexaminador experimentado es capaz de cerrar todas las puertas de escape al deponente. Ocurre en algunos casos que los puntos a abordar con el contraexamen presentan la particularidad de que, a pesar de ser abordados de manera sugestiva, pueden permitir que el deponente justifique o explique aquello que el contraexaminador busca evidenciar ante el tribunal. En esos casos no parece lo más adecuado ir directamente al punto buscado y formular las preguntas cerradas y sugestivas que permitan develarlo, pues puede suceder que el testigo detecte

---

567 Rua (2014), p. 102 (la parte contraria podría objetar las preguntas del contraexamen si son ambiguas, compuestas, impertinentes, repetitivas; también podría formular incidencia si el contraexaminador no permite al testigo responder libremente).

la intención y trate por todos los medios de incluir en su declaración una justificación o explicación que considere razonable.[568] Por ello un contraexamen efectivo debe partir de lo general a lo particular, y adicionalmente se debe, a medida que se profundiza en la temática abordada, ir cerrando las posibles vías de escape o explicaciones que pudiera intentar el declarante.[569]

Un error que habitualmente se aprecia en litigantes inexpertos es que cuando abordan un tema en su contraexamen y el testigo no concede ni entrega dócilmente las proposiciones fácticas buscadas, el contraexaminador rápidamente abandona el punto, como si ello no fuese advertido por el declarante, la contraparte y el tribunal. Si los objetivos y temas asociados a un contraexamen se definen en función de su relevancia para la teoría del caso, abandonar un tema sin obtener la información buscada es una clara pérdida para el litigante, no sólo para su teoría del caso, sino adicionalmente para su credibilidad ante el tribunal y para el futuro control del declarante, quien se da cuenta que él puede manejar los términos del contraexamen.[570]

Rua plantea la utilidad de contar con "válvulas de escape", refiriéndose a aquel conjunto de preguntas abiertas que el litigante puede utilizar cuando existe un riesgo concreto de perder el control del declarante, ante la dificultad de mantener el ritmo y velocidad

---

568 Un ejemplo de "cerrar puertas" al interrogar a un policía o perito consiste en primero hacerle preguntas sobre la forma de llevar a cabo un procedimiento, conforme a los protocolos institucionales o reglas de una ciencia o arte, para luego confrontar esa información con lo efectivamente realizado en el caso concreto.

569 Según Marín, el contraexamen es como un embudo: para que la parte angosta del embudo sea efectiva, es necesario que sus paredes estén selladas. Si el declarante ingresa por la parte angosta del embudo y luego encuentra puertas abiertas, va a tomar la oportunidad y escapará. Marín (2018), pp. 136-137.

570 *Id.*, p. 97. Si se comienza a preguntar sobre un tema, es preferible terminar de abordar ese asunto antes de cambiar sorpresivamente a otro punto. Si en la mitad del tema del que se está hablando el declarante entrega una información importante que el contraexaminador pudiese explotar a su favor, pero que forma parte de otro tema diferente, no debe dejarse tentar por el curso de la conversación que le ofrece o insinúa el testigo. La idea es mantener el control y no confundir al tribunal brincando de un tema a otro como si no hubiese una estrategia detrás que oriente las preguntas sugestivas del contraexamen.

que son propios del contraexamen.[571] Se trata de preguntas abiertas referidas a hechos no controvertidos, que no causan daño a la teoría del caso. Así se le devuelve transitoriamente el control al declarante sobre su testimonio a propósito de puntos no dañinos, para luego retomar las preguntas sugestivas hacia puntos que sí sean relevantes para la teoría del caso que se está dando a conocer.

7. Durante el contraexamen no corresponde pedir explicaciones al declarante. Tampoco se le debe pedir que justifique sus dichos, en especial si se aprecian inconsistencias entre lo declarado en el examen directo y lo contestado en el contraexamen. Está vedado en un contraexamen que ha revelado una contradicción o una inverosimilitud en el testimonio, que el abogado contraexaminador solicite o pida al testigo una explicación sobre la misma o permita que el testigo de propia iniciativa esboce una aclaración complementaria.[572]

Una regla de oro del contraexamen es jamás preguntar "¿por qué?". Esto se aplica para cualquier fórmula similar. Por ejemplo, el litigante contraexaminador incurriría en un error si le señala al testigo que está mintiendo, o si le pregunta cuál de sus declaraciones es realmente la verdadera: la previa con la que se le ha confrontado o la que ahora presta ante el tribunal. Ese tipo de intervenciones daría espacio para que el testigo justifique sus planteamientos y se haga cargo de las eventuales debilidades en su testimonio. En cambio, el contraexaminador registrará las inconsistencias y debilidades de la declaración del testigo y las mencionará al momento de presentar su discurso de clausura, argumentando en conformidad a su teoría del caso y a partir de la información ventilada en la audiencia de juicio oral.

En forma excepcional el contraexaminador podría formular una pregunta abierta que permita al declarante proporcionar explicaciones o justificaciones. Ello podría ocurrir si se cuenta con un elemento de confrontación tan fuerte o se posea una prueba de tal

---

571 Rua (2014), p. 108.

572 Fontanet (2010), p. 232 (sobre los riesgos de dar la posibilidad al testigo para que el contraexamen explique sus dichos).

valor para acreditar ante el tribunal el punto que se busca develar con el contraexamen, que hace necesario solicitar el deponente que explique o justifique el punto ante el tribunal. Por ejemplo, si el testigo ha estado mintiendo y se busca dejar en evidencia que falta a la verdad, pues sus explicaciones no debieran superar en valor probatorio al elemento de confrontación o prueba que utilizará en su contra.[573] Esta postura pareciera ser razonable, pero adolece de un defecto de base que lleva a descartarla: el litigante no puede saber a ciencia cierta si el tribunal que está conociendo de la causa tendrá el mismo juicio sobre la explicación del deponente, y que como parte interesada ha calificado de irracional o poco creíble, pues el tribunal sí podría aceptar la explicación del deponente.

En suma, el contraexaminador debe "saber detenerse a tiempo", dejando latente el objetivo buscado, sin explicitarlo totalmente, para exponerlo como conclusión en el discurso de clausura.[574]

---

573 FONTANET (2010), p. 136. Si el litigante conoce en forma anticipada la explicación que producirá el testigo, la que a su juicio es irracional o poco creíble, pudiera convenirle que el testigo la explicite en la audiencia de juicio, pues sólo podría perjudicarle aún más que el contrainterrogatorio.

574 Abraham Lincoln, quien se desempeñaba como abogador defensor, cometió la imprudencia de formular la pregunta demás al testigo presencial. El ofensor había sido acusado de agredir a la víctima arrancándole la nariz de un mordisco. *Vid.* BERGMAN (1995), pp. 130 y s.; MCCARTHY (2007). A continuación se reproduce el contraexamen del testigo presencial:
Defensor: ¿Dónde fue la riña?
Testigo: En medio del campo.
Defensor: ¿Dónde estaba Ud.?
Testigo: En el límite del campo, a unos cuarenta metros de distancia.
Defensor: ¿Qué estaba haciendo allí?
Testigo: Miraba los árboles.
Defensor: ¿Estaba dándole la espalda a los que reñían?
Testigo: Sí.
Defensor: El primer indicio que usted tuvo de la riña, fue el grito de la supuesta víctima, ¿no es verdad?
Testigo: Así es.
Defensor: Ud. no se volvió sino después de que la supuesta víctima gritó, ¿no es verdad?
Testigo: Sí.
Defensor: Entonces, ¿cómo puede decir que mi cliente arrancó de un mordisco la nariz de la persona?

Tampoco debe formular "una pregunta demás", pues difícilmente el testigo reconocerá que el contraexaminador ha logrado sus objetivos perseguidos en el contraexamen. Por ejemplo, el testigo es probable que no reconozca que ha mentido, que ha cambiado en su testimonio en juicio lo señalado en una declaración previa, etc.

8. Los temas a tratar en el contraexamen debieran ser aquellos puntos indispensables para la estructuración del discurso de clausura.[575] No se trata de contraexaminar sobre todos los puntos posibles o que hayan sido tratados en el examen directo. Sólo se contraexaminará respecto de aquellos puntos que presentan un beneficio apreciable para la teoría del caso y en particular para la preparación del discurso de clausura.

En general, el contraexamen será más breve que el examen directo. No es necesario abordar todos los tópicos o materias consultadas en el examen directo del declarante. La manera en que se formulan las preguntas en el contraexamen otorga mayor control al interrogador, reduciendo sustancialmente la duración y extensión de las respuestas, que en su mayoría debieran limitarse a aceptar o rechazar lo preguntado. El declarante podría ser hostil o poco colaborador, por lo que no tiene ningún sentido darle la posibilidad para que se explaye. El declarante fue presentado por la contraria y sostiene una versión que no es favorable para el contraexaminador. Finalmente, el contraexamen será breve no sólo porque es acotado en cuanto a los tópicos a tratar, los que deberán ser abordados en el tiempo y con el número de preguntas imprescindibles para alcanzar el objetivo propuesto por el litigante al contraexaminar[576], sino que también porque el litigante no puede investigar o hacer preguntas con el propósito de descubrir evidencia o adquirir nueva información.[577]

Testigo: Porque vi cuando la escupía.

575 *Vid.* Fontanet (2010), p. 122 (a propósito de la brevedad del contraexamen).

576 Más que la brevedad del contraexamen, es mucho más gravitante seleccionar adecuadamente las temáticas a abordar, las preguntas a utilizar y tener presente que la actitud del declarante pudiera ser poco colaborativa.

577 Fontanet (2010), p. 219.

9. Se espera que el contraexaminador sea coherente en todas sus actuaciones. Ciertas líneas del contraexamen pudieran resultar incompatibles con otros posibles objetivos a alcanzar en dicha intervención. Si se ha definido como estrategia el abordar una línea de contraexamen que se traducirá en la desacreditación personal del testigo o de su testimonio en general, a continuación no es recomendable abordar una segunda línea de interrogatorio en la que se pretenda reforzar ciertos puntos de la teoría del caso con el testimonio del deponente. No será lógico ni razonable para los jueces que se desacredite al testigo de la contraria y su testimonio, y que luego se busque convencer al tribunal que aquello que quedó en evidencia por el contraexaminador no afecta la parte del testimonio que es favorable a la tesis o versión del cliente del contraexaminador.[578]

10. En el contraexamen es fundamental escuchar con atención las respuestas del deponente.[579] Así el litigante puede evaluar si las respuestas obtenidas del testigo son aquellas que buscaba, y si no lo fueren, entonces requerirá volver sobre el punto hasta obtener la respuesta buscada, o utilizar el medio de control que disponga para asegurarse que tales puntos de información queden en evidencia ante el tribunal. Incluso es posible que de la contestación del deponente surja un nuevo punto de contraexamen que no había sido anticipado. En ese escenario el litigante debe evaluar si es o no conveniente prestarle atención y abordarlo en el contraexamen.

11. En ningún caso el contraexaminador puede confiar en su capacidad de improvisación. El contraexamen es el acto de litigación que se realiza sobre un declarante de la contraparte, por lo que se debe intervenir con seguridad, teniendo siempre claridad de lo que se pretende obtener con ese testigo o perito en particular. El

---

578 En opinión contraria, Rua y Fontanet sostienen que sí es posible intentar esas líneas de interrogatorio, pero en ese evento el litigante debería iniciar sus contraexamen abordando la información favorable para su teoría del caso, para luego avanzar a los capítulos de desacreditación de la credibilidad personal del testigo o de su testimonio. Rua (2014), pp. 46 y s., Fontanet (2010), p. 243.

579 Fontanet destaca el necesario control de las respuestas, y en particular si surge nueva información favorable. Fontanet (2010), pp. 228 y s.

contraexamen no es el momento para improvisar o indagar en el juicio si el deponente de la contraria pudiera ser útil para la teoría del caso.[580] El contraexaminador ha de conformarse con preguntar sobre aquellos hechos y materias en las que razonablemente puede predecir la respuesta del deponente, o bien, cuenta con un elemento de control que le permita reaccionar ante una mala respuesta del declarante. Como dice Marín, en el contraexamen no se debe preguntar nada cuya respuesta no conozcamos o, al menos, que no se pueda deducir a partir de hechos conocidos.[581]

12. Se espera que el litigante controle la escena en que se desenvuelve el contraexamen. El litigante no debe olvidar que su intervención procede a continuación del examen directo. Quien interrogó directamente puede no sólo haber formulado preguntas sino que además realizado actividades destinadas a persuadir al tribunal, en las que empleó otras evidencias o apoyos a la declaración, p. ej., gráficos, maquetas, dibujos realizados por el declarante, etc. Todos estos elementos han alterado el escenario en el que el contrainterrogador intervendrá.[582] Incluso debe tener en consideración las reacciones que pudo apreciar en el juzgador mientras se desarrollaba el examen directo.[583]

Antes de comenzar las repreguntas será necesario despejar o limpiar el escenario en que desarrollará su labor, p. ej., pidiendo que se apaguen proyecciones de documentos o fotografías que se hubieran utilizado en el examen directo, pidiendo que se borren diagramas o dibujos que hubiera realizado el declarante en algún soporte y que estén visibles, solicitando que se retiren maquetas u

---

580 Una mala respuesta del declarante podría significar un daño irreparable para nuestro caso.

581 Marín (2018), p. 103.

582 Rúa (2014), p. 109 (el litigante debe tener un adecuado manejo del espacio físico).

583 Por ejemplo, si el último tema tratado en el directo causó gran impacto en el tribunal, entonces el litigante puede decidir alterar sus temas de contrainterrogación para mostrarle al testigo que no es él quien tiene el control de las partes importantes de su declaración. También puede introducir modificaciones para demostrarle al tribunal que en esa temática que le pareció de gran interés había información que no se proporcionó en el directo y que podría afectar su valoración.

otros objetos utilizados como elementos de apoyo en la examinación, o incluso pidiendo que la evidencia material sea colocada en otro lugar.

13. La conclusión del contraexamen se explicita en el alegato de clausura. En el contraexamen basta dejar esbozado el punto de contradicción u omisión, sin formular conclusiones, pues ello se efectúa en la clausura. No corresponde que el litigante señale en el contraexamen que el testigo miente o se ha equivocado, que tiene un interés espurio, etc. Esa argumentación, cuyos antecedentes se encuentran en las preguntas efectuadas, se realiza en la clausura.[584] La idea es dejar latente el punto a resaltar,[585] y no pretender que el testigo se desmorone confesando su equivocación, mentira u omisión, y menos darle un espacio para que se justifique.

En síntesis, en el contraexamen se aborda el punto, el cual se deja patente ante el tribunal, y se avanza hacia otro aspecto. La conclusión o explicitación de lo logrado y sus consecuencias sobre la fiabilidad o credibilidad del testimonio, se plantean argumentativamente en la clausura.

14. No se recomienda tener un libreto predefinido con las preguntas tentativas a formular en el contraexamen. Para realizar un contraexamen efectivo el litigante debe determinar las áreas a contraexaminar, los objetivos que pretende alcanzar, los mecanismos de control a utilizar en caso de una respuesta no deseada. No corresponde que el litigante utilice un listado de preguntas secuenciales a realizar en el contraexamen. Pese que a primera vista un listado de preguntas pareciera ser una medida eficiente para ordenar y preparar un contraexamen, ello puede ser contraproducente en la audiencia de juicio oral. En primer lugar, un libreto focaliza la atención del contraexaminador más en las preguntas que en el declarante, sus respuestas y las reacciones de los

---

584 Rúa (2014), p. 98.

585 Algo similar acontece en la esgrima, pues los tiradores se conforman con marcar el punto en el cuerpo del oponente para luego retirarse. En los duelos a ninguno de ellos se le ocurriría clavar la espada, florete o sable en el cuerpo del rival.

juzgadores.[586] En segundo término, el seguimiento secuencial de preguntas escritas hace que sean formuladas de acuerdo al orden previamente definido, sin evaluar si las respuestas obtenidas son o no las deseadas, o si se requiere de la intervención del litigante para precisar o ajustar la información. Incluso impide aprovechar información nueva que ha sido proporcionada por el declarante y que se quisiera explotar. El litigante pudiera perder espontaneidad y persuasión ante el juzgador.[587]

IX. IMPUGNACIÓN DE TESTIGOS[588]

La actividad de impugnar, contradecir o refutar las declaraciones de un testigo comprende distintas formas de generar dudas en el tribunal de juicio sobre la credibilidad de un testigo o la materia a la que se refiere su declaración.[589] Las formas de impugnación de los testigos tienen la dificultad, desde la perspectiva de su ejecución, que el operador usualmente se encuentra con la oposición o resistencia del deponente que se pretende impugnar. En el acto de impugnar es indispensable una actuación prudente y de buena fe del litigante. Esta facultad se debe ejercer de manera seria y sólo cuando se cuenta con antecedentes de hecho o datos que hacen razonable la impugnación a plantear.[590]

Estas formas de afectar la credibilidad del testigo son fundamentalmente tres, todas ellas comprendidas en los objetivos de un contraexamen, pero que se diferencian en la técnica a utilizar para hacerla efectiva.

---

586 Rua (2014), p. 108 (el listado de preguntas disminuye el control sobre el testigo e impide tener una real dimensión de lo que está ocurriendo en la sala del tribunal).

587 *Id.*, p. 109.

588 Sobre este tema véase Fontanet (2010), pp. 247-277.

589 Hablamos de materia a la que se refiere el testimonio, pues no se circunscribe exclusivamente al tenor de la declaración del testigo, esto es, a lo que dijo ya en estrado en su examen directo.

590 *Vid.* Fontanet (2010), p. 248 (sobre la buena fe con la que debe actuar un litigante al impugnar a un testigo o a su declaración).

1. Impugnación por carácter y características. A partir de las preguntas del contraexamen, la declaración de otro deponente o la presentación de evidencia material (fundamentalmente documental), se busca demostrar que el declarante tiene problemas de fiabilidad personal, fundadas por ejemplo en: relaciones de afinidad o enemistad con algunos de los involucrados; su conducta pretérita, sea esta representada por sus antecedentes penales anteriores o por hechos malos que sirvan de base para cuestionar su veracidad, su capacidad de percepción,[591] tener interés personal, etc.
2. Características relacionadas con la materia sobre la que versa el testimonio del declarante. El litigante busca demostrar que la declaración prestada contiene defectos, tales como, inconsistencias internas, antecedentes inverosímiles o contrarios a la lógica, al sentido común, las máximas de la experiencia, etc.
3. Inconsistencias, omisiones o adiciones que presenta el testimonio prestado en juicio con una declaración o manifestación anterior del mismo declarante.[592] Se trata de una de las herramientas más efectivas con las que cuenta un litigante para poder confrontar a un deponente y afectar la credibilidad de su testimonio ante el tribunal. Se basa en una máxima de la experiencia, a saber, que las personas recuerdan mejor un hecho cuando ha transcurrido un menor tiempo desde que el hecho en cuestión ha acaecido. Por el contrario,

---

591 *Id.*, p. 270. La psicología forense enseña que los testigos suelen sobreestimar la duración de los eventos; en los delitos que envuelven armas, las víctimas tienden a prestarle mayor atención a las armas que al asaltante; la violencia afecta la percepción y memoria; la memoria de un testigo puede ser afectada por la información que reciba con posterioridad al evento; una vez que un testigo se compromete públicamente con una identificación, suele insistir en ello a pesar de que pudiera ser errónea. Mayores antecedentes en BUCKHOUT (1977); LOFTUS, LOFTUS & MESSO (1987); CLIFFORD & SCOTT (1978); KÖHNKEN & BROCKMANN (1987); BRIGHAM & CAIRNS (1988).

592 Las declaraciones previas también pueden ser utilizadas por un litigante para apoyar el testimonio de un declarante (testigo, perito, víctima o acusado, si este último decide declarar en el juicio oral).

a medida que la declaración del deponente sobre el hecho se aleja del momento en que se produjo el evento, dicha declaración debiera verse deteriorada en cuanto a su calidad. Así, las declaraciones previas de un declarante se constituyen en un antecedente valioso para controlar la declaración prestada por alguien durante el juicio oral, que en principio debiera ser consistente con el contenido de su declaración previa.

¿Sobre qué materias se puede confrontar? La idea de fondo es que la impugnación se debe llevar a cabo estratégicamente, para afectar la credibilidad del declarante y/o de su testimonio en términos concretos, y no como un acto meramente formal o purista. No se trata sólo de identificar omisiones, inconsistencias o contradicciones entre lo que el deponente señala en el juicio y el contenido de una declaración previa. La impugnación se debe efectuar utilizando como criterio de discriminación la teoría del caso, remitiéndose expresamente a aquellas situaciones en que existan inconsistencias, omisiones o adiciones en el testimonio prestado en juicio en relación a la declaración previa, y que además recaen sobre aspectos esenciales o de importancia para la adecuada resolución del caso.[593]

Normalmente los textos legales no contienen de manera expresa la posibilidad de impugnar la declaración de un declarante por "adición" en relación a una declaración previa que no contiene los puntos o detalles expuestos ahora en juicio oral por el deponente.[594] Sin perjuicio de ello, puede considerarse como modalidad de impugnación de una declaración por inconsistencia con una declaración previa, pues resultará de interés para el tribunal que se le informe que, si bien la declaración prestada hoy en juicio aparece como completa y acabada, esa información no fue mencionada

---

593 En igual sentido, Fontanet (2010), p. 250. La inconsistencia debe recaer en un plano central del relato y no respecto de aspectos periféricos o irrelevantes.

594 Por ejemplo, si un declarante hoy dice mucho más que en su declaración previa, como ocurriría en el evento de la descripción de un sujeto que en una declaración previa es incompleta y poco detallada, y que luego en el juicio describe al sujeto de manera completa y detallada.

por el declarante cuando fue entrevistado o interrogado por la policía o la fiscalía en un tiempo más cercano a la ocurrencia de los hechos.[595]

En caso que un declarante en el juicio omita referirse a información relevante y vinculada a las cuestiones debatidas, puede ser una manifestación de un comportamiento desleal del declarante, producto de una actitud poco objetiva e imparcial, sorprendiendo a la parte que afecta su testimonio, quien legítimamente tiene la expectativa de que el testigo entregue al tribunal toda la información pertinente y útil para la resolución del caso que conoce. Si quien contraexamina estima que la información omitida afecta el cabal conocimiento que sobre los hechos del caso debe tener el juzgador, tendrá que explicitar cada una de esas omisiones, particularmente si lo omitido no sólo se refiere a información pertinente del caso, sino que además es favorable para la teoría del caso del contraexaminador.

Las legislaciones procesales penales contemplan de manera expresa el uso de ciertas declaraciones previas con el propósito de ser utilizadas en juicio[596], luego de haberse prestado testimonio por un declarante para hacer ver al tribunal elementos que pudieran afectar la credibilidad del declarante o el contenido de su testimonio.[597]

---

595 Las normas procesales se refieren expresamente a los casos de olvido (omisión), contradicción, o aclaración, todas las cuales suponen que el contenido de la declaración previa ayudará al tribunal a esclarecer el punto. VVAA (2013), p. 190.

596 Por ejemplo, el artículo 332 del C.P.P. chileno admite la posibilidad de demostrar contradicciones o solicitar aclaraciones pertinentes. *Vid.* Arts. 376 y 377 del Codigo Nacional de Procedimientos Penales de México, Art. 378 N° 6 del C.P.P. de Perú y Art. 271.4 del Código del Proceso Penal de Uruguay.

597 El uso de la declaración previa en este caso supone que el declarante haya declarado efectivamente en el juicio oral, y que ella se utilizará en el juicio no como prueba, sino como un elemento de valoración de credibilidad. El efecto de este uso es que jamás la declaración previa usada con fines de credibilidad será considerada prueba y valorada como tal, por lo que nunca reemplazará a la prueba propiamente tal que está constituida por la declaración prestada por el deponente en la audiencia de juicio. *Vid.* VVAA (2013), pp. 179-206 (respecto del control de la información que ingresa al juicio, se analiza la utilización de registros previos, sea como prueba, de forma excepcional como prueba anticipada, o para efectos de valoración de la credibilidad de un testimonio prestado en juicio; la

El concepto de declaración previa en el derecho comparado es amplio, y la admisibilidad de su uso será una cuestión de debate ante el juzgador, que supone acreditar ante él la confiabilidad de la declaración previa que se pretende utilizar para efectos de la impugnación.[598] En algunas legislaciones la expresión declaraciones previas se refiere exclusivamente a ciertas declaraciones obtenidas dentro del proceso penal en el que se pretende efectuar la impugnación. Por ejemplo, aquellas prestadas ante el ministerio público o el juez de garantía, o las partes pertinentes de un informe pericial respecto de un perito. Dada esta restrictiva conceptualización de las declaraciones previas, técnicamente otras declaraciones previas originadas dentro del proceso penal a que se refiere el juicio oral, o generadas fuera de él, debieran ser incorporadas utilizando la institución de la "prueba sobre prueba".[599] Algunos autores afirman que la utilización de otros registros previos se puede hacer si benefician al acusado, como ocurriría por ejemplo con las declaraciones o aseveraciones contenidas en los partes o informes policiales.

La impugnación será efectiva si el contraexaminador mantiene el control de la actuación y logra el mayor impacto en el tribunal. La idea es afectar la credibilidad de un deponente que tenderá a defenderse si advierte las intenciones del contraexaminador, entregando alguna justificación de sus dichos. Por ello se deben cerrar todas las puertas de escape, de modo que al momento en que aparezca la contradicción ya no tenga una vía para escabullirse o jus-

---

prohibición del uso de registros previos como prueba en juicio; la prueba nueva y la prueba sobre prueba).

598 Chiesa (2016), p. 204 (la declaración puede ser escrita, oral o grabada; puede ser o no bajo juramento; es inconsecuente ante quien se hizo y para qué fines).

599 Para controvertir una declaración prestada en juicio, cuando respecto de ella surja una controversia relacionada exclusivamente con su veracidad, se admite el uso de pruebas destinadas a esclarecer ese asunto. Se trata de una situación que se origina durante el contraexamen de un declarante, que no era posible de prever por el contraexaminador, dado que la respuesta demuestra un comportamiento y actitud desleal del declarante, que habilita al contraexaminador a utilizar evidencias con el propósito de impugnar sus dichos aun cuando no se hubieren ofrecido durante la audiencia de preparación de juicio oral, pues se trata de una prueba sobre la prueba, destinada no a probar los hechos disputados, sino la credibilidad del declarante.

tificar la contradicción. Se debe llevar al testigo a un punto en que la inconsistencia u omisión quede manifiesta ante el tribunal, sin darle la posibilidad para que justifique o explique sus dichos entregados en el examen directo o reconocidos en el contraexamen. Es esencial no hacer preguntas demás, ni pedir explicaciones al deponente, mucho menos pedirle que diga por qué ahora le señala al tribunal un hecho que no había mencionado en su declaración previa, etc. Cualquiera de esas situaciones puede llevar a que la impugnación pierda impacto, pues el testigo podría proporcionar al tribunal una explicación que para los jueces sea satisfactoria y, en consecuencia, no estime afectada su credibilidad.

Los pasos a seguir para impugnar un testimonio utilizando una declaración previa escrita son los siguientes:

1°. Ratificar la declaración prestada en juicio. El litigante debe buscar que el declarante confirme ante el tribunal sus dichos formulados en el examen directo. Esto se puede hacer a través de preguntas sugestivas de un hecho, las que no son objetables por repetitividad, pues a pesar de haber sido formuladas en el examen directo, no han sido planteadas por el contraexaminador. Es importante utilizar los mismos términos utilizados por el testigo en el examen directo.

2°. Acreditar ante el tribunal la existencia de una declaración previa y su legitimidad. El contraexaminador debe iniciar una serie de preguntas destinadas a establecer que el deponente prestó una declaración previa sobre los hechos materia del juicio, fortaleciendo la legitimidad de la referida declaración. Así, mediante preguntas sugestivas se plantea que: existe una declaración previa otorgada por el deponente; tal declaración es de aquellas que se pueden utilizar válidamente para impugnar los dichos del testigo; prestada en una fecha más cercana a la ocurrencia de los hechos que han motivado el juicio; leída y firmada por el deponente en su oportunidad. La acreditación de la declaración previa no debe ser tan intensa y detallada como la labor que se efectúa al acreditar una declaración previa para refrescar la memoria en un examen directo. Ello es así porque en la impugnación es habitual encontrarse frente a un testigo hostil a las pretensiones del contraexaminador. Si el testigo advierte que se está tratando de afectar el testimonio prestado ante el juez, citando para ello una declaración previa, tenderá a restarle valor o seriedad.

3°. Solicitar al tribunal autorización para la utilización de la declaración previa con el propósito específico elegido para la impugnación. Obviamente la declaración previa del deponente se encuentra en el juicio en poder del contraexaminador. Por ejemplo, el litigante puede tener previamente marcada la parte o sección de la declaración que utilizará en la impugnación y solicitará al tribunal autorización para utilizarla, con la intención de hacer evidente una contradicción, inconsistencia, omisión o adición.[600]

4°. Exhibir a la contraparte la parte específica de la declaración a utilizar en la impugnación. Una vez obtenida la autorización judicial, el contraexaminador procede a enseñar a la contraparte la declaración previa debidamente marcada si se trata de una inconsistencia, contradicción, u omisión, o con el texto íntegro si lo que se pretende demostrar es una adición.[601] La contraparte sólo puede oponerse a la actividad si considera que la declaración utilizada no es de aquellas útiles para tal propósito. No le corresponde calificar si existe o no una contradicción ni la relevancia de la misma.

5°. Ratificar con el deponente que la declaración utilizada corresponde a su declaración previa. El litigante se dirige hasta el declarante y le exhibe la declaración previa, y mediante preguntas sugestivas procede a ratificar ante el tribunal que esa declaración que se le exhibe ahora en el juicio es la declaración previa a la cual se ha hecho alusión.[602]

---

[600] Salvo que se pretenda demostrar al tribunal una adición al testimonio, en cuyo caso se utilizará la integridad de la declaración previa.

[601] No corresponde exhibírsela al tribunal.

[602] Así, se le pedirá al declarante que reconozca ante quién se otorgó la declaración, en qué fecha y su firma.

6°. Demostrar la inconsistencia, contradicción u omisión mediante la utilización de la declaración previa.[603] A continuación el contraexaminador procede a utilizar la declaración previa para los efectos de hacer evidente ante el tribunal la inconsistencia, contradicción u omisión, mediante preguntas sugestivas y sin permitirle al deponente que agregue explicaciones. La forma más eficiente de hacer esta parte crucial de la impugnación depende fundamentalmente si se trata de una contradicción, inconsistencia u omisión, o de una adición, y del comportamiento que ha tenido el declarante durante el contraexamen:

i. Si se trata de un testigo que no ha sido particularmente hostil, posible de controlar, y que no tiene dificultades para leer la declaración: habiendo el testigo reconocido y validado su declaración previa, se le exhibe la parte en que aparece la inconsistencia con su testimonio prestado en juicio y se le pide que lea en voz alta la parte subrayada o destacada del texto.[604] Una vez terminada la lectura de la declaración previa, se puede poner término al contraexamen o se formula una transición y se avanza hacia otro punto. En ningún caso se debe permitir que el testigo explique o se explaye más allá del texto que se le solicita leer.

---

603 Fontanet sugiere una forma distinta de proceder, la cual no requiere necesariamente el uso de la declaración previa. Consiste en confrontar al testigo señalándole cuál es la inconsistencia entre su actual declaración y la contenida en la declaración previa. Si el deponente acepta que eso es verdad, se le entiende debidamente impugnado; por el contrario, si da respuestas evasivas o niega la contradicción, se debe proceder al uso de la declaración previa. Conforme a la legislación de Puerto Rico, el declarante impugnado tiene derecho a explicar la contradicción, que debe entenderse no como su derecho a justificarla, sino a aceptar o negar su existencia. Si la niega, entonces procede la utilización de la declaración previa; si la acepta, no será necesario exhibirle esa declaración. Fontanet (2010), pp. 250-251.

604 A pesar que se le podría entregar el texto de la declaración al deponente, es preferible que el texto esté en manos del litigante, y que éste le exhiba la parte pertinente al declarante.

ii. Si se trata de un testigo hostil, difícil de controlar o que no lee adecuadamente: se debe extremar el control sobre la actividad de la confrontación, por lo que se recomienda acercarse al deponente con la declaración previa a su vista, y señalarle lo siguiente: "Señor, voy a leer el texto marcado. Le pido que por favor vaya leyendo conmigo en voz baja el texto. Si yo me aparto de cualquier manera de lo que aquí dice, me lo hace saber, por favor".[605] Luego el contraexaminador lee la parte marcada de la declaración, evitando que el deponente trate de explicar o debatir.

iii. Si lo que se trata de evidenciar ante el tribunal es una adición en la declaración prestada ante el juzgador[606]: se procurará demostrar al tribunal que parte de los hechos que son declarados hoy por el deponente no fueron abordados en sus declaraciones previas, razón por la cual es posible presumir que no tenía conocimiento de los mismos o al menos sin el nivel de detalle que ahora exhibe ante el tribunal. En este caso, cualquiera sea el tipo de testigo, el litigante se acerca a él y le entrega el texto íntegro de su declaración previa. El ideal es que el documento no contenga ninguna parte subrayada o destacada, pues lo que se desea es usar toda la declaración. Se le solicita que proceda a leer en voz baja y que, cuando encuentre aquella parte de la declaración que se refiere al punto respecto del cual ahora ha declarado en juicio, avise para hacer una lectura en voz alta de ese segmento de la declaración previa.[607] Es posible aumentar la intensidad

---

605 Para hacerlo aún más eficaz y mostrar un comportamiento ante el juzgador, se recomienda iniciar la lectura de la parte de la declaración a utilizar, detenerse antes del punto específico a confrontar, para pedirle al declarante que ratifique que nuestra lectura ha sido literal. Una vez que el testigo lo confirme, con voz firme y segura se procede a leer la parte de la declaración previa con la que se impugna su testimonio.

606 En términos simples, el declarante señala en juicio hechos no contenidos en su declaración previa.

607 Obviamente el contraexaminador sabe que ello no ocurrirá pues la declaración previa no contiene esa información.

de la aplicación de esta herramienta, dejando pasar unos minutos, preguntándole al deponente si ha encontrado o no la parte buscada de la declaración. Una vez que el deponente reconozca que en su declaración previa no hay nada sobre el punto concreto, se recomienda poner término al contraexamen.

En cualquiera de estas hipótesis, lo importante es saber detenerse a tiempo y sólo dejar en evidencia la inconsistencia, contradicción, omisión o adición. Es esencial mantener el control al momento de usar esta técnica, pues el deponente hostil tratará de ofrecer una explicación. Por eso es que las preguntas deben ser sugestivas. Las argumentaciones y conclusiones que se desprenden de la impugnación efectiva se harán saber argumentativamente al tribunal durante el discurso de cierre o clausura.

Una variante importante sucede cuando la impugnación se efectuará con la declaración de otro testigo o deponente, por ejemplo, un coimputado en los hechos. En esa hipótesis se debe interrogar al testigo de la contraparte sobre dos asuntos: 1°) el o los hechos sobre los cuales se mostrará la inconsistencia o adición, a fin de que lo ratifique ante el tribunal[608], y 2°) la existencia de otro deponente que pueda dar cuenta de esos mismos hechos (siempre y cuando el deponente tenga efectivamente conocimiento de ello). Ese deponente es precisamente el que se utilizará luego para cerrar la confrontación.

En este escenario la confrontación o impugnación tiene tres momentos distintos: el primero desarrollado frente al declarante o testigo a impugnar; el segundo, en el interrogatorio de otro deponente que, conociendo de estos hechos y que posee mejores antecedentes de credibilidad personal o de su testimonio, depondrá explicitando la contradicción u omisión contenida en la declara-

---

608 Por ejemplo, se pedirá al testigo que ratifique los hechos que son contradictorios con el testimonio de quien se usará para impugnarle, mostrando que omite cosas que el otro testigo declarará, o que ha señalado cosas que el otro testigo negará que hayan ocurrido o fueran posibles de percibir.

ción prestada por el testigo impugnado; y tercero, la construcción argumentativa en el discurso de clausura sobre la falta de fiabilidad del testimonio del declarante impugnado.[609]

X. CONTRAEXAMEN DE PERITOS[610]

En esta sección se sistematiza un conjunto de recomendaciones útiles para desarrollar el contraexamen de peritos, esto es, de aquellas personas que cuentan con una experticia especial en un área del conocimiento derivada de sus estudios formales, especialización profesional, desempeño de ciertas artes, o del ejercicio de un determinado oficio.[611] No se debe confundir al perito con el denominado "testigo experto", quien por su naturaleza es un testigo, pues ha adquirido su conocimiento respecto de los hechos de forma espontánea, pero que dados los conocimientos que ostenta puede emitir ciertas opiniones respecto de algunos de los hechos que ha percibido.[612]

Los peritos como declarantes presentan ciertas particularidades:

a. A diferencia de los testigos presenciales, los peritos no han percibido de forma directa los hechos materia del juicio. Por sus conocimientos están en condiciones de emitir sobre ellos, u otra circunstancia relevante del caso, un juicio u opinión que permitirá a los jueces un mejor y cabal entendimiento de esos hechos o circunstancias.[613]

---

609 Esta forma de impugnación podría hacerse mediante dos contraexámenes efectuados a dos declarantes distintos de la parte contraria, o mediante el contraexamen del deponente a impugnar y luego un examen directo a un declarante propio.

610 Sobre el contraexamen de peritos, *vid.* Duce (2013), pp. 129-138, Fontanet (2010), pp. 403-413, González-Wilhelm (2018), pp. 875-903.

611 Duce (2013), p. 29.

612 *Id.*, p. 31.

613 Su intervención se produce con posterioridad a la ocurrencia de los hechos que han originado el juicio, por así determinarlo el órgano jurisdiccional o alguna de las partes.

b. No existen peritos inhábiles *a priori*. Cada parte podrá ofrecer y presentar prueba pericial mediante informes escritos confeccionados por peritos de su confianza, los que deben ser citados a la audiencia de juicio oral para exponer y justificar verbalmente las conclusiones contenidas en sus informes. En esa audiencia deben demostrar ante el juzgador que tienen la experticia y conocimientos que se le atribuyen por quien los presenta a juicio, cuestión que será cuestionada por quien los contrainterrogue.

c. En general, la declaración de los peritos en juicio oral se rige por todas las normas que reglamentan la prueba de testigos. En algunos países la intervención del perito en el juicio oral se inicia con una exposición breve que debe personalmente hacer el experto de las conclusiones contenidas en su dictamen pericial, para luego pasar a ser interrogados por los litigantes conforme a las reglas del examen directo y del contraexamen.[614]

   Para realizar un adecuado contraexamen de un perito se debe: 1°) verificar los comprobantes que acreditan su idoneidad profesional o técnica, y 2°) estudiar y analizar con la debida asesoría, incluso de otro perito, la metodología y los procedimientos técnicos utilizados, además de las conclusiones a las cuales se ha arribado en el informe. Sólo teniendo conocimiento de la materia contenida en el informe pericial es posible contraexaminar adecuadamente al perito.[615]

---

614 No compartimos la normativa que impone la práctica señalada. Los peritos deberían declarar en su examen directo conforme a las preguntas que le formula quien los presenta, respecto de los siguientes temas: acreditación, descripción de la metodología elegida y su justificación, conclusiones a las que ha arribado el experto.

615 Es relevante que los litigantes tengan acceso a los informes periciales escritos por los peritos de la contraparte en la audiencia de preparación de juicio oral. Sobre este punto no hay cuestionamiento en el caso de las pericias que han sido evacuadas para el ministerio público, por ser una manifestación de su obligación de registro fiel e íntegro y de descubrimiento probatorio. En el caso de las pericias que se han evacuado para la defensa, y ofrecidas como prueba en la audiencia de preparación de juicio oral, también deben ser dadas a conocer íntegramente a la

Tal como se señalara en el capítulo referido al examen directo, pese a que estamos frente a un modelo de juicio basado en una audiencia realizada en condiciones de oralidad, inmediación y contradicción, el medio probatorio de prueba de peritos se constituye por: 1°) el informe pericial escrito, lo que permitirá debatir en la audiencia preparatoria su pertinencia, examinar el objeto de la pericia y corroborar que quien lo ha evacuado tiene el carácter de perito y es quien lo ha elaborado[616]; y 2°) la declaración oral del perito prestada presencialmente en la audiencia de juicio conforme a las reglas del examen y contraexamen. El informe pericial escrito en juicio oral no sirve como medio probatorio independiente, sino que como un registro previo con el cual se puede proceder a refrescar la memoria de un perito propio, o como un mecanismo de impugnación del testimonio oral del perito de la parte contraria.[617]

Para preparar el contraexamen el litigante puede solicitar una pericia de parte destinada a controvertir la pericia sobre el mismo tópico presentada por la contraria.[618] Se puede atacar la pericia de dos maneras: en el contraexamen del litigante al perito de la parte contraria, y mediante el examen directo de un perito propio que cuestione los puntos contenidos en la declaración del perito de la otra parte, afectando su teoría del caso. Por eso puede ser conveniente contratar a un perito para que colabore con sus conocimientos a prepa-

---

fiscalía en dicha audiencia. A pesar que la defensa no tiene obligación de registro de sus actos investigativos, el legislador ha dispuesto la configuración del medio de prueba pericial mediante la elaboración del informe escrito y la producción de la prueba pericial en la audiencia de juicio por medio de la declaración verbal del perito. Siendo una imposición legal que el informe pericial conste por escrito, no se ve razón alguna para que no se entregue copia del informe al fiscal, a fin de que pueda conocer el contenido específico del mismo y prepare el contraexamen del perito de la defensa.

616 Temas referidos a la admisibilidad de la prueba pericial.

617 Duce (2013), pp. 148-155.

618 Fontanet sugiere contratar a otro perito, ya sea para preparar el contraexamen y/o para que comparezca como prueba. Fontanet (2010), p. 404.

rar de la forma más informada y técnica posible la contrainterrogación del perito de la contraria, solicitándole además que asista a la audiencia de juicio y escuche la declaración del perito. Ello no sólo es necesario para comprender adecuadamente la pericia, su metodología y conclusiones, sino que además para apoyar el diseño estratégico y la ejecución del contraexamen.[619]

La sola contraexaminación de un perito puede ser insuficiente para lograr el objetivo de afectar seriamente esa evidencia restándole credibilidad en juicio, por lo que se recomienda contratar a otro perito que enfrente al de la contraparte. Esa es la vía más idónea para impugnar al perito de la contraria. El litigante que intente competir con un perito de la parte contraria en términos de conocimiento especializado podría incurrir en una actitud de soberbia. No importa qué tan bien se prepare el contraexaminador, pues en general el perito tendrá un mayor dominio del conocimiento científico específico y tendrá explicaciones técnicas más convincentes sobre su pericia.[620]

d. Los peritos en su dictamen o en su declaración en juicio no pueden pronunciarse sobre la denominada cuestión última del juicio. En general se reconoce una limitación al contenido del dictamen pericial: no puede contener juicios respecto a la responsabilidad penal del imputado en relación con el hecho delictivo materia del proceso.

Los ámbitos o temáticas a abordar en el contraexamen de un perito son los siguientes:

1°) Experticia del perito: se intentará demostrar por el litigante que quien es presentado como un experto en una determinada

[619] Este informe pericial que se realiza sobre la pericia elaborada por un perito de la contraparte se suele denominar "meta peritaje". El perito que elabora este meta peritaje puede transformarse en un asesor directo del contraexaminador, ilustrándolo sobre las temáticas que deberá abordar en su contraexamen y cómo hacerlo, y/o podrá ser presentado a declarar en el juicio oral como prueba pericial propia.

[620] Fontanet (2010), p. 404.

ciencia, arte u oficio, en realidad no lo es, ya sea porque no tiene los conocimientos que dice tener, o porque, teniendo grandes conocimientos sobre un área del conocimiento, su experiencia en la materia específica sobre la cual recae el informe no es sustancial. También entran en este punto de contraexaminación las cualificaciones profesionales del perito: sus estudios, reconocimientos, publicaciones, la actualización de sus conocimientos, etc.[621] También es posible cuestionar la experiencia práctica del perito. Es común que algunos litigantes presenten como peritos a personas con grandes estudios académicos, pero insuficiente experiencia práctica sobre la materia en la que su opinión resulta gravitante.[622]

2°) Controvertir las conclusiones que ha presentado el perito en la audiencia de juicio. Por ejemplo, sostener que esa opinión no es la única que podría desprenderse de los hechos analizados, que ella no es coherente con la lógica y el sentido común, que si bien puede concluirse lo señalado por el perito, esa opinión no tiene un alto grado de certeza, que los procedimientos utilizados por el perito no son los únicos para analizar los hechos, que existen otros métodos que otorgan mayor certeza a las conclusiones que pudieran obtenerse, que si bien se utilizó el procedimiento adecuado no se aplicó como se debía, que de utilizar otro procedimiento se llegaría a una conclusión diversa a la presentada por el perito en su informe, que la pericia es cuestionada o confrontada por otros expertos en la misma ciencia o arte, etc. Una línea de ataque a las conclusiones del perito distinta a las anteriores consiste en avocarse a demostrar a los jueces que el perito no examinó todos los antecedentes necesarios y pertinentes para evacuar la pericia realizada, o que su opinión se funda en testimonios de dudosa credibilidad.

---

621 Duce (2013), p. 129 (lo que se intenta aquí es cuestionar la credibilidad personal del perito, su valor como fuente de información).

622 Esta línea de cuestionamiento es más gravitante si se está en presencia de pericias cuya realización mejora o es más certera en la medida que se cuenta con mayor experiencia práctica, p. ej., aplicación de determinados test psicológicos, etc.

3°) Relevar aquellos datos o hechos útiles a nuestra teoría del caso. Al igual que en el contraexamen del testigo, en el caso de los peritos también se puede perseguir información que pueda proporcionar el experto y que sea favorable o compatible con nuestra teoría del caso.[623] También se puede utilizar su declaración de manera que nos permita acreditar e introducir probatoriamente al juicio prueba material, ofrecida en la audiencia de preparación de juicio oral.[624] Se trataría entonces de un contraexamen constructivo y no destructivo.[625]

4°) Remuneración u honorario del perito. Puede ser tema de contraexamen el que un perito haya cobrado honorarios muy superiores a los que ordinariamente se cobran por una pericia como la que ha evacuado, como el hecho de que no haya cobrado nada.[626]

5°) La relación previa del perito con quien lo presenta. En muchos países es un tema de contraexamen la relación previa existente entre el perito que presta testimonio y la parte que lo presenta a declarar. Para ello se debe acreditar ante el juzgador la existencia del vínculo previo, su permanencia en el tiempo, la adscripción a una determinada institución u organismo que suele prestar servicios periciales a esa clase de litigante, o su pertenencia a la institución que integra el litigante, como ocurre con los fiscales y defensores públicos. En estos casos el contraexaminador intentará

---

623 Sea porque el perito puede referirse a proposiciones fácticas que integran la teoría del caso de quien lo contrainterroga, o porque puede manipular y referirse a prueba material ya ingresada al juicio como prueba por el contrainterrogador, obteniendo con su testimonio la corroboración y ratificación de las proposiciones fácticas que se desprenden de esa prueba material.

624 Solo debiera recurrirse a esta modalidad de contraexamen cuando no sea posible incorporar al juicio oral la prueba material del declarante con un declarante o perito propio.

625 Duce (2013), p. 133 (refiriéndose a este tipo de contraexamen como aquel destinado a obtener objetivos amigables).

626 El artículo 318 del C.P.P. chileno faculta a las partes o al tribunal a requerir al perito información acerca de su remuneración y la adecuación de ésta a los montos usuales para el tipo de trabajo realizado.

demostrar al tribunal que una vinculación contractual previa puede afectar la imparcialidad y objetividad del perito; que el perito es remunerado por la institución con carácter regular y permanente, por lo que existe un incentivo a que las pericias que evacúa sean siempre favorables a la parte que lo presenta, etc.[627]

Algunas consideraciones finales a propósito del contraexamen de peritos:

1. En el contraexamen no tiene ningún sentido discutir con el perito. La idea en el contrainterrogatorio es tratar de obtener antecedentes favorables a la teoría del caso, sin entrar en un conflicto o discusión directa con el perito, pues es muy probable que en ese contexto quien salga fortalecido sea el perito y no el abogado que busca un debate en un contexto altamente adverso, no sólo por los conocimientos y lenguaje del perito, sino porque esa actitud puede ser valorada negativamente por el tribunal.[628]
2. La confiabilidad de una pericia puede requerir abordar múltiples temas. El litigante puede aproximarse desde distintas dimensiones o puntos al tema, tales como:

   a. Los conocimientos y calificaciones del perito y, eventualmente, de su equipo colaborador.[629]

---

627 Se pueden utilizar las páginas de transparencia pública del Estado para obtener información sobre el número de pericias efectuadas en un período de tiempo por el perito para la institución a la que pertenece el litigante. También se puede mostrar que en los juicios en los que intervino el perito, pese a que su opinión era favorable a la institución que integra el litigante, no siempre se obtuvieron los resultados perseguidos.

628 Fontanet (2010), p. 405.

629 Duce (2013), p. 141 (sobre la falta de idoneidad del perito, impugnando sus conocimientos o experiencia).

b. La ciencia, arte o técnica en que se basan sus conocimientos.[630] No todas las fuentes del conocimiento tienen el mismo reconocimiento e incluso dentro de aquellas más reconocidas, como podrían ser las ciencias exactas, aún es posible distinguir al interior de las respectivas disciplinas y subdisciplinas según su novedad, reputación, fiabilidad, etc. También es un factor a considerar, particularmente en aquellos conocimientos más nuevos, el mayor o menor grado de reconocimiento que tengan entre quienes profesan la misma ciencia, arte u oficio.
c. La calidad y estado de los instrumentos, máquinas o tecnología utilizada por el perito.
d. El cumplimiento de los protocolos o reglas para la realización de las operaciones o procedimiento efectuados por el perito.
e. El grado de certeza de las conclusiones obtenidas.[631]
f. La falta de imparcialidad del perito. Esto está asociado ordinariamente al tema de las remuneraciones del perito[632], a que éste siempre preste testimonio a favor de determinada parte (fiscalía o defensoría), habitualidad con la que comparece en tribunales, lo que hace presumir un oficio en ese sentido, etc.

3. La impugnación de un perito es más amplia que la de un testigo.[633] Para proceder a la impugnación de un perito se recurre al texto de su informe, a la existencia de inconsistencias u

---

630 Fontanet (2010), pp. 408-409 (sobre los cuestionamientos a la confiabilidad de la prueba pericial).

631 Duce (2013), pp. 144-145 (las conclusiones del perito contradicen conocimientos consensuados en su disciplina, o el experto ha manifestado una opinión contraria a la que sostiene ahora en el tribunal).

632 Fontanet (2010). Propone abordar el tema de las remuneraciones en un triple sentido: a) pago por investigación; b) pago por preparación de informe con conclusiones, y c) pago por testificar en el tribunal.

633 *Id.*, p. 408.

omisiones con su declaración en juicio[634], a sus antecedentes laborales y personales, a textos o documentos que contengan las reglas, principios o procedimientos que él ha utilizado para efectuar su pericia, pudiendo confrontar si su actuación ha sido coherente o no con ellos.

A través de preguntas sugestivas se fija el procedimiento efectuado,[635] y luego se aborda el elemento de confrontación (texto, autor o autoridad en la materia, procedimiento estandarizado, reglas, principios o exigencias, etc.). Basta que el perito reconozca que en dicho elemento de confrontación se sostiene algo distinto a lo aseverado por él en juicio. No se trata de darle la oportunidad de debatir o de explicar por qué ahora sostiene algo distinto. Una vez más el control del litigante sobre la forma de realizar la impugnación es indispensable. Sólo si el perito niega la inconsistencia se solicita al tribunal la posibilidad de leer la parte pertinente del elemento de confrontación, para lo cual se puede recurrir a la hipótesis de la prueba sobre prueba.[636]

4. Consistencia con los objetivos perseguidos. En conformidad a lo señalado a propósito de la teoría del caso y del propósito del contraexamen de testigos, el litigante tiene que ser consistente con sus actuaciones y no incurrir en contradicciones que afecten su credibilidad ante el tribunal. Frente a múltiples objetivos posibles de ser alcanzados en un contraexamen, es preferible que el litigante opte por aquellos que reditúan mayores beneficios para su teoría del caso. En ocasiones se pueden combinar objetivos destructivos con otros constructivos, pero en otras oportunidades se debe op-

---

634 Así lo permite expresamente el artículo 378, N° 6, del C.P.P. chileno.

635 Por ejemplo, el grado de certeza de un examen o procedimiento, la forma de aplicar un procedimiento, el ambiente o condiciones indispensables para efectuar una prueba o test, etc.

636 Fontanet (2010), pp. 408-410 (respecto del uso de escritos o tratadistas, se debe interrogar sobre la existencia de ese tratado, autor o escrito, de modo que el perito valide que la obra o el autor es una autoridad reconocida en el ámbito de ese conocimiento experto).

tar entre ellos para no aparecer ante el tribunal como poco creíbles. Un contraexamen se debilita si al mismo tiempo se sugiere que el perito no es un experto idóneo y calificado, y luego se intenta reforzar alguno de sus hallazgos ya que contribuye a la teoría del caso propia. Si el profesional no es idóneo, entonces el tribunal no podría estimar confiable el hallazgo que sólo favorece al contraexaminador.[637]

---

637 Duce (2013), p. 133.

Capítulo 5:

OBJECIONES

I. DEFINICIÓN Y FUNDAMENTO

Las objeciones son el mecanismo procesal a través del cual un litigante, durante el juicio, controla la labor desplegada por su contrario, para cautelar que la información que se le provee a los jueces decisores sea la mejor posible, de la mejor calidad, exenta de vicios que afecten el juego justo (*fair play*) y, asimismo, se eviten afectaciones inadmisibles a nuestra teoría del caso. El principal fundamento de las objeciones es el principio de contradicción, el cual exige que la información que se ingrese al juicio esté sujeta al control o filtro de la contraparte, con la finalidad de asegurar que la convicción de quien decide aquello que se debate en el juicio se construya con información de la mejor calidad posible.

El litigante debe estar atento a reaccionar en el momento oportuno y así lograr el resultado buscado, cual es controlar la labor del contrario que altere las reglas del juego justo en el momento en que ello acontezca. Dicho control puede efectuarse en función de que afecta nuestra estrategia, pues surge un riesgo importante para nuestra teoría del caso, o porque la información que puede surgir de dicha actuación desleal es poco confiable o derechamente de mala calidad, o porque incide negativamente en nuestras prerrogativas procesales. A partir de las objeciones que se formulen es posible filtrar la información que logre conformar la convicción del decisor. De allí que en el discurso de clausura el litigante debe encargarse de remarcar lo acontecido a propósito de la objeción de que se trate, para insistir en que dicha actuación de la contraria no puede conducir a una inadecuada e impertinente afectación de nuestras prerrogativas procesales o de nuestra teoría del caso. De esa manera se encargará de señalar al tribunal que el más óptimo y mejor resultado posible del juicio debe rehuir de dicha información reprochable y de mala calidad.

Esa idea de lucha entre iguales, de enfrentamiento de partes, en donde frente a la actuación o petición de uno surge la refutación del contrario, permite recordar el proceso "como el contradictorio", esto es, asociando el principio de contradicción o del contradictorio a la esencia del proceso de partes, al enfrentamiento en condiciones de igualdad procesal y emparentando dicho principio con la idea de juicio de adversarios, frente a un tercero independiente e imparcial.

Una de las manifestaciones de este control viene a ser la posibilidad de repeler o rechazar la actividad del litigante contrario que no se produce con arreglo a las normas del juego justo. Precisamente para ello surgen las objeciones en tanto mecanismos o incidentes procesales a través de los cuales se busca impedir que una determinada actividad contraria a las reglas del juego justo efectuada por el litigante que representa a la contraparte, logre capturar la mente del decisor y producir convicciones equívocas que solo puedan explicarse en la mala calidad de la información que se intenta incorporar al juicio por su intermedio, evitando la inadecuada afectación de nuestras prerrogativas procesales o de nuestra teoría del caso y cautelando de esta manera el resultado más óptimo posible del duelo contradictorio.

El fundamento último de las objeciones, en nuestro concepto, reposa en los siguientes criterios:

i. En los juicios orales la información proviene de las fuentes de información o de prueba.

ii. Los abogados no son fuente de prueba. Por más que argumenten o quieran poner palabras en la boca de su prueba, ellos no se transforman a sí mismos en fuente legítima de valoración de información por el tribunal.

iii. Las respuestas de los testigos deben provenir de su claro entendimiento de las preguntas, puesto que el objetivo que se busca es generar información de calidad que conduzca a decisiones de categoría.

iv. La respuesta que se formule por el declarante debe provenir enteramente de su libre voluntad, exenta de vicios, libre de presiones o coacciones ilegítimas.
v. No es aceptable que se ingrese información al juicio que provenga de la pura especulación de los declarantes y no de su real y precisa percepción de los hechos.

En los procesos penales latinoamericanos se ha solido comprender esta institución de las objeciones, en nuestro concepto equivocadamente, vinculadas exclusivamente al control del juicio justo durante las "preguntas" formuladas por los abogados litigantes en los testimonios de declarantes en el juicio, en circunstancias que tal menoscabo puede producirse también durante los discursos de apertura y clausura o incluso en las respuestas de los declarantes a las preguntas que le sean formuladas, esto es, en varias otras actuaciones de los litigantes que ocurren durante el juicio oral, y de allí que ellas podrían dar lugar, también, a una objeción.

Fontanet define a las objeciones como aquel "procedimiento utilizado para oponerse a la presentación de evidencia inadmisible, como también, para objetar un comportamiento indebido durante el juicio".[638] Dicha definición comprende la oposición de la actuación del contrario que se produce (a) en la presentación de evidencia o prueba inadmisible, y (b) en cualquier otro comportamiento indebido que se produzca durante el juicio. Según Baytelman y Duce, en estricto rigor "el mecanismo de las objeciones es la forma que tienen las partes en juicio de manifestar su disconformidad con cualquier actividad de la contraparte que pueda afectar sus derechos o poner en riesgo la vigencia de las reglas que rigen el desarrollo del juicio oral."[639] Sin perjuicio de este tratamiento dogmático más restringido, dicha disconformidad se puede producir en relación a cualquier actividad realizada por la contraria y que pueda (*a*) afectar sus derechos, o (*b*) poner en riesgo la vigencia de las reglas que rigen el desarrollo del juicio.

---

638 Fontanet (2010), p. 161.
639 Baytelman & Duce (2004), p. 197.

Bergman asocia la oposición de la objeción con la comprensión de "que se ha violado un principio de la evidencia, y por razones tácticas ha decidido" formularla.[640] Quizá hay aquí una suerte de limitación en que este autor norteamericano sitúa las objeciones en torno a la violación de un principio de la evidencia y, por tanto, contemplando que dicha oposición solo puede formularse durante la fase probatoria del juicio. Pero en cualquier caso, no restringida solamente a la oposición a las preguntas. Por su parte, Quiñones Vargas refiere que es "objetable todo aquel elemento o material de prueba contrario al ordenamiento probatorio o procesal penal vigente."[641] Según se aprecia, hay aquí consideraciones similares a las que refiere Bergman.

Pelayo Vial sostiene que las objeciones sirven para tres propósitos: i) alertan a los jueces de potenciales errores y los facultan para excluir evidencias o preguntas de los intervinientes, para evitar tales errores; ii) alertan al abogado que su proceder no es correcto y lo facultan a cambiarlo; iii) es una herramienta eficiente para limitar a aquella parte que no respeta los límites del proceso y para coartarlo en este actuar incorrecto. Vial agrega la posibilidad de preparar un eventual recurso de nulidad.[642]

Como se puede apreciar, la doctrina maneja una noción de objeción similar a aquella que se plantea en esta oportunidad. La objeción ha de ser entendida en forma amplia, como aquella destreza de litigación tendiente a evitar que la parte contraria realice cualquier actividad –no solamente durante las declaraciones de las partes, testigos o peritos– que ponga en riesgo la vigencia de las reglas que rigen el desarrollo del juicio, que realice un comportamiento indebido, que no respete las reglas del juego justo y que pudiera afectar nuestra teoría del caso o nuestras prerrogativas procesales, provocando la posibilidad que ingrese al juicio información que no cumpla con los estándares de calidad.

---

640 Bergman (1995), p. 247.
641 Quiñones Vargas (2003), p. 102.
642 Vial (2008), pp. 248 y s.

Es fundamental especificar en qué momentos es posible efectuar una objeción durante el juicio. Ello dice relación con que aquella oposición puede ser manifestada (*a*) en la fase de alegatos de los abogados, y (*b*) durante la fase de rendición de cualquiera de las pruebas, sin límites, con la finalidad de asegurar que la categoría de la información con que los decisores adoptan sus decisiones sea la mejor posible. Teniendo presente la estructura tradicional del juicio oral, público y contradictorio, a continuación se explica la oportunidad en la que se pueden levantar objeciones respecto de las actuaciones de los litigantes.

1°. Durante el alegato o discurso de apertura formulado por los diversos litigantes. En este caso, parece ser necesario distinguir según quien se encuentre desarrollando dicha intervención:

i. Si estamos en presencia de los discursos de apertura del fiscal o del querellante, el principio de contradicción debiera fluir al menos durante el discurso de apertura de la defensa, en donde pudiera ésta referirse a aquellas afectaciones observadas al juicio justo por ella y que sitúa en los discursos de sus adversarios. Sin embargo, ello implicaría aceptar que dicha infracción al juego justo se produzca durante el juicio generando consecuencias que podrían convertirse en irremediables, sin reacciones inmediatas de la contraria que al menos intenten evitar que causen un mayor perjuicio, solamente contemplando la posibilidad que se produzca un control *ex post* durante el alegato de la defensa. Ello nos permite señalar que parecerá depender de la intensidad con que se entienda el principio de contradicción y de la gravedad de la infracción que se produzca, lo que debiera determinar el momento preciso en que se formule la objeción:

- Si acaso es suficiente con la posibilidad de repeler en su turno ordinario la vulneración al juicio justo producida por la parte contraria durante sus actuaciones diversas al interrogatorio de declarantes propios o que respondan a la teoría del caso con la que se enfrenta.

- Si se entiende el principio de contradicción de manera más intensa, como la posibilidad de impedir, en el momento en que se produzca el intento de alteración del juicio justo, el levantamiento de la objeción. Ello con mayor razón si estamos hablando de afectaciones sustanciales relativas a temas inadmisibles, como la existencia de negociaciones fallidas entre las partes u otras afirmaciones tendenciosas y ofensivas para las partes.

ii. Si estamos en presencia del alegato de apertura de la defensa, en atención a que no existe una nueva intervención similar de los litigantes que procuran una sentencia condenatoria, no existe más alternativa que la parte contraria levante una objeción en el momento justo en que se produce aquello que se percibe como una infracción a las reglas del juego justo.

2°. Durante la rendición de otros medios de prueba, diversos a las declaraciones. La prueba durante el juicio oral está constituida por declaraciones de víctima(s), acusado(s), testigo(s) y/o perito(s), prueba documental y prueba material. En estos últimos dos casos parece no existir discusión en cuanto a que la parte contraria a quien incorpora al juicio el medio de prueba de que se trate, tiene todo el derecho de oponerse o levantar las objeciones que estime conducentes en función del ejercicio de su teoría del caso, cautelando con ello las reglas del juicio justo, con la salvedad que normalmente su tratamiento tiene un desarrollo particular, vinculado al procedimiento legítimo de incorporación de la prueba documental y material al juicio.

Piénsese por ejemplo en la recomendación que se efectúa en los manuales de litigación para que durante la incorporación de la prueba material o documental ésta sea exhibida al abogado de la parte contraria, precisamente para que se controle dicha introducción, normalmente muy vinculado a la denominada cadena de custodia y su respeto durante el procedimiento. De allí que se puede levantar una objeción al intento de incorporación de la prueba material cuando han sido alteradas las reglas de la cadena de custodia que rigen su legítima presentación al juicio o cuando su integridad es puesta en duda. También se puede objetar la autenticidad de un documento que se pretende incorporar al juicio. En estos casos se trata de incidentes que tienen normalmente una regulación específica, pero que no por ello se distancia de esta noción que hemos utilizado para definir la objeción.

3°. Durante las respuestas a las preguntas que formule el declarante. La oposición a las respuestas formuladas por un declarante durante el examen directo debe formularse vía preguntas sugestivas durante el contraexamen y cualquier argumento o comentario a dichas respuestas que se formule por el declarante debe ser observada por el litigante contrario durante su discurso de clausura, en donde expresará las conclusiones que obtiene a propósito de esas dificultades que encuentre respecto a las respuestas otorgadas a las preguntas formuladas y lo que ha obtenido durante el mencionado ejercicio de examen cruzado.

La regla general con relación al reproche que pueda generar a un litigante las respuestas formuladas por un declarante[643], normalmente de aquellos presentados por la parte contraria, debe confrontarse durante el contraexamen y argumentarse en el discurso de clausura. Sin embargo, en algunas legislaciones comparadas (p. ej., Puerto Rico, El Salvador) se contempla la posibilidad de oponerse también a las respuestas. Según Fontanet, la mácula de inadmisibilidad se produce durante la contestación a la pregunta, por lo que "debe en cumplimiento a este mandamiento, objetar."[644] Fontanet argumenta que durante el "interrogatorio de un testigo puede surgir que la parte contraria objete algún aspecto de su testimonio."[645] Respecto del proceso salvadoreño, Quiñones Vargas sostiene que el "fundamento de la objeción, [...] puede surgir

---

643 No porque la respuesta me disgusta o afecta mi teoría del caso al efectuar afirmaciones que rompen el relato que la sostiene, debo incidentar a toda costa. Esa opción lo único que producirá será que los decisores le asignen mayor importancia a esos datos fácticos y queden con mayor vigor incorporados al proceso de convicción en el que éstos puedan encontrarse.

644 Vial (2008), pp. 164 y s.

645 *Id.*, p. 184.

de la respuesta del testigo, ya que puede darse el caso en que no haya fundamento para objetar la pregunta, pero sí la respuesta."[646]

Lo que nos parece completamente atendible es que la respuesta conlleve un problema del que recomendamos hacerse cargo en el momento preciso en que ello ocurre. Esto se puede producir cuando la respuesta del declarante incorpora información gravitante, que sea estimada por el litigante, o incluso por el o los jueces, como ilegítima, inadmisible o impertinente. Por ejemplo, en su respuesta el declarante entrega simples opiniones o efectúa solo elucubraciones, o aborda temas que han sido objeto de exclusiones temáticas o incurre en afirmaciones que afectan la dignidad de una de las partes. En estos específicos casos si se deja pasar ese momento ante respuestas como las mencionadas, puede instalarse dicha información indebida en la mente del decisor, pese a la mácula que ya ha sido detectada por el litigante y que evidencia que se trata de datos fácticos de mala calidad, razón que nos lleva a plantear que dicha respuesta debe motivar la inmediata reacción a través de la correspondiente objeción que permita impedir que aquella situación indeseada ocurra y, peor aún, se convierta en irreversible.

Por eso se recomienda que en esos casos excepcionales se objete la respuesta otorgada por el testigo de forma inmediata, asimilándolo a la idea antes expresada del contradictorio fuerte, que levanta su oposición al ingreso de información que vulnera las reglas del juego justo en el mismo momento en que ésta se produce, no dejando tiempo para que ella pueda instalarse en el pensamiento de los jueces, aunque sea a la manera de un sesgo que, sin perjuicio de tener que dejarla de lado, igualmente pueda alcanzar a producir una inclinación judicial, afectando de todas maneras la teoría del caso del litigante.

4°. Durante los discursos de clausura. En este caso se aplican las diversas posiciones según se explicó a propósito de la apertura, en que la posibilidad de objetar inmediatamente que se produzca el comportamiento indebido durante el juicio, dependerá de la inten-

646 Quiñones Vargas (2003), p. 104.

sidad con que se entienda el principio de contradicción y la gravedad de la afirmación efectuada por la contraria, con la finalidad de oponerse al ingreso de cualquier información ilícita o contraria al juego justo. Esto desde luego en consonancia con la idea de evitar que se consoliden las ilicitudes o inadmisibilidades advertidas, en el momento de que estas ocurren, sin esperar que la situación producida genere mayor daño que el que ocurre por la sola realización de las mismas a través de la actuación indebida de la contraparte.

II. REQUISITOS

En cuanto a los requisitos de las objeciones, Quiñones Vargas expresa que deben ser "oportunas, específicas y con el fundamento correcto."[647]

A) *Oportunas*. Si se piensa solamente en la objeción a las preguntas, ésta debe ser inmediata, antes que el declarante comience a responder, pues ella es una de las expresiones de la rapidez del juicio, en que se debe estar absolutamente atento a todo lo que en él ocurre. La objeción entonces debe efectuarse tan pronto como se formule la pregunta que incurre en una causal que la admite, cuidando de pedirle al tribunal que advierta al testigo de esa posibilidad, a fin de evitar que comience a responder.

Dado que en estas páginas se ofrece una concepción amplia de las objeciones, aplicable como mecanismo de control sobre toda actividad desplegada por la contraria durante el juicio, las objeciones deben plantearse en el momento en que estas infracciones a las reglas del juego justo ocurran, por lo que será tan pronto se realice esa actividad de la contraria que se formule la objeción respectiva. Solamente de esta manera se puede evitar que aquella actividad infractora de la contraria pueda generar impacto, aunque indebido, en la convicción de los juzgadores, de modo que los decisores no resulten contaminados con información de mala calidad.

---

647 *Ib.*

B) *Específicas*. Debemos objetar una actividad precisa y determinada de la contraria, de manera tal que quede absolutamente claro qué es lo que se objeta. Resulta indispensable efectuar una distinción entre la causal de la objeción y su fundamento. Desde el punto de vista de la mecánica de la objeción, debe señalarse siempre la causal que motiva la objeción. Por ejemplo, "objeción, capciosa". Si la objeción resulta evidente, de inmediato el tribunal competente le pedirá a quien ha preguntado que reformule su pregunta. Pero si el punto no es claro para el decisor, entonces preguntará por el fundamento de la objeción, para que quien la formula explique en qué consiste la objeción y porqué se efectúa.

Baytelman y Duce aseguran que al formular la objeción se debe tener cuidado de no realizar un discurso, sino solamente manifestar la causal específica que se invoca.[648]

C) *Fundadas*. Cualquiera sea la posición doctrinaria que se adopte, siempre es necesario entregar al tribunal una justificación de la objeción, con mayor o menor extensión, en conformidad a la práctica de la cultura jurídica. Al objetar una pregunta, en algunos lugares sólo basta indicar la causal de la objeción. Por ejemplo, "objeción, sugestiva". En cambio, en otros lugares es necesario entrar a precisar en virtud de qué norma jurídica concreta se efectúa la objeción. De allí que muchas veces tal tarea se realice reconduciendo las formulaciones doctrinarias a aquellas que expresamente han sido reguladas en el respectivo ordenamiento procesal penal.

La extensión del fundamento de la objeción será necesariamente más vasta si aquella no resulta prístina y clara para el tribunal y seguramente en virtud de aquello se hará necesario una explicación más contundente y una justificación de la oposición que signifique entregarle mayores argumentos al tribunal para lograr su persuasión. Se espera que la actuación del objetor apunte de manera precisa al punto que se pretende impedir que ingrese al

---

[648] Baytelman & Duce (2004), p. 227.

juicio, debiendo promoverse que la entrega de fundamentos no sea escuchada por el declarante, pues ello solamente genera una indebida introducción de información que probablemente será tenida en cuenta por el testigo al momento de responder. Se sugiere que dicha labor provoque que los abogados se acerquen al estrado y realicen el debate solamente ante el o los jueces que resolverán la incidencia, manteniendo el registro de audio en el micrófono de los jueces para no vulnerar la publicidad del juicio.

Entendiendo estas diversas posibilidades que otorga la institución procesal de las objeciones, una de las cuales se sitúa en torno a la actividad desplegada por un litigante al momento de efectuar preguntas a algún declarante, parece relevante efectuar una distinción según se trate de las posibles objeciones generadas durante el examen directo, contraexamen, repreguntas o recontraexamen.

a) En el examen directo: la información aportada por un declarante no debe provenir del abogado que lo presenta, ya que se tergiversa el carácter de medio de prueba del testigo. La información útil para que los jueces determinen los hechos es aquella que emana directamente de quien entrega su testimonio. Como hemos señalado, los criterios esenciales para resolver estas materias se basan en dos máximas relevantes: *a)* en los juicios orales la información proviene de las fuentes de información o de prueba, y *b)* los abogados litigantes no son fuente de prueba. Por más que los letrados argumenten o quieran poner palabras en sus pruebas, ellos no se transforman a sí mismos en fuente legítima de valoración de información por el tribunal. Es el declarante quien debe aportar la información en el juicio, para que el tribunal se encuentre en condiciones de resolver. Si es el abogado quien ingresa la información al juicio a través de la pregunta que formula, por intermedio de preguntas sugestivas o inductivas, o de cualquier otro modo, incurre en una conducta irregular, que afecta las reglas del juego justo y contamina la información surgida en la audiencia. Esa información no debería ser utilizada por el tribunal para establecer los hechos, pues se trata de información de "mala calidad" en atención al modo reprochable de su incorporación al juicio, por lo que se justifica plenamente la objeción que sea formulada a dicha pregunta.

b) En el contraexamen: tratándose del ejercicio de litigación que se efectúa con el declarante que ha sido presentado por la parte contraria, la información aportada por el testigo debe provenir de un completo entendimiento de las preguntas que se le dirijan y no han de ser el resultado de un engaño o coacción. Por ello se controla la información aportada por el declarante presentado por la contraria y se confronta dicha declaración con cualquier versión que haya surgido durante el juicio. Si la pregunta no es comprendida por el testigo, por su complejidad o por algún defecto voluntario o involuntario de quien la efectúa, o por provenir de una forma coactiva que afecta la adecuada comprensión del declarante, desde luego la respuesta que otorgue será poco confiable. Si el testigo es engañado o coaccionado por el abogado, la respuesta que señale a esa pregunta capciosa será de una pésima calidad, pues no incorporará al juicio una afirmación fidedigna de lo que el testigo realmente ha percibido a través de sus sentidos. Solamente será entregada una información que responde al error o al engaño. Por ello aparece como razonable que se impida que aquello acontezca, objetando dicha pregunta.

c) En las repreguntas: cuando el declarante es sometido a una nueva ronda de preguntas por la parte que lo ha llevado a juicio, es habitual que la contraria cautele que la información surja también del testigo y no del abogado que le pregunta. Las preguntas usualmente objetables en estas oportunidades son las denominadas sugestivas, asertivas o inductivas.

d) Si nos encontramos en la fase denominada recontraexamen, en esta nueva confrontación con el declarante presentado por la contraria, el filtro más común es evitar preguntas capciosas o engañosas, que en función de sus dificultades serán también objetables.

III. CLASIFICACIÓN DE LAS PREGUNTAS OBJETABLES

Es aconsejable estar atento a todas aquellas preguntas que resulten objetables, sin perjuicio del manejo estratégico que debe primar en cualquiera de las fases de rendición de la prueba. Son objetables las preguntas: 1) sugestivas, asertivas o inductivas; 2) capciosas o engañosas; 3) de opinión o conclusivas; 4) argumentativas o especulativas; 5) repetitivas; 6) tergiversadoras de la prueba; 7) confusas; 8) compuestas; 9) que coaccionan ilegítimamente al testigo; 10) irrelevantes; 11) sin base suficiente.

1. Preguntas sugestivas, asertivas o inductivas. Son aquellas que portan o contienen su propia respuesta. El litigante formula la pregunta incorporando la información que desea obtener como respuesta. Como señala Paul Bergman, una pregunta sugestiva "es la que sugiere la respuesta deseada".[649] Por ejemplo: "El auto era de color azul, ¿no es verdad?". Si se observa con atención esta formulación de pregunta sugestiva o inductiva, lo que el abogado está haciendo es incorporar la afirmación "El auto era de color azul", y a continuación efectúa propiamente la pregunta catalogada de sugestiva por la afirmación que la precede: "¿no es verdad?". Al testigo sólo se le está pidiendo que corrobore la información que el abogado le acaba de proporcionar. Este tipo de preguntas son objetables en el examen directo, en la medida que la información que contiene la pregunta no haya aparecido con anterioridad en el testimonio del testigo.

Si es el testigo el que ha proporcionado la información, no es sugestiva la pregunta en la que se incorpora parte de los antecedentes proporcionados con la intención de solicitarle mayores detalles. Es por ello que las preguntas que son encabezadas con los dichos del propio testigo no son objetables por sugestividad. Las preguntas de seguimiento contribuyen a la ejecución de la técnica de "las capas de la cebolla", esto es, a profundizar gradualmente en la comprensión de un determinado hecho. En el encabezado de

---

649 Bergman (1995), p. 94.

la pregunta se reitera lo que el declarante ya ha manifestado, para luego pedirle al declarante que profundice su respuesta y entregue mayores detalles, despliegue la información y avance hacia una nueva capa, y así sucesivamente.

Cabe precisar que tampoco es sugestiva la pregunta en la que se le indica al testigo que otro declarante ha señalado algo, en la medida en que se le consulte acerca de lo que conoce o ha observado en relación al suceso específico relatado por otro testigo.

Las preguntas sugestivas, por otro lado, no son objetables en el contraexamen, pues en este último ejercicio el litigante no tiene por finalidad ingresar información, sino que principalmente su función es atacar la credibilidad del testigo o su testimonio. En este caso el riesgo no existe, pues el testigo ya entregó su declaración y fijó su consideración de los hechos. Frente a una afirmación efectuada por el abogado de la contraria que viene a confrontar lo dicho, no se deteriora la calidad de la información. Recuérdese que el testigo contraexaminado normalmente es hostil y va a defender la versión de los hechos que relató en el examen directo, por lo que el contraexaminador tiene derecho a confrontar al testigo con una perspectiva diferente de los hechos. Por ello el contraexaminador tiene derecho a traer a colación o insinuar nuevos antecedentes que ya hayan aparecido en el juicio.

Una situación más compleja es la que se produce cuando se aprovecha el contraexamen para introducir al juicio información que beneficia a la teoría del caso propia. En este escenario no se persigue atacar al declarante o su testimonio, sino obtener información que favorezca a la teoría del caso propia. En el fondo el contraexaminador está actuando como si estuviera efectuando un examen directo. En principio ese litigante debería hacer uso de preguntas cerradas, normalmente de opción, con un foco muy específico, para no producir el efecto contaminante de que sea el abogado quien ingrese la información al juicio. Sin embargo, por tratarse de un testigo de la contraria, se permite una mayor laxitud en las preguntas. Si el testigo se comporta de manera reactiva frente a las preguntas cerradas y de opinión del contraexaminador, la manera de evitar la hostilidad al responder por parte del testigo es precisamente permitiendo las formas sugestiva, asertiva o inductiva de preguntar.

Si se trata de testigos conjuntos, y el test de superposición de proposiciones fácticas permite diferenciar entre aquellas informaciones que ambas partes irán a buscar porque son comunes a sus respectivas teorías del caso, los litigantes formularán preguntas abiertas y cerradas. En cambio, si algunas de las proposiciones fácticas no encajan en el test de superposición y solamente favorecen a la contraria, se puede efectuar un contraexamen reducido al ataque de esas particulares y concretas afirmaciones, y en ningún caso referido a la credibilidad del testigo.

2. Preguntas capciosas o engañosas. Son aquellas que contienen información con la cual se busca engañar al testigo y, por lo mismo, lo inducen a error, a equivocarse, a caer en una trampa, favoreciendo a la parte que las formula.

Por ejemplo, en un caso en que se acusa de violación a un imputado y la defensa intenta introducir en el juicio información relativa a la existencia de una relación sentimental previa entre víctima y acusado, en el contraexamen el abogado defensor podría preguntar a la supuesta víctima si otras personas estaban en conocimiento de la "relación" que tenía con el acusado. La referencia a una relación no es clara y podría confundir a la víctima, pues no se explicita si se trata de una relación amorosa, laboral, social o de otro tipo. Sin darse cuenta la víctima podría estar asumiendo que existía entre ambos una relación sentimental previa y contestar aquella parte de la pregunta referida al conocimiento por parte de otras personas. Se estaría tratando de ingresar al juicio un dato fáctico distorsionado de la realidad, que no refleja la adecuada comprensión de la pregunta, y por ello se trataría de un antecedente de mala calidad.

Como lo que se busca con ese tipo de preguntas es engañar al testigo o hacerlo incurrir en una trampa o error, su ocurrencia es más frecuente en el contraexamen. Por lo general el litigante que efectúa un examen directo a su testigo procura evitar preguntas capciosas que pudieran confundirlo.

3. Preguntas de opinión o conclusivas. En principio estas preguntas son objetables por irrelevantes, pues las preguntas deben versar sobre hechos específicos. La relevancia del testimonio de un declarante se encuentra en las afirmaciones que pueda efectuar sobre los hechos que ha percibido a través de sus propios sentidos. Excepcionalmente el testigo puede declarar sobre aquello que ha oído referir a otras personas.[650] En principio es irrelevante la opinión que el testigo tenga o las conclusiones a las que llega y, con mayor razón, son inadmisibles las especulaciones que pueda efectuar en base a la información que entregue.

Tal como lo especifica Quiñones Vargas, "los testigos, excepto aquellos cualificados como peritos, sólo pueden declarar sobre los hechos que le consten de propio y personal conocimiento".[651] Cafferata Nores, por su parte, refiere que el testimonio "es la declaración de una persona física, recibida en el curso del proceso penal, acerca de lo que pueda conocer, por percepción de sus sentidos, sobre los hechos investigados, con el propósito de contribuir a la reconstrucción conceptual de estos."[652]

Sin embargo, en casos excepcionales a propósito de los testigos expertos, puede ser relevante la opinión del testigo, independiente de que no sea perito, de suerte que la objeción podría rechazarse. Sigue siendo testigo de un hecho; lo que sucede es que su atento observar lo ha realizado con los ojos de un experto y, sobre ese acápite en particular, resultará posible justificar su opinión. Por ejemplo, si a un garzón que declara haberle servido cinco copas de vino al acusado se le pregunta si éste "se veía borracho", o si a un médico que presencia un accidente de tránsito y declara acerca de los hechos que percibió, pero también se le pregunta sobre el tipo y naturaleza de las lesiones que observó en la víctima.

---

650 Obviamente en conformidad a la legislación procesal penal aplicable, aunque sin perjuicio de la evidente menor valoración que debe efectuarse cuando están permitidos.

651 Quiñones Vargas (2003), p. 114.

652 Cafferata Nores (1998), pp. 94 y s.

4. Preguntas argumentativas. En ellas lo que el litigante intenta a través de la pregunta es introducir una idea propia conclusiva, utilizando al declarante como medio o instrumento de confirmación. Lo que resulta de interés para los decisores es la información fáctica relevante que pueden aportar los declarantes para la fase de determinación de los hechos. Interesa conocer lo que los declarantes percibieron con sus sentidos sobre lo que ha sucedido o dejado de ocurrir en la esfera de la realidad. En consecuencia, no resulta ser información de buena calidad los argumentos o especulaciones que pueda efectuar quien presta declaración, más todavía cuando ella resulta de una errada forma de preguntar que incluye dichas argumentaciones o especulaciones.

5. Preguntas repetitivas. Se trata de preguntas que ya han sido efectuadas y respondidas por el declarante. Tales preguntas se pueden asimilar a las engañosas o capciosas, en la medida que la pregunta se refiera a una consulta que el sujeto ya ha respondido y, al insistir en el mismo tema, se busca obtener una respuesta diferente mediante el engaño. En esas condiciones, se considera que ellas no buscan más que confundir o inducir a error al testigo o, sencillamente, obedecen a una mala técnica del litigante que pregunta y no obtiene las respuestas que desea. Mientras la pregunta original no sea respondida con claridad por el testigo, es perfectamente legítimo reiterarla incluso varias veces y de diversas maneras. Lo que se objeta es que sobre un mismo asunto el abogado, tanto en el examen directo como en el contraexamen, ya haya efectuado la pregunta y ésta hubiese sido respondida por el declarante. Lo que se reprocha es que se intente ingresar nuevamente una misma porción de información, una misma negación o afirmación ya entregada con anterioridad durante el turno de efectuar preguntas por ese litigante.

Considérese que ciertas preguntas en torno a un mismo asunto pueden no tener la finalidad de confundir al testigo, sino que legítimamente pueden perseguir que el testigo sea más preciso en sus respuestas, que señale otras informaciones asociadas al tema genérico ya abordado, lo que normalmente no constituirá propiamente una pregunta repetitiva, sino que será una pregunta de seguimiento.

Pudiera ser importante para la teoría del caso que en el examen directo el testigo vaya proporcionando cada vez más detalles sobre los hechos, como si el litigante estuviera utilizando sus preguntas con las características de un zoom fotográfico.

En el contraexamen, en cambio, puede pretenderse hacer patente una contradicción con declaraciones previas del sujeto, lo que requerirá que se encabece el ejercicio con la repetición de lo ya afirmado por el declarante, lo que el juez o tribunal habrá de tenerlo en cuenta al momento de resolver la objeción.

6. Pregunta que tergiversa la prueba. Son aquellas preguntas relacionadas con la prueba del juicio, y que han sido formuladas en términos de presentarla de un modo que no se ajusta a la realidad producida en el juicio o con relación a información que en estricto rigor no ha sido incorporada al juicio o cuyo verdadero sentido es diverso al que se le otorga por el letrado que efectúa la pregunta. Como lo expresan Baytelman y Duce, "cuando una pregunta asume hechos sobre los cuales no ha habido prueba en el juicio –o habiendo prueba, esta no se ajusta a la información contenida en la pregunta–, no debe permitirse su formulación ni menos que el testigo la conteste."[653] Propiamente hablando, debieran ser consideradas engañosas, pues se está utilizando lo referido por otra prueba o incluso el mismo testigo de un modo que modifique aquello que en rigor fluye del referido medio de prueba.

En el examen directo la pregunta que tergiversa la prueba puede ser asimilada a la sugestiva, pues requerirá en la introducción de la pregunta de información que, en la forma en que es planteada, constituye una que no ha sido aportada con anterioridad al juicio. En el contraexamen puede ser reconducida a la pregunta engañosa o capciosa, pues se está intentando engañar al declarante. Por ejemplo, podría plantearse un caso de acusación por tráfico de drogas con una teoría del caso de la defensa que niega la realización de actividades de esa índole delictual, en que se plantee la siguiente dinámica en el contraexamen de la declaración del imputado:

---

653 Baytelman & Duce (2004), pp. 223 y s.

Fiscal: ¿Cuánta droga dijo Ud. que traficaron?

Defensor: Objeción, el testigo señaló que habían consumido droga, jamás habló de tráfico.

7. Preguntas confusas, ambiguas o vagas. Son preguntas mal formuladas, equívocas, mezcladas, revueltas, formuladas de forma oscura o dudosa, poco entendibles por el testigo, que sean difíciles de distinguir, que produzcan turbación, temor, perplejidad o que admitan diversas interpretaciones. De allí el propio nombre que las distingue: 1) son confusas porque carecen de claridad, orden o precisión, o que se manifiestan de una forma difícil de comprender o percibir; 2) son ambiguas, pues son susceptibles de entenderse o interpretarse de diversas maneras o que denotan poca decisión, seguridad o firmeza, y 3) son vagas, pues se trata de preguntas desordenadas, imprecisas o ininteligibles. Estos tipos de preguntas pueden ser reconducidas a las preguntas capciosas, en la medida que buscan o posibilitan que el testimonio que resulte de ellas aparezca como inconsistente.

Por ejemplo, si en el caso antes indicado de violación la víctima y el acusado se conocen desde hace años, el litigante le pregunta a la víctima: "¿Hace cuánto se relacionan?". En esa pregunta la incorporación de la palabra "relacionan" es imprecisa, susceptible de variadas interpretaciones y pudiera ingresar al juicio información que sería el producto de un inadecuado entendimiento de la pregunta, por lo que es objetable.[654]

8. Preguntas compuestas. Son aquellas que contienen varios hechos completamente distintos y autónomos entre sí en una sola interrogación o en varias, de manera que resulta obvio que el testigo perfectamente puede estar respondiendo solo algunos de los temas consultados, por lo que la información incorporada es de mala calidad. También se pueden entender las preguntas compuestas como la consulta de dos o más temas en una sola pregunta,

---

654 Si se trata de una relación sentimental la que se asume en la respuesta, desde luego se estaría acreditando la teoría del caso de la defensa. En cambio, si se asume solamente una relación de vecindad, se refuerza la teoría de la fiscalía.

que a su vez involucran varios hechos sobre los cuales la víctima, el testigo o el perito debe declarar, y esto puede generar confusión al responder. La duda es obvia, pues no quedará claro a qué hecho se refiere el declarante cuando responde. Esto ocurre, por ejemplo, cuando el abogado comienza preguntando acerca de si estaba el acusado dentro de los asistentes a la fiesta y termina consultando si acaso en esa fiesta se transó droga. Desde el punto de vista de las técnicas de la litigación, es siempre recomendable efectuar una sola pregunta, referida a un solo hecho.

9. Preguntas destinadas a coaccionar ilegítimamente al declarante. Son aquellas preguntas formuladas de modo tal que resultan amenazantes para el declarante, son espurias, indebidas. Quien efectúa la pregunta pudiera estar ejerciendo violencia psíquica, física o simbólica, con la intención de obligar al sujeto a que diga o ejecute algo, lo que dota de ilegitimidad a la pregunta. Dado que la coacción puede ser de forma o de fondo, puede deberse a una alta velocidad del interrogatorio[655], impidiéndole al declarante responder a tiempo, o no se le deja contestar, o a través de la pregunta que se efectúa se incorpora cualquier forma de maltrato, ya sea al propio declarante o a la parte contraria.[656] Si estamos en presencia de una coacción ilegítima, será porque habrá otras imposiciones o forzamientos de la declaración de una persona que puedan resultar legítimas, esto es, que resulten aceptables desde el punto de vista del ordenamiento procesal penal. Por ejemplo, pedirle al tribunal que le recuerde al testigo que se encuentra bajo juramento o promesa de decir verdad y que puede incurrir en el delito de falso testimonio prestado en juicio penal.

10. Preguntas irrelevantes. Son preguntas que se refieren a un evento o hecho que carece de importancia o trascendencia, que persiguen obtener una información sin interés, significación, o que está desactualizada, aunque guarden relación con el conflicto que

---

655 Lo que no quiere decir que no se pueda apurar al testigo para que responda, que se le realicen preguntas de inmediato una vez que han sido ya respondidas las anteriores, con suficiente fluidez para lograr que el testigo responda verazmente.

656 Obviamente dentro del contexto de un contraexamen.

se debate en el juicio. Son preguntas que apuntan a temáticas que no son importantes ni revisten interés para el juicio, y desde un punto de vista lógico no contribuyen a la acreditación de la teoría del caso. La relevancia de las preguntas es aquella en la cual se evidencia la búsqueda de algo gravitante o significativo, o que, debido a su calidad o excelencia, sobresale del resto.

Normalmente a través de este tipo de preguntas el examinador solo obtiene del declarante información intrascendente respecto de los hechos que son objeto de prueba. Dicha información resulta ser de baja calidad y, por tanto, descartable por el juez o tribunal al momento de resolver. Es necesario distinguir estas preguntas de aquellas que, en estricto rigor, no dicen relación con aquellas situaciones fácticas debatidas en el juicio, es decir, que resultan ser impertinentes. Las preguntas irrelevantes pueden ser pertinentes, pero no tener importancia o trascendencia para lo que se decidirá en el juicio.

11. Preguntas sin base suficiente. El juicio es el espacio dedicado a debatir acerca de la eventual ocurrencia de un hecho que se sostiene por la parte acusadora que habría ocurrido en el pasado y que sería constitutivo de un delito en que habría tenido participación el acusado. Los decisores tienen la tarea de establecer judicialmente los hechos que se resuelve habrían ocurrido en el pasado, por lo que se debe cautelar que para esa misión los litigantes, por intermedio de los medios de prueba, vayan ingresando al juicio información de calidad que pueda ser tenida en cuenta por éstos para dicha tarea decisora. Por ello se debe ir paso a paso abordando los temas con los declarantes, entendiendo que lo que se genera en la labor de preguntas y respuestas es una especie de peldaños sucesivos que conforman una escalera lógica que le otorga coherencia a aquello que se va manifestando. De este modo, se presupone que para responder una pregunta se requiere de una información previa, sin la cual se genera un problema de vacío de información que impide a los jueces efectuar una correcta valoración para el establecimiento de los hechos. Si durante el control sobre las preguntas del contrario se observa que se está produciendo un salto lógico, dejando lagunas de información que resultan esen-

ciales para una correcta valoración, se puede objetar esa pregunta por falta de base suficiente. En el examen directo estas preguntas se pueden reconducir a hipótesis sugestivas o confusas, según sea el caso.

IV. RESOLUCIÓN DE LA OBJECIÓN

La objeción es un incidente que puede ser resuelto por el tribunal en su conjunto o por el juzgador que preside la audiencia de juicio, o por el juez unipersonal en su caso, según sean las reglas existentes acerca de la dirección y disciplina del debate. La objeción debe ser fundada someramente, a lo menos indicando la causal que la justifica. En la práctica latinoamericana normalmente los jueces exigen que la objeción se justifique desde un punto de vista normativo. De allí que se recomienda reconducir las diversas posibilidades de objetar preguntas de la contraria a las fórmulas más conocidas de preguntas sugestivas, asertivas o inductivas durante el examen directo o de preguntas capciosas o engañosas si se realizan en el contraexamen. Como todo incidente, una vez planteado, su tramitación dependerá del entendimiento que surja del propio juicio y de la obviedad con que sea percibido por quien deba decidir. Como continúe el mismo dependerá, también, de la actitud que adopte quien ha incurrido en la actuación que se reprocha a través de la objeción. Si éste decide aceptar el incidente de la contraria, reformulará su actuación en el sentido que permita superar la objeción. De lo contrario, contestará el traslado y el o los jueces decidirán.

Dicha conducta muchas veces también consistirá en una decisión estratégica que adopte el litigante a quien le han objetado, teniendo presente que seguramente el someter a debate el punto nodal que justifica la objeción va a significar que el declarante y él o los jueces del juicio se distraigan de aquello que venía siendo planteado por aquél. En un examen directo en que se intenta que el declarante incorpore determinada información, al formularse una objeción, se produce necesariamente una interrupción. De allí que muchas veces sea aconsejable aceptar rápidamente la objeción y reformular en el sentido de lo reprochado por el litigante contrario. La complejidad del mismo o las dudas que genere en el tribunal podrá originar las más de las veces un debate entre los abogados, que exigirá un intercambio de argumentos por cada uno de los intervinientes con la precisión de la entrega de fundamentos por quien formula la objeción y la defensa de la actuación si así se estimó por el litigante a quien le objetaron, antes de su decisión por el juez o tribunal, a menos que, en caso de considerar obvia la procedencia o improcedencia de la pregunta, se resuelva de plano.

V. PERTINENCIA DE LAS OBJECIONES (MANEJO ESTRATÉGICO)

El litigante debe evaluar correctamente el real efecto beneficioso de formular objeciones en todos los casos en que ellas pueden aparecer procedentes técnicamente. Este tema debe siempre mirarse desde la perspectiva de la teoría del caso y del daño efectivo que para la misma puede producirse como consecuencia de la actuación objetable. Se debe estar atento al posible efecto negativo en la versión propia de los hechos que pueda llegar a tener la continuación de lo reprochado. Con la finalidad de evitar que ingrese al juicio información de mala calidad, en cuestión de segundos habrá que oponerse y estar preparado para fundamentar la objeción.

De allí podemos sostener que, más que un asunto técnico, la objeción es esencialmente una cuestión estratégica, que debe analizarse siguiendo el siguiente procedimiento:

1°. Determinar que la actividad de la contraria o del declarante es indebida, ilícita, inadmisible o impertinente y, por lo mismo, susceptible de ser objetada, y

2°. Verificar que resulta probable la afectación o daño en la teoría del caso propia si se deja ingresar al juicio esa información.

El análisis que corresponde está relacionado con el fondo de la discusión en el juicio, lo que se aprecia claramente a propósito de las preguntas introductorias y de legitimación de los testigos y peritos. En ocasiones puede ser preferible permitir algunas preguntas sugestivas en el examen directo, para evitar un conjunto de explicaciones innecesarias que lo único que hacen es dilatar la entrega de los antecedentes que se encuentran en disputa o que son relevantes para la resolución del caso. Si la contraparte a través de sus preguntas no está dañando nuestra teoría del caso, entonces no vale la pena objetarlas.

Tampoco es recomendable objetar preguntas técnicamente mal formuladas durante el examen directo, pero que contienen más beneficio que perjuicio para el litigante que está controlando la calidad de dichas preguntas, en función que lo perseguido es analizar la información que van entregando los declarantes desde la propia teoría del caso y sus prerrogativas procesales.

No debe perderse de vista además que la utilización excesiva de las objeciones puede generar mala predisposición del tribunal, pues podría formarse la percepción que el litigante está tratando de entorpecer el desarrollo del juicio. Esta mala práctica pudiera implicar una falta de lealtad procesal del litigante, lo que se puede evidenciar con el incidente que se levanta. Por ello es preferible que el litigante evalúe a tiempo la pertinencia de la objeción que pretende formular. Se requerirá siempre de un esfuerzo de valoración del litigante que está efectuando el control de la actividad del contrario, entre el eventual efecto perjudicial para su teoría del caso de la pregunta objetable y el quiebre que se producirá en el desarrollo fluido de la audiencia respectiva, de manera que según cual sea el balance entre el probable daño y el eventual beneficio, se optará por objetar o no, desechando toda alternativa de desviarse de la debida lealtad procesal que todo litigante debe observar.

VI. ACTUACIÓN DE OFICIO DEL TRIBUNAL

Desde una perspectiva dogmática y en consideración de los principios que inspiran el sistema adversarial, los jueces del juicio no deberían asumir un rol activo en el control de la calidad de las preguntas que formulan los litigantes a sus declarantes. Más bien los jueces deben adoptar un papel pasivo, que solamente debe adecuarse a la actividad que desplieguen los litigantes conforme a la idea de que éstos son quienes deciden qué es lo que se debate y cuál es la prueba que se aporta al juicio para acreditar las versiones que cada una de ellas sostiene.

Pero desde un punto de vista pragmático no puede olvidarse que una función jurisdiccional siempre presente durante los juicios acusatorios es la de dirección y disciplina de la audiencia de juicio. Frente a las preguntas de un abogado o las respuestas de un declarante, los jueces no debieran intervenir, a menos que resulte palmario que con ello se esté dilatando innecesariamente el juicio –surjan problemas de impertinencia– o se estén abordando temas que resulten ilegítimos –aparezcan problemas de ilegitimidad–, o entre el declarante a referirse a temas inadmisibles –se evidencien problemas de inadmisibilidad.

Capítulo 6:

PRUEBA DOCUMENTAL Y PRUEBA MATERIAL

I. ACLARACIONES CONCEPTUALES

Normalmente se ha solido diferenciar entre prueba documental y prueba material, pues se ha acostumbrado a reducir la primera a los textos escritos, de manera que los objetos que consten en algún otro soporte diverso han pasado a denominarse prueba material. Tal distinción es relevante desde el punto de vista de la litigación, pues permite hacerse cargo de las particularidades de su introducción al juicio por parte de quienes presentan tales medios de prueba. Es indispensable la labor que representa la acreditación en aquellos casos. En la prueba documental propiamente tal debe efectuarse con claridad la distinción de aquellos textos escritos que contienen información relevante para el caso que se debate, de aquellos simples registros documentales de las afirmaciones efectuadas por alguna persona que debe comparecer al juicio a prestar testimonio. Tratándose de la prueba material, su especificidad normalmente exige ocuparse por el litigante de mostrar al tribunal del juicio cómo el objeto que se le exhibe al o los jueces es el mismo que se recogió en la escena del crimen, con pleno respeto de lo que se conoce como la cadena de custodia.

Hernando Devis Echandía señala que por documento se entiende a "toda cosa que sea producto de un acto humano, perceptible con los sentidos de la vista y el tacto, que sirve de prueba histórica indirecta y representativa de un hecho cualquiera",[657] sin hacer distinción entre uno y otro, englobando todos los datos probatorios a que se refiere en el nombre genérico de "prueba documental".

---

[657] Devis Echandía (1970), p. 489.

El mismo camino siguen algunas legislaciones en las que no se efectúa la distinción que promovemos, simplemente definiendo la prueba documental o el documento como "todo soporte material que contenga información sobre algún hecho". Nos parece interesante efectuar una mirada conjunta a ambos medios de prueba, sin perjuicio de señalar las precisiones necesarias respecto de las particularidades que tiene cada uno de ellos, con la intención de comprender de mejor manera las peculiaridades de estos medios de prueba. Se trata de dos medios de prueba diferentes. La prueba documental se limita a aquellos elementos probatorios que resulten pertinentes y que consten por escrito. La noción de prueba material la extendemos a aquellos objetos que porten en sí mismos alguna información relevante para el debate del juicio, distinta a la escrita.

Esta distinción tiene importancia esencialmente porque respecto de los primeros la manera normal de introducirlos al juicio será a través de la lectura aun resumida del medio de prueba documental que se lleva a dicha audiencia. Desde luego asumiendo que si la lectura íntegra no cumple una finalidad probatoria y, es más, resulta claramente dilatoria, lo racional es que ella sea resumida. Lo relevante es que solamente será considerada para efectos probatorios la información que ha sido incorporada al juicio a través de su lectura, no la integridad material del documento. En cambio los segundos, con las mismas consideraciones, la manera normal de incorporarlos al juicio será a través de su exhibición en dicha audiencia.

Hay un tema de efectivo control por las partes de la prueba que ingresa al juicio, de respeto íntegro al principio de contradictoriedad en su versión fuerte, de manera que la valoración de la información por el tribunal se efectúe sobre aquello que efectivamente se leyó en el juicio y no de porciones de la misma que hayan estado contenidas en los documentos y que, sin embargo, no fueron materialmente incorporados como prueba –*i.e.* leídos– al debate. Lo que se ingresa al juicio respecto de la prueba documental es aquella información concreta que se porta en el documento y que es leída en la audiencia del juicio, de modo que a través de esta forma aquella puede ser efectivamente controlada –luego de la lectura efectuada– por la parte contraria de la que incorpora al juicio esta prueba.

Por otro lado, se suele distinguir en el caso de la prueba documental entre: (1) instrumentos públicos, e (2) instrumentos privados. Pudiera estimarse que en el contexto adversarial de la prueba penal esta distinción no tenga relevancia, pues lo central se encuentra asignado a la confiabilidad que emana de dichos documentos, al margen de si son públicos o privados, esto es, a la confianza que generan en quienes los perciben respecto de la fiabilidad de su contenido, lo que normalmente se encuentra garantizado por su estandarización. Lo esencial entonces, en cuanto a la admisibilidad como medio probatorio de la documental se vincula con la confiabilidad o credibilidad que pueden tener unos u otros (documentos públicos o privados).

En los primeros no será imprescindible realizar la labor de autenticación o acreditación, dado que por su propia naturaleza, referidas a ciertos resguardos adoptados en el proceso de generación del mismo, resultan fiables en cuanto a lo que podemos llamar su "credibilidad externa", al menos en algunos de sus aspectos. En ciertos casos puede obviarse a su respecto todo ese proceso relativo a la selección del testigo de acreditación y la exhibición del mismo, así como la explicación que éste debe realizar para los efectos que el tribunal asuma que está frente al medio de prueba que la parte ha ofrecido. Lo que por ejemplo lleva a que en el caso de los certificados emanados de registros públicos lo habitual sea su simple lectura (p. ej., actas de nacimientos, certificados de defunción, etc.).

Respecto de la confiabilidad del contenido del documento, de lo que se dice dentro del medio escrito, ello dice relación con lo que llamaremos la "credibilidad interna", que exigirá siempre que exista alguien que explique la importancia que para lo debatido tiene aquello y, en ese contexto, denote la aportación probatoria que se le pueda asignar.

En los documentos privados dicha cuestión resulta bastante más problemática y normalmente ha sido objeto de variadas y disímiles posibilidades, que luego examinaremos.

Veamos cómo estimamos que la confiabilidad, que reiteramos es lo esencial, puede verse beneficiada con la distinción clásica antes señalada.

II. CONFIABILIDAD EN LOS INSTRUMENTOS PÚBLICOS

La acreditación del documento público viene dada, en principio, por los propios requisitos que debieron cumplirse para estar en presencia de ellos, con la normal intervención de un funcionario público en su confección. De allí que usualmente no resulte necesario realizar un procedimiento especial dirigido a otorgarle confiabilidad a uno determinado, como en el caso de los certificados.

Un caso más complejo lo constituyen las escrituras públicas, que en la terminología clásica solo hacen fe respecto de la autoridad ante la cual han sido emitidos, de la fecha de su otorgamiento y de la intervención de quienes comparecen ante aquélla, así como del hecho de haberse efectuado ciertas declaraciones, pero no respecto de la autenticidad de las mismas. A menos, claro está, que la parte contraria de quien incorpora el documento público al juicio impugne dicho cumplimiento de los requisitos que resulten exigibles, por lo que también en aquellos casos será necesaria dicha acreditación. Ello implica analizar en qué momento procesal debe producirse tal impugnación y qué debiera acontecer con la misma.

La impugnación de la credibilidad externa, como por cierto de la credibilidad interna, es un tema de valoración de la prueba documental. Y si es un problema de esa clase, entonces necesariamente se trata de temas que deberán llegar al juicio, para que sea el tribunal de enjuiciamiento quien pondere si el instrumento introducido al juicio tiene algún problema de credibilidad. Nada tiene que hacer el juez de la audiencia de la etapa intermedia, pues existe ofrecimiento de prueba documental por una parte, que la contraria afirma que no fue otorgada cumpliendo con los requisitos legales. Por lo mismo, como en este caso se está previendo dicha circunstancia, en ese momento procesal será ofrecida dicha prueba de impugnación. De allí que quien ofrece el documento deba preocuparse de su regularidad y, en ese sentido, acreditarla.

Si se ofrece la información que consta en un registro público, su introducción al juicio aparecerá regularmente dotada de "credibilidad externa", pero igualmente será necesario buscar el testigo idóneo para proporcionarle a los jueces la "credibilidad interna".

Baytelman y Duce señalan que "hay objetos y documentos cuya naturaleza o autenticidad es tan evidente que sus exigencias de acreditación disminuyen ostensiblemente o desaparecen"[658], atendiendo para ello a la lógica del sentido común. Es lo que los puertorriqueños denominan autenticación *prima facie*[659], y que puede expresarse en el brocardo latino *id quod plerumque accidit*, esto es, lo que ocurre con frecuencia y que está referido a la previsibilidad de los acontecimientos conforme a la experiencia común sobre lo que ocurre de forma normal o frecuente. Lo normal es que dichos instrumentos públicos, respecto de los cuales se siguieron las previsiones legales para su confección, al ser introducidos al juicio no ofrezcan dudas sensatas respecto de su confiabilidad y, por lo mismo, no aparezca como un requisito exigible para que ingrese al juicio.

III. CONFIABILIDAD EN LOS OBJETOS

Respecto de los objetos, siempre será necesario efectuar esta acreditación para los efectos que el tribunal del juicio de hecho pueda considerar positivamente la información que proviene de los mismos, conforme se verá más adelante. En estos casos no existe ninguna intervención previa de algún funcionario público que permita asumir en principio que aquello que el litigante ofrece como

---

658 Baytelman & Duce (2004), p. 266.

659 *Vid.* Regla 902 de las Evidencias de Puerto Rico.

prueba efectivamente es lo que se dice que es, razón que permite entender la importancia que reviste, entre otras materias, la llamada "cadena de custodia", que luego se verá, para los efectos de otorgarle confiabilidad a la información que fluye de su exhibición en el juicio.

IV. CONFIABILIDAD EN LOS INSTRUMENTOS PRIVADOS

Tratándose de los instrumentos privados, esto es, de aquel testimonio material en que de manera escrita se ha dejado constancia de un hecho y que ha sido otorgado por particulares sin la intervención de algún funcionario público en el carácter de tal, el asunto se complejiza bastante. Si bien no tienen una acreditación externa como la que es posible reconocer en los instrumentos públicos, que haga innecesaria la selección del testigo idóneo, no es menos cierto que es común que algunos tipos de instrumentos puedan gozar de lo que en Puerto Rico se denomina la acreditación *prima facie*, en que lo normal será que dichos documentos sean fidedignos. Por ejemplo, piénsese en las copias certificadas de alguna escritura pública, fotocopias autenticadas de cualquier instrumento público, de algún oficio o resolución administrativa, o de algún periódico o revista de público tiraje, o sus originales.

En la Regla 902 de las Evidencias de Puerto Rico, aparte de las hipótesis reconducibles a los instrumentos públicos, se contemplan entre otros:

e. Copias certificadas de expedientes y documentos públicos.
f. Publicaciones oficiales.
g. Periódicos o revistas.
h. Etiquetas comerciales que llevan indicación de propiedad, control y origen.
i. Papeles comerciales y documentos relacionados.

Según puede verse, son todas situaciones en las que lo normal será presumir que dichos documentos privados son fidedignos. En estos casos lo que sucederá es que dichos instrumentos gozan de confiabilidad de partida, por lo que tampoco es necesario recurrir a la selección del testigo idóneo como requisito para los efectos que en el proceso de valoración los jueces le asignen la credibilidad que consideren se ajusta al mérito de las probanzas rendidas en el juicio. A menos, claro está, que la parte contraria impugne dicha credibilidad. Para ello tendremos que atenernos a la misma consideración efectuada a propósito de los instrumentos públicos, esto es, se deberá ofrecer la prueba de la impugnación en la etapa intermedia, salvo que no sea previsible saber de su necesidad y que, cumpliendo los demás presupuestos de la prueba contra la prueba, se ofrezca solamente en la oportunidad del juicio.

Sin perjuicio que en algunas ocasiones la selección del testigo idóneo, al margen de si es necesario o no, parece resultar evidente en cuanto se deberá tratar de una persona cualificada en relación a la posición que ocupó en el proceso de surgimiento del instrumento de que se trate, lo que en varias de las situaciones de hecho más arriba identificadas aparece de manera ostensible. Según un proverbio popular, lo que abunda no daña. Si de todas maneras se encuentra disponible un testigo idóneo para el establecimiento de la credibilidad externa, debemos ofrecerlo y así fortalecer la convicción en torno a dicha confiabilidad. Ello sin perjuicio que en nuestro concepto la credibilidad interna siempre requerirá de suficientes explicaciones de quienes pueden vincular fuertemente el documento u objeto de que se trate con aquello que resulta debatido en el juicio. La credibilidad interna de toda prueba documental y material resulta exigible no por una cuestión normativa, sino por un asunto de valoración racional de la prueba. Un declarante estimado idóneo tendrá que indicar al tribunal cuál es el contenido concreto que tiene el medio documental o material y de qué manera esa información allí contenida adquiere importancia para el establecimiento de los hechos en disputa.

V. REGLAS COMUNES PARA LA INCORPORACIÓN EN JUICIO

1. *Acreditación*

El gran problema del cual es necesario hacerse cargo al momento de ofrecer prueba documental y material para ser llevada a juicio es que, usualmente, resulta imprescindible legitimar o acreditar suficientemente ante los juzgadores que lo que el letrado respectivo dice que es aquello que ofrece presentar en el juicio, efectivamente el tribunal del juicio pueda tener la certidumbre de que lo es.

Esta necesidad en el caso de los objetos es absoluta, pero dicha exigencia no se visualiza siempre como necesaria en el caso de los documentos, más allá de la distinción entre públicos y privados, atendiendo fundamentalmente a la confiabilidad que emana del surgimiento y la estandarización del mismo, pareciendo útil al respecto la influencia de la lógica de la desconfianza y del sentido común de la que nos hablan Baytelman y Duce.[660] Respecto de esta acreditación, ambos autores explican que:

> La principal consecuencia de la lógica de la desconfianza es la exigencia de que los objetos y documentos deban en general ser 'acreditados' (o cualquiera otra denominación que se adopte para esta idea); esto es, que alguien declare que efectivamente aquel objeto corresponde a aquello que la parte pretende que es. Esto implica que los objetos y documentos deben ser ingresados por lo general a través de testimonio (en sentido amplio, comprendiendo tanto testigos como peritos).[661]

Tal como lo aclaran, desde la perspectiva de las reglas de la prueba "la acreditación es una exigencia de admisibilidad."[662] Para evitar confusiones que pueden provocarse considerando las legislaciones procesales que distinguen entre la etapa intermedia y la

---

660 Baytelman & Duce (2004), pp. 270-271.
661 *Id.*, pp. 262 y s.
662 *Id.*, p. 262.

fase de producción, desahogo o rendición de la prueba, que tiene lugar en la etapa de juicio, preferimos hablar que la acreditación tiene la capacidad de establecer la credibilidad externa del medio de prueba de que se trate. Para los efectos de esta acreditación o autenticación de objetos o documentos, Baytelman y Duce distinguen entre los siguientes pasos:

> **1° paso:** Elijo a un testigo idóneo para reconocer el objeto o documento. Generalmente esto coincidirá con la necesidad de utilizar el objeto o documento para el examen o contraexamen del testigo que lo reconocerá, aunque no hay necesidad de que sea así. Es posible también que un mismo objeto o documento pueda ser acreditado por más de un testigo.
>
> **2° paso:** Le exhibo el objeto o documento al testigo, preguntándole si lo reconoce. Ejemplo: 'Le voy a mostrar lo que ha sido previamente marcado como el objeto N° X de la parte que represento (fiscalía o defensa). ¿Lo reconoce? ¿Podría decirnos qué es?'.
>
> **3° paso:** Le pido al testigo razones de su reconocimiento. '¿Cómo lo reconoce?' ('¿cómo sabe que es el arma encontrada en la escena del crimen, considerando que hay miles de armas iguales a esta?'; '¿cómo sabe que es la ropa que llevaba puesta el imputado al momento de la detención...?').
>
> **4° paso:** Lo ofrezco en la prueba. La petición es realizada al presidente, quien debería preguntar por objeciones a las demás partes. Si no hay objeción, o si ellas son rechazadas por el tribunal, el objeto se declara ingresado en la prueba, y puede ser utilizado de ahí en adelante por todos los intervinientes, tanto en el resto de la presentación de la prueba como en los alegatos, y no requiere ser reconocido nuevamente (sin perjuicio de las cuestiones de credibilidad).
>
> **5° paso:** Utilizo el objeto o documento (hago que el testigo fije las posiciones en el diagrama, le pido que lea y explique los asientos de libro de contabilidad, le pido al perito que muestre en qué posición fue hallada la huella digital en el arma, le pido al imputado que vista la chaqueta del modo que la llevaba ese día, etc.). En suma, inserto el objeto o documento en el relato.[663]

---

663 *Id.*, p.271.

Cabe señalar que el ofrecimiento del que se habla en este texto en el cuarto paso es aquel que se efectúa en la audiencia de juicio misma y no se corresponde propiamente con la oferta probatoria que debe efectuarse, como se sabe, en la etapa intermedia.

En *Litigación Estratégica en el Nuevo Proceso Penal* (2005) sostuvimos que la acreditación de los objetos se puede sintetizar en:

> **Paso 1.** Relato de los hechos asociados al medio de prueba y descripción particularizada del testigo o perito.
>
> **Paso 2.** Permiso para exhibir el objeto.
>
> **Paso 3.** Exhibición del objeto a las otras partes.
>
> **Paso 4.** Exhibición del objeto al testigo preguntándole si lo reconoce.
>
> **Paso 5.** Eventualmente, se solicita al testigo que utilice el objeto para describir o explicar ciertos hechos o para que demuestre la forma exacta en que éstos habrían ocurrido.
>
> **Paso 6.** Finalmente, no siendo condición de validez para su valoración por el tribunal, se recomienda solicitar tener por incorporado como prueba el respectivo objeto.[664]

A propósito de los documentos, en ese mismo texto sintetizamos las principales exigencias normativas para el caso chileno:

> [...] deben ser leídos y exhibidos en el debate, con indicación de su origen (art. 333). El tribunal podrá autorizar, con acuerdo de las partes, la lectura o reproducción parcial o resumida de los medios de prueba mencionados, cuando ello pareciere conveniente y se asegurare el conocimiento de su contenido. Estos medios podrán ser exhibidos al acusado, a los peritos o testigos durante sus declaraciones, para que los reconozcan o se refieran a su conocimiento de ellos.
>
> El procedimiento para su introducción es casi idéntico al utilizado para los objetos, con la salvedad que los documentos además deben ser leídos, aunque no necesariamente en su integridad (art. 333).[665]

---

664 Blanco *et al.* (2005), pp. 225 y s.

665 *Id.*, p. 229.

Parece necesario explicitar dentro de esta "guía para la acreditación de objetos y documentos" que, en el primer paso, cuando se menciona el relato de hechos asociados al medio de prueba, ello implica la descripción que efectúa el declarante estimado idóneo, según se explicará, de todos aquellos hechos relevantes que permiten identificar de qué se trata el medio de prueba, antes que le sea exhibido el objeto o se lea lo que se estime necesario del documento. Si es necesaria la acreditación es por cuanto ni la prueba documental ni la prueba material hablan por sí mismas. Piénsese en cualquier documento u objeto. Se trata de piezas inanimadas, inertes, exánimes, que nada pueden señalar oralmente por sí mismas al tribunal. Ello tendrá importancia para los efectos de elegir, como regla general, a alguien que hable por el documento o el objeto, sobre lo que luego se insistirá.

2. *Relevancia de la prueba ofrecida. Selección del testigo idóneo*

Es sabido que a través de esas pruebas hay un objetivo pertinente que permite acreditar una determinada proposición fáctica que, a su vez, por sí sola o en conjunto con otras logra satisfacer un determinado elemento de la teoría jurídica relacionada con aquello que se disputa. Por lo general será una cuestión que deba debatirse en la etapa intermedia, a propósito de la oferta de prueba que efectúe la parte correspondiente. El litigante debe tener todos los antecedentes y argumentos necesarios para justificar precisamente esta determinada relación o vinculación que implica la pertinencia, ya sea la llamada lógica o la más compleja relevancia legal o jurídica, para revisar si el aporte en términos de información puede estimarse superior a los eventuales problemas que pueda tener el medio de prueba de que se trate, tanto en términos de igualdad de armas como de posibles perjuicios y/o prejuicios que pueda causar en el tribunal de enjuiciamiento.

Se debe superar esta exigencia relativa al necesario vínculo entre la prueba que se ofrece y aquellas afirmaciones de hechos que resultan indispensables probar, comúnmente llamadas el tema de prueba o *thema probandum*, esto es, aquello que es el objeto de la actividad probatoria en cada proceso penal en concreto, lo que debe ser materia del despliegue de acreditación respectivo por cada uno de los litigantes, las afirmaciones de los hechos sobre los cuales versa el debate y que deben probarse por constituir el presupuesto de los efectos jurídicos perseguidos por ellas, sin cuyo conocimiento el juez no puede decidir. Tal como lo ha sostenido Devis Echandía:

> Por necesidad o tema de la prueba (*thema probandum*) se entiende lo que en cada proceso debe ser materia de la actividad probatoria, esto es, los hechos sobre los cuales versa el debate o la cuestión voluntaria planteada y que deben probarse por constituir el presupuesto de los efectos jurídicos perseguidos por las partes, sin cuyo conocimiento el juez no puede decidir; es también una noción objetiva, porque no se contempla en ella la persona o parte que debe suministrar la prueba de esos hechos, en general el panorama probatorio del proceso; pero concreta, porque recae sobre hechos determinados que deben ser probados allí.[666]

En relación con el medio de prueba documental o material ofrecido, lo primero que debemos analizar y justificar en el momento procesal oportuno –normalmente en la etapa intermedia– es esta cuestión relativa a la pertinencia. Ligado a lo anterior, es necesario determinar a través de qué otro medio de prueba vivo puede resultar idóneo –que será necesario también ofrecer para declarar en el juicio– para que el tribunal del juicio pueda adquirir la convicción de que aquello exhibido o leído es precisamente eso que se dice de él y, de esa manera, pedir que los sentenciadores le asignen una fuerza probatoria tal que les permita que dicho medio de prueba contribuya positivamente a la tarea de fijación de los hechos que se estimen probados por el tribunal.

---

[666] Devis Echandía (2000), p. 73.

3. *La idoneidad del declarante*

El declarante es idóneo en el sentido que reúne todas las condiciones necesarias para un servicio o función, que tiene aptitud para alguna cosa, que es adecuado o conveniente para un fin determinado. En este caso, que puede producir el efecto que se espera de él y que el tribunal del juicio adquiera la convicción de que ese elemento probatorio que se lleva a juicio es aquello que quien lo presenta como prueba dice que es, de manera que sortee con éxito el natural problema de credibilidad que surge con cualquier medio de prueba y que permite que el decisor confíe en la información que surge de él normalmente para los efectos epistemológicos de establecer algunos de los hechos disputados en la causa.

En esta tarea de justificar la idoneidad del declarante en el juicio, un paso esencial será que éste declare frente al tribunal respecto a las características físicas que permitan identificar, sin posibilidad de equivocación, al objeto o documento de que se trate, con especial énfasis en aquellas peculiaridades que distinguen al medio de prueba de que se trate de otros de la misma especie. Así cumplirá con la función de que el tribunal, al momento en que se le exhiba el objeto a la prueba idónea, razone sobre la base que es precisamente el que se acaba de describir por el declarante. Será preciso ubicar cuál es el declarante (incluida la víctima y el imputado) que podrá satisfacer todas las inquietudes que puedan surgir en los juzgadores para arribar a la convicción de tratarse la prueba documental o material de aquello que el proponente dice que es. Puede ser que se estime, dado el caso, que sea necesario utilizar más de uno con dicho objetivo, de manera que se refuerce la credibilidad o se complemente, para que no surjan dudas razonables en el tribunal acerca de esta cuestión. En concreto puede suceder también que, atendida la confiabilidad de los mecanismos utilizados en el surgimiento del medio de prueba documental, no sea indispensable la utilización de este testigo idóneo, según se ha explicado previamente.

4. *Exhibición del objeto o documento y credibilidad externa*

Una vez que el o los testimonios idóneos permitan legitimar o acreditar que la prueba de la que se trata efectivamente es aquello que se dice que es, en abstracto, será necesario que se le exhiba el medio de prueba a ese que testimonia para que señale en base a qué características concretas, visibles, de las que se ha dado noticia al tribunal, puede afirmar que aquello que se le muestra es aquello que se dice por el litigante que es.

El medio de prueba vivo que haya sido elegido para introducir el documento u objeto de que se trate, debe explicar suficientemente:

1°) De qué manera lo conoce, indicando signos identificatorios del mismo;

2°) Cómo es que reconoce el objeto que se le exhibe, y

3°) Qué es.

De la manera en que queda dicho podrá avanzarse hacia la explicación en palabras de quien declara, teniendo frente a sí el medio de prueba de que se trata, acerca de los elementos que permiten concluir en la necesaria credibilidad externa del mismo, en términos de resultar confiable para el tribunal para apreciar toda la información que fluye de este y, por lo mismo, poder usarlo en la fase de selección de instrumentos utilizados en el juicio por las partes para esclarecer los hechos debatidos y elegir aquello que resulte eficaz para dar por probados los mismos en el sentido que denota el medio de prueba.

5. *Desarrollo de la información y credibilidad interna*

Después de exhibido al deponente y expresadas por éste todas las explicaciones que permiten dotar al medio de prueba de "credibilidad externa", surgirá la necesidad de profundizar en la información que contiene el medio de prueba, de manera de hacerla coherente con el resto de información que proviene de los demás medios de prueba y, por ende, será el momento en que quien testimonia indique cuál es la importancia que el instrumento probatorio tiene para la determinación de los hechos en disputa o de qué manera estos pueden ser ilustrados por ellos y qué elementos concretos pueden ser usados en esa labor. Es lo que podríamos denominar "credibilidad interna".

VI. CADENA DE CUSTODIA

Si se piensa en lo que sucede luego de ocurrido un suceso criminal, los funcionarios estatales (policías) que concurren al sitio del suceso inician la labor de pesquisa en función de identificar los soportes donde haya quedado impregnada alguna huella, rastro, señal, trazo, signo o vestigio del hecho criminal. Por "cadena de custodia" se entiende a la metodología utilizada para evitar que tales rastros o vestigios del suceso criminal se pierdan, ensucien, o contaminen en cualquier sentido, de modo que en el futuro se pueda reconstruir fielmente lo que ocurrió en el evento delictual.

La labor de los investigadores consiste precisamente en la búsqueda, identificación y levantamiento de los soportes, depósitos o fuentes donde quedaron incrustados estos signos o trazos, para dar inicio con relación a cada uno de ellos a la llamada cadena de custodia.

Dentro del suceso criminal encontramos tanto aquello que existía con anterioridad al mismo y que resulta modificado con su acaecer, como aquello nuevo que surge o es creado durante el suceso. Piénsese en las armas, vestimentas, y en general en los objetos que los sujetos que intervienen en el suceso criminal portaban con anterioridad al hecho y que resultan modificados con el acontecimiento –de lo cual pudiera llegar a desprenderse la dinámica del suceso mismo, etc.–, como aquello que surge o es creado durante la ocurrencia de este. Por ejemplo, fluidos corporales –sangre, sudor, lágrimas, líquidos, etc.–, huellas propiamente tales, en la impronta que bajo cualquier manera haya quedado del suceso criminal y que es creado en el momento en que este tiene lugar. De allí que este concepto de aquello que surge durante el suceso criminal admite dos categorías:

1. Objetos existentes que son modificados durante el suceso criminal: relativo a los objetos que portaban los sujetos que participan del suceso criminal, que interactúan de alguna manera durante la ocurrencia del mismo y que, como consecuencia de ello, dichos objetos resultan alterados, modificados, en términos que admiten que los mismos resulten con algunas variaciones que representen el acaecer del suceso, con la forma de huellas o signos o vestigios que el suceso criminal dejó incrustados en dichos objetos.
2. Improntas surgidas durante el suceso criminal: aquello que surge o es creado durante la ocurrencia del suceso criminal o como consecuencia de éste y que representa algo nuevo que no estaba antes del suceso y que solo producto del mismo puede ser explicada su aparición. Normalmente se refiere a las huellas que el suceso deja, a los signos que surgen con ocasión del suceso criminal, p. ej., sangre, fluidos corporales, huellas dactiloscópicas o plantares, etc.

La cadena de custodia permite controlar el camino que el soporte de la información recorre desde el lugar donde es identificado, recogido y transportado hasta el lugar donde es conservado, así como las diferentes instancias en las que es intervenido, normalmente con fines periciales. El litigante debe estar en condiciones de señalar durante el juicio pertinente que el señalado objeto que le es exhibido al tribunal es efectivamente aquel que fue encontrado en el lugar de los hechos, y estar en condiciones eventuales de reproducir la cadena de custodia.

VII. FASES DE LA CADENA DE CUSTODIA

Se debe tener presente que la cadena de custodia supone un conjunto de fases que deben cumplirse estrictamente para los efectos de sostener en el juicio que la prueba material que se incorpora al juicio efectivamente es aquella que se ha ofrecido. Existe consenso en reconocer que dichas fases son las siguientes:

1. Llegada al sitio del suceso o lugar de los hechos y búsqueda de huellas, signos, señales o vestigios, y de los soportes en los que se encuentren, por el personal capacitado correspondiente.
2. Fijación de las huellas, signos, señales o vestigios identificados en los soportes encontrados en el lugar de los hechos.
3. Recolección de los soportes materiales de las huellas, signos, señales o vestigios, incluyendo el levantamiento de tales soportes materiales ya fijados, que puedan servir al esclarecimiento del hecho delictivo bajo procedimientos que permitan garantizar que no serán contaminados ni alterados con factores externos, ya sea personales o materiales.
4. Embalaje de los soportes materiales que contienen o portan las huellas, signos, señales o vestigios.
5. Transporte y entrega del soporte que contiene la evidencia, lo que significa que resulta necesario que se cuente con una custodia segura hasta el destino del soporte y, en la medida de lo posible, de forma inmediata para evitar alteraciones en el mismo y, por cierto, de modo significativo de las huellas o señales que porte.
6. Análisis pericial, que supone normalmente que durante esta fase se describa en detalle el estado en el que se reciben los soportes materiales o personales respectivos y que contienen las huellas o señales, de modo tal que se puedan garantizar resultados válidos y confiables para todo el proceso de examinación a que es sometido, mediante las técnicas y conocimientos de la respectiva experticia del perito, de modo que finalmente éste se encuentre en condiciones de señalar las conclusiones que, en vista de lo realizado y conforme a los principios de su ciencia o de las reglas de su arte u oficio, pueda formular.
7. Conservación, devolución o destrucción: una vez realizados los exámenes periciales correspondientes, destinados

al develamiento de la información que en términos de huellas, señales, signos o vestigios del suceso contienen, según lo ordene la autoridad competente, los soportes respectivos quedan disponibles para su introducción al juicio si se estima relevante o se devuelven al propietario, dejando registros de su existencia, o son destruidos si no resultan de utilidad para la investigación y el juicio o así lo disponga la normativa vigente, de acuerdo a los requerimientos legales que cada uno de estos procedimientos implica.

Desde luego, será en torno al incumplimiento de alguna(s) de dichas fases que se debatirá cuando se impugne la incorporación al juicio de una prueba material por sostenerse que el objeto respectivo no es íntegro o que ha sido alterado durante alguna de ellas.

VIII. CONCLUSIONES

Cualesquiera que sean los medios de prueba documentales, el litigante debe tener en cuenta la necesidad de incorporar a juicio el medio de prueba respectivo con la perspectiva de ser usado positivamente por el tribunal para los efectos del establecimiento de los hechos en disputa. Ello implica considerar el grado de confianza que tenga la evidencia de que se trate, de manera de ser muy rigurosos en elegir, cuando corresponda, un testigo y/o un perito idóneo, que se encuentren en condiciones de hablar del medio de prueba de que se trate, haciendo ostensibles sus particularidades que lo identifican como una especie dentro del género y, asimismo, explicando de buena manera al tribunal, de modo suficiente, que el elemento de prueba que se ingresa al juicio efectivamente es lo que el proponente dice que es, aquello que se ha definido como el "principio de mismidad", de manera de producir la "credibilidad externa". Ello en la práctica significa que los juzgadores le atribuyen un alto grado de confiabilidad a la prueba material o documental, de modo que al ingresar al juicio sea utilizada con sumo interés para el establecimiento de los hechos.

Ello se emparenta de manera estrecha con la valoración individual de esa evidencia, ya que en la medida que el tribunal del juicio de hecho le asigne un alto grado de confiabilidad a la prueba documental y/o material, la considerará dentro de aquella que permite ser usada para esos efectos.

Luego de efectuar esa valoración individual de la evidencia de que se trate, nos insertaremos en el proceso mental de valoración conjunta de la prueba rendida, en la que la coherencia y correspondencia que resulte de la información que porta la evidencia en cuestión con la que proviene de los demás elementos de prueba, permitirá finalmente establecer la credibilidad interna de la misma y, en consecuencia, servir en concreto para la acreditación de las proposiciones fácticas que se determinen por el tribunal como probadas en el juicio, de modo de configurar la premisa fáctica, que haga posible el proceso de subsunción que conducirá al tribunal a la adjudicación de la premisa jurídica y con ello, a la decisión judicial propia de toda sentencia. Todo ello sin caer en las tentaciones subjetivistas de apreciación de la prueba, de manera que se active una adecuada, objetiva y racional justificación –y no una mera explicación– de dicha valoración individual y conjunta de la prueba rendida.

Lo anterior debe ser suficientemente explicitado al tribunal en la argumentación propia del discurso de clausura, a propósito de la adjudicación de los hechos que se espera se den por probados en la sentencia.

Capítulo 7:

DISCURSO DE CLAUSURA

I. CONCEPTO Y OBJETIVOS ESTRATÉGICOS

El alegato o discurso de clausura puede ser conceptualizado como la última intervención directa de los litigantes en el juicio oral, donde a través de argumentos concretos dan a conocer al tribunal, en forma oral, sus respectivas conclusiones acerca de lo ocurrido en el juicio, de manera de explicarle cómo es que ha resultado acreditada mediante la prueba su versión de los hechos contenida en su teoría del caso y cuál es la decisión fundada que el tribunal debería adoptar. Es posible asignarle la importancia de constituir el esfuerzo final de persuasión que realizan los litigantes para intentar ejercer influencia en la decisión de absolución o condena que se expresará en la sentencia que adoptará el tribunal. Ello podrá ser argumentado poniendo énfasis en la prueba propia, esto es, aquella que el litigante ingresó al juicio y qué es lo que probó con ella desde la perspectiva de su teoría del caso; manifestando qué es lo que se obtuvo durante la rendición de la prueba contraria y qué elementos reafirman la teoría del caso propia o cuáles evidencian los problemas que afectan la credibilidad de tales pruebas del contrario. En esta fase procesal los litigantes deben ser capaces de entregarle argumentos sólidos a los decisores, para darle sentido a los datos probatorios que surgieron durante el juicio. Para ello debe considerarse que:

1°. La prueba es fragmentaria; es un conjunto de porciones de información;

2°. La prueba entrega información que conlleva argumentaciones adicionales, pues ella incorpora datos que suponen explicaciones, conexiones o reflexiones del litigante.

3°. La prueba no habla por sí misma, no es capaz de acreditar nada más que aquello que expresamente muestran;

4°. La intervención del abogado es esencial para explicar cuál es el sentido que tiene la prueba que se rindió durante el juicio y cuáles son las conclusiones que se pueden obtener a partir de ellas, y

5°. Los argumentos deben dirigirse pensando no solamente en la sentencia, que es el lugar donde aquellas consideraciones tendrán su expresión más desarrollada, sino también en el veredicto, que será donde se expresará en forma más sucinta la decisión de absolución o condena.

II. ESTRUCTURA

El orden y la organización que se escoja para construir y efectuar el discurso de clausura es relevante. El estilo de los jueces y la manera en que razonan exige elegir una forma específica de abordaje final acerca del modo en que han de presentarse al tribunal los argumentos de cierre, que incluya las conclusiones más relevantes que el litigante pueda obtener de la prueba rendida y los planteamientos jurídicos centrales de su teoría del caso. En el discurso de clausura es conveniente abordar los siguientes aspectos:

I. Recordar lo que se prometió en el discurso de apertura. Desde este punto de vista, debemos tener en cuenta que:

a) Es útil refrescar al tribunal la historia o versión que se sostuvo que se acreditaría y que fue presentada en el discurso de apertura.

b) Luego debe darse paso a la forma en que tal historia quedó acreditada.

c) La clausura es un cruce entre el refrescamiento de memoria al tribunal de las proposiciones fácticas incorporadas por la prueba propia y el argumento en torno a la forma en que ellas son capaces de satisfacer todos los elementos de la teoría jurídica prometida.

II. Demostrar la forma en que la prueba propia logra acreditar la teoría del caso. Para ello es imprescindible mostrar lo obtenido en los exámenes directos. En cuanto a este aspecto es necesario destacar que:

a) Es esencial recordar al tribunal las proposiciones fácticas centrales y más relevantes incorporadas, tanto mediante los exámenes directos como mediante los documentos y objetos (pruebas propias).
b) Se deben mostrar las razones por las cuales los testigos y peritos propios resultan creíbles, tanto en términos personales como en cuanto a sus testimonios.
c) Se le debe señalar de forma muy clara al tribunal cómo es que ellas se relacionan, explican y satisfacen la teoría jurídica planteada.
d) Es central mostrar las correlaciones probatorias.

III. Demostrar los errores, inconsistencias o contradicciones de la prueba del litigante contrario, y en particular evidenciar lo logrado en los contraexámenes. Para ello se sugiere:

a) Mostrar los problemas de las pruebas del litigante contrario, poniendo el énfasis en las contradicciones, inconsistencias e incoherencias que hayan quedado en evidencia durante el juicio.
b) Evidenciar los problemas de credibilidad, tanto personal como de sus testimonios, de los testigos y peritos de la parte contraria.
c) Patentizar los aspectos favorables para nuestra teoría del caso que surgieron de las pruebas presentadas por la contraparte.

IV. Utilizar las temáticas jurídicas que es necesario aclarar o reforzar. Con esta finalidad, proponemos:

a) Explicar la forma en que se acreditó la teoría jurídica que forma parte esencial de nuestra teoría del caso. En este punto es necesario tener a la vista los siguientes elementos:

i. Desde la parte acusadora se debe abordar de manera didáctica cómo es que se sustenta cada uno de los elementos del tipo penal y la participación y, si es necesario, describir las tesis dogmáticas y jurisprudenciales que permiten sostener dichas conclusiones.

ii. Desde la defensa se debe enfatizar en el cumplimiento de los elementos de su propia teoría jurídica, si fuere el caso, o indicar las razones que justifican en su concepto las insuficiencias de la prueba contraria para entender satisfechos los elementos jurídicos de la acusación.

iii. Se debe incorporar en el análisis jurídico la acreditación de los elementos asociados a circunstancias atenuantes y agravantes y demás circunstancias modificatorias de la responsabilidad que puedan resultar relevantes.

iv. En el caso de la fiscalía se debe explicar la pena solicitada y su justificación.

v. La defensa puede optar por separar el debate en que se solicita la absolución y aquellos argumentos subsidiarios para el caso de condena (según las reglas procesales respectivas).

b) Este es el momento para desarrollar todas las tesis jurídicas, tanto desde el punto de vista de la acusación como desde la defensa, de manera de entregarle al tribunal los argumentos dogmáticos y jurisprudenciales que justifiquen las peticiones que efectúen, incluyendo los posibles temas relacionados con cuestiones de calificación o interpretación jurídicas.

V. Cierre del discurso de clausura con peticiones concretas. Desde luego, al terminar el discurso de clausura es indispensable que cada interviniente explicite cuál es la decisión concreta que le solicita al tribunal que declare en la sentencia.

VI. Ideas finales referidas a la estructura de la clausura. Finalmente, a propósito de la estructura del discurso de clausura, es recomendable tener presente una serie de reflexiones adicionales:

a) Es posible organizar el discurso de manera cronológica (apegado a los hechos explicitados según la temporalidad en que ellos ocurrieron), temática (referidos a los temas esenciales), o mixta (abordarlo según temas determinados, en una secuencia cronológica), según sea el modo que resulte más persuasivo.

b) Se recomienda agrupar toda la prueba propia primero, para ir señalándole al tribunal qué fue lo que se obtuvo de ella y luego la prueba del contrario, para destacar lo que igualmente concedió a la teoría del caso propia, así como sus debilidades, inconsistencias y contradicciones.

c) Asociar toda la prueba (propia y del contrario) por ejes temáticos relevantes, avanzando según el orden que se estime que podría ser más efectivo para persuadir al tribunal.

III. FINALIDADES ESPECÍFICAS

1. *Ordenar y sistematizar*

La clausura es la oportunidad para dar unidad y coherencia a todo el relato que surgió a partir de la prueba presentada en el juicio, encaminándolo hacia la decisión que la parte plantea, sin posibilidad que la versión de los hechos por ella formulada se fragmente, se altere o se destruya. No se puede obviar que los jueces han estado presentes durante toda la producción de la prueba, por lo que no se trata de repetir lo que hubo, sino de sacar conclusiones fácticas y relacionar para ello la prueba rendida, de manera de aportarle a los decisores razonamientos para acoger la teoría del caso propia.

Esta es la oportunidad en la que el litigante debe señalar al tribunal que ha cumplido las promesas formuladas en el discurso de apertura. Por cierto, debe haber total consistencia entre la teoría del caso formulada en la intervención inicial y lo que aconteció en la audiencia. En la clausura es necesario indicarle al tribunal que las hipótesis o afirmaciones preliminares expuestas en la apertura han sido cumplidas. En forma argumentativa se le debe explicar al tribunal cómo la prueba rendida, producida o desahogada durante el juicio, se comportó precisamente conforme a lo indicado por el litigante al inicio del mismo. Esta explicación no puede ser genérica, sino que debe detallar qué proposiciones fácticas específicas surgen de cada medio de prueba propio, uno por uno, distinguiendo lo ocurrido durante el examen directo y lo sucedido en el contraexamen (abordando cuáles pueden ser extraídas de la prueba aportada por la parte contraria). Se espera que el litigante efectúe los enlaces racionales que permitan dotar de sentido a cada argumentación que se exprese, siempre buscando persuadir al decisor.

2. *Enfatizar y persuadir*

El discurso de clausura permite reforzar la "completa" visión particular de los hechos, el patrón, molde, prisma o lente para mirar los hechos como un todo coherente, consistente e integral. Es el momento de la argumentación jurídica, en donde el litigante debe desplegar sus mejores esfuerzos para persuadir al tribunal y así ejercer influencia en su decisión, de modo de hacerle sentido y obtener su cooperación, formulándole de manera didáctica las razones que llevan a compartir su teoría del caso como aquella versión de los hechos que de la prueba rendida en el juicio emerge como lo que realmente habría acontecido en el pasado.

No debe olvidarse la forma en que se realiza la labor, teniendo presente la credibilidad que es capaz de desarrollar el litigante, con la finalidad de ser acabadamente escuchado en cada eslabón de pruebas que debieran llevar al tribunal a adoptar la decisión más favorable a los intereses que representa en el juicio.

3. Reforzar la teoría del caso propia

A partir de esa versión de parte que muestra una historia de aquello que habría ocurrido en el pasado, y que resulta importante para el debate del juicio, se debe aprovechar este momento para:

a) Enfatizar el relato de los hechos que habrían ocurrido en la realidad, desde la particular visión que se ha llevado al juicio;

b) Explicarle al tribunal cómo aquella historia puede ser comprendida desde el campo del derecho penal, indicándole la particular teoría jurídica propia desde su óptica, desagregando los distintos elementos que se consideren fundamentales.

c) Indicarle al tribunal cómo es que la prueba rendida fue capaz de introducir al juicio las proposiciones fácticas que cada uno considera esencial.

d) Efectuar todas las precisiones que permitan entender cómo se engarzan cada una de las porciones de información que surgieron durante el juicio y que, explicadas de modo coherente y armónico por el litigante, permiten dotar de firmeza a dicha teoría del caso.

Para ello será imprescindible que, en el caso de los fiscales y querellantes, esto es, de quienes sean los acusadores del juicio, desarrollen de qué manera en su concepto los distintos elementos de esa teoría jurídica que sostienen se ha introducido al juicio, conformada por los elementos objetivos, normativos y subjetivos del tipo penal y la participación culpable del o los acusados y demás circunstancias concurrentes, han resultado acreditadas mediante la incorporación al juicio de las diversas proposiciones fácticas que satisfacen cada elemento de esa teoría jurídica, que dejó cada medio de prueba de aquellos que se rindieron en éste; tanto de la prueba propia como de la prueba del contrario, y de una manera específica, detallada y precisa. Por su parte, la defensa deberá argumentar en torno a su teoría del caso, dejando claro si en su concepto su versión particular de los hechos resultó acreditada o si corresponde abordar la teoría jurídica desde su especial punto de vista, ya sea para señalar que alguna circunstancia eximente ha concurrido o para sencillamente explicar cómo en su concepto no resultó probada –más allá de toda duda razonable– la teoría del caso de los persecutores, encargándose de indicar en detalle aquello que estima dubitado desde la perspectiva de la razón, preocupándose de desmenuzar las razones que lleven a inclinar el caso hacia la absolución. Siguiendo a Baytelman y Duce, es "aquí donde ensamblaremos todas las piezas del rompecabezas que hemos venido armando a través de la presentación de la prueba." [667] En el evento que nuestras proposiciones fácticas hayan sido dañadas, se debe hacer un último esfuerzo por defenderlas, en la medida en que ello logre pasar el test de la coherencia con aquello que ha acontecido en el juicio.

4. *Atacar la teoría del caso del contrario*

Teniendo en cuenta las pruebas concretas presentadas en el juicio y las promesas efectuadas por los litigantes en la apertura, se debe hacer esfuerzos por entregar argumentos sólidos con los cuales se busque debilitar a la otra parte, mostrando sus inconsistencias. Se debe explicar al tribunal de qué manera la prueba rendida en el juicio conduce a dar por acreditados hechos que no sirven para establecer la teoría del caso de la parte contraria, por resultar claramente incoherentes con la particular versión sostenida por ésta. También se puede mostrar a los decisores que la perspectiva jurídica en la que descansa la teoría del caso de la contraria no logra subsumir los hechos que han resultado acreditados en el juicio, efectuando las disquisiciones jurídicas que resulten atendibles en

---

[667] Baytelman & Duce (2004), p. 355.

función de lo que la doctrina establece y/o la jurisprudencia ha ido exigiendo.

Para ello resulta útil todo aquello que haya sido obtenido durante los contraexámenes efectuados a los declarantes identificados con la parte contraria, de modo de recordarle al tribunal las contradicciones e incoherencias que puedan haber quedado de manifiesto entre la versión que esa parte presentó y la misma prueba por ella allegada al juicio, así como evidenciar aquello que pueda soportar el test de superposición de proposiciones fácticas, en su caso.

Se recomienda tomar notas durante todo el juicio, especialmente de aquellos logros obtenidos en cada una de las actuaciones del litigante, pero particularmente durante cada contraexamen a los declarantes presentados por la parte contraria, recordando que este es el momento para efectuar todas las argumentaciones que permitan hacer palmario para el tribunal de los hechos aquellos logros obtenidos en ellos, particularmente todo cuanto se refiere a los problemas de credibilidad que evidenció respecto de ellos o de su testimonio, así como también mostrar qué información surgió de los mismos, de manera que se puedan ver reflejados dichos argumentos en el veredicto y en la sentencia, en la valoración de la prueba.

Se debe tener particular agudeza con aquellas afirmaciones obtenidas durante el contraexamen, puesto que el tribunal si bien es cierto lo está presenciando, normalmente no está razonando de la misma manera que el litigante, por lo que allí resulta indispensable que el abogado en su discurso de clausura ponga el acento particularmente en aquellas concesiones y logros obtenidos, explicando al tribunal qué efectos el letrado correspondiente le asigna y la influencia que son capaces de generar para inclinar la decisión hacia la propia parte.

5. *Distinguir entre prueba directa e indirecta*

La clásica distinción de la prueba en directa e indirecta (indiciaria, circunstancial o de presunciones) constituye una de las que mayor enjundia tiene para efectos de construir un adecuado discurso de clausura. Un desempeño favorable depende de la claridad que se logre mostrar al tribunal en relación a lo que el litigante entiende que se encuentra acreditado en el juicio y a qué conclusiones es posible llegar racionalmente a partir de ellas. Tal como enseña Marina Gascón Abellán,

> la distinción 'canónica' entre prueba directa y prueba indirecta sólo cobra pleno sentido referida a la prueba en sentido estricto, y no a los procedimientos probatorios ni al uso de determinados medios de prueba. En efecto, lo que la distinción puede indicar es que una prueba en sentido estricto (una aserción verificada) es 'directa' si versa directamente sobre el hecho principal que se pretende probar y del que depende la decisión judicial e 'indirecta' en caso contrario.[668]

A este respecto vale la pena recordar la argumentación proporcionada por Jeremy Bentham:

> El testimonio puede aplicarse al hecho principal inmediatamente: Pablo ha visto á Juan cometer el delito en cuestión, la prueba es directa. El testimonio puede aplicarse á algún hecho que no es el del delito mismo, pero que está de tal modo enlazado con él, que la existencia del segundo una vez sentada, resulta de ella una presunción mas ó menos fuerte de la existencia del primero.[669]

De esta manera, una prueba indirecta sería aquella, por ejemplo, en que un testigo afirma haber oído un disparo en la casa de María, y agrega que minutos después vio salir a José de allí. El hecho que se quiere probar es que José mató a María, pero el testigo solamente sería una prueba indirecta, circunstancial o de inferencia en relación a ese hecho, ya que solamente acredita un hecho base, diverso, del cual debe efectuarse un razonamiento inferencial para dar por establecido el hecho consecuencia. Respecto de esta prueba indirecta se debe recordar que siempre se parte de un hecho base que acredita el indicio, que es precisamente aquello

---

668 Gascón Abellán (2010), p. 82.
669 Bentham (1825), p. 31.

que se prueba. De allí que resulta útil distinguir entre indicios: a) necesarios, y b) contingentes, dentro de los que a su vez se distingue entre graves, leves y levísimos.

Indicio necesario o preciso es aquel que de manera fiable e inequívoca demuestra la existencia del hecho investigado, como el que irremediablemente conduce a una determinada consecuencia. Ello significa que en el caso de este tipo de indicio base se trata de uno que es fiable, que supera el análisis relativo a su credibilidad. Además de ello, conduce racionalmente (*i.e.* razonamiento inferencial) a dar por establecido de manera unívoca que el hecho a probar aconteció en la realidad. El indicio necesario o preciso es aquel que concurre cuando el hecho consecuencia no puede tener por causa sino el hecho probado, de manera tal que la relación de causa a efecto es absoluta, pues se fundaría en leyes físicas inalterables, en las cuales los efectos corresponden a una determinada causa. Por ejemplo, si hay ceniza, significa que hubo fuego.

En cambio, el indicio contingente es aquel que, una vez acreditado, puede conducir racionalmente a inferir varios hechos, por lo que normalmente resulta equívoco, deja abiertas varias posibilidades igualmente razonables, ya que puede atribuirse a varias causas. Por ejemplo, si el testigo afirma haber oído un disparo en la casa de María, y agrega que minutos después vio salir a José del lugar. El hecho que se quiere probar es que José mató a María, y respecto de ello la afirmación que se efectúa por el testigo de haber escuchado un disparo y haber visto a José salir del sitio donde se cometió el delito de homicidio de María, es indiciario de ese hecho, pero evidentemente dicha circunstancia puede deberse a que éste se encontraba allí realizando cualquier otra gestión, que deberá probarse si se quiere mostrar el carácter equívoco del señalado indicio. De allí que se distingue entre: 1°) Indicio grave, que indica que entre el hecho demostrado y el hecho a probar existe una relación lógica inmediata; 2°) Indicio leve o que se define por revelarse sólo como una entre varias causas probables; 3°) Indicio levísimo o aquel que deviene apenas como una causa meramente posible del hecho indicado.

A propósito del enlace inferencial, es decir, cómo es que del indicio probado se puede llegar a la conclusión que se presume, del hecho base al hecho consecuencia que se busca acreditar, es conveniente tener presente que han de aplicarse las máximas de la experiencia, los conocimientos científicamente afianzados, y los principios de la lógica (normalmente el principio de razón suficiente), que permiten la valoración de la prueba (razonamiento probatorio) que se rinde.

Respecto de la fuerza inferencial hay normalmente mayor controversia, p. ej., si la prueba rendida y que prueba el hecho base es o no suficiente para concluir, para tener por acreditado el hecho consecuencia. Anderson, Schum y Twining señalan que cualquier ítem de pruebas directamente relevante –conectado con una proposición fáctica principal– debe ser vinculado con un hecho principal mediante una cadena de inferencias.[670] Esta cadena puede tener varios eslabones. El primero es siempre el eslabón de la credibilidad. Los eslabones restantes son aquellos necesarios para demostrar la relevancia del ítem de prueba para el hecho de que se trate. La fuerza probatoria de un ítem depende de la fuerza de cada eslabón de la cadena. Trátese de la relevancia que tenga el elemento probatorio, el respaldo que podamos encontrar a las afirmaciones que surjan, el grado de soporte o confirmación respecto de la hipótesis, que permita la mejor explicación posible a los hechos del caso, la fuerza del elemento probatorio depende de la dirección que corresponde atribuir, ascendente o descendente, de modo natural a cada eslabón en una cadena de inferencias, donde nos guía, junto a las máximas de la experiencia y los conocimientos científicamente afianzados, el principio de razón suficiente.

Sin perjuicio de la influencia que se pueda vislumbrar en los casos difíciles respecto de la dialéctica y la argumentación propiamente tal, dentro de la figura de un razonamiento silogístico, el lugar de la premisa mayor será ocupado por una máxima de la experiencia o un conocimiento científicamente afianzado que en-

---

[670] Anderson, Schum & Twining (2015), p. 107.

tregue el contexto general, dentro del cual el indicio probado puede ser ubicado como una premisa menor, que conduce de manera unívoca a una sola conclusión probable. Para inclinar la balanza hacia la univocidad de la conclusión, el principio de razón suficiente normalmente proveerá de suficientes justificaciones racionales para lograrlo de modo convincente frente al tribunal de los hechos, lo que de manera argumentativa en el discurso de clausura se debe desarrollar.

A propósito de los criterios de inferencia, Michele Taruffo alude al fundamento cognoscitivo en virtud del cual la inferencia puede considerarse apta para atribuir un grado considerable de fiabilidad a la respectiva conclusión.[671] Los criterios de confirmación de la hipótesis en cuestión dependen de las informaciones disponibles. Si no existen conocimientos científicamente afianzados que permitan darle fortaleza a la conclusión, lo que suele realizar el tribunal es utilizar las máximas de la experiencia. En función de ello, Taruffo efectúa una sistematización de las situaciones que es posible distinguir:

> a) Puede ocurrir que las nociones de la experiencia común correspondan en realidad a leyes científicas de carácter universal, que se presenten vulgarizadas. [...] Esta inferencia puede atribuir certeza deductiva a su conclusión. b) En otras ocasiones, las nociones de la experiencia común corresponden a generalizaciones no universales, pero caracterizadas con un alto grado de probabilidad, confirmado por una elevada frecuencia estadística. [...] La conclusión que se deriva de ella es altamente fiable, y puede considerarse dotada de certeza práctica (aunque no de certeza deductiva propiamente tal). c) A menudo las nociones de sentido común se fundan en meras generalizaciones que expresan el *id quod plerumque accidit*, es decir, lo que aparece como la 'normalidad' de determinados acontecimientos o conductas, pero que no tienen carácter universal ni cuasi-universal. En estos casos, la inferencia que se puede extraer con respecto a un caso particular no tiene carácter deductivo (ni tampoco cuasi deductivo), y produce conclusiones que pueden tener un grado variable –pero no particu-

---

671 TARUFFO (2010), p. 237.

> larmente elevado– de fiabilidad. [...] A lo sumo ellas confieren un modesto grado de confirmación a las conclusiones que se derivan. d) Por último, aunque no se trata ciertamente de casos excepcionales, las nociones de la experiencia común pueden corresponder a generalizaciones espurias, es decir, a pseudo reglas que carecen de fundamento en la realidad empírica. [...] En consecuencia, ninguna inferencia que tenga la pretensión de alcanzar conclusiones fiables puede fundamentarse en esa clase de generalizaciones. Por el contrario, cualquier inferencia que se fundara en ellas conduciría a conclusiones completamente erradas, obviamente carentes de cualquier grado de confirmación apreciable.[672]

De modo que no da lo mismo cómo sea que el tribunal construya su razonamiento en torno a la máxima de la experiencia que utiliza, muchas veces incluso de modo tácito –teniendo en cuenta los posibles sesgos del tribunal del juicio–, para leer un hecho base probado y con él, llegar a una determinada conclusión. Lo que debe ser objeto de explicaciones claras en la clausura, donde debe esforzarse el litigante por indicar cuál es, de modo preciso y nítido, el razonamiento correcto que es esperable que efectúe el tribunal, deteniéndose en efectuar las conexiones debidas entre cada proposición fáctica y la prueba que la introdujo al juicio, elaborando las cadenas de inferencias que resulten de ello, para conducir de manera inequívoca al tribunal hacia la conclusión deseada en relación a cada uno de los temas fácticos que resulten debatidos, advirtiendo de manera persuasiva a los decisores acerca de los errores que deben evitar.

Si se trata de prueba indiciaria contingente, es necesario hacer un esfuerzo encomiable para efectos de explicar su suficiencia, de modo que en conjunto se pueda conducir –mediante los eslabones de inferencias- a que el tribunal dé por probado un determinado hecho consecuencia, que es esencial para lo debatido en el juicio.

Si el tribunal persiste en equivocaciones en su razonamiento probatorio, que ya se anuncian en la clausura, solamente debe pensarse en la interposición de los recursos que correspondan, cuidán-

---

672 *Id.*, pp. 238 y s.

dose de ser muy claros y fundados en cada de las explicaciones alternativas que se efectúen. Dicha construcción probatoria también puede ser útil para quien plantea que un determinado hecho no ocurrió. De esa manera podrá enfocarse con mayor fuerza en los problemas que se pueden observar en torno a la cadena de inferencias, explicando si existen saltos lógicos en el razonamiento probatorio que impiden concluir con una sola respuesta, unívoca. Para ello debe desarrollar los argumentos eficaces destinados a mostrar cómo subsisten varias posibilidades racionales de concluir a partir de los indicios probados, otorgándole la equivocidad a dichas conclusiones que impiden la condena.

6. *Formular conclusiones*

Es este el momento en que el litigante puede formular inferencias, hacer deducciones, plantear interpretaciones, dar opiniones personales, etc., a partir de la prueba rendida en el juicio. Se deben hacer todos los énfasis necesarios para insistir en que no sirven las meras especulaciones, las hipótesis *ad hoc*, sin raigambre en la prueba producida.

Cada una de las actuaciones en las que se detenga el litigante debiera acentuar precisamente lo anterior. Se pierde tiempo si se le recuerda al tribunal qué dijo la prueba, a no ser en aquello que sirve para dar por establecida una determinada afirmación de hecho, esto es, cómo el litigante concluye que la prueba lleva necesariamente a una premisa precisa, ya sea por sí sola o en conjunto con otras, teniendo para ello particular cuidado de señalar si estamos en presencia de prueba indiciaria, indirecta o circunstancial, que se trata de un indicio necesario o varios contingentes, pero que todos ellos construyen una cadena de inferencias suficientemente sólida para dotar de univocidad a la conclusión.

Por ejemplo, si la tesis de cargo es que José mató a María, el fiscal podrá señalar en su clausura que el testigo Pedro afirmó haber oído un disparo en la casa de María, agregando luego que minutos después vio salir a José de allí (indicio contingente). A continuación el fiscal podría afirmar en su discurso de clausura que: "ello no es menor, ya que además escuchamos el dictamen pericial que expresa que el arma desde donde salió el disparo fatal tenía huellas del acusado; y los funcionarios policiales que detuvieron a José cerca de 10 minutos después de ocurridos los lamentables sucesos nos indicaron que éste portaba precisamente dicha arma, al punto que resultará natural inferir que quien efectuó la conducta dolosa que produjo la muerte de María fue José", destacando la univocidad de la conclusión.

IV. CONCLUSIONES Y RECOMENDACIONES FINALES

1°. En el discurso de clausura el litigante no sólo debe aportar argumentos suficientemente sólidos para inclinar el veredicto a su favor, sino que es recomendable que procure proporcionar antecedentes de una manera tal que facilite a los jueces su tarea de redactar el fallo. Las sentencias tienen una estructura conformada por tres partes: expositiva, considerativa y decisoria. La primera es aquella donde el tribunal expone qué fue lo que aconteció durante el juicio, respecto de lo cual nada parece ser indispensable señalar al tribunal. La última es aquella referida a la decisión que adopta el tribunal, si absuelve o condena, y que se deriva lógicamente de las razones que vienen expresadas en la parte considerativa. Es por tanto la parte considerativa del fallo la que debe concentrar la atención del litigante, de manera de realizar sus mejores esfuerzos para ejercer influencia en el tribunal, haciéndole sentido, en orden a que las justificaciones por él expresadas en su discurso de clausura resulten plenamente atendibles y en ese carácter se incorporen finalmente al fallo y contribuyan a la decisión.

Pero antes de la sentencia, el veredicto es el instante procesal en que se concentran los fundamentos principales tomados en consideración por los jueces para adoptar su decisión de absolución o condena, por lo que se deben hacer todos los esfuerzos persuasivos para ejercer influencia en esa decisión, con los argumentos claves que lo permitan.

2°. No exagerar la prueba presentada. El tribunal ha estado presente durante los distintos momentos en que se rindió, produjo o desahogó la prueba. El principio de inmediación rige íntegramente durante el juicio, por lo que resultará un contrasentido intentar que la prueba acredite algo que en verdad no prueba, pues lo más probable que ocurra con ello será distanciarse de las reflexiones de los decisores. El litigante debe ser riguroso al indicarle a los jueces aquello que efectivamente ocurrió en la audiencia y las proposiciones fácticas específicas que surgen de la prueba rendida.

3°. La metodología de la litigación estratégica se basa en la teoría del caso, por lo que ella debe ser expuesta en los discursos de apertura y clausura o final. Se espera que en su intervención de cierre el litigante explique cómo es que su teoría del caso –no en abstracto, sino señalada específicamente– resultó detalladamente probada durante el juicio. Para ello debe acreditar cada afirmación de hecho que resulte relevante para dar por satisfechos los diversos elementos de la teoría jurídica del litigante. Si la información ha sido debidamente introducida al juicio, con la virtualidad probatoria suficiente, el tribunal podría inclinarse por esa versión de la historia, en desmedro de la teoría del caso de la contraria.

4°. A propósito de la reiteración de la teoría del caso, es aconsejable volver sobre las promesas formuladas al inicio del juicio. Este recordatorio debe ser lo suficientemente detallado como para que no queden dudas acerca de qué fue lo que comprometió el litigante, lo que ofreció o adelantó que iba a ocurrir durante el desarrollo del juicio.

5°. Utilizar las expresiones exactas que fueron empleadas e incorporadas por los declarantes en el juicio (p. ej., temas, lemas o cuñas señaladas por testigos, peritos). Es necesario que de toda la prueba rendida se extraiga –en un esfuerzo de selección de aquello que resulta relevante desde el punto de vista penal– aquello que es indispensable para dar por probadas las afirmaciones de hechos que sirven para satisfacer los elementos de la teoría jurídica que fue trabajada durante el juicio. Los énfasis serán determinados por el lugar que ocupa el litigante en el juicio; si acaso es fiscal o querellante, deberá preocuparse por revisar la prueba desde la perspectiva acusatoria; en cambio, la defensa deberá procurar que los decisores compartan con él que hay un punto de inclinación del caso, que permite dictar sentencia absolutoria. En cualquiera de los casos, los jueces esperan que los litigantes sean absolutamente fieles a lo que la prueba entregó en forma estricta, sin adiciones ni omisiones que varíen lo que ocurrido en la audiencia.

6°. Consistencia y coherencia lógica de la argumentación con lo que han visto y escuchado los jueces. Como los jueces han presenciado todo el desarrollo del juicio, estarán atentos a que no se tergiverse la prueba. Es razonable esperar que los litigantes sean consistentes y coherentes con todo lo acontecido en el juicio.

7°. Conectar los argumentos del discurso de clausura con los principios de la lógica, las máximas de la experiencia, y/o los conocimientos científicamente afianzados. En sus discursos los litigantes argumentan frente al tribunal, en base a los criterios que guían el proceso de valoración que efectúan los jueces, con la finalidad que le atribuyan a la prueba la ponderación y valor probatorio que la parte formula racionalmente.

8°. Si corresponde, apoyar la conexión lógica de las pruebas indiciarias con los hechos que deberían considerarse probados. En esta materia el litigante debe ser extremadamente riguroso al efectuar el enlace inferencial en el caso de la prueba indirecta, pasando de los hechos base probados al hecho consecuencia, haciendo ver al tribunal que aquello es la conclusión fáctica necesaria y unívoca.

9°. El discurso de clausura debe caracterizarse por su claridad y precisión. Si el abogado no entiende lo que dice, no puede pretender que el tribunal sí lo haga. Se recomienda enfocarse en aquello que resulte evidente, nítido, expresado con la menor cantidad de palabras o ideas, sin retórica vacía, sin construcciones literarias sin contenido, meramente empalagosas.

10°. Referirse a las normas jurídicas que deben ser tomadas en cuenta por el tribunal, en especial si el tema es discutible o no existe jurisprudencia uniforme. Los problemas jurídicos que normalmente se abordan durante la audiencia de juicio oral son de carácter probatorio, en donde lo discutido resulta ser si aconteció o no tal o cual cosa. Pero además puede suceder que lo debatido sea el derecho que se deba aplicar. Por ejemplo, en la doctrina o en la jurisprudencia se aprecia que existen divergencias interpretativas sobre cuál es y cómo se ejerce el derecho vigente. El litigante debe enfocarse con toda claridad en los debates que se han producido durante el juicio y explicar por qué la normativa debe interpretarse según su teoría jurídica, avalado por autores que se debe citar en concreto, así como la jurisprudencia que se haya pronunciado en el sentido que plantea el litigante.[673]

Pudiera ocurrir que el litigante deba lidiar con dificultades provenientes de los contextos (1°) lingüístico, si hay problemas de ambigüedad, vaguedad o indeterminación, (2°) sistémico, si hay problemas de redundancia, antinomias, o lagunas jurídicas, y (3°) funcional, normalmente asociados a problemas teleológico-valorativos de aplicación de la ley.

11°. Terminar señalando las peticiones concretas. No debiera olvidarse que existe algo que se le está pidiendo al tribunal que haga –que dicte sentencia absolutoria o condenatoria–, por lo que las referencias a las solicitudes que se le formulan deben ser precisas, claras y entendibles, no bastando con efectuar referencias genéricas.

12°. Tratar de obtener un veredicto favorable y proporcionar suficientes argumentos con los cuales se redacte el fallo por los jueces. Es una obligación de todo litigante conocer cuáles son los esquemas mentales con los cuales suele operar el tribunal, sus criterios procesales y penales, cómo ha resuelto con anterioridad casos similares, de manera de utilizar aquella información en este

---

673 Será este el momento en el que se citen las teorías jurídicas existentes, desarrollando lo que han dicho los autores principales a nivel doctrinal, así como las jurisprudencias más sustanciales y ojalá mayoritarias, que sirven al litigante para incorporar todos los argumentos que contribuyan a solucionar los problemas jurídicos que se hayan abordado en el juicio.

sentido que sea favorable a la teoría del caso que se le ha presentado o, en caso contrario, aclarar las diferencias entre los casos que justifican la adopción de una decisión diferente.

Los criterios tradicionales que se han esgrimido para restringir la libertad de valoración de la prueba presente en la gran mayoría de los procesos penales que adscriben al llamado estándar de la duda razonable son: los principios de la lógica, las máximas de la experiencia, los conocimientos científicamente afianzados. Los argumentos del discurso de clausura debieran utilizar razonamientos que utilicen tales criterios y que sirvan para guiar la valoración probatoria que debe efectuar el tribunal de los hechos y, con mayor énfasis, utilizando las mismas consideraciones que ya han sido empleadas por éste al resolver otros casos. Además se deben manifestar al tribunal aquellos razonamientos dogmático-penales que apunten más allá de los problemas probatorios; p. ej., que se refieran a problemas de calificación o clasificación o a los mencionados problemas interpretativos.

13. No se debe perder de vista que el objetivo final del discurso de clausura es persuadir al tribunal de que nuestra teoría del caso es aquella que satisface el estándar de la duda razonable, que evidencia la existencia de una tesis alternativa o la existencia de dudas razonables, surgidas cada una de las pruebas rendidas en el juicio. Una cosa es la valoración que realmente efectúe el tribunal (fuero interno de los jueces) y otra distinta es la fundamentación de la sentencia (razones que los jueces expresan en la misma) y que, esencialmente en relación a ellas, este último alegato del litigante debe ser capaz de hacer sentido en aquellos que van a adoptar una decisión acerca de los hechos que han sido debatidos en el juicio y su máxima expresión será ejercer influencia precisamente en el sentido en que se adoptará el fallo (absolución o condena). Como aclaran Baytelman y Duce, "el juez no necesita disertaciones en derecho, declaraciones poéticas, opiniones generales ni referencias vagas. Necesita iluminación acerca de lo que el conjunto de la prueba dice y de dónde se puede extraer que diga eso. Esto es lo que el litigante debe ser capaz de hacer en el alegato final:

iluminar el juicio del juzgador."[674] Más que hablar de iluminación, lo que se busca es ejercer influencia en el tribunal, proveyéndolo de buenas razones que le permitan acoger la teoría del caso que se ha desarrollado en el juicio.

14. El estándar probatorio exigido en materia penal significa que los jueces se formen una convicción sobre lo sucedido que sea "más allá de toda duda razonable". Según Jordi Ferrer, para que ello ocurra deben darse conjuntamente dos condiciones:

1) La hipótesis debe ser capaz de explicar los datos disponibles, integrándolos de forma coherente, y las predicciones de nuevos datos que la hipótesis permita formular deben haber resultado confirmadas.
2) Deben haberse refutado todas las demás hipótesis explicativas de los mismos datos que sean compatibles con la inocencia del acusado, excluidas las meras hipótesis *ad hoc*.[675]

Como se puede leer, existe una hipótesis acusatoria que requiere ser acreditada. Pero ello no es suficiente para dictar una sentencia condenatoria. Se requiere que además se hayan refutado todas las hipótesis alternativas que razonablemente expliquen los hechos de un modo diferente al que lo realiza la acusación, dejando en claro que deben excluirse las hipótesis *ad hoc*, esto es, aquellas que no se asientan en las pruebas rendidas durante el juicio, sino que resultan ser meras elucubraciones, que como tales no alcanzan para construir una duda razonable.

* * *

---

[674] BAYTELMAN & DUCE (2004), pp. 356-357.
[675] FERRER (2007), p. 147.

BIBLIOGRAFÍA

ALMANZA ALTAMIRANO, Frank, PEÑA GONZÁLES, Óscar (2019): *Teoría del Delito. Manual práctico para su aplicación en la teoría del caso*. 2ª ed., Librería Jurídica Sánchez R. Ltda., Medellín, 2019.

ALVEAR, Soledad, BLANCO, Rafael: *Diálogos sobre la Reforma Procesal Penal: Gestación de una Política Pública*. Ediciones Universidad Alberto Hurtado, Santiago, 2010.

AMERICAN BAR ASSOCIATION: *Model Rules of Professional Conduct*. 2020, disponible en https://www.americanbar.org/groups/professional_responsibility/publications/model_rules_of_professional_conduct/model_rules_of_professional_conduct_table_of_contents/.

ANDERSON, Terence, SCHUM, David, TWINING, William: *Análisis de la prueba*. Marcial Pons, Madrid, 2015.

BATISTA ORTIZ, Elpidio: *El Abogado Defensor Puertorriqueño*. Araya Printing, Puerto Rico, 2002.

BAYTELMAN, Andrés, DUCE, Mauricio: *Litigación Penal. Juicio Oral y Prueba*. Ediciones Universidad Diego Portales, Santiago, 2004.

BENTHAM, Jeremy: *Tratado de las pruebas judicial*. Bossange Fréres, París, 1825.

BERGER, Marilyn, MITCHELL, John Barry, CLARK, Ronald: *Trial Advocacy. Planning, Analysis, and Strategy*. 2ª ed., Aspen Publishers, Chicago, 2008.

BERGMAN, Paul: *La defensa en juicio. La Defensa Penal y la Oralidad*. Abeledo Perrot, Buenos Aires, 1995.

BINDER, Alberto: "La reforma de la justicia penal en América Latina como política de largo plazo", en BENAVIDES, Farid, BINDER, Alberto, VILLADIEGO, Carolina, NIÑO, Catalina (coord.): *La Reforma a la Justicia en América Latina: Las Lecciones Aprendidas*. Friedrich-Ebert-Stiftung, Bogotá, 2016, pp. 54-103.

BINDER, Alberto, CAPE, Ed, NAMORADZE, Zaza: *Defensa penal efectiva en América Latina*. ADC, CERJUSC, CONECTAS, DEJUSTICIA, IDDD, ICCPG, IJPP & INECIP, Bogotá, 2015.

BLANCO, Rafael: *Manual de Litigación para Defensores Públicos. Perspectivas Estratégicas*. Oficina Nacional de Defensa Pública, Santo Domingo, 2018.

BLANCO, Rafael, DECAP, Mauricio, MORENO, Leonardo, ROJAS, Hugo: *Litigación Estratégica en el Nuevo Proceso Penal*. Editorial Lexis Nexis, Santiago, 2005.

BLANCO, Rafael, GONZÁLEZ, Leonel, GUZMÁN, Fernando: *Juicios por Jurados en Chile. Un debate pendiente para la consolidación del sistema penal acusatorio-adversarial y su legitimidad ciudadana*. Centro de Estudios de Justicia de las Américas (CEJA) & Universidad Alberto Hurtado, Santiago, 2020.

BLANCO, Rafael, HUTT, Rick, ROJAS, Hugo: "The Reform to the Criminal Justice in Chile: Evaluation and Challenges", *Loyola University Chicago International Law Review*, Vol. 2, N° 2, 2005, pp. 253-269.

BLANCO, Rafael, HERNÁNDEZ, Héctor, ROJAS, Hugo: "Las Salidas Alternativas en el Nuevo Proceso Penal Chileno", *Colección de Investigaciones Jurídicas*, Universidad Alberto Hurtado, N° 8, 2005.

BLANCO, Rafael, DÍAZ, Alejandra, HESKIA, Joanna, ROJAS, Hugo: "Justicia Restaurativa: Marco Teórico, Experiencias Comparadas y Propuestas de Política Pública", *Colección de Investigaciones Jurídicas*, Universidad Alberto Hurtado, N° 6, 2005.

BLANCO, Rafael, DECAP, Mauricio, HERNÁNDEZ, Héctor, ROJAS, Hugo: "Estándares de Calidad en la Prestación de Servicios de la Defensoría Penal Pública", *Colección de Investigaciones Jurídicas,* Universidad Alberto Hurtado, N° 1, 2002.

BRIGHAM, John C., CAIRNS, Donna L.: "The effect of mugshot inspections on eyewitness identification accuracy", *Journal of Applied Social Psychology,* Vol. 18, N° 16, 2ª Parte, 1988, pp. 1394-1410.

BUCKHOUT, Robert: "Eyewitness Identification and Psychology in the Courtroom", *Criminal Defense*, Vol. 4, 1977, pp. 5-10.

CAFFERATA NORES, José: *La prueba en el proceso penal*. 3ª ed., Depalma Ediciones, Buenos Aires, 1998.

CAROFIGLIO, Gianrico: *El arte de la duda*. Marcial Pons, Barcelona, 2010.

CERDA SAN MARTÍN, Rodrigo: *Manual del Sistema de Justicia Penal*. Tomo I, 2ª ed., Librotecnia, Santiago, 2009.

CHIESA, Ernesto: *Reglas de Evidencias Comentadas*. Ediciones Situm, San Juan de Puerto Rico, 2016.

CLIFFORD, Brian R., SCOTT, Jane: "Individual and situational factors in eyewitness testimony", *Journal of Applied Psychology*, Vol. 63, N° 3, 1978, pp. 352-359.

DECAP, Mauricio: *La prueba de los hechos en el proceso penal*. Ediciones Der, Santiago, 2019.

DECAP, Mauricio, DUCE, Mauricio, MORENO, Leonardo, SÁEZ, Jorge: *El modelo adversarial en Chile: Ponencias sobre su implementación en la reforma procesal penal*. Thomson Reuters, Santiago, 2013.

DEFENSORÍA DEL PUEBLO: *La teoría del caso*. Imprenta Nacional Colombia, Bogotá, 2002.

— *Habilidades comunicativas del defensor penal en juicio oral*. Dirección Nacional de Defensoría Pública, Unidad de Capacitación, Colombia, 2002b.

— *Técnicas del juicio oral en el sistema penal colombiano, Lecturas Complementarias*. Quebecor World Bogotá S.A., Bogotá, 2003.

— *El defensor público en el sistema acusatorio colombiano*. Defensoría del Pueblo, Dirección Nacional de Defensoría Pública, Bogotá, 2005.

DESHAZO, Andrea: *Una guía práctica para Defensores Penales*. Andros Impresores, Santiago, 2007.

DEVIS ECHANDÍA, Hernando: *Teoría General de la Prueba Judicial*, T. I. Ed. Zabalía, Buenos Aires, 1970.

— *Compendio de la Prueba Judicial*, T. I. (anotado y concordado por Adolfo Alvarado Velloso). Rubinzal-Culzoni Editores, Buenos Aires, 2000.

DUCE, Mauricio: *La Prueba Pericial*. Ediciones Didot, Buenos Aires, 2013.

DUCE, Mauricio, RIEGO, Cristián: *Proceso Penal*. Editorial Jurídica de Chile, Santiago, 2007.

FERRER, Jordi: *La valoración racional de la prueba*. Marcial Pons, Madrid, 2007.

FONTANET, Julio: *Principios y Técnicas de la Práctica Forense*. Jurídica Editores, San Juan de Puerto Rico, 2010.

GALLARDO, Eduardo: *La inutilizabilidad*. Instituto de Estudios Judiciales, Santiago, 2007.

GARCÍA CAVERO, Percy: *La Prueba por Indicios en el Proceso Penal*. Editorial Reforma, Lima, 2010.

GASCÓN ABELLÁN, Marina: *Los hechos en el derecho, bases argumentales de la prueba*. Marcial Pons, Madrid, 2004.

— *Los hechos en el derecho, bases argumentales de la prueba*. 3ª ed., Marcial Pons, Madrid, 2010.

GOLDBERG, Steven H.: *Mi Primer Juicio Oral. ¿Dónde me siento? ¿Y qué diré?* Editorial Heliasta, Argentina, 1994.

GONZÁLEZ LAGIER, Daniel: *Quaestio Facti (Ensayos sobre prueba, causalidad y acción)*. Palestra Editores, Lima/Bogotá, 2005.

GONZÁLEZ-WILHELM, Leonardo: *Prueba Pericial, Litigación con Peritos y Medicina Legal. Manual para abogados, jueces y peritos*. Thomson Reuters, Santiago, 2018.

GREEN, Michael Z.: "Witness Preparation and Ex Parte Communications: A Fundamental Discussion?", American Bar Association, Section of Labor and Employment Law, 2nd Annual CLE Conference, 2008, disponible en https://www.americanbar.org/content/dam/aba/administrative/labor_law/meetings/2008/ac2008/095.pdf.

GUEVARA VÁSQUEZ, Iván Pedro: *Manual de Litigación Oral, una perspectiva fiscal*. Valleta Ediciones, Buenos Aires, 2015.

HEGLAND, Kenney F.: *Manual de prácticas y técnicas procesales*. Heliasta, Buenos Aires, 1995.

HIKAL, Wael: *Glosario de Criminología y Criminalística*. Flores Editor, Ciudad de México, 2011.

KAHNEMAN, Daniel: *Pensar Rápido, Pensar Despacio*. Debate, Buenos Aires, 2012.

KÖHNKEN, Günter, BROCKMANN, Claudia: "Unspecific postevent information, attribution of responsibility, and eyewitnees performance", *Applied Cognitive Psychology*, Vol. 1, N° 3, 1987, pp. 197-207.

LOCARD, Edmond: *Manual de Técnica Policíaca*. Editorial Maxtor, Barcelona, 1935.

LOFTUS, Elizabeth F., LOFTUS, Geoffrey R., MESSO, Jane: "Some facts about 'weapon focus'", *Law and Human Behavior*, Vol. 11, 1987, pp. 55-62.

LOFTUS, Elizabeth F., PALMER, John C.: "Reconstruction of automobile destruction: An example of the interaction between language and memory", *Journal of Verbal Learning and Verbal Behavior*, Vol. 13, N° 5, 1974, pp. 585-589.

LORENZO, Leticia: *Manual de Litigación*. Ediciones Didot, Buenos Aires, 2012.

MARÍN, Felipe: *Manual de Litigación de Audiencias Orales en la Nueva Justicia Civil de Costa Rica*. Centro de Estudios de Justicia para las Américas, Santiago, 2018.

MARTINEAU, François: *Técnicas de Argumentación del Abogado*. Editorial Bosch, Barcelona, 2000.

MAUET, Thomas A.: *Trial Techniques*. 7ª ed. Wolters Kluwer Law & Business, Aspen Publishers, New York, 2007.

— *Trial Techniques*. 5ª ed., Aspen Publishers, New York, 2000.

MCCARTHY, Terence: *McCarthy on cross-examination*. American Bar Association Publishing, Chicago, 2007.

MINISTERIO PÚBLICO, FISCALÍA DE LA NACIÓN & OFICINA DE LAS NACIONES UNIDAS CONTRA LA DROGA Y EL DELITO: Talleres de capacitación "Nuevo Proceso Penal Acusatorio", Módulo 1: "Teoría del caso y mecanismos de investigación criminal". Lima, 2008.

MIR PUIG, Santiago: *Derecho Penal, Parte General*. 8ª ed., B de F - Julio César Faira Editor, Buenos Aires, 2008.

MORENO, Leonardo: *Teoría del Caso*. Ediciones Didot, Buenos Aires, 2012.

— "Algunas consideraciones sobre el funcionamiento de la Reforma Procesal Penal", en VVAA: *El Modelo Adversarial en Chile. Ponencias sobre su implementación en la reforma procesal penal*. Thomson Reuters, Santiago, 2013, pp. 67-217.

— "La Defensa del Imputado frente a los Servicios de Antelación al Juicio", *Revista Estudios Procesales*, N° 1, 2013; pp. 22-30.

— "Los límites en la búsqueda de la verdad en el proceso penal. Comentario del fallo del caso Orellana Cifuentes", *Revista Ciencias Penales*, 6ª época, Vol. XLI, N° 33, 2014, pp. 75-89.

— "Problemas de convicción, valoración de la prueba y fundamentación: Su impacto en el error judicial", *Revista del Instituto de la Judicatura Federal*, N° 36, 2014, pp. 167-192.

— "Acceso a la Justicia y Rol de la Defensoría Penal Pública", *Revista de Legislación y Jurisprudencia*, N° 4, 2005, pp. 173-177.

NEYRA FLORES, José Antonio: *Manual del nuevo proceso penal y de litigación oral*. Editorial Idemsa, Lima, 2010.

NIZER, Luis: *Mi lucha en los tribunales*. Editorial de Ediciones Selectas, Buenos Aires, 1963.

ORÉ GUARDIA, Arsenio, LOZA ÁVALOS, Giulliana: "Teoría del Caso", s.d., disponible en: https://es.scribd.com/document/151905088/Arsenio-Ore-Guardia-y-Giulliana-Loza-Avalos-Teoria-Del-Caso.

PABÓN GÓMEZ, Germán: *Cómo la teoría del caso imita al ajedrez*. Grupo Editorial Ibáñez, Colombia, 2019.

PEÑA GONZÁLEZ, Óscar: *Técnicas de Litigación Oral*. Apecc, Lima, 2008.

QUIÑONES VARGAS, Héctor: *Las Técnicas de Litigación Oral en el Proceso Penal Salvadoreño*. Consejo Nacional de la Judicatura, San Salvador, 2003.

RAMOS GONZÁLEZ, Carlos, VÉLEZ RODRÍGUEZ, Enrique: *Teoría y Práctica de la Litigación en Puerto Rico*. Michie of Puerto Rico, 1996.

REAL ACADEMIA ESPAÑOLA: *Diccionario de la Lengua Española*, 22ª ed., 2001.

REYNA ALFARO, Luis Miguel: *Manual de Derecho Procesal Penal*. Instituto Pacífico, Perú, 2015.

ROBINSON, Antonio, WARREN, Richard W., CHANDRAN, Pamela: "Witness Preparation—Ethical, Practical, and Common Sense Considerations", American Bar Association, Section of Labor and Employment Law, 11th Annual Labor and Employment Law Conference, 2017, disponible en https://www.americanbar.org/content/dam/aba/events/labor_law/2017/11/conference/papers/Chandran-Witness%20 Preparation%E2%80%93Ethical-Practical-and-Common-Sense-Considerations.pdf.

ROSAS YATACO, Jorge: *Derecho Procesal Penal con aplicación al nuevo proceso penal*. Jurista Editores, Lima, 2009.

ROSENBERG, Marc: "Evaluación de credibilidad de testigos", en Programa de Capacitación "Desafíos y Oportunidades en la Valoración de la Prueba en los Juicios Orales Acusatorios". Centro de Estudios de Justicia de las Américas & National Judicial Institute de Canadá, Santiago, 2010.

ROXIN, Claus: *Derecho Procesal Penal*. Editores del Puerto, Buenos Aires, 2001.

RUA, Gonzalo: *Contraexamen de testigos*. Ediciones Didot, Buenos Aires, 2014.

TARUFFO, Michele: "Narrativas judiciales", *Revista de Derecho*, Vol. XX, N° 1, julio de 2007, pp. 231-270.

— *Simplemente la verdad. El juez y la construcción de los hechos*. Marcial Pons, Madrid, 2010.

TRAVERSI, Alessandro: *La Defensa Penal, técnicas argumentativas y oratorias*. Thomson Arazandí, Navarra, 2005.

VVAA: *El Modelo Adversarial en Chile. Ponencias sobre su implementación en la reforma procesal penal*. Thomson Reuters, Santiago, 2013.

VALENZUELA CORIA, Rodrigo: *Retórica. Un ensayo sobre tres dimensiones de la argumentación*. Editorial Jurídica de Chile, Santiago, 2009.

VIAL, Pelayo: *Técnicas y Fundamentos del Contraexamen en el Proceso Penal Chileno*. Librotecnia, Santiago, 2008.

VICENTE FERNÁNDEZ, Alberto: *Arte de la persuasión oral, teoría y práctica de la comunicación por la palabra*. Astrea, Buenos Aires, 2006.

WATSON, Garry: "Curso de adiestramiento de instructores, edición para América Latina", Instituto Nacional de Litigio en Tribunales & Facultad de Derecho de la Universidad de Notre Dame, 1997.

ZACHARIAS, Fred C., MARTIN, Shawn: "Coaching Witnesses", *Kentucky Law Journal*, Vol. 87, N° 4, 1999, pp. 1001-1017.

www.ingramcontent.com/pod-product-compliance
Lightning Source LLC
La Vergne TN
LVHW021741071126
851857LV00039B/578
9788413786537